JN240804

［新装版］

恐怖の男

FEAR TRUMP IN THE WHITE HOUSE

トランプ政権の真実

ボブ・ウッドワード　伏見威蕃［訳］

日本経済新聞出版

FEAR: Trump in the White House
by
Bob Woodward

Published by arrangement with the original publisher,
Simon & Schuster, Inc.
through Japan UNI Agency, Inc., Tokyo.

解説　トランプが政治家に最も向いていないことが分かる本

楠木建（一橋ビジネススクール特任教授）

トランプ政権の内幕を暴露した『FEAR　恐怖の男』

トランプ政権の意思決定過程を暴露するドキュメンタリー。著者はウォーターゲート事件をスクープしニクソン政権を退陣に追いつめた筋金入りの政治ジャーナリストで、『ディープ・スロート　大統領を葬った男』（ボブ・ウッドワード著、伏見威蕃訳、文藝春秋）は調査報道の金字塔です。本書も実に面白い。五〇〇ページ超の長尺ですが一気に読みました。

トランプの大統領在職中の迷走と支離滅裂ぶりは日本でもさんざん報道されてきたのでおおまかなイメージは持っていたのですが、本書を読むと思っていた以上にとんでもない。気まぐれで感情的。思いつきと衝動で一貫性を欠いた意思決定を連発する。危険極まりない。世界一の強国の政治指導者として、考え得る限り最悪の人物であったことを思い知らされました。トランプという存在は世界全体にとってのリスクだったと言ってもよい。

様々な意思決定過程で誰がどのように考え行動したのかを淡々と記述していくというウッドワードの手法は効果的で迫力があります。典型例が、トランプが大統領に就任してから八カ月後の、米韓自由貿易協定（ＫＯＲＵＳ）破棄の危機です。ＫＯＲＵＳはアメリカにとって情報収集能力の基盤となるものであり、経済のみならず軍事的に最も重要な協定でした。

というのは、アメリカにとって最大の脅威の一つが北朝鮮の核攻撃能力だからです。韓国との軍事同盟関係を通じて、アメリカは高度の軍事的機密情報を韓国から得ていました。北朝鮮の大陸間弾道ミサイルは発射後三八分でアメリカ本土に到達する。韓国との特別アクセスプログラムのおかげで、アメリカは発射七秒後にはミサイル発射を探知できる態勢を整えていました。七秒であれば米軍にミサイルを迎撃する時間が確保できます。韓国からの情報がなければ、アラスカの基地の情報収集に頼るしかない。この場合、探知に一五分もかかることになる。韓国経済にとって不可欠なＫＯＲＵＳの破棄は、米韓関係を瓦解させ、アメリカの安全保障にとって最重要の情報資産を喪失するリスクを帯びていました。

韓国との貿易赤字や在韓米軍の駐在費用が巨額になっていることに腹を立てていたトランプはＫＯＲＵＳを破棄しようとします。トランプの執務机にはＫＯＲＵＳを破棄するという内容の韓国大統領あての親書の草稿が置かれていました。

これを見つけた国家経済会議委員長のゲーリー・コーン（元ゴールドマン・サックス社長）は驚愕《きょうがく》します。コーンは机から親書の草稿を取り、「保管」と記された青いホルダーに入れます。トランプの頭の中は無秩序に乱れているので、彼は親書の草稿がなくなったことに気づきません。トランプの関心と注意は常に刹那的なので、じきに忘れてしまい、しばらくは事なきを得るという成り行きです。コーンは後に同僚に語っています。「デスクから盗んだ。あの男には見せない。ぜったいに見られないようにする。国を護らなければならない」――厳密には職務規定に違反する不法行為です。トランプ政権の内幕はこのような綱渡り的な「危機管理」の連続だったといいます。

アメリカと世界にとって「恐怖の男」

トランプは徹底したアンチグローバリズムでした。オープンな貿易協定のせいで、安価な外国製品がアメリカに押し寄せて、アメリカ人労働者の需要を奪っていると考えていた。グローバルな金融業界を憎悪し、アメリカニズムよりもグローバリズムを優先してきた指導者がアメリカの労働者階級を殺した、というのが選挙戦中からトランプの一貫した主張でした。これがかつての工業地帯だった「ラストベルト」の民主党支持者をトランプ支持にひっくり返したことが、世界をあっと言わせた２０１６年の大統領選の勝利をもたらしました。

トランプは自分の直観を支持してくれる人物を新設の国家通商会議の委員長に据えます。自由貿易を憎んでいる経済学者のピーター・ナバロです。トランプとナバロは北米自由貿易協定（ＮＡＦＴＡ）からの離脱を目論みます。

競争を市場にゆだねる自由貿易は、伝統的には共和党の主張でした。アメリカ経済のありようを考えると、貿易赤字は必ずしも悪いことではありません。外国製品に競争力があるのでアメリカ市場に入ってきているわけで、安い輸入品のおかげで余分なお金をほかの消費や貯金に回すことができる。これが自由貿易の効果で、ほとんどすべてのエコノミストはトランプの意見に反対します。

何とかトランプを説得しようとするコーンは「あなた方は勉強が足りない」と言い切ってデータと事実を突きつけます。「貿易赤字が減る唯一の時期は」二〇〇八年の金融危機のようなときです。「アメリカの貿易赤字が減るのは、アメリカ経済が収縮しているからです。貿易赤字を減らしたいなら、実現できますよ。経済をパンクさせればいいだけです！」

それでもトランプは理解しません。「三〇年間、ずっと考えは変わらない」というトランプにコーンは反撃します。「だからといって正しいとは限りませんよ。私は一五年間アメフトのプロ選手になれると考えていました。だからといって私が正しかったわけではありませんでした」――ホワイトハウスのスタッフは、このようにまるで聞き分けのない子供を相手にするように大統領に接しなければなりませんでした。コーンたちはＫＯＲＵＳの件と同様に、トランプの注意を何とかしてＮＡＦＴＡからそらそうとするしかありませんでした。

こうした傾向は大統領職に就いてからの時間が経過するほど顕著になったといいます。国務長官のティラーソンは「あの男はものすごく知能が低い」と公然とトランプを批判していました。不安定な性格、無知、それ以上に学習能力の欠如――国家安全保障チームはトランプの存在自体に極度の懸念を抱き続けました。政権としては狂気としか言いようがない状態です。トランプはアメリカと世界にとって文字通りの「恐怖の男」でした。

本書は人物評伝ではありません。トランプとそのチームの意思決定過程を対象にしています。それがかえってトランプという特異で危険な人物の人となりを鮮明に描くのに成功しています。

後先のことを考えない人

僕の感想としては、一言で言って「後先のことを考えない人」。とんでもないポピュリストにしてナルシストなのですが、それもこれも「後は野となれ山となれ」という人だからです。その場の刹那的な自己満足というか自己陶酔を目的に行動する。すなわち、政治家という仕事は最も向いていない。一瞬のひらめきや思いつきでことを動かすのが大スキ。これはむしろトランプの信念のようで、事前の準備をやり過ぎると自分の直観能力がかえって弱まると思っていたフシがある。前もって考えたせいで挫折することを極度に嫌う。計画は自分の力や第六感を奪うとすら思っている。

トランプが当選した二〇一六年の大統領選で選挙参謀を務めたスティーブ・バノン（これがまたとんでもない人物）が述懐しています。「トランプは、勝つだろうとは、これっぽっちも思っていなかった」「大統領になる準備をまったくやらなかった。負けることは考えていなかったが、勝つとも思っていなかった」「ヒラリー・クリントンは、大人になってからずっと、こういう瞬間のために用意を整えてきた。トランプはこの瞬間のための用意に一秒も費やしていなかった」

トランプの直観の源泉はテレビ（特にトランプ寄りだったＦＯＸニュース）や新聞やＳＮＳ（交流サイト）の情報です。トランプはぞっとするほどメディアの視聴に時間を費やしていました。午前一一時ごろにならないと仕事を始めない。一日に八時間、とりつかれたようにテレビを観ている。トランプの寝室の巨大なテレビはつけっぱなしで、一人でリモコンをいじり、録画した番組を観てはそのときどきの思いつきを衝動的にツイートする。

プリーバス首席補佐官はトランプの寝室を「悪魔の作業場」と呼んでいました。週末にゴルフに出かけるトランプがホワイトハウスに帰る時間を遅らせるように、プリーバスは予定を組むようにしていました。午後九時にホワイトハウスに着くようにする。なぜかというと、その時間にはCNNやMSNBCのようなリベラル寄りのメディアがトランプが主役となる政治談議を終えて、穏やかな番組を流しているからです。

伝統的な強い男の役割を演じ、大胆不敵であることそれ自体に価値を求める。ツイッター（現・X）で無思慮な言葉を連発していたのも、ポリティカル・コレクトネス（政治的な正しさ）に屈したと思われたくなかったからです。

危険な思考様式はどこから来たか

鉄鋼への輸入関税でトランプとコーンが衝突したとき、輸入関税がいかにアメリカ経済全体にとって打撃になるかを示すデータを目いっぱい集めて、コーンはトランプに示します。それでもトランプの決意は揺るぎません。

「やってみよう。うまくいかなかったら、撤廃すればいい」というのがトランプの基本姿勢です。コーンは「アメリカ経済を、そんなふうにもてあそんではいけません。一〇〇%うまくいくという確信があるときに、そういう手を打ち、読みが正しかったことを祈るんです。五分五分の確率で、アメリカ経済にそういうことをやってはいけません」と抵抗しても、トランプは言うことを聞かない。失敗したらご破算にしてやり直せばいいいと思っている。

このような危険な思考様式は、トランプがそのキャリアを通じて不動産デベロッパーだったことが大きいのではないかと考えます。長期的な戦略思考が問われるビジネスに関わったことがない。その場その場の損得を計算する。

単発的な交渉で自分に有利な条件を引き出す。席をけり、合意を吹っ飛ばすと脅す。いざとなったら踏み倒せばいい。それでもだめなら破産宣告をするまでだ――事実、ビジネスマンとしてのトランプは複数回破綻を経験しています。彼にとっては破綻も戦略の一つ。徹底して利那的です。

不動産会社の大将ならそれでいいでしょうが、こういう人が大統領をやっているのには根本的な無理があります。知れば知るほどトランプは政治家として救いがたい人物です。

FEAR 恐怖の男——トランプ政権の真実

エルサへ捧ぐ

著者の個人的覚書

大統領四人それぞれに関する私の著書五冊に協力してくれたイブリン・M・ダフィーに心から感謝する。トランプ大統領がことにハードルが高かったのは、支持者と批判勢力の両方が、かなり感情的かつ熱情的になるからだった。ホワイトハウス内部のできるだけ奥で取材しながら、新しい情報を得て、その真偽をたしかめ、状況にあてはめるのが難しいことを、イブリンはすぐさま察してくれた。

これが歴史であり、記憶がまだ新鮮で、書類やメモが利用できるうちに、できるだけすばやくそれらを手に入れなければならないことを、イブリンは見抜いていた。北朝鮮、アフガニスタン、中東の外交政策の取材では、一日か二日で調査、インタビュー、書き起こし、書き直しを行なった部分もある。国内問題では、貿易、移民、税などあらゆる分野にわたった。

特定の場面、特定の日時、そこにいた当事者、じっさいに起きたことの描写を中心に物語が進むように、イブリンが構成を整えてくれた。イブリンはすばらしい職業倫理の持ち主であり、あくまで公平で、好奇心が旺盛で、とことん正直だ。調査、背景、年代順の配列、切り抜き、彼女の鋭い意見、答えの出ていない重要問題、やらなければいけない追加のインタビューなど、もろもろの物事を、イブリンは分厚い書類の束にまとめてくれた。

イブリンは、限りない良識と知恵を提供してくれ、共著者にひとしい精神と――作業のレベルで――全面的な協力者として働いてくれた。

「真の力とは――この言葉は使いたくないんだが――恐怖だ」

――二〇一六年三月三一日、ワシントンDCのトランプ・インターナショナル・ホテル／オールド・ポスト・オフィス・パビリオンにて、ボブ・ウッドワードとロバート・コスタによるインタビューに答えた大統領候補ドナルド・J・トランプの言葉

読者への覚書

本書のためのインタビューはジャーナリストの〝ディープ・バックグラウンド〟という基本ルールのもとで行なわれた。つまり、情報はすべて使用してよいが、情報を提供した人物については なにも明かさない。これらの出来事に直接関わったか、それをじかに目撃した人々への数百時間のインタビューをもとに、本書は書かれている。ほとんどの人々が録音を許可してくれたので、記述の正確を期すことができた。登場人物の言葉の引用、思考、結論に関しては、本人から情報を得たか、じかに見聞きした同僚から話を聞いたか、あるいは会議のメモ、個人の日記、政府の文書、個人の書類をもとにしている。

トランプ大統領は、本書のためのインタビューを断わった。

登場人物

アメリカ合衆国大統領……ドナルド・J・トランプ
アメリカ合衆国副大統領……マイク・ペンス

ホワイトハウス

大統領首席補佐官……
　ラインス・プリーバス（二〇一七年一月二〇日〜二〇一七年七月三一日）
　ジョン・ケリー（二〇一七年七月三一日〜）
大統領首席戦略官……スティーブ・バノン（二〇一七年一月二〇日〜二〇一七年八月一八日）
大統領上級顧問……
　ジャレッド・クシュナー
　スティーブン・ミラー
大統領補佐官……イバンカ・トランプ
大統領秘書官……ロブ・ポーター（二〇一七年一月二〇日〜二〇一八年二月七日）

大統領法律顧問……ドナルド・〝ドン〟・マクガーン（二〇一七年一月二〇日～二〇一八年一〇月一七日）
大統領特別顧問（法律）……タイ・コブ
大統領顧問……ケリーアン・コンウェイ
広報部長……ホープ・ヒックス（二〇一七年九月一二日～二〇一八年三月二九日）
報道官……
　ショーン・スパイサー（二〇一七年一月二〇日～二〇一七年七月二一日）
　サラ・ハッカビー・サンダース（二〇一七年七月二六日～）

国家安全保障会議（NSC）

国家安全保障問題担当大統領補佐官……
　マイケル・フリン（二〇一七年一月二〇日～二〇一七年二月一三日）
　H・R・マクマスター（二〇一七年二月二〇日～二〇一八年四月九日）
統合参謀本部議長……ジョセフ・ダンフォード
NSC事務局長……キース・ケロッグ（二〇一七年一月二〇日～二〇一八年四月二七日）

閣僚・閣僚級

国務長官……レックス・ティラーソン（二〇一七年二月一日～二〇一八年三月三一日）
国防長官……ジェームズ・マティス

財務長官……スティーブ・ムニューシン
商務長官……ウィルバー・ロス
司法長官……ジェフ・セッションズ（二〇一七年二月九日〜二〇一八年一一月七日）
司法副長官……ロッド・ローゼンスタイン
国家経済会議（NEC）委員長……ゲーリー・コーン（二〇一七年一月二〇日〜二〇一八年四月二日）
国家通商会議（NTC）委員長……ピーター・ナバロ
通商代表部代表……ロバート・E・ライトハイザー

インテリジェンス・コミュニティ

国家情報長官……
　ジェームズ・クラッパー（二〇一〇年八月九日〜二〇一七年一月二〇日）
　ダン・コーツ（二〇一七年三月一六日〜）
中央情報局（CIA）長官……
　ジョン・ブレナン（二〇一三年三月八日〜二〇一七年一月二〇日）
　マイク・ポンペオ（二〇一七年一月二三日〜二〇一八年四月二六日）
国家安全保障局（NSA）長官……マイク・ロジャーズ（二〇一四年四月三日〜二〇一八年五月四日）
連邦捜査局（FBI）長官……ジェームズ・コミー（二〇一三年九月四日〜二〇一七年五月九日）
FBI副長官……アンドリュー・マッケーブ（二〇一六年二月一日〜二〇一八年一月二九日）

特別検察官……ロバート・〝ボブ〟・モラー（二〇一七年五月一七日〜）
特別検察官首席補佐官……ジェームズ・クォーレス（二〇一七年五月一七日〜）

その他

トランプの顧問弁護士……
　ジョン・ダウド（二〇一八年三月二二日に辞任）
　マーク・カソウィッツ（二〇一七年七月二〇日に辞任）
　ジェイ・セクロウ
上院共和党院内総務……ミッチ・マコネル
上院軍事委員会委員長……ジョン・マケイン（共和党）
上院財政委員会委員長……オリン・ハッチ（共和党）
上院議員……リンゼー・グラム（共和党）
下院議長……ポール・ライアン（共和党）
ロシア大統領……ウラジーミル・プーチン
北朝鮮最高指導者……金正恩《キム・ジョンウン》
中国国家主席……習近平《シー・ジンピン》
韓国大統領……文在寅《ムン・ジェイン》

プロローグ

トランプが大統領に就任してから八カ月が過ぎた二〇一七年九月初旬、ゴールドマン・サックスの元社長兼ＣＯＯで、大統領の経済政策の首席顧問である国家経済会議（ＮＥＣ）委員長をつとめるゲーリー・コーンが、大統領執務室《オーバル・オフィス》のレゾリュート・デスク（大統領の執務机）に用心深く近づいた。

ゴールドマン・サックスに二七年間勤めたコーンは、身長一九〇センチ、禿頭で、押しが強く、自信たっぷりだった。顧客たちが数十億ドルの富を築くのを手伝い、自分も数億ドル稼いでいた。コーンはオーバル・オフィスに立ち入る特権があり、トランプもそれを認めていた。

デスクには、韓国大統領宛の大統領親書の草稿一枚が置いてあった。米韓自由貿易協定（ＫＯＲＵＳ）を破棄する、という内容だった。

コーンは驚愕した。何カ月も前からトランプは、米韓の経済関係と軍事同盟のみならず、もっとも重要な機密《トップ・シークレット》（最高度の秘密区分。以下の区分は「極秘」と「秘」）の情報活動と情報収集能力の基盤をなしているこの協定を撤回すると脅していた。

一九五〇年代に結ばれた防衛条約のもとで、アメリカは韓国に兵力二万八五〇〇人の米軍を駐留させ、国家機密に属する特別アクセス・プログラム《ＳＡＰ》を行なってきた。特別アクセス・プログラムによって暗号名が付されるような情報機関や軍の高度な国家機密を韓国から得られる。北朝鮮の大陸間弾道ミサイルは、いまや核弾頭を搭載できるようになり、アメリカ本土を射程に収めている可能性がある。

北朝鮮がミサイルを発射したら、三八分でロサンゼルスに到達する。

特別アクセス・プログラムによって、アメリカは北朝鮮の弾道ミサイル発射を七秒以内に探知できる。アラスカの基地の情報収集能力では、探知に一五分かかる——驚異的な時間短縮だ。

北朝鮮のミサイル発射を七秒以内に探知できれば、米軍にはミサイルを撃ち落とす時間がある。したがって、この特別アクセス・プログラムは、アメリカ政府の最重要秘密作戦であるといえる。それに、韓国に米軍を駐留させることは、アメリカの国家安全保障の要だった。

韓国経済にとって不可欠なKORUSの破棄は、米韓関係そのものを瓦解させかねない。トランプが、アメリカの安全保障には欠くことのできない重要な情報資産を失う危険を冒そうとしていることが、コーンには信じられなかった。

韓国との貿易赤字が年間一八〇億ドルに達し、在韓米軍の駐留費用が三五億ドルにのぼることにトランプが激怒しているのが、こういったことすべての原因だった。

ホワイトハウス内の混乱や内輪揉めは、ほとんど毎日のように報道されているが、内部の状況がじっさいにどれほどひどいかを、国民大衆は知らない。トランプは変わり身が激しく、不変・不動であることはめったになく、気まぐれだった。大小さまざまな物事に腹を立て、機嫌が悪くなる。KORUSについても、「きょう破棄する」というようなことを口にする。

しかし、それがいまは大統領親書になっている。[1] 日付は二〇一七年九月五日。安全保障上の大惨事を引き起こす可能性がある。トランプがそれを見たら署名するのではないかと、コーンは不安になった。

　コーンは、レゾリュート・デスクから親書の草稿を取り、〝保管〟と記された青いフォルダーに入れた。

「デスクから盗んだ」コーンはのちに同僚に語った。「あの男には見せない。ぜったいに見られないようにする。国を護らなければならない」

　ホワイトハウスもトランプの頭のなかも無秩序に乱れ切っていたので、親書の草稿がなくなったことに、トランプは気づかなかった。

　通常、この韓国大統領宛の親書のような書簡は、大統領の書類仕事を取りまとめているロブ・ポーター秘書官《スタッフ・セクレタリー》が作成を担当する。しかし、今回は驚いたことに、トランプに届けられた草稿の出所が不明だった。秘書官は目立たないが、どの大統領のホワイトハウスでも、重要な役割を果たしている。ポーターは何カ月も前から、決定事項の覚書やその他の大統領の書類について、トランプに要旨説明《ブリーフィング》を行なってきた。軍事行動や中央情報局（ＣＩＡ）の秘密活動のような、安全保障に関わる国家機密の承認事項も、それに含まれていた。

　身長一九四センチで、ガリガリに痩せている四〇歳のポーターは、モルモン教徒として生まれ育った。いわゆるひと目につかない人間《グレイマン》だった。ハーバード大学とハーバード・ロースクールを出て、ローズ奨学金も受けていたが、そういったことをまったくひけらかさない、組織人だった。

　書簡の草稿には何枚かコピーがあるのを、ポーターはその後、突き止めた。ポーターかコーンが、一枚も大統領のデスクに置かれることがないように気を配った。

この案件はトランプが一時の感情にかられて命じたもので、危険極まりないと判断した二人は、協力して潰そうとした。それに類する書類は、いつのまにか消滅した。トランプが草稿をデスクに置いて校正しようとすると、コーンがひったくり、トランプはそのまま忘れた。デスクに残せば、トランプが署名してしまう。「国のためにやっていたというよりは」コーンはひそかにいった。「あの男がやらないように救ってやったんだ」

アメリカ合衆国大統領の意思と憲法であたえられた権限を脅かす、クーデターにもひとしい行為だった。

政策決定とスケジュールの調整、大統領の書類仕事の処理のほかにも仕事があると、ポーターは同僚に語った。「第三の仕事は、彼のものすごく危険な思いつきに対応して、名案ではなかったかもしれないと思い直すような理由をいくつも教えることだった」

延期、故意の引き延ばし、法的制約といった戦略もとられた。法律家でもあるポーターはいう。「物事を遅らせる、彼のところへ持っていかない、あるいは――いいわけではなく、正しい理由を挙げて――これは吟味する必要がありますとか、これにはもっと多くの手続きが必要ですとか、法律顧問の承認が得られませんとかいう――書類を大統領のデスクから取りあげる回数の一〇倍はやった。ずっと崖っぷちを歩いているような心地だった」

業務が落ち着いているように思えるときが何日か、あるいは何週間かあると、二人は崖っぷちから数歩離れることができた。「崖から落ちて、行動が行なわれることもあった。つねに崖っぷちを歩いているようなものだった」

トランプは、九月五日付の親書の草稿がなくなっていることには触れなかったが、KORUSをどうしたいかということは忘れなかった。「おなじような書簡が何度かくりかえし作成された」とポーターは同僚に語った。

後日、オーバル・オフィスでの会議で、KORUSについて激しい議論がなされた。「かまうものか」トランプがいった。「この協定にはうんざりしているんだ！　二度と聞きたくない。われわれはKORUSを破棄する」。自分が送りたい親書の口述筆記をはじめた。

大統領の娘婿のジャレッド・クシュナーは、トランプの言葉を真剣に受け止めた。三六歳のクシュナーは、大統領上級顧問で、尊大な態度を身につけている。トランプの娘のイバンカとは、二〇〇九年に結婚した。

クシュナーはトランプにいちばん近いところに座っていたので、口述筆記を引き受けて、トランプのいうことを書き留めた。

親書を書きあげ、私に届けてくれれば署名する、とトランプがクシュナーに指示した。

クシュナーが口述筆記をもとに新しい親書を書こうとしていたときに、ポーターがそれを聞きつけた。

「草稿を送ってほしい」ポーターは、クシュナーに指示した。「こういう親書は、紙ナプキンの裏に書くようなわけにはいかない。政治的に困ったことにならないような言葉で書く必要がある」

クシュナーが自分の草稿の写しを送った。ほとんど役に立たなかった。ポーターとコーンは、大統領の指示どおりにやっていると見せかけるために、タイプした草稿を作成した。トランプは、すぐにやることを求めていた。なにも持っていかないわけにはいかない。その草稿でごまかすつもりだった。

正式な会議ではKORUS破棄反対派が、あらゆる反論を持ち出した――アメリカは自由貿易協定を破棄したことは一度もない、法律問題、地政学問題、重大な国家安全保障・情報問題がある。親書はまだ用意されていなかった。事実と論理を反対派は大統領に浴びせかけた。

「よし、ひきつづき親書を作成してくれ」トランプはいった。「つぎの草稿が見たい」

コーンとポーターは、草稿を用意しなかった。大統領に見せるものはなかった。KORUS問題は、大統領の決定という濃霧のなかでつかのま見えなくなった。トランプは、ほかのことで多忙だった。

しかし、KORUS問題は、消え去りはしなかった。コーンは、ジェームズ・マティス国防長官と話をした。退役海兵隊大将のマティスは、トランプの閣僚のなかでもっとも発言力が大きい。海兵隊勤務四〇年のマティスは、戦闘経験も豊富だった。身長一七五センチで、背すじがまっすぐにのびた姿勢を保ち、つねに、この世の楽しみには興味がないという態度を示している。

「私たちは崖っぷちでよろけている」コーンは、マティスにいった。「今回はすこし応援がほしい」

マティスは、ホワイトハウスを訪れるのを控えて、できるだけ軍事のみに集中しようとしていたが、非常事態だと察して、オーバル・オフィスへ行った。

「大統領」マティスはいった。「金正恩《キム・ジョンウン》は私たちの国家安全保障に直接関わりのある脅威を保有しています。韓国との同盟関係を維持する必要があります。貿易はそれと関係ないように思えるかもしれませんが、じつはそれが中核です」

韓国の米軍と情報資産は、北朝鮮に対するアメリカの防御能力の根幹です。協定破棄はやめてください。

韓国の弾道ミサイル防御システムに、どうしてアメリカが年間一〇億ドルも支出しなければならないのか？　とトランプが質問した。終末高高度空域防衛システム（ＴＨＡＡＤ《サード》）への出費が腹立たしくてたまらないトランプは、韓国からそれを引き揚げてオレゴン州ポートランドに配備すると脅していた。

「韓国のためにやっているのではありません」マティスはいった。「韓国を支援しているのは、それがアメリカに役立つからです」

トランプは、不服そうに同意しかけたが、それは一瞬だった。

二〇一六年、大統領候補だったトランプは、ロバート・コスタと私に、大統領という職務の定義を述べた。「なによりもわが国の安全保障が重要だ……それが第一、第二、第三だ……軍隊が強ければ、わが国にとってよくないことが外部から起こるのを防げる。大統領という職務の定義で、それがつねに第一になると私は確信している[2]」

現実には、二〇一七年のアメリカは、感情的になりやすく、気まぐれで予想のつかない指導者の言動にひきずりまわされている。ホワイトハウスのスタッフたちは、大統領の危険な衝動から生まれたと見なした事柄を、故意に妨害している。世界でもっとも強大な国の行政機構が、神経衰弱を起こしている。

以下はその物語である。

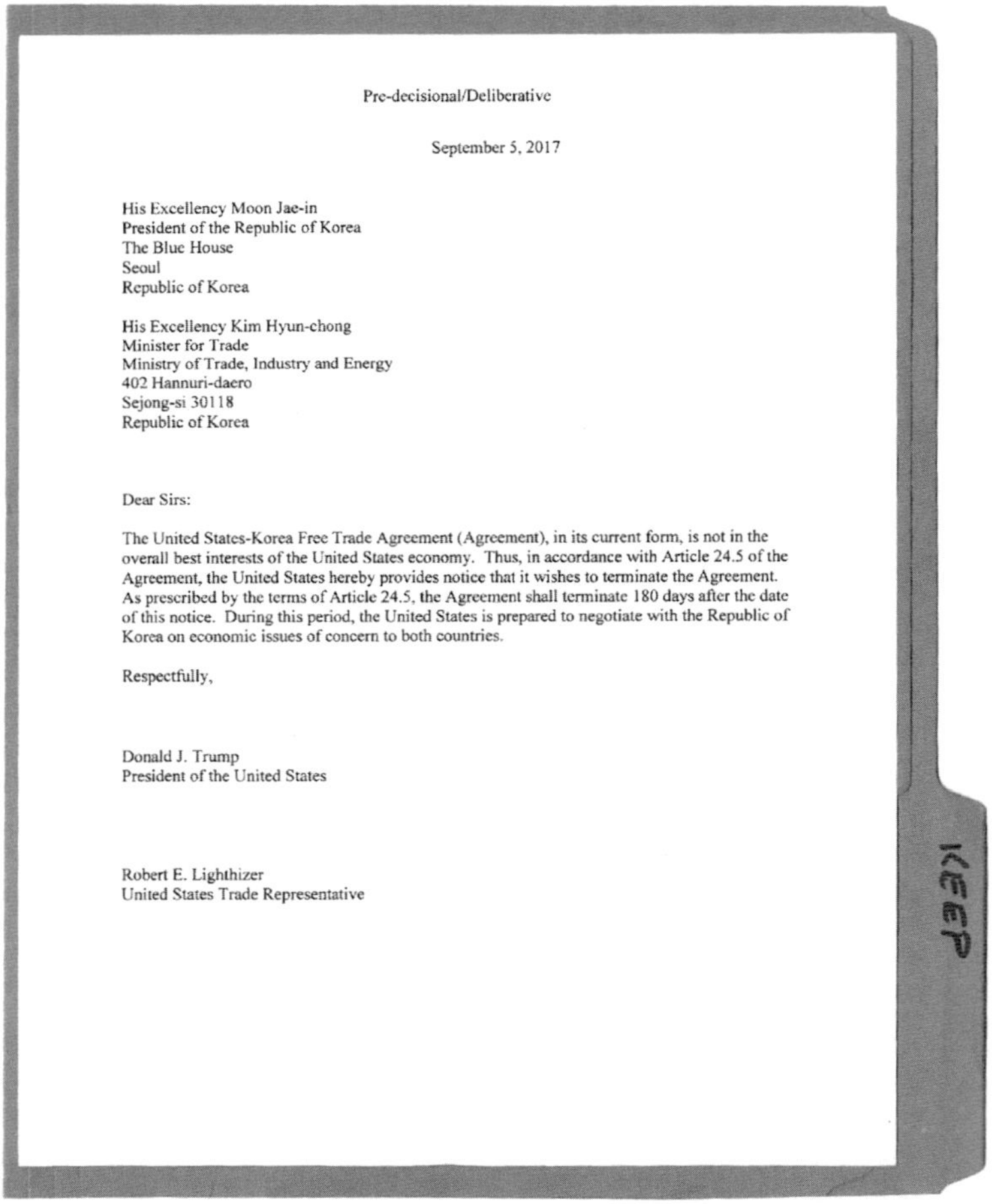

Pre-decisional/Deliberative

September 5, 2017

His Excellency Moon Jae-in
President of the Republic of Korea
The Blue House
Seoul
Republic of Korea

His Excellency Kim Hyun-chong
Minister for Trade
Ministry of Trade, Industry and Energy
402 Hannuri-daero
Sejong-si 30118
Republic of Korea

Dear Sirs:

The United States-Korea Free Trade Agreement (Agreement), in its current form, is not in the overall best interests of the United States economy. Thus, in accordance with Article 24.5 of the Agreement, the United States hereby provides notice that it wishes to terminate the Agreement. As prescribed by the terms of Article 24.5, the Agreement shall terminate 180 days after the date of this notice. During this period, the United States is prepared to negotiate with the Republic of Korea on economic issues of concern to both countries.

Respectfully,

Donald J. Trump
President of the United States

Robert E. Lighthizer
United States Trade Representative

米韓自由貿易協定（KORUS）破棄を伝える2017年9月5日付の韓国大統領宛の親書草稿。大統領が署名して送られることがないように、ゲーリー・コーンがトランプ大統領のレゾリュート・デスクから取った。

決定前／要審議

2017年9月5日

大韓民国
ソウル
青瓦台
大韓民国大統領
文在寅　閣下

大韓民国
世宗特別自治市　30118
ハンヌリ大路402
産業通商資源省
通商交渉本部長
金鉉宗　閣下

謹啓

米韓自由貿易協定（以下「協定」）は、現在のような形では、アメリカ合衆国経済全体の利益にとって最適とはいえません。したがって、協定24条5項に基づき、アメリカ合衆国は協定解除を望むことを、ここに通知いたします。24条5項の条件に記されているとおり、本通知の180日後に協定は解除されます。この期間中、アメリカ合衆国は大韓民国と両国の関心事である経済問題について交渉する用意があります。

謹白

アメリカ合衆国大統領
ドナルド・J・トランプ

アメリカ合衆国通商代表部代表
ロバート・E・ライトハイザー

1

右派政治映画プロデューサーのスティーブ・バノンは、ドナルド・トランプが勝利を収めた大統領選挙で選挙参謀をつとめたことで知られている。大統領選挙の六年前の二〇一〇年八月、当時五七歳だったバノンに、電話がかかってきた。

「あすはどんな予定かな?」下院共和党のベテラン調査員で、ビル・クリントンとヒラリー・クリントンのスキャンダルを二〇年近く追っている保守活動家のデービッド・ボシーが、バノンにそうきいた。

「あんたか」バノンは答えた。「フィルムをカットしているところだ。あんたのための映画だよ」

二〇一〇年の連邦議会中間選挙が、まもなく行なわれる。ティーパーティ運動の全盛期で、共和党に勢いがあった。

「デーブ、われわれは文字どおり映画爆弾をあと二発落とす。私が一日二〇時間働いて編集している」ボシーが率いる保守派の政治活動団体シチズンズ・ユナイテッドは、反クリントン映画を粗製乱造していた。

「ニューヨークの私のところへ来られないか?」

「なんのために?」

「ドナルド・トランプと会うためだ」ボシーがいった。

「会ってどうする?」

「トランプは、大統領に立候補することを考えている」

「どこの国で?」バノンはきいた。

いや、まじめな話だ。ボシーはなおもいった。何カ月ものあいだ、トランプに会って、いっしょにことを進めている。トランプに会合を持ちたいと頼まれた。

「無駄にする時間はないんだよ」バノンはいった。「トランプが出馬するわけがない。あきらめろ。オバマに対抗する？　無理だね。馬鹿なことに付き合っている時間はない」

「会いたくないのか?」

「ああ、まったく興味ないね」トランプは、バノンが司会をつとめる日曜午後のラジオの三〇分番組〈ザ・ビクトリー・セッションズ〉で、インタビューに応じたことがあった。[1]ロサンゼルス発のその番組を、バノンは〝思索家のラジオ番組〟だと宣伝していた。

「本気じゃないのさ」バノンはいった。

「本気だと思う」ボシーはいった。トランプはテレビではセレブで、ＮＢＣの週間最高視聴率をとることがある人気番組〈アプレンティス〉のホストでもあった。「私たちが彼に会っても損はない」

バノンはようやく、ニューヨークのトランプ・タワーへ行くことに同意した。

二人は二六階の会議室へエレベーターで行き、トランプが温かく出迎えた。ボシーが、綿密なプレゼンテーションがあるといった。それは個人指導だった。

最初の部分は、共和党の大統領候補になって勝利を収める方法だと、ボシーはいった。第二部は、バラク・オバマに対抗してアメリカ合衆国大統領に立候補するやり方を説明している。標準的な票読み戦略をボシーは説明し、プロセスと問題点を検討した。ボシーは小さな政府を望む昔ながらの保守派で、ティーパーティ運動には不意打ちを食らっていた。

アメリカ政治にとって重要な瞬間だと、ボシーはいった。それに、ティーパーティのポピュリズムが、全米を席捲している。庶民の声が大きくなっている。ポピュリズムは草の根運動で、一般市民の肩を持ち、政治の現状維持を打ち壊す。

「私はビジネス界の人間だ」トランプは、二人に念を押した。「プロの政治家として順を踏んで出世してきたわけではない」

「大統領選に立候補するのであれば」ボシーはいった。「細かいことも、大きなことも、いろいろ知っておく必要があります」。細かいこととは、立候補手続きの締め切りや、州の予備選挙のルールの範囲内でぎりぎりの活動をすること――些細なことです。「政策に通じていなければなりませんし、代議員を獲得する方法も知っていなければなりません」。しかし、まず最初に「保守派の運動を理解する必要があります」。

トランプはうなずいた。

「いくつかの争点で、あなたには問題があります」ボシーはいった。

「問題などない」トランプがいった。「いったいなんの話だ？」

「まず、生命尊重派《プロライフ》（狭義には人工妊娠中絶反対派のこと）ではない候補が共和党の大統領予備選挙を勝ち抜いたことは、一度もありません」ボシーはいった。「あいにく、あなたは明確な中絶擁護派《プロチョイス》です」

「どういうことだ？」

「中絶を擁護しているプロチョイスの候補者に、あなたは献金したことがありますね。声明も出していますね。中絶に反対するプロライフになる必要があります」

「私は中絶に反対だ」トランプはいった。「プロライフだ」

「でも、記録が残されています」

「訂正すればいい」トランプはいった。「どうやって訂正するか、教えてくれ。私は――えーと、プロライフだ。間違いなくプロライフだと、きみたちにいおう」

バノンは、トランプのショーマンシップに感心した。トランプは、話が進むにつれて、そういう面を見せはじめた。トランプは熱心だし、飲み込みが早い。健康状態もいい。存在感があり、その場を支配する威風を備えている。人物が大きい。それでいて、バーでテレビに向かって話しかける男のようでもある。クイーンズ出身らしく都会的で目端が利く。一九七〇年代のテレビドラマの登場人物アーチー・バンカーのようだと、バノンは思った。だが、トランプは、バンカーよりもずっと集中力が強い。

「もうひとつの大きな問題は」ボシーがいった。「投票記録です」

「投票記録がどうした？」

「どれくらいの頻度で投票していますか？」

「それがどうした？」

「つまり」ボシーはいった。「共和党の予備選挙のことです」

「毎回投票している」トランプが、自信たっぷりにいった。「一八歳か二〇歳のときからずっと」

「それは事実ではありませんね。あなたの投票の公式記録があるんですよ」議会の調査員のボシーは、記録をごっそり用意していた。

「どういう投票をしたか、わかるはずがない」

「そうではありません。どういう投票をしたかではなく、どれほどの回数、投票したかです」

トランプは政治の基本事項を知らないのだと、バノンは気づいた。

「毎回、投票している」トランプはいい張った。

「じっさいは、これまでのあいだ、あなたは予備選挙では一度しか投票していません」ボシーが、記録を読みながらいった。

「嘘っぱちだ」トランプはいった。「大嘘だ。私は毎回投票に行く。投票した」

「一度の予備選挙で投票しただけです」ボシーはいった。「一九八八年あたりの共和党予備選挙で」

「そのとおりだ」トランプは、すかさず一八〇度方向転換した。「ルディに投票した」。一九八九年の予備選挙で、ルドルフ・ジュリアーニはニューヨーク市長に立候補した。「そこに書いてあるのか？」

「ええ」

「なんとかなるだろう」トランプはいった。

「どうでもいいことかもしれません」ボシーはいった。「あるいは重視されるかもしれない。先へ進むには、几帳面になる必要があるんです」

バノンがつぎに話をした。エリートを嫌っているティーパーティの原動力に話題を持っていった。ポピュリズムは、体制が仕組まれているのを知っている庶民のためのものです。労働者からお金を搾り取っている縁故資本主義や内輪の取引に反対しています。

「気に入った。私がまさにそうだ」トランプはいった。「大衆受けする《ポピュラリスト》」。いい間違えていた。

「いいえ、そうじゃなくて」バノンはいった。「ポピュリストです」

「ああ、そうか」トランプはいいつのった。「ポピュラリストだな」

バノンはあきらめた。最初は、トランプがその言葉を理解していないのかと思った。だが、ひょっとすると自分なりに解釈しているのかもしれない——大衆に人気があるということだと。一九世紀末のイギリスでは、知識階級ではない一般大衆が〝ポピュリスト〟をポピュラリストといっていたことを、バノンは知っていた。

会合がはじまってから一時間たつと、ボシーはいった。「べつの大きな争点があります」

「それはなんだ?」トランプがきいた。すこし用心深くなっているようだった。

「それはですね」ボシーはいった。「あなたの献金の八〇%が、民主党向けだったことです」。それがトランプの政治的負債だと、ボシーは思っていたが、それはいわなかった。

「でたらめだ!」

「公式記録があります」ボシーはいった。

「献金の記録だと！」トランプは、ほんとうに驚いていた。

「あなたがなさった献金すべての記録です」。政治献金をすべて公開するのは原則だ。

「私はずっと公平だった」トランプはいった。献金は両党の候補者に二分してきた。

「じっさい、かなり献金していますね。でも、八〇%が民主党向けです。シカゴ、アトランティックシティ……」

「やむをえなかったんだ」トランプはいった。「民主党のやつらがそういう都市すべてを牛耳っている。だが、ホテルを建てなきゃならない。賄賂を使うしかない。そいつらが私のところへ来るんだ」

「よく聞いてください」バノンはいった。「デーブがいいたいのは、こういうことです。ティーパーティの候補として立つ場合、ティーパーティがそういうことに文句をいっていることが問題になります。内輪で取引をやっている人間だといわれます」

「なんとかなる」トランプはいった。「なんだって仕組まれているんだ。仕組まれた体制なんだ。この連中は、何年も私を強請《ゆす》ってきた。私は金をやりたくない。だがそいつらがはいってきて、私が小切手を書かなかったら……」

クイーンズには政治屋がいる、とトランプはいった。「野球帽をかぶった年寄りだ。会いにいったら、なにがしかをやらなきゃならない――たいがい現金だ。やらなかったら、なにも進まない。なにも建てられない。だが、そこへ行って、現金入りの封筒を置いてくれれば、実現する。そういうふうにできている。だが、その件は片をつけられる」

ポシーが、行程表《ロードマップ》があるといった。「保守主義運動です。ティーパーティは現われては消える。ポピュリズムは現われては消える。しかし、保守主義運動は、バリー・ゴールドウォーター以来、ずっと礎だったのです」

もうひとつあります、とボシーはいった。三つの州で、まるで州知事に立候補しているようにふるまうことを勧めます——アイオワ州、ニューハンプシャー州、サウスカロライナ州。予備選挙が最初に行なわれる三州です。「立候補し、地元の人間みたいに話をする。この州民の知事になりたいというような口ぶりで」。多くの候補は、二七州それぞれで立候補しているような態度をとるが、それは大きな過ちです。「三州で知事選を争っているようにふるまう。そうすればかなり勝ち目はあるでしょう。三州に集中しましょう。三州でうまくやる。そうすれば、あとの州もついてきます」

「私は指名を受ける」トランプはいった。「あとの候補を打ち負かす。だれだろうとかまわない。私が得る。あとのことは、私が始末する」

政治的見解はすべて見直し、修正あるいは削除する。

「私はプロライフだ」トランプはいった。「これからはじめるぞ」

「つぎのことをやっていただく必要があります」ボシーはいった。「上院議員と下院議員すべてに宛てて、合計で二五万～五〇万ドル相当の小切手を書かなければなりません。全員、ここに来ます。目を見つめ、握手をしてください。それから小切手を渡す。目星をつけておく必要があるからです。相手にわからせるために、一対一で会わなければなりません。なぜなら、あとで人間関係を築くときに、それがとばくちになるからです」

ボシーは、話をつづけた。「たとえば、小切手の金額が二四〇〇ドルだったとします」——候補者への個人献金の当時の上限額だ。「個人小切手で、ハードマネー（候補者への直接寄付金）でなければなりません。選挙運動に使われるものだし、あなたの個人的な献金だとわかるからです。共和党員は、あなたがこのことに本気だというのを知るわけです」

そのお金はすべて、大統領を目指す政治術の中核になる。「あとで莫大な配当が返ってきます」。オハイオ州、ペンシルベニア州、バージニア州、フロリダ州のような数すくない激戦州の共和党候補者にあたえるのが有効です。

さらに、とボシーはいった。「政策集を公表しなくてはなりません。アメリカの国家観とその政策を書くのです」

バノンは中国がいかにアメリカの雇用と金をかすめとるのに成功しているかを幅広く説明した。バノンはこの脅威に執着していた。

「どう思う？」後刻、ボシーはバノンにきいた。

「あの男には強い印象を受けた」バノンはいった。大統領に立候補することについては、「見込みはゼロだ。だいいち、ふたつの行動がどうなるかだ。あいつは小切手を切らないだろう。小切手を書くような人間ではない。小切手に裏書する人間だ」。受け取った小切手を現金化するためだ。「あんたがその話をしてくれてよかった。あいつは小切手を書かないはずだから」

「政策集は？」

「書かないだろう。もうこの話はやめよう。だいいち、だれも乗ってこない。腹を抱えて笑いたくなるくらい面白いのはべつとして、時間の無駄だ」

トランプが立候補すると決めたら、鍛え直すと、ボシーはいった。トランプは異色の人的資産だ。政治プロセスから、まったく切り離されている。

二人で歩いているときに、ボシーは頭の体操をやっていた。六年後にアメリカ国民のほとんどが思い浮かべたようなことを考えていた。彼はぜったいに立候補しない。届けを出さない。出馬表明しない。財務情報開示の書類を提出しない。そうだろう？　彼はどれもぜったいにやらない。勝つはずがない。

「立候補するとは思わないか？」ボシーは、ようやくバノンにきいた。

「ぜったいにありえない。見込みはゼロだ」バノンがさっきとおなじ言葉を返した。「ゼロ以下だ。あいつの暮らしを見ただろう、あんた。やめろよ。あいつがこれをやるわけがない。恥をかくのが関の山だ」

2

六年後

いくつもの物事が、とうていありえないような、でたらめでいいかげんな進みぐあいで展開しなかったら、きょうの世界はまったく別物になっていたにちがいない。ドナルド・トランプが二〇一六年七月二一日に共和党の指名を受け入れ、おなじ年の八月一三日の早朝に、彼の大統領を目指す道は、大幅に方向を変えた。

右派のオンライン・ニュース《ブライトバート・ニュース・ネットワーク》の会長になっていたスティーブ・バノンは、ニューヨークのブライアント・パークのベンチに座り、背中をまるめて新聞数紙を読んでいた。それが土曜日の習慣になっている。まず《フィナンシャル・タイムズ》をめくってから、《ニューヨーク・タイムズ》に目を通した。

〝トランプを飼い慣らす党内作業失敗〟というのが、第一面の見出しだった。[1] 大統領選挙は、三カ月後に迫っていた。

「なんてこった」バノンは、心のなかでつぶやいた。

バノンという男の第一の演技は服装だった——古い軍用フィールドジャケットを、重ね着したポロシャツの上に着ていた。第二の演技は態度だった——攻撃的で、確信ありげで、声が大きい。《ニューヨーク・タイムズ》の記事を書いた記者たちは、トランプに近いか選挙運動に通じている匿名の共和党員二〇人が情報源だと述べていた。トランプは五里霧中の疲れ切ったふくれっつらの男で、失敗を犯しかねないし、大口献金者たちともうまくいっていないと、記事は評していた。選挙の行方を決める激戦州のフロリダ州、オハイオ州、ペンシルベニア州、ノースカロライナ州で、トランプは危うい状況にある。意地の悪い書き方の記事だったが、すべて事実だとバノンは知っていた。トランプは民主党のヒラリー・クリントンに最大二〇ポイント、すくなくとも二桁の差で敗れるだろうというのが、バノンの予想だった。

トランプは、メディアにはいい見世物だが、共和党全国委員会（RNC）が提供しているもの以外は、まだ運動組織らしいものがない。ごく少人数のスタッフがいるだけだと、バノンにはわかっていた。スピーチライターが一人と、全国で現地に先乗りして、古いスポーツ施設かホッケー場のような安っぽい会場を見つけ、集会を準備する人間が五、六人いるだけだろう。

それにもかかわらず、トランプは共和党の候補一六人以上を破って指名され、冒瀆《ぼうとく》的なことをいう反政府的な存在として、国民の注目を一身に集めている。

六三歳のバノンは、ハーバード・ビジネス・スクール卒で、熱烈なナショナリズムとアメリカ・ファーストの政見の持ち主だった。バノンは、レベッカ・マーサーに電話をかけた。

マーサーとその一族は、共和党の選挙運動で最大の政治資金源で、いろいろと物議をかもしている。その資金は、アメリカの政治、ことに共和党の原動力になっている。マーサー一族は、保守主義運動では小物だったが、金でテーブルに席を得ていた。《ブライトバート》の出資者でもある。

「まずいことになった。非難の矛先がこっちに向くだろう」バノンはマーサーにいった。《ブライトバート》は、トランプが泡沫候補だったころから支持していた。「《ブライトバート》はおしまいだ」

「どうして手を貸さないの？」マーサーがいった。

「選挙運動はやったことがない」バノンは答えた。それに近い経験すらなかった。途方もないことに思えた。

「マナフォートとかいう男は、役立たずよ」。マーサーがいうのは、トランプの選挙対策本部長《キャンペーン・マネジャー》のポール・マナフォートのことだ。「いまはだれも運動の指揮をとっていない。トランプはあなたのいうことを聞くでしょう。トランプには世知に長けた人間の指導が必要なのよ」

「わかった」バノンはいった。「いつでも引き受ける。しかし、トランプがうんというかな？」

「彼はずっとアウトサイダーだった」。《ニューヨーク・タイムズ》の記事の表現を、マーサーは口にした。「パニック・モードになっている」。つまり、トランプは藁をもつかむ思いだから、バノンを雇うだろうというのだ。

マーサー親子が連絡したとき、トランプはロングアイランドのイーストハンプトンへ行くところだった。ニューヨーク・メッツのオーナー、ウッディ・ジョンソンの家がそこにあり、献金を頼もうとしていたのだ。いつもなら、マーサー親子はただ候補者に小切手を切り、面会を求めないが、今回はトランプに一〇分割くよう求めた。

狭いサンルームで、赤毛で長身のレベッカがしゃべりまくり、IQの高い数学者のロバート・マーサーは、ほとんど話をしなかった。ロバート・マーサーは、莫大な利益を上げているヘッジファンドの頭脳だった。ルネッサンス・テクノロジーズの運用資産残高は五〇〇億ドル規模だ。

「マナフォートは辞めさせせないとだめよ」レベッカは、トランプにいった。大混乱になっている。

「あなたの推薦は?」トランプがきいた。

「スティーブ・バノンがやるわ」レベッカはいった。

「ぜったいにやらないだろう」

バノンは〝間違いなく〟やると、レベッカは答えた。


その晩。バノンはトランプに連絡した。

「この新聞に書かれていることは、政治的に困ります」バノンは、《ニューヨーク・タイムズ》の記事のことをそういった。「あなたはもっと優秀です。私たちは勝てます。勝てるはずです。相手はヒラリー・クリントンなんですから」

トランプが、マナフォートのことで文句をいった。「彼は融通がきかない。テレビを有効に使えない」

「あす会って、計画を立てましょう。できますよ」バノンは大口を叩いた。「でも、内密に願いますよ」

翌日は日曜日だった。午前中に会うことに、トランプは同意した。

その日、不安を抱いていた政治家がもう一人いた。四四歳でRNC委員長、ウィスコンシン州の弁護士、ラインス・プリーバス。プリーバスはRNC委員長に就任してからの五年間、ミスター・アウトリーチ（伝統的な共和党支持層以外からの支持獲得）とミスター・ネットワーカー（有力者との人脈維持）の役割を果たしてきた。純朴そうな外見は、権力拡大をもくろむ人間という実像を隠している。プリーバスは、党の支出権限を握り、六五〇〇人を現地スタッフとして雇い、テレビに頻繁に出演し、広報活動を行なっていた。プリーバスは、やりづらい立場にあった。

プリーバスは内心、八月は大失敗の月だったと見ていた。「非難を浴びることが絶え間なかった」。原因は、トランプ候補だった。

プリーバスは最初から、選挙運動を潤滑に進めようと努力してきた。トランプが二〇一五年六月一六日の立候補演説でメキシコ人を〝強姦魔〟と呼んだときには、トランプに電話していった。「そういう話し方をしてはいけない。ヒスパニックの票を勝ち取るために、私はほんとうに一所懸命やっているんだ」

トランプは舌鋒をゆるめず、自分を攻撃するものを攻撃した。トランプのような厄介な人間を相手にしなければならなかったRNC委員長は、これまで一人もいなかった。

策略家の上院共和党院内総務、ミッチ・マコネル上院議員は、ひそかにプリーバスに電話した。トランプを捨てて、共和党の金を上院の候補者にまわし、ドナルド・トランプの資金源を断て、というのが話の骨子だった。

だが、プリーバスはトランプとの関係を維持したかったので、トランプとマコネルの中間にしっかりと腰を据えることにした。それが堅実な戦術だと思った。党と自分の両方が生き延びられる。それより前に、プリーバスはトランプに告げていた。「あなたを一〇〇%支持する。大好きだし、協力をつづける。でも、私は党を護らなければならない。私はあなただけに責任を負っているのではない」

プリーバスは、進んでトランプの運動に参加し、集会でトランプを紹介することに同意した。溺れかけている男に手を差しのべるようなものだと考えていた。

トランプを飼い慣らすのに失敗したという《ニューヨーク・タイムズ》の記事には、衝撃を受けた。[2]

「こんちくしょう!」プリーバスは思った。とんでもない悪材料だ。選挙運動は崩壊しかかっている。「運動とはいえない。お笑い種だ」と結論を下した。

《ニューヨーク・タイムズ》の記事にはかなり談話が含まれていたので、情報源二〇人は運動を妨害しようとしているか、あるいは例によって、いいところを見せようとしているのだと、プリーバスは察した。

トランプにとっても党にとっても、危険な時期で、あるいは最悪の時期かもしれないと、プリーバスは思った。前進の道すじはひとつしかない。すべての前線で戦闘を拡大することだ。重大な弱点を隠すために、最大限の攻撃を行なう。

その日曜日の午前、スティーブ・バノンはマンハッタンのトランプ・タワーに着くと、トランプと会う約束があると警備員に告げた。

「まいったな」警備員がいった。「週末はここにいらっしゃらないんです」

バノンは、トランプに電話した。

「ああ」トランプが説明した。「ベッドミンスターにいるんだ」――トランプ・ナショナル・ゴルフ・クラブがあるところだ。「きみがこっちに来なかったから、私はゴルフをやるよ。こっちへ来てくれ。ランチを食べよう。そうだな、一時に来てくれ」

ニューヨークから車で六五キロメートルの道順を、トランプが詳しく説明しようとした。

「自分で調べますよ」バノンはいった。

いや、右折してラトルスネーク・ブリッジ・ロードに出て、約一・五キロメートル先で右折だ。

「調べますよ。あなたのトランプ・ナショナルですね」

トランプがしつこく説明した。いや、よくわかっていないとだめだ。トランプは事細かに道順を教えた。ほかのことでトランプがそれほど細かく指示するのを、バノンは聞いたことがなかった。

バノンは、道順は運転手に任せて、時間を厳守するために、正午にベッドミンスターに着いた。クラブハウスにはいると、五人分の席が用意されたテーブルに案内された。

お早いですね、とスタッフがいった。みなさまは一時にならないと、おいでになりませんよ。

みなさま? バノンはきいた。

ロジャー・エイルズ、ニュージャージー州知事クリス・クリスティー、それに〝市長〟――ルディ・ジュリアーニ――も、食事に加わることになっていた。

バノンはむっとした。だれかのオーディションを受けるために、ここに来たのではない。トランプとは合意し、取り決めができている。吟味される筋合いはない。

エイルズは、FOXニュースの創業者兼経営者で、リチャード・ニクソンの時代から長年、共和党の政治工作を行なってきた。エイルズが、最初にやってきた。エイルズはバノンの師匠でもあった。

「どういうことだ?」エイルズがそういって、選挙運動を批判しはじめた。

「数字はどれくらいひどいんですか?」バノンはきいた。

「圧勝に決まっとる」

「昨夜、トランプと話をしましたよ」バノンはいった。「マーサー親子もトランプと話をしました。私が乗り込んで運動をやることになっています。でも、あとの二人には伏せておいてください」

「どういうことだ?」エイルズがまたいった。「きみは選挙運動のことなんか、なにも知らない」。そんなことは論外だ。

「わかっていますが、だれだって現状よりはマシに取りまとめることができます」

バノンは、エイルズとは長年の付き合いだが、FOXニュースの番組に出演するつもりはなかった。バノンはかつていったことがある。「FOXに一度も出ていないのは、彼に借りを作りたくないからだ……ロジャーに借りを作ったら、いいなりにされる」

トランプとの関係とは、それとは正反対だった。トランプは頼ってくる人間だと、バノンは見なしていた。トランプはラジオの〈ブライトバート・ニュース・デイリー〉のインタビュー・シリーズに出演し、二〇一五年一一月から二〇一六年六月にかけて、それがシリウスXMラジオで放送された。[3]

討論会の準備のために毎週こうして集まっているのだと、エイルズがいった。ヒラリー・クリントンとの大統領候補討論会が、一カ月半後の九月二六日に行なわれる。

「討論会の準備？」バノンはいった。「あなたとクリスティーとルディで？」

「これで二度目だ」

「彼はほんとうに討論会の準備をしているんですか？」バノンのトランプへの評価が、にわかに高まった。

「いや、ドナルドはゴルフをやりにきて、選挙運動の話をするだけだ。しかし、彼がそういう習慣をつけるよう仕向けている」

選挙対策本部長のポール・マナフォートがやってきた。

〝口から火を吐くポピュリスト〟を自任しているバノンは、不愉快になった。マナフォートは、ヨットにでも乗るようないでたちで、ポケットチーフを差している。サウサンプトン（ニューヨーク州の高級住宅地）からの生中継じゃあるまいし！

トランプがやってきて座った。ホットドッグとハンバーガーが運ばれてきた。トランプがホットドッグをふたつ、むしゃむしゃと食べるあいだ、一一歳の男の子には夢のような食事だろうと、バノンは思った。

トランプの毒舌を抑えられなかったとする《ニューヨーク・タイムズ》の記事について、トランプがマナフォートに、どうしてそういう記事が出たのかときいた。それはトランプのパラドックスのひとつだった。トランプはメインストリームのメディアを楽しげに攻撃する。ことに《ニューヨーク・

タイムズ》を――しかし、さんざん罵倒しているにもかかわらず、トランプは同紙が事実を記録していると見なし、その記事をおおむね信じている。

「ポール、私は赤ん坊か？」トランプは、マナフォートにいった。「私が赤ん坊だと、きみはいっているのか？　きみはテレビ映りが悪い。覇気がない。運動の顔になっていない。やんわりといったつもりだ。きみは二度とテレビに出るな」

「ドナルド……」マナフォートが、いい返そうとした。

そういうふうに、ファーストネームで馴れ馴れしく同等の立場のように話しかけられるのは、トランプには腹立たしいのではないかと、バノンは思った。

「ひとつ理解していただきたいことがあります、トランプさん」バノンはいった。「この記事には匿名の情報源が大勢いると書かれていますが、事実かどうか、わかりません」

「いや、私にはわかる」非難の矛先をマナフォートに向けて、トランプはいった。「こいつらは秘密を漏らした」。引用が事実だというのを、トランプは知っていた。

「ほとんどが出所を明らかにしていません」バノンはいった。名前を出さず、すべて隠しています。「《ニューヨーク・タイムズ》に書いてあるのは、すべて嘘です。いいですか。みんなでたらめなんです」。記事は事実だと知っていたが、バノンは野党の質問のような激しさで否定しつづけた。

トランプはそれには乗らなかった。記事は絶対的な真実で、運動には秘密を漏らす人間がいる。マナフォートの名誉を傷つける言葉がしばらくつづいた。トランプは話題を変え、三〇分ほど奮戦記を語った。マナフォートが出ていった。

「残ってくれ」トランプは、バノンにいった。「まったくひどい状況だ。制御できなくなっている。あいつはとんでもない負け犬だ、運動を進めていない。私は全国大会を切り抜けるだけのために、あいつを引き入れたんだ」

「この数字を心配するには及びませんよ」バノンはいった。「世論調査がどうあろうと、一二ポイントや一六ポイントは、心配するような差ではありません。激戦州のことも、気にしないことです。しごく単純なことです」。国民の三分の二が、いまの国のやり方は間違っていると思っています。七五%が、アメリカは衰退していると思っています。そうバノンは論じた。変革の下地ができあがっているわけです。ヒラリーは過去の遺物です。それははっきりしています。

ある意味で、これはバノンが成人してからずっと待ち望んでいた瞬間だった。「ちがいを強調するのが重要です」バノンは説明した。「ヒラリー・クリントンと比較し、対極的だというのを示します。これを忘れないでください」。バノンは、自分がしじゅう唱えている決まり文句を口にした。「この国のエリートは、アメリカを衰退させるままにしている。わかりますね?」

トランプが、うなずいて同意を示した。

「だがこの国の労働者たちは、ちがう。彼らはアメリカをふたたび偉大な国にしたいと思っている。この運動は、単純化しましょう。ヒラリーは腐敗の擁護者で、アメリカの衰退に気を留めない無能なエリートの現体制を護ろうとしている。あなたは、アメリカをふたたび偉大な国にしたいと願う、忘れられた庶民の擁護者です。さらに、私たちはいくつか主題を決めて、それらを推し進めます」

バノンは話をつづけた。「一、大量の違法移民を阻止し、合法的な移民を制限して、国家の主権を取り戻す。二、製造業の雇用をアメリカに取り戻す。三、無意味な海外での戦争から撤退する」

いずれもトランプにとっては、目新しい案ではなかった。一週間前の八月八日にデトロイト経済クラブで行なった演説で、トランプはこれらの見解を明らかにして、ヒラリーを攻撃した。[4]「彼女は過去の候補者です。私たちの運動こそが未来です」

「この三つの主題について、ヒラリーは反駁《はんばく》できません」バノンはいった。「彼女は国境を開放するのに関与し、不利な貿易協定を結ぶのに関与し、雇用を中国に奪われました。それに、ヒラリーはネオコンです。そうですね?」

トランプは、ヒラリー・クリントンが新保守主義《ネオコンサバティブ》だということに同意したようだった。

「ヒラリーはほとんどの戦争を支持してきました」バノンはいった。「私たちは攻撃しつづければいい。それだけです。それをつづけましょう」

トランプにはもうひとつ有利な点があると、バノンはつけくわえた。政治家らしくない話し方をすることだ。二〇〇八年の予備選挙で熟練の政治家らしい話し方をするヒラリー・クリントンと対決したときに、バラク・オバマがそういう話し方をした。ヒラリーのしゃべり方は、いかにも練習をたくさん積んだようだった。真実を告げているときでも、嘘をついているように聞こえる。

ヒラリーのような政治家は、自然に話すことができない、とバノンはいった。世論調査やフォーカスグループを意識して、機械的に話している。政治演説で質問に答えるように。流暢でぎくしゃくしていないが、心からの言葉ではなく、深い信念から発してはいない。高い報酬を払っているコンサルタントが考えた売り込み文句で――〝**怒り**〟もこめられていない。

トランプが、わかったといった。きみを選挙運動のCEOにしよう。

「宮廷の陰謀というような空騒ぎが起きるのは望ましくありません」バノンはいった。「マナフォートは選挙対策本部の会長にしておきましょう。権限はあたえないで。私が運動を切り盛りします」

選挙対策本部長《キャンペーン・マネジャー》には、威勢がよく、歯に衣を着せない、共和党員で世論調査の専門家のケリーアン・コンウェイを任命することで、二人は合意した。

「毎日テレビに出演させ、親しみのある女性の顔と運動を結びつけるためです」バノンは提案した。「ケリーアンは闘士ですし、攻撃にも耐えられます。それでいて、人好きがする。大衆に好かれるということが、私たちには重要です」

ふと自意識を見せて、バノンはいった。「私はテレビには出ません」

コンウェイも選挙運動を率いたことはなかった。未経験者が三人そろった——ぴかぴかの初心者の候補、選挙対策本部CEO、そして選挙対策本部長。


ケリーアン・コンウェイは、その月のあいだに選挙運動のテレビCMを監督した。

「この連中に金を払う価値があるのか？」トランプはきいた。

カメラ位置に文句をいった。機器は古そうだったし、照明が気に入らなかった。HD撮影でもなかった。トランプは、撮影班にケチをつけた。「金は払えないといってくれ」。いつもそういうのだ。

そのあとで、トランプはいった。「みんな出ていってくれ。ケリーアンだけ残って」

「私はヒラリー・クリントンよりもずっと優れた候補だと、みんながいう」。トランプは、コンウェイの評価が聞きたかったのだ。

「ええ、おっしゃるとおりですよ。世論調査なんて、当てになりません」。でも、やり方を変えたほうがいいです。「歴史上もっとも面白みのない候補が対戦相手なんです。それなのに、私たちもおなじような感じになってきました」

「そんなことはない」

「そういう感じがするんです。予備選挙のときのトランプさんをよく見ました。もっと楽しそうでしたよ」

「何人かで飛行機に乗ってあちこちの集会へ行ったり、有権者に会ったりしたときが懐かしい」トランプはいった。

「過ぎた日々は美しいものですからね」コンウェイは認めた。「でも、率直に申しあげますけれど、大統領選挙の戦略とプロセスにそれを再現することで、ご自分のスキルを発揮して、選挙を最高に楽しめるはずです」

コンウェイは、思ったことをずばりといった。「負けそうなのは、ご存じですね？　でも、負けるとは限りません。私は世論調査を見ました」。その日、ＣＮＮはトランプが五〜一〇ポイント不利だとしていた。「後戻りしたいんですよ」

「なんだって？」

トランプは、それと気づかずに重大なことをやってのけたのだと、コンウェイは確信していた。

「当選確率とかいう、作り事です。それが共和党の生命力を搾り取っています」。トランプでは勝てないし、当選確率が低いという考えが、どういうわけかひろまっていた。

有権者は、共和党の従来の候補者に幻滅していた。しかし、「トランプはミット・ロムニーに負けるべきだった、勝てるのはロムニーだけだ。トランプはジョン・マケインを支持すべきだった。マケインなら勝てた、というように思われているんです。トランプに勝てるわけがないと。ところが、大衆は決断しました。二度と騙されないと」。だからトランプが共和党の指名を受けられた。

「昔ながらの政治選挙運動なら、当選しなかったでしょうが、そういう膨大な群集に、トランプさんは支持されているんです。運動を引き起こしたんです。民衆は、その運動に自分たちも参加していると感じています。彼らは運動の参加費は払いませんがね。世論調査を見てわかったことがあります。障害がふたつあります」。全国的な世論調査は断じてやるべきではないと、コンウェイはいった。「全国的な調査をやるメディアは愚かです」。勝敗を決めるのに重要なのは、選挙人団だけです——過半数の二七〇票以上を獲得できればいい。適切な州に的を絞り、激戦八州を制する必要があります。

「大衆は具体的なことを聞きたがります」コンウェイはいった。七月に一〇項目から成る復員軍人庁改革案や五項目から成る税制改革案を発表したのは、すばらしかった。[5]「大衆はそういう具体的なことを聞きたいと思っています。でも、何度もくりかえし聞かせる必要があります」

「ふたつ目の弱みは、トランプさんが約束を実現できるかどうかを、大衆が知りたがっていることです。ビジネスマンであるトランプさんが、約束を実行したり、実現したりできなかったら、ほかの政治家となにも変わらなくなってしまう。でも、政治家ではないのです」

申し分のない売り込みだった。そういう方針なら受け入れられると、トランプは思ったようだった。

「これをやれると思うかね?」トランプはきいた。

「これって?」コンウェイはきき直した。「テレビCMなら撮っていますよ」

「選挙運動だ」トランプはいった。「運動全体だ。お子さんたちと、何カ月か会えなくなるが、その覚悟は?」

その場でコンウェイは引き受けた。「やれますよ。トランプさんはこの競争に勝てます。私はトランプさんを同等の仲間だと考えてはいません。けっしてファースト・ネームではお呼びしません」

3

その日曜日の夜、バノンは仕事場に向かった――ニューヨークのトランプ・タワーへ。選挙対策本部がある。選挙まで八五日というその日に、バノンははじめてそこを訪れた。

エレベーターで一四階へ行った。八月の夜、陽はまだ沈んでいなかった。はいっていったら、バノンがここでなにをしているんだ？　と、大勢が疑問に思うだろうと予想していた。口実を用意しないといけない。

〝作戦室〟であり〝緊急対応センター〟である選挙対策本部にはいっていった。テレビが何台も置いてある。

そこには一人しかいなかった。かなり若いように見えた。

「きみはだれだ？」バノンはきいた。

「アンディ・スラビアンです」

「あとの連中はどこだ？」

「知りません」スラビアンが答えた。「日曜はいつもこんなふうです」

「ここは選挙対策本部だろう？」

「ええ」

「つまり、ここでなにもかもやっているんだろう？」

ええ。スラビアンは、ジェイソン・ミラー――上級広報ディレクターのオフィスを指差した。つづいて、ホープ・ヒックスのオフィスも。若い元モデルのヒックスは、選挙運動の広報の顔になっていて、スタッフのなかではトランプともっとも親しい。スラビアンは作戦室ディレクターだった。

「きみらは週末も働くんだろう？」

スラビアンがまた〝ええ〟といった。何人かはワシントンDCで働いていますし、電話をかけてくるものもいます。

バノンは質問をいい直した。「週末もここにスタッフが詰めているんだろう？」

「これがふつうの状態です」

「ジャレッドはどこだ？　ジャレッドやイバンカと話をしないといけない」。トランプの娘婿のジャレッド・クシュナーが、傑出した知力で対策本部を指導していると、バノンは聞いていた。

ジャレッドとイバンカは、旅行中だった。クロアチア沿岸で、ルパート・マードックの元妻のビジネスウーマン、ウェンディ・デンとともに、エンタテインメント界の大立者で民主党の大口献金者のデービッド・ゲフィンのヨット――三億ドルで世界最大級のヨット――に乗っていた。

マナフォートが、バノンに電話してきた。会いたいという。

「こっちへ来てくれないか？」

どこへ？

「タワーだよ」

バノンは、マナフォート邸へ行くために、いったんロビーにおりなければならなかった。トランプは、仕事上の取り決めによってマナフォートをそこに住まわせているのだろうかと、昇るエレベーターのなかでバノンは思った。「トランプ・タワーのペントハウスを、あてがってもらえるかもしれない」。ブライアント・パークの狭い家よりもずっといい。

そこはマナフォートが所有しているとわかった。

バノンは、マナフォートのことを気の毒に思った。選挙対策本部会長のマナフォートは、トランプのツイッターの成功と力にたいへん驚いて、自分もツイッターをはじめた。ところが、《ニューヨーク・デイリー・ニュース》に〝アメリカの性的倒錯ふたたび〟という記事が載った。[1] マナフォートは、ツイッターが公開の場だというのを知らずに、デカダンスというミッドタウンにあるSMクラブをフォローしていた。「マナフォートは変態クラブをフォローしていた。同店はニューヨークで〝もっともくつろげる秘密クラブ〟だと宣伝している」

マナフォート邸はすばらしかった。キャスリーン・マナフォート夫人は弁護士で、六〇代だが、バノンには四〇代に見えた。〈ダイナスティ〉のアレクシス役のジョーン・コリンズみたいに、白ずくめでくつろいでいた。

「とりなそうとしてくれたことに、心から感謝しているんだ」マナフォートがいった。「あれがドナルドの流儀だ。いつもあんなふうにふるまう」

「あんたは汚いやり方で攻撃された、そう私は思った」バノンはいった。

マナフォートが、手をふって斥《しりぞ》けた。「聞いてくれ。きみはメディアのことを知り尽くしていると、みんながいう」

「私は右派のウェブサイトをやっている。圧力団体のことは知っている」

「見てほしいものがある」マナフォートがそういって、《ニューヨーク・タイムズ》の記事原稿のコピーを渡した。[2] 見出しは〝ウクライナの秘密帳簿に、ドナルド・トランプの選対本部会長への現金が記載〟。

バノンは読んだ。「手書きの帳簿に、マナフォート氏に宛てた裏金一二七〇万ドルが記されていた」。出所は親ロシアの政党だった。

「ウクライナからクソ現金が一二〇〇万ドルだと！」バノンは、叫び声に近い声をあげた。

「どうしたの？」マナフォート夫人が、急に上半身を起こした。

「なんでもない、ハニー」マナフォートはいった。「なんでもない」

「これはいつ出るんだ？」バノンはきいた。

「今夜にも出るかもしれない」

「トランプはこのことを知っているのか？」

知らない、とマナフォートはいった。

「あんたはどれくらい前から知っていたんだ？」

二カ月前、とマナフォートはいった。《ニューヨーク・タイムズ》が調査をはじめたときだ。

バノンは、一〇段落ほどの記事を読み直した。致命的な情報だ。マナフォートはもう終わりだ。

「弁護士に、協力するなといわれた」マナフォートがいった。「攻撃が目的の記事だから」

「その弁護士はクビにしたほうがいい」

「私もそう考えている」

「あんたはトランプに電話しなければならない……じかに会うんだ。これが新聞に載ったときに、トランプがなにも知らなかったら、あんたは一巻の終わりだ。だいたい、どうして現金一二七〇万ドルを受け取ったんだ？」

「まったくの嘘だ」マナフォートはいった。「必要経費があった」

「どういう意味だ？」

「私は総合コンサルタントなんだ」マナフォートは説明した。「何人もひとを使っている」。その下で働く人間がウクライナに何人もいる。「帳簿に載っているのは、その連中への支払いだ。私はそこから五〇万ドルを受け取ってはいない」

「そういうことはすべて見過ごされている。記事にはまったく説明されていない。〝あんたが現金で一二七〇万ドルを受け取った〟となっている。そうだろう？」

バノンは、クシュナーに電話をかけた。

「こっちに戻ってきてもらわないといけない」バノンはいった。

マナフォートについての《ニューヨーク・タイムズ》の記事は、その晩に同紙の電子版に載り、翌朝の朝刊に載った。トランプは顔を真っ赤にして怒るだろうと、バノンは予測した。寝耳に水だからだ。

トランプは、ラインス・プリーバスに電話し、スティーブ・バノンをCEOに任命すると告げた。選挙運営の経験がまったくない人間をトランプがまた引き入れたことに、プリーバスはまたしても度肝を抜かれたが、意見はほとんどいわなかった。プリーバスは、バノンの《ブライトバート》活動に対する方針を変更していた。共和党エリートの一員だったために、二年ほど叩きのめされたあとで、新戦略を編み出した。《ブライトバート》に協力するほうが、叩きのめされるよりもずっと楽だ。[3]

世論調査では、トランプ支持は共和党員の七〇%にすぎなかった。九〇%の支持が必要だった。つまり、共和党の運営機関を味方にしなければならない。

「いいかね、私はあなたたちには知られていない」バノンはいった。プリーバスとは、何年も前にちょっと会っただけだった。「きょうの午後、ここに来てもらわなければならない。それから、ケイティ・ウォルシュという若い女性にも来てもらう。彼女はスーパースターだと聞いている」。共和党全国委員会（RNC）のプリーバス委員長とウォルシュ首席補佐官のところには、共和党に投票する可能性が高い全米の有権者のデータベースがある。

バノンは、RNCがトランプを見限らないように確実な手を打ちたかった。大口献金者が逃げ出し、共和党ではだれもがトランプの引き起こす失態から逃げ出すすべを模索しているという噂がある。

それは事実ではない、とプリーバスが請け合った。私たちはどこへも逃げない。「私たちは、チームとして仕事をする必要がある」バノンはいった。

「やれると思うんだな?」

「いいか、トランプは細かいことにはこだわらない」バノンはいった。自分たちのやり方でやれる。バノンがのちに、いつものように汚い言葉で語っているように、「八月一五日に、私のほうから近づいて、プリーバスのちんぽこをしゃぶり、支配者層《エスタブリッシュメント》に、あんたらがいないと勝てないといってやった」。

トランプと選挙対策委員会が気づいていなかったとしても、RNCの力がトランプには必要だということを、プリーバスは知っていた。トランプ陣営は、有権者がいる現地での活動が皆無だったし、もっとも基本的な物事――政治のイロハを知らない。

数年前からプリーバスは、RNCをデータ中心の運営組織として再建する大規模な活動を監督していた。勝利を収めたオバマの選挙戦略に目をつけて、巨額の資金――最終的に一億七五〇〇万ドルを超えた――をアナリティクスとビッグデータに投入した。予備選挙の投票者を一人ずつ追跡し、地域ごとのその情報によって、ボランティア組織の担当エリアを割りふった。

共和党の候補者が決まったら、このあたらしい馬車を、すでに大規模で強力な選挙対策本部へ送りこめばいいだけだと、当初は想定していた。だが、予備選挙中にトランプが、RNCは〝面汚し〟で〝金を騙し取っている〟、プリーバスは〝恥を知れ〟、とさんざん罵倒したにもかかわらず、いまはR

NCが事実上、トランプの選挙運動の根幹になっている。[4]

第一段階は、現地スタッフがトランプ寄りだとわかっている有権者に不在者投票か期日前投票をさせることだった。全米データベースで九〇%もしくはそれ以上の確率で支持するとされている有権者が対象になる。たとえば、オハイオ州では、有権者約六〇〇万人のうち一〇〇万人が、九〇%以上の確率で支持すると分析された。その一〇〇万人が期日前投票をすませるまで、それぞれに現地スタッフとボランティアが張り付く。

つぎに、現地スタッフは、六〇〜七〇%の確率で支持すると分析される人々を説得し、トランプに投票するよう促す。このシステムは、有権者との接触を無秩序にやらず、現地スタッフとボランティアが、トランプに投票する可能性が高い有権者に的を絞るためのものだった。

選挙対策本部は、指導部の人事異動を八月一七日に発表した。《ニューヨーク・タイムズ》は報じた。[5]「ニュースサイト《ブライトバート》会長のスティーブ・K・バノンを選挙対策本部のCEOに任命するというトランプの決定は、トランプをもっと大人にして、彼の指名の原動力だった大言壮語や人種差別的な発言をやめさせようとする共和党指導部の長期にわたる努力に、正面切って反抗するものであり、候補者としての立場を脅かしている……だが、バノンを引き入れるのは、トランプ氏にとって、食べ慣れた家庭料理を注文するのとおなじくらい自然な政治行動なのだろう」

バノンは、トランプと向き合って、戦略の改良点や、特定の州に注意を集中する方法について、説明しようとした。トランプには、そういう話をする気持ちがまったくなかった。

バノンはトランプに請け合った。「この台本に沿ってやれば、勝てると、心の底から確信しています」。ヒラリー・クリントンと「比較され、対照的だと思われるようにします。根本的な数字が、私たちが有利であると示しています」。

「そのときに気づいた」あとでバノンは述べている。「私は監督、彼は役者だ」

ケリーアン・コンウェイは、七月にフィラデルフィアで四日間行なわれた民主党全国大会を視察していた。演説に耳を傾け、代議員と話をし、テレビに出演した。観察によって、コンウェイは自分の戦略に磨きをかけた。「ドナルド・トランプは悪者で、自分はトランプではない、というのが民主党側が伝えようとしていることです。あとは人種、ジェンダー、ＬＧＢＴについてでした」

コンウェイは、〝隠れトランプ投票者〟という言葉を造った。投票を前にして、まごつきを感じる人々がいる。「いやはや、おやじもじいさんもおれも、みんな労働組合の組合員だ。なのに、おれはドナルド・トランプに投票するのか？」疑問符がつく。「超大金持ち《ビリオネア》の共和党員に投票するって？」二個目の疑問符。

「それに、こんなことをいう女性もいる。私はプロチョイスだけど……ロー対ウェード事件判決（合衆国憲法は女性の堕胎の権利を保障しているとする一九七三年の最高裁判決）が変えられてしまうとは思えない。でも、毎日の暮らしがどうして苦しいのかわからない。だからそれに投票するの」

メディアの多くは、〝隠れトランプ投票者〟説を信じなかった。しかし、プリーバスとウォルシュのデータベースで、ＲＮＣと選挙対策本部は、投票する可能性がある人間についてあらゆること——飲むビールの銘柄、乗っている車のメーカーと色、年齢、子供たちの学校、ローンの状況、吸う煙草の銘柄――を洞察できた。毎年、狩猟許可証を得ているか？　銃関係の雑誌を講読しているか？　それとも《ニュー・リパブリック》のようなリベラルな雑誌を読んでいるか？

そこで、コンウェイはいった。「全米に隠れヒラリー投票者は一人もいません。ヒラリー支持者はすべて姿を現わしています」

ヒラリー・クリントンについて、コンウェイはいった。「伝えたいメッセージを持たないように見えます。私がいまのクリントンなら、メッセージをなんとしてでも手に入れます。ポジティブで、励みになり、楽観的なものを。いまのところ彼女のメッセージに見られるのは、楽観主義とはいえません」

オバマが五〇％以上の支持率で二度の勝利を収めた重要な八州で、ヒラリーは五〇％の支持率を達成していなかった。トランプが、選挙戦の争点を自分ではなくヒラリーにすることができれば、隠れトランプ投票者によって勝てるはずだと、コンウェイとバノンは意見が一致した。選挙戦の争点がトランプのままだと、「私たちは九割方、負ける」。

六年前の二〇一〇年に、はじめてトランプと会ったときの印象を思い出して、バノンはいった。「文字どおり、アーチー・バンカーそのものだった……ティベリウス・グラックスのようだった」。ティベリウス・グラックスは、紀元前二世紀のローマのポピュリストで、裕福な貴族の地主の土地を貧民に分けあたえようと唱えた。

バノンは、選挙運動計画を見た――教育週間が近づいている。そのあとは女性の権利強化週間。三週目は中小企業週間。一九八〇年代にジョージ・H・W・ブッシュが立候補したときのようだ。典型的なカントリークラブの共和党員。「こんなものは捨てちまえ」バノンはいった。

バノンは、新しい計画をジャレッド・クシュナーに示した。トランプは激戦州すべてで二桁の後れをとっている。三段階の計画を実行する。

その一、今後六週間、つまり八月中旬から、ヒラリー・クリントンとの討論会が予定されている九月二六日まで、「五〜七ポイントの差に迫れれば、勝利への橋を架けられる」。

その二は、三週間にわたる討論会だった。これがきわめて危険な時期だった。「トランプは議論の準備がまったくできていない」バノンはいった。クリントンは政策通で「最高の論客だから、トランプは叩きのめされる」。討論会は自然の流れに任せるのがいいと、バノンはいった。トランプは予想のつかないことをやるのなら得意だ。「討論中は、作戦変更のとき以外は、指示を出さないようにする。そういう手立てしかない……敵をよけながらボールを投げて点数を稼ぐんだ」。それでもバノンは悲観的だった。「まあ、彼は叩き潰されるだろう……その段階では私たちの負けだな」

その三は、投票日までの最後の三週間、最後の討論会から一一月八日までだった。バノンは、ゴールドマン・サックスの元副社長で、選挙対策本部の全国財務責任者をつとめるスティーブ・ムニューシンの資金集めを、不手際な茶番劇だと見なしていた。資金はトランプ本人に頼るほうがいい。候補者のトランプ本人が無尽蔵の資金を出せる。

オハイオ州とアイオワ州では勝てそうだと、データが示している、とバノンはいった。フロリダ州とノースカロライナ州でも勝たなければならない。また、ペンシルベニア州、ミシガン州、ウィスコンシン州、ミネソタ州も、共和党に戻ってくる可能性がある。すべてが途方もない幻想のように思えていた。

「『神々の黄昏』だ」バノンはいった。

マナフォートの辞任が、八月一九日に発表された。

八月二二日、《タイム》がトランプの顔が溶ける表紙イラストに、〝メルトダウン〟という見出しをつけた[6]。

4

二〇一五年夏、国家安全保障局（ＮＳＡ）がロシアの〝偵察〟と呼ぶ、デジタル侵入の前兆が、はじめは地方と国の選挙管理委員会のコンピュータ化された有権者登録名簿——有権者の住所氏名のリストに現われた。最初はイリノイ州で見られ、その後、全米で二一州にひろがった。[1]

ＮＳＡと連邦捜査局（ＦＢＩ）が、このサイバー侵入に関する情報をさらに集めるにつれて、国家情報長官ジェームズ・クラッパーは、投票をなんらかの方法で操作するために、そのデータをロシアが利用しているのかもしれないと不安になった。まさにロシアの仕業ではないか、とクラッパーは思った。ロシア人はつねに面倒を起こそうとしている。

クラッパーは、第一報が極秘のブリーフィングであるオバマの大統領日報（ＰＤＢ）に記載されるように念を入れた。オバマは、あらかじめプログラムが組み込まれたｉＰａｄで、毎日それを読んでから戻す。指名されたＰＤＢ担当者たちが、同内容のｉＰａｄを国務長官、国防長官、国家安全保障問題担当大統領補佐官、ＣＩＡ長官に配布し、高官たちが読み終えるまでその場にとどまって、回収する。

二〇一六年七月、《ウィキリークス》と、政府や軍のデータをハッキングして公表するもうひとつのサイト《DCリークス》が、〝コージー・ベア〟と〝ファンシー・ベア〟というロシアのハッカー集団が民主党全国委員会のサーバーから盗んだメールを公表しはじめた。[2]

ロシアが干渉しているという情報に、オバマの国家安全保障会議（NSC）は深刻な懸念を抱いた。時間がたつにつれ詳しい情報が得られ、確信が強まった。

オバマ大統領はプライムタイムに全国ネットのテレビに出演し、これらの調査結果を公表すべきか？　共和党の大統領候補のトランプがロシアと結びついていると、攻撃しているように見られるのではないか？　反発が起きて、大統領選挙に介入し、両陣営のつりあいに影響を及ぼそうとしているように見られるのではないか？

沈黙していても危険はある。なんたることだ。ロシアが介入しているのに、われわれは行動しないのか？　大衆に知らせないのか？　選挙後に、オバマとその国家安全保障チームに対する反発が起きるかもしれない。

トランプが勝つ可能性は低く、まず考えられないが、そうなった場合、この情報が公になったら、疑問が浮かびあがる。政府はなにを知っていたのか？　いつ知ったのか？　どういう対策を講じたのか？

ジョン・O・ブレナンCIA長官は、手の内を見せることに猛反対した。ブレナンは、CIAの情報源の人間を護ろうとした。「このジレンマはわかるはずだ」。彼個人とCIAの機構の意向には矛盾がある。〝情報源を護る〟は変わらぬ信念だが、長官としてはなにか手を打ちたい。

ブレナンは、シリア問題とアメリカの外交官に対するいやがらせのことで、おなじ地位にあるロシアの連邦保安庁（ＦＳＢ）長官、アレクサンドル・ボルトニコフと話をする必要があった。ブレナンはオバマに、選挙介入のことをボルトニコフに話してもいいかどうかをたずねた。

目立たないようにやるのであればかまわない、とオバマが許可した。

八月四日、ブレナンはボルトニコフにいった。あなたがたは私たちの選挙に介入していますね。知っていますよ。はっきりとつかんでいます。

ボルトニコフは、言下に否定した。

翌八月五日、二〇一〇年から二〇一三年にかけてＣＩＡ副長官で、長官代理を二度つとめたことがあるマイケル・モレルが、《ニューヨーク・タイムズ》に署名入り記事を書いた。[3] 見出しは〝私はＣＩＡを運営した。いまはヒラリー・クリントンを支持している〟。モレルはトランプを、〝ロシア連邦の無意識の諜報員〟だと非難した。

クラッパーが指名されて、いわゆる議会の八人組——上下両院の共和党と民主党の院内総務および院内幹事の四人、両院の情報委員会の委員長と副委員長の四人——にブリーフィングを行なった。

クラッパーは、両党の指導部が党派主義に凝り固まっていることに唖然とした。共和党側は、ブリーフィングの内容がなにもかも気に入らない。民主党側はとことん気に入って、詳細や情報源について質問攻めにした。クラッパーは、情報が政治のアメフトの球と化して、蹴りまわされていることにうんざりして、ブリーフィングの場を去った。

秋になると、さまざまな情報からロシア政府は——だれもがそうであったように——ヒラリー・クリントンが勝つ可能性が高いと確信した。ロシア大統領ウラジーミル・プーチンの影響力行使作戦は戦略を変更し、ヒラリー・クリントンの大統領当選を脅かすことに集中した。

クラッパーと国土安全保障長官ジェイ・ジョンソンは、ロシアの介入を大衆に知らせることにもっとも熱心だった。一〇月七日金曜日の午後三時、二人は共同声明を発表し、そこではプーチンを名指ししなかったが、ロシアが選挙に介入しようとしていると公式に非難した。[4]

「アメリカのインテリジェンス・コミュニティは、先ごろのアメリカ国民と政府機構のメール漏洩がロシア政府の指示であったと確信しています。メールを盗んで暴露したのは、大統領選挙に介入するためです。その活動を承認できるのはロシア政府上層部の高官のみです」

クラッパー、ジョンソン、クリントン陣営は、これが週末のビッグニュースになり、記者たちが取材を開始するだろうと予想していた。

ところが、一時間後の午後四時五分、《ワシントン・ポスト》のデービッド・ファーレンソードが、〝二〇〇五年の収録でトランプが女性に対し猥褻《わいせつ》発言〟という見出しの記事を発表した。[5]

NBCの番組〈アクセス・ハリウッド〉で放送からカットされた収録部分から音声を書き起こしたものを《ワシントン・ポスト》が載せた。トランプは性的な武勇を自慢していた。好き放題に女性にキスしたり愛撫したりできると、トランプは述べていた。「スターになれば、やらせてもらえるのさ」トランプはいった。「なんでもできる。女性器《プッシー》をわしづかみにできる」

〈アクセス・ハリウッド〉の収録テープは、政治的な大地震だった。ロシアの記事は、ほぼ消滅した。

「翌日には広い範囲で取りあげられるだろうと期待していた」ジェイ・ジョンソンは、のちに述べている。[6]「その後も長いあいだ話題になり、マスコミがつぎつぎと疑問を投げかけるはずだと」しかし、マスコミは「欲とセックスと女性の体をまさぐるという話題に飛びつき、そっぽを向いてしまった」トランプは、《ワシントン・ポスト》に短い声明を寄せた。[7]「ロッカールームの馬鹿話、仲間内の会話で、何年も前のことでした。ゴルフコースでビル・クリントンはずっとひどいことを私にいったことがあります――比べ物にならないくらいひどい。気に障ったようなら謝罪します」

それから三〇分とたっていない午後四時三〇分に、《ウィキリークス》がその日のニュースをしのぐ暴露を行なった。クリントン陣営の選挙対策責任者、ジョン・ポデスタの個人アカウントからハッキングで得た数千通のメールを公表したのだ。ヒラリー・クリントンが公開を拒否していた、謝礼を受け取ってウォール街の金融関係者に対して行なった講演の抜粋も暴露された。ポデスタの選挙対策本部のスタッフとのメール、今後の討論会や行事の際に取りあげる質問や話題に関する、選挙対策本部と民主党全国委員会のドナ・ブラジル暫定委員長とのメールもあった。

午前零時過ぎ――〈アクセス・ハリウッド〉の収録テープに対する怒りが政界全体にひろがってから、だいぶ時間がたっていた――トランプは謝罪動画を発表した。[8]「私は自分が完全な人間だといったことはありません……あの言葉は、私という人間を表わしてはいません。私の発言ですし、間違っていました。謝ります……あしたからはもっとマシな人間になると誓います。二度と、ぜったいに、あなたがたの期待を裏切るようなことはしません。お互いに正直になりましょう。私たちは現実の世界に生きています。これは気を散らすちょっとした出来事にすぎません……ビル・クリントンはじっさいに何人もの女性に不埒なことをやり、ヒラリーはそういう被害者をいじめ、攻撃し、辱め、脅しつけました……日曜日の討論会でまたお会いしましょう」

翌一〇月八日土曜日の朝、トランプ陣営の司令部がトランプ・タワーのペントハウスに集まった。

プリーバスが、バノンにいった。「大口献金者がすべて手を引いている。全員が離脱した。ポール・ライアンも午後には離脱するだろう」。大口献金者や共和党下院議長が離れていったことが、結末を暗示している。「終わったな」プリーバスはいった。

「どういう意味だ？」バノンはいった。

「だれもが支持を撤回している。ペンスがつづけるかどうかもわからない」。几帳面で忠実なトランプの副大統領候補、マイク・ペンスが、迷っているようなのだ。

「馬鹿なことをいうな」バノンは応じた。「たかが収録テープじゃないか」

「わかっていないな」プリーバスはいった。「終わったんだ」

チームは、トランプ邸に集まった。トランプは大きな黄金の椅子に座っていた。

「パーセンテージはどうだ？」トランプがきいた。「よし、みんなの意見を聞こう。ほんとうに知りたい。きみらの提案は？　助言は？」

「選択肢はふたつです」プリーバスが切り出した。「いまやめるか、それともアメリカ史上最大の地滑り的大敗で、一生ずっと屈辱を味わうことになるか。私は押し潰されそうです。すべての指導者、すべての下院議員と上院議員、私が重視している共和党全国委員会のメンバーが――逆上しています。

あなたはひどい大敗を喫するだろうし、選挙戦からおりなければならないと、彼らは私にいっています。私にはとうてい挽回できません」

「そうか」トランプはいった。「明るい意見を最初に聞かせてもらって、ほっとしたよ」

「いいかげんなことをいうな」バノンは、プリーバスにいった。「そんなのはでたらめだ」

「いまやめたいのでしたら」プリーバスがなおもいった。「ペンスが大統領候補になり、コンディ・ライスが副大統領候補になります」。コンドリーザ・ライスは、ジョージ・W・ブッシュ政権で国家安全保障問題担当大統領補佐官と国務長官をつとめた。

「ぜったいに、そんなことにはならない」バノンは大声でいった。「馬鹿げている。話にならない」。自分が選挙対策本部CEOに就任してから二カ月とたっていないが、何度となく集会を開いて、世論調査の差は半分に縮めた。トランプはいまや、ロックスターなみに人気がある。

ニュージャージー州知事のクリス・クリスティーが、スウェットパンツに野球帽という格好で座っていた。

「肝心なのは運動じゃない」クリスティーが、匙《さじ》を投げたような口調でいった。「それは終わった。あなたという銘柄《ブランド》がだいじなんだ。あなたは一生がんばってきた。子供たちもいる――」。トランプの息子のドン・ジュニアと娘婿のジャレッド・クシュナーのほうを示した。「彼らのためにブランドを護らないと、ブランドがだめになる」

トランプが勝つ可能性は五〇％以下になったと、ルディ・ジュリアーニがいった。「せいぜい四〇％だろうな」

「〈60ミニッツ〉に電話しますか？」ケリーアン・コンウェイがいった。公共の放送で告白してはどうかと提案した。「討論会が日曜日なので、日曜日にはできませんが……それとも、ＡＢＣかＮＢＣに電話して、イバンカとメラニアに挟まれてソファに座っているところを映してもらい、泣いたり、謝ったりしてもいいかもしれません」

メラニア・トランプが来ていて、コンウェイが座るよう提案したソファのうしろをうろうろ歩いていた。明らかに怒っていた。

「そんなことはやらないわ」メラニアが、手をふって斥けながら、スロベニアのなまりでいった。「ぜったいにだめ。だめ、だめ、だめ」

メラニアはトランプにだれよりも大きな影響力を持っているし、おべっかをつかう人間と真実を口にする人間を見分けられるはずだと、バノンは推理していた。〝彼女が陰で裁定を下している〟と思っていた。

「きみはどう思う？」トランプがバノンにきいた。

「一〇〇％です」バノンはいった。

「なにが一〇〇％だ？」トランプがきいた。

「あなたが勝つだろうと、心の底から一〇〇％確信しています」。バノンは、しばしば一〇〇％確信があると口にしていた。

「いいかげんにしろ」トランプはどなった。「一〇〇％は聞き飽きた。ほんとうの考えを知りたい」

プリーバスは一〇〇％勝ち目があるということなど信じていなかったし、その場のだれも、そんな数字は信じていないはずだと思った。トランプが彼自身に腹を立てているのを、プリーバスは察した。

「一〇〇%です」バノンはくりかえした。トランプの発言は〝ロッカールームの馬鹿話〟だった。支持者は離れていません。「自分たちの国を救えるかどうか、彼らは不安に思っています」。ビル・クリントンとの比較が好都合です。「あなたの発言とクリントンの行動を比較しましょう」。ビル・クリントンがヒラリーとおなじようにトランプの敵であることを、これまで以上に、前面に押し出す。

「どうやって、それをやる?」トランプがきいた。

「ジャレッドと私は、今夜八時に、ヒルトン・ホテルのボールルームを予約しました。フェイスブックに載せます。抜け作《ハンマーヘッド》一〇〇〇人集めます」――ゆるぎないトランプ支持者を、バノンはそう呼んでいた――「赤い野球帽をかぶらせて。あなたは集会を牛耳って、メディアを攻撃してください。おれたちは倍賭けする。やつらはクソ食らえ！　というぐあいに」

トランプは、よろこんでいるようだった。

あとの出席者が反対した。激論になったが、妥協案が浮上した。

コンウェイがＡＢＣに電話し、アンカーのデービッド・ミュアーにヘリコプターで来てもらう。ジュリアーニとクリスティーがトランプが単独で話す導入部の台本を書き、ミュアーが一〇分間のインタビューをする。

政治的自殺だ、とバノンは思った。それでは選挙運動は確実に終わりだ。トランプは二〇ポイントの差で負けるだろう。

集会の件をヒルトンに知らせなければならないと、バノンはいった。支払いをしなければならない。

このままやめなければならないと、プリーバスがふたたび主張した。「あなたたちには選挙のことがわかっていない。これではひどくなるいっぽうだ」

共和党の有力者たちがトランプに電話をかけてきて、マイク・ペンスと交替したらどうかといった。ペンスはオハイオ州で遊説中だった。〈アクセス・ハリウッド〉の収録テープがニュースになると、ペンスは身を隠した。

午後一時前に、ペンスは声明を発表した。[9]「夫として、また父親として、きのう公表された一一年前の収録テープでドナルド・トランプが口にした言葉と行動に、憤りを感じました。許しがたく、弁護できないことです。彼が自責の念を表わしてアメリカ国民に謝罪したのは、たいへんよかったと思います。私は彼の家族のために祈り、あすの晩に国民の前に彼が姿を現わしたときに心境を吐露してくれることを期待しています」

トランプに選挙から身を引くことを促す封書を、ペンスがバノンに届けたという噂がひろまった。

二時間後、メラニア・トランプが声明を発表した。[10]「夫が口にした言葉は、私には許しがたく不愉快なものでした。私の知っている夫らしくない言葉です。夫は指導者らしい心と頭脳の持ち主です。夫の謝罪をみなさまが受け入れて、私たちの国と世界が直面している重要な問題に注意を集中してくださることを願っています」

午後三時四〇分、トランプがツイートした。[11]「メディアとエスタブリッシュメントは、なんとしても私を大統領戦から追い出そうとしている——私はぜったいに選挙戦から離脱しないし、ぜったいに支持者の期待を裏切らない！　#ＭＡＧＡ（アメリカをふたたび偉大にしよう）」

トランプが着席した。ABCのインタビューに応じる準備がはじまっていた――記録破りの番組になる可能性が高かった。ジュリアーニとクリスティーが、提案を書いたものをトランプに渡した。トランプは読んだ。「私の言葉遣いは不適切でした。大統領にふさわしくない」。政治家の物言いだった――ぜんぜんトランプらしくない。ジュリアーニやクリスティーの言葉そのものだった。トランプはふくれた。

「こんなものは私にはできない」トランプはいった。「たわごとだ。弱々しい。きみらは弱々しい」

自分の出番だと、バノンは気づいた。だが、差し出口はできない。

「ドナルド、きみはわかっていない」クリスティーがいった。

「ドナルド、ドナルド、ドナルド」ジュリアーニがいった。「やらなければだめだ。郊外の主婦層のことを考えろ」

時間が押し迫ってきた。

バノンは、コンウェイのほうを向いた。「これをやめさせられないか?」

「やめられない」コンウェイが答えた。「彼らはもう来ている」。ABCのスタッフとデービッド・ミュアーのことだ。

「これをやめさせられないか?」バノンはくりかえした。

「私の信用がかかっているのよ。やめられない。もう動き出している。もうすぐはじまる」コンウェイがいった。

「はじまらない」バノンはいった。「トランプはやらない。導入部を単独でやったとしても。生中継のインタビューは無理だ。トランプは細切れにされる」。謝るという路線は、トランプにはないし、あとで質問された場合、前言を撤回したり、食い違っていることをいったりするだろう。

原稿を書き直そうとした。

トランプが二行だけ読んだ。

「こんなものは私にはできない」

トランプ・タワーのガラス窓は厚いが、トランプ支持者が通りに群がって騒いでいるのが聞こえた――ヒラリー・クリントンが〝惨めな人々《ディプローラブル》〟と嘲笑した人々の暴動だ。

「私の味方だ！」トランプはいい放った。「下へ行く。集会のほうは心配するな。すぐに行く」

「おりてはいけません」シークレット・サービスの警護官が制止した。「表に出てはいけません」

「私は下へ行く」トランプは部屋を出ていった。「じつにすばらしい」

コンウェイが、介入しようとした。「キャンセルできませんよ」。ABCのインタビューがある。

「知ったことか。ぜったいにやらない。最初から愚かな考えだった。ぜったいにやりたくない」

バノンがトランプのあとからエレベーターに乗ろうとしたときに、クリスティーがいった。「ちょっと待て」

バノンは戻り、トランプはコンウェイ、ドン・ジュニア、シークレット・サービスの警護チームといっしょに下におりていった。

「あんたが問題だ」クリスティーが、バノンにいった。「最初からずっと、あんたが問題だった」

「いったいなんの話だ？」

「あんたが悪いほうにそそのかしている。トランプの最悪の直観に、あんたはいつも賛成している。これが終わったら、あんたが責任をかぶることになるぞ。トランプがとんでもない勘を働かせるたびに、あんたはそれを煽《あお》っている。屈辱的な結果が目に見えている」

クリスティーが、バノンにのしかかるようにして顔を近づけた。バノンはいいそうになった。このデブ野郎、ここで殴り合おうぜ。

「州知事」バノンはいった。「飛行機はあすの便ですよ」。二度目の大統領討論会のために、セントルイスへ行くことになっていた。「あなたも乗るんでしょうね。チームに加わっているんだから」

階下ではシークレット・サービスの警護チームが折れて、トランプはしばし通りに出ていいことになった。武器を持っている人間がいる可能性がある。支持者と抗議者の混じった群衆のどなり声しか聞こえなかった。

午後四時三〇分、トランプは外に出てハイタッチをして、警護チームとニューヨーク市警の警官に挟まれながら、五分間、握手に応じた。

選挙戦をつづけるのですか？　一人のレポーターがきいた[12]。

「一〇〇％」トランプは答えた。

ジュリアーニ、クリスティー、プリーバスを除くトランプ陣営の面々は、日曜朝のトークショーに出演することを拒んだ。厚い鎧《よろい》をまとい、ノーといったことがない、頼りになるコンウェイも、予定があるといった[13]。三人を除く全員が、キャンセルした。

ジュリアーニは、五局すべてに出演し、〝満点ギンズバーグ〟を達成した——モニカ・ルインスキーの弁護士で、一九九八年二月一日に全国ネット五局の日曜朝のトークショーすべてに出演したウィリアム・H・ギンズバーグを称える表現だ。

ジュリアーニは、どの番組でもおなじ弁論を展開するか、展開しようとした。[14] トランプの発言は〝道義的に許されるものではなく、おぞましく、ひどすぎる〟し、トランプは謝罪した。収録されたのは二〇〇五年だし、いまのトランプはそのときとおなじではない。大統領選挙は〝人間を変容させる〟もので、トランプは人が変わった。[15] それに、ジョン・ポデスタのメールを《ウィキリークス》が公表したことから判明した、ヒラリー・クリントンのゴールドマン・サックスでの講演は、ウォール街と私的に親密であることを明らかにした。リベラルだというクリントンの公式な立場とは、相容れない。国民はむしろ、そちらのほうに厳しい目を向けるはずだ。

いつもなら日曜朝のトークショーを見ないバノンが、テレビのチャンネルを合わせた。その朝は、過酷な強行軍のようだった。CNNのジェイク・タッパーが、トランプの発言は言葉による性的暴行で、「ごくふつうの人間の考え方からして、言語道断の侮辱です」といった。[16] ジュリアーニは「はい、そのとおりです」と認めるしかなかった。

ジュリアーニは顔色が悪くなるほど疲れ果てたが、熱意と友情を示した。機会あるごとに話を引き延ばし、自身のカトリックの信仰にしばしば大幅に頼った。[17]「罪を告解し、二度とその罪を犯さないと固く決意します。すると司祭が罪を赦し、人が変わることが期待されます。つまり、この国では人々は変われると、だれもが信じているのです」

パンチを食らって朦朧《もうろう》としているように見えるジュリアーニが、セントルイスでの討論会のために、どうにか飛行機に間に合った。老眼鏡をかけてテーブルに向かっているトランプのとなりに、ジュリアーニは座った。トランプが、ジュリアーニのほうを覗き見た。

「ルディ、きみは赤ん坊なみだな」トランプは、大声でいった。「私を弁護するのに、あんなまずい話をするとは。やつらはあそこで、すぐさまきみのオムツをひっぺがした。きみはまるで、オムツを替えなきゃならないちっちゃな赤ん坊みたいだった。いつ大人になれるんだ?」

トランプは、周囲の人間に目を向け、ことにバノンの顔を見た。

「どうして彼を出演させた? 私を弁護できていないじゃないか。弁護できる人間が必要だ。味方はいったいどこにいる?」

「なにをいっているんですか?」バノンは反論した。「ずっと出てくれたのは、彼だけですよ」

「そんなことは聞きたくない」トランプがいった。「間違いだった。ずっと出るべきじゃなかった。弱々しすぎる。ルディ、きみは弱すぎる。負けたんだ」

ジュリアーニが、ぼんやりした顔でトランプのほうを見た。

予定の出発時刻が過ぎても、クリス・クリスティーは現われなかった。「あの野郎」バノンは毒づき、飛行機は離陸した。

5

ジュリアーニは、夜の討論会でトランプがビル・クリントンかヒラリーの私生活を追及することはないだろうと、CNNとNBCそれぞれで述べていた。[1] しかし、バノンは、タイミングのいい必殺の一撃だと考えた手立てを講じていた。

ビル・クリントンに性的暴行を受けたと主張している女性や、ヒラリーが貶めようとした女性のうちの四人が、討論会の会場に呼ばれることになっていると、バノンはトランプに説明した。ビル・クリントンに男性器を見せられたといい、セクハラ訴訟でクリントンと和解し、八五万ドルの和解金を受け取ったポーラ・ジョーンズ、クリントンにレイプされたと主張しているワニータ・ブロードドリック、ホワイトハウスで性的暴行を受けたと主張しているキャスリーン・ウィリー、一二歳のときにレイプされ、その容疑者を弁護したヒラリーに名誉を傷つけられたと主張しているキャシー・シェルトン。

クリントンの過去を掘り返し、アーカンソーとホワイトハウスでのみだらな行為を思い起こさせる名優が勢ぞろいした。

討論会の前に、女性四人がテーブルにあなたとならび、報道陣が呼ばれる、とバノンはいった。

「メディアのやつらは、討論会の準備がそろそろ終わるだろうと思ってやってきます。それを部屋に引き入れると、そこに四人がいるわけです。生中継ですよ。ドカーンと爆発します!」

焦土作戦。バノンの好むやり方だった。

トランプは、一日ずっと、クリントンを告発している人たちについての《ブライトバート》の記事リンクをツイートしていた。

「そいつはいい」トランプはいい、立ちあがって、堂々とした態度になった。「気に入ったぞ!」

午後七時三〇分すこし前に、レポーターたちがフォーシーズンズ・ホテル・セントルイスの一室にはいると、トランプと女性四人が待ち構えていた。[2] バノンとクシュナーが、部屋の奥に立ち、にやにや笑っていた。

七時二六分、トランプがツイートした。[3]「#フェイスブックライブで私を見てくれ。#討論会準備の最終段階を終える」——CNNがそれを取りあげて、実質的な生中継になった。

女性たちが、マイクに向けて炎を吐いた。

「人間は言葉ではなく行動で判断されるべきです」ワニータ・ブロードドリックがいった。「トランプさんは汚い言葉を口にしたかもしれませんが、ビル・クリントンは私をレイプしました。そして、ヒラリー・クリントンは、私を脅迫しました」

討論会の主催者は、バノンが手配した舞台正面の家族用VIP席にクリントンを告発する人々が座るのを禁じた。そのため、女性四人は最後に入場し、観客席の前列に座った。

討論会のはじめのほうで、討論会の共同司会者のアンダーソン・クーパーが、〈アクセス・ハリウッド〉の収録テープ問題を取りあげた。[4]「これは性的暴行ですね。あなたは、女性を性的暴行したことを自慢しました。それがおわかりですか?」

トランプは受け流した。「ＩＳ〔イスラム国〕が人々の首を斬るような世界です……あちこちで戦争があり、ぞっとするような光景が見られ、恐ろしいことがいくつも起きています……そうです。まことに面目なく、申し訳ないと思っていますが、ロッカールームで話すようなことですし、よくあることです。私はＩＳを叩き潰します」

すこしたってから、トランプはいった。「ビル・クリントンを見てください。ずっとたちが悪い。私のは言葉、彼のは行為です……この国の政治の歴史で、あんなに女性を虐待した人間は、一人もいませんでした」

キャシー・シェルトンとポーラ・ジョーンズが会場にいると告げてから、トランプはいった。「ヒラリーが……私が一一年前に口にしたことを取りあげるのは、みっともないことだし、彼女は自分を恥じるべきだと思います」

共同司会者だったＡＢＣのマーサ・ラダッツが口を挟み、ヒラリー・クリントンが話ができるように拍手喝采をやめるよう、聴衆に頼まなければならなかった。

バノンの選挙対策本部の副本部長に就任したボシーは、毎日の運営や一日に数百件の決定に関わるうちに、だれがじっさいに権限を握っているかをすぐさま悟った。バノン、コンウェイ、クシュナーとの会議に、ボシーは加わった。そこで決定が下される。たとえば、今後のテレビのスポット広告三件に関して。

ボシーが、デジタル広告の担当者に会議での決定を伝えても、広告が出ないことがあった。「どうしたんだ？」ボシーはいった。「伝えただろう。なにをやるかをいったはずだ。会議があって、決めた」

「いや、いや、ちがうよ」ボシーに担当者がいう。「あんたのあとでジャレッドが来て、〝出すな〟といったんだ」

そのとたんに、〝頭のなかで電球がついた〟――事情が明確になった。クシュナーが完全に納得しないと、物事は行なわれない。そこで、決定を下す会議のあとで、ボシーはクシュナーと話をして、彼の望みを理解するようにした。肩書のないクシュナーが運動を牛耳っていて、ことに金の問題は一手に握っていた。すべて自分の金だとトランプが思っていることを、クシュナーは知っていたので、なにもかも自分が最終承認するようにしなければならなかったのだ。

大統領選挙運動にトランプが自分の懐から五〇〇〇万ドルを出してはどうかというバノンの提案を、クシュナーは笑い飛ばした。「彼が五〇〇〇万ドルの小切手を書くわけがない」。八月にクシュナーは、バノンにそういった。

「あんた」バノンはいった。「勝負が互角になったら、そういうことをやらざるをえないだろう」。もうじきヒラリーとの差がなくなるはずだ。「決め手となるようなものをテレビで流す必要がある」。白兵戦に役立つようなものでなければならない。「最低でも五〇〇〇万ドルが必要だ。トランプは書かざるをえないだろう」

選挙法によって、候補者は自分の運動にいくらでも資金を出すことが許されている。

「ぜったいに書かない」クシュナーはいい張った。

「アメリカ合衆国大統領になることのほうが重要だろうが！」

「スティーブ、本決まりだというのを示せなかったら」――当選確実という意味だ――「三～五ポイント以上の差で、かならず決まるというのを示せなかったら、彼はそんな額の小切手は書かない」

「まあ、そのとおりだな」バノンは認めた。

「二五〇〇万ドルなら出させることができるかもしれない」そういってから、クシュナーは補足した。

「彼は現金をあまり持っていないんだよ」

一〇月一九日にラスベガスで行なわれた最後の大統領討論会のあと、トランプはニューヨークに戻った。投票日まで三週間、全力疾走しなければならない。

バノン、クシュナー、ゴールドマン・サックスの元副社長で全国財務責任者のムニューシンが、運動に資金を二五〇〇万ドル投入する計画を、トランプに説明した。

「だめだ」トランプはいった。「冗談じゃない。金は出さない」。名高い共和党の大口献金者はどこへ行った？「金はどこだ？　この連中が出した金はどこにある？　ジャレッド、金を集めるのはきみの役目だろうが。金は出さない」

翌日、三人は一〇〇〇万ドルの新提案をひねり出して、機中でトランプに説明した。借り入れにはならないし、支持者からの献金で穴埋めされます。〝赤ちゃん〟か〝こびと〟なみの額ですよと、バノンは軽くあしらうようにいった。それに、期限があります。きょう、一〇〇〇万ドル用意しなければばなりません。

支持者の献金は「勝っても、負けても、撤退しても、ずっとはいりつづけます」バノンはいった。「でも、あなたは勝つと私は断言します」

「きみにわかるものか」トランプが語気鋭くいった。「われわれは三ポイント負けている」

トランプには、勝つという自信がまったくないのだと、バノンは思った。

一〇〇〇万ドル投入を要求してから二日後に、トランプはようやく三人にいった。「わかった。いいだろう。せっつくのはやめろ。一〇〇〇万ドル出す」

スティーブ・ムニューシンが、署名する書類をトランプに二枚渡した。最初の一枚には、選挙対策本部に運動資金がはいりはじめたら返済されるという条件が記されていた。

「これはなんだ?」二枚目を見て、トランプがきいた。

「送金指示です」。ムニューシンは、トランプの決定がつねに仮のもので、議論を蒸し返されることがあるのを知っていた。まだ手続きは終わっていない。

「なんだと」トランプはいった。送金指示はトランプ・オーガニゼーションのだれかに送ればいい。だめです、とムニューシンはいった。ここでやらなければなりません。

トランプは、書類二枚に署名した。

金の問題は、トランプを興奮させる。政権移行チームを指揮する予定のクリスティーが、そのための資金集めをしていることを知ると、トランプはクリスティーとバノンをトランプ・タワーに呼びつけた。

「その金はどこだ？」トランプは、クリスティーにきいた。「選挙のための金がいる。私は自分の金を選挙に注ぎ込んだ。きみたちは私の金を盗もうとしている」。金はすべて自分のものだと、トランプは考えていた。

クリスティーは、自分の活動を弁護した。選挙に勝ったときに、政権移行組織が必要になるので、そのための資金だ。

ミット・ロムニーは二〇一二年に候補になったときに、政権移行会議に時間を使いすぎ、選挙の行事のための時間が足りなくなった、とトランプはいった。「それで彼は負けた。そのジンクスを私に負わせるな」クリスティーに向かって、きっぱりといった。「政権移行チームはいらない。チームは廃止する。名誉職だと、最初からきみにいったはずだ。ジンクスを私に負わせるな。そんなことには、一秒たりとも使うつもりはない」

「いやはや」バノンが口を挟んだ。政権移行を準備したほうが、賢明かもしれませんよ。

「ジンクスを背負い込むことになる」トランプはいった。「それは願い下げだ」

「わかりました。そうしましょう」バノンはいった。「すべてとりやめます。あすの〈モーニング・ジョー〉がなんというでしょうね。大統領になる自信がないのが見え見えだといわれますよ。そうでしょう？」

トランプは、しぶしぶながらようやく了承した。その代わり、政権移行チームは縮小し、最低限の人員だけにする。クリスティーは資金集めをやめる。

「移行は彼に任せる」トランプはいった。「しかし、それと関係のあることはやるな」

投票日の二週間前の二〇一六年一〇月二六日、私はテキサス州フォートワースにいて、KEY2ACTという建設業とフィールドサービスマネジメント（FSM）向けソフトウェア会社の幹部社員約四〇〇人の前で講演を行なった。テーマは〝アメリカ大統領制の時代――二〇一六年はなにをもたらすか？〟だった。聴衆はほとんどが白人で、全米から来ていた。

私は挙手を求めた。ヒラリーに投票する予定の人は？　ほんの一〇人程度だった。トランプに投票する予定の人は？　聴衆の半分が手を挙げた――約二〇〇人。すごいと私は思った。トランプに投票する人間はかなり多そうだ。

講演のあとで、会社のCEOが近寄ってきた。「座らせてもらえますか」といって、私が立っていたところの近くにあった椅子に腰をおろした。「いや驚きました。社員とは一年以上も、毎日いっしょに働いてきました。親しくしています。家族も知っています。あなたが私に〝トランプに投票する社員が二〇〇人いましたよ〟と話したら、〝そんなのは信じられない〟といったでしょうね」。半々だろうと予想していたという。しかし、二〇〇人とは。CEOはびっくりしていた。解釈はなにもいわなかった。私にも説明がつかなかった。

投票日の一〇日前、トランプはぜったいに勝たなければならないノースカロライナ州へ行った。全米世論調査のほとんどで、トランプは数ポイント負けていた。NBCと《ウォール・ストリート・ジャーナル》の共同世論調査では、六ポイント負けていた。

バノンは、下院第一一区の下院議員マーク・メドウズと話をした。メドウズはティーパーティ寄りで、保守派とリバタリアンの共和党議員三〇人から成る強力な自由議員連盟《フリーダム・コーカス》議長で、トランプの絶大な支持者だった。夏のあいだずっと、メドウズは集会出席者を率いて、有名な反クリントン・スローガン〝彼女を刑務所に入れろ〟を唱えさせた。

バノンは、メドウズにいった。すべての激戦区のなかで「ここが私はいちばん心配だ」。運動が有権者の心に響いているように思えない。

メドウズの意見はちがっていた。「福音主義派《エバンジェリカルズ》が活動している。戸別訪問をやっている。断言する。ノースカロライナにはもう来なくてだいじょうぶだ。われわれが掌握している」。メドウズの妻をはじめとする保守派の婦人たちが、〈アクセス・ハリウッド〉の収録テープが暴露されたあとでバスを借り切り、州内をまわって、女性に対してトランプへの投票を呼びかけた。なにもかも揺るぎないし、上り調子だと、メドウズはいった。

メドウズには、下院議長ポール・ライアンを追い落とす大計画があった。バノンにフォルダーを渡した。「これを読んでくれ」メドウズがいった。「トランプが勝ったら、二四時間後にライアンに異議を唱え、辞任させる。われわれが下院を乗っ取る。そこからほんとうの革命がはじまる」

それでもバノンは不安だった。だが、トランプ−ペンスの戦略には、利点があると気づいた。ペンスを上手に使っていると思った。ペンスは各州を遊説していた[5]——ペンシルベニア州で二三回以上、オハイオ州で二五回、ノースカロライナ州で二二回、アイオワ州で一五回、フロリダ州で一三回、ミシガン州で八回、ウィスコンシン州で七回。狙いは、ペンスが州知事に立候補しているかのように運動することで、地元の問題や、トランプ大統領がワシントンＤＣで州のためにできることに的を絞っていた。「そして、ときどきイエス・キリストの国にも〔ペンスを〕送り込んだ」とバノンは述べた（ペンスはカトリック福音主義派を自称している）。

トランプは主に国の監督者として、大都市四一カ所をまわったという。

クリントン陣営がオバマ大統領を戦略的に利用していないことに、バノンは唖然とした。オバマは二〇〇八年と二〇一二年にアイオワ州を六～一〇ポイントの差で勝ち取っていた。「オバマはぜったいに行かない」。ヒラリーは本選挙ではウィスコンシン州に行かなかった。経済についての話もじゅうぶんではない。

「ヒラリーがアリゾナ州へ行ったときには、頭がどうかしたのかと思った」バノンはいった。「なにをやっているんだ？」

歴史家が今後、二〇一六年の選挙に関する本を書いて、その疑問を解きほぐそうとするだろう。私は次期大統領の最初の一年か二年についての本を書くつもりだった。ヒラリー・クリントンが対象になりそうだったのだが、フォートワースのことがあったので、私は考え直していた。

投票日の二日前の一一月六日、私はクリス・ウォーレスの〈ＦＯＸニュース・サンデー〉に出演した。[6] トランプが勝つ可能性に議論が移った。

あとで書き起こしたものによれば、私はつぎのように述べている。「トランプが勝った場合、どうしてそれが可能だったのでしょうか？　なにが見落とされていたのでしょうか？　私がアメリカ各地をまわって、テキサス、フロリダ、ニューヨークでいろいろなグループと話してわかったのは、世論調査をみんな信用していないということです。それに、投票をかなり個人的な行為だと見なしています。自分はこの人口動態に属しているから、こういう道を進む、という考え方を嫌っています。自分で決めたいと、彼らは考えています」

ウォーレスが、それは世論調査員に嘘をついているということですか？　とたずねた。

「それは考えられると思います」私はいった。でも、そういう兆候は見られなかったし、内部情報を私は知らない。事情を理解できるような立場にはなかった。

投票日の前日、トランプはノースカロライナ州も含めた五州をあわただしくまわった。疲れ果てていた。

トランプは、ノースカロライナ州の州都ローリーでの集会でいった。[7]「もし勝たなかったら、これは唯一最大の無駄だと思うでしょうね……時間とエネルギーとお金の……もし勝たなかったら、みんな——正直いって、みんな時間を無駄にしたんです」

おかしな発言だった。気が滅入るような文言なのに、聴衆は気に入ったらしく、やる気を起こさせる言葉だと受け止めた。

クリントンの最後の集会のひとつが、フィラデルフィアの独立記念館で開かれた。一一月七日、数万人が集まり、オバマ大統領も出席した。ヒラリー・クリントンの本によれば、オバマがヒラリーをハグしてささやいたという。[8]「あなたは勝った。とても誇りに思う」

投票日の午後五時ごろに、トランプは最新の出口調査の結果を受け取った。悲惨な結果だった。オハイオ州とアイオワ州で同点、ペンシルベニア州で九ポイント負け、ノースカロライナ州で七ポイント負け。

「私たちにできることはなにもなかった」トランプは、バノンにいった。「すべて現場に任せてあった」

開票がはじまった投票日の夜、《ニューヨーク・タイムズ》のウェブサイトの当選予想ダイヤルの針は見ものだった。最初はヒラリー・クリントンが勝つ確率が八五％だった。だが、ダイヤルはすぐにトランプ有利に変わっていった。トランプにとって明るい兆候は、ノースカロライナ州の動きだった。アフリカ系アメリカ人とラテンアメリカ系の投票率が低かった。午後一一時一一分、トランプはノースカロライナ州を勝ち取った。[9] 午後一〇時三六分にはオハイオ州を、一〇時五〇分にはフロリダ州を勝ち取っていた。そして午前零時二分にはアイオワ州を勝ち取った。[10]

オバマ大統領が、ヒラリー・クリントンにメッセージを送った。二〇〇〇年の大統領選挙のような不明瞭な結果になるのは国のためによくないと、オバマは懸念していた。負けるようなら、早めに潔く敗北を認めるべきだ。

AP通信が午前二時二九分にウィスコンシン州はトランプのものになったと告げ、トランプの当選を宣言した。[11]

「ドナルド、ヒラリーよ」。その直後に、ヒラリー・クリントンが、敗北を認める電話をかけた。

トランプは、トランプ・タワーとは数ブロック離れた、マンハッタンのミッドタウンにあるニューヨーク・ヒルトンへ行って、聴衆に向けて演説をした。

「アメリカが分断の傷を治すときがきました」。善政を敷く政府の台本そのものの発言だった。[12]「すべてのアメリカ人のための大統領になると、私たちの国の全市民に誓います。最初から申しあげていたように、私たちがやっていたのは選挙運動ではなく、途方もなく偉大な社会運動でした……人種、宗教、出身、信条を問わず、すべてのアメリカ人によるものです。私たちは、この国の勇猛果敢で壮大な運命と夢を取り戻さなければなりません。私たちは、敵意ではなく共通の地盤を、対立ではなく協力を模索します」

トランプは、家族、コンウェイ、バノン、トランプ支持を早くから表明していたアラバマ州選出の共和党上院議員ジェフ・セッションズ（〝偉大な男〟）、退役陸軍中将で選挙対策本部の国家安全保障問題顧問だったマイケル・フリンに感謝の言葉を述べた。フリンは、トランプと並々ならぬ親密な関係を築いていた。

トランプ次期大統領は、プリーバスについて長々と述べた[13]。「ラインスはスーパースターです。でも、私はいいました。〝ラインス、勝たなかったら、みんなきみをスーパースターとは呼べないんだよ〟。ラインス、こっちへ来い」。聴衆のなかにいたプリーバスを見つけたトランプが、舞台に呼んだ。

プリーバスが、聴衆から出てきて、よろよろと舞台にあがった。

「ひとことといってくれ」トランプはいった。「さあ、なにかいえよ」

「みなさん」プリーバスがいった。「次期アメリカ大統領、ドナルド・トランプです」

「すばらしい男ですよ」トランプはそういったが、RNC委員長のプリーバスの働き――資金集め、運動員やボランティアの勧誘、応援演説の手配などもろもろ――をすべて理解していたわけではなかった。「私たちの勝利と業績に、RNCとの協力はたいへん重要でした」

結びにこういった。「すばらしい二年間でした。それに、私はこの国を愛しています」

トランプ本人もびっくりしているのだと、バノンは確信していた。「トランプは、勝つだろうとは、これっぽっちも思っていなかった」のちにバノンは語っている。「大統領になる準備をまったくやらなかった。負けることは考えていなかったが、勝つとも思っていなかった。そこがちがう。準備せず、移行チームもなかったことが、それを示している」

ロシアからプーチンが祝いの電話をかけてきた。中国の習近平《シー・ジンピン》国家主席も電話で祝いの言葉を伝えた。世界の指導者たちが電話をかけてきた。「トランプもようやく実感しはじめた」。バノンは、そのときのことを思い出して述べた。「これは現実なのだと。自分にはまったく準備ができていないと。ヒラリー・クリントンは、大人になってからずっと、こういう瞬間のために用意を整えてきた。トランプはこの瞬間のための用意に一秒も費やしていなかった」

数時間の睡眠をとってから、バノンは政権移行の書類をぱらぱらと見た。ゴミ箱行きだ、と思った。国防長官にニュージャージー州の大口献金者の名前が挙がっていた。信じられない。政治任用の四〇〇〇のポストを埋める必要があるのだ。一時的にいまのエスタブリッシュメントを取り込むしかないと気づいた。ふんだくるという言葉のほうがふさわしいかもしれない――仕事ができる人間を引き抜くのだ。

「これの事務局長を呼んでくれ」。いまある政権移行チームとつながりを持とうとして、バノンは命じた。「大至急、私のオフィスによこしてくれ」。名前は憶えていなかった。

バノンは、政権移行チームの事務局長のオフィスに電話した。「来られるか？」ときいた。

「ちょっと難しいと思います」

なぜだ?

「事務局長はバハマ諸島にいます」

「ここは『ガラクタおもちゃの島』か?」バノンはいった。「どうやって政府をまとめればいいんだ? 一〇週間後の正午には現政権と交替するんだぞ。急いで作業をはじめなければならない」


プリーバスとバノンは、これから最上級スタッフとして権力を分かち合うことになる。二人は異例の取り決めをした。バノンは〝首席戦略官〟に就任する——肩書も発想も斬新だった。プリーバスは、大統領首席補佐官に就任する。プレスリリースでは、バノンの名前が上に載る。[14] 伝統的にいちばん上に記載される首席補佐官にバノンが就任するのを防ぐために、プリーバスは同意した。

6

投票日の一週間後、トランプ次期大統領は退役陸軍大将ジャック・キーンを、トランプ・タワーに招いた。国防長官に任命するための面談だった。

「きみを私のナンバー1にしたい」

FOXニュースの常連で七三歳のキーンは、ディック・チェイニー元副大統領の親しい顧問だった。キーンは固辞した。先ごろ亡くなった妻の介護のために借金があり、承諾は不可能だった。一時間の話し合いのあいだに、キーンは世界情勢をトランプにざっと説明し、いくつか助言をあたえた。

次期大統領、とキーンはいった。議会、世論、あなたの閣僚は、国内の政治目標に巻き込まれるでしょう。「国家安全保障と外交政策が、あなたがほんとうに歩むべき路線です。好悪にかかわらず、世界の問題はペンシルベニア一六〇〇番地（ホワイトハウスの所在地）を訪れるのです。

国内問題で間違っても、修正機構があります。やり直しがききます」。国家安全保障では「やり直しはできません。過ちを犯したら、たいへんな影響があります」。

オバマ大統領は、そういう危険な世界にありながら、決断力が欠けていたと、キーンは思っていた。

「私たちの行動、もしくは行動の欠如が、地域を不安定にして、膨大な問題を引き起こします」キーンは警告した。

国防長官にだれを推薦するかと、トランプがきいた。

実利的な目的には、ジェームズ・マティスがいいと、キーンは答えた。マティスは退役海兵隊大将で、中東担当の中央軍司令官だったのをオバマに解任された。オバマが二〇一三年にマティスを解任したのは、強硬なタカ派でイランとの軍事対決を望んでいると見られたからだった。

「優秀な男だな、マティスは」トランプはいった。〝マッド・ドッグ〟や〝カオス〟と呼ばれているマティスの噂は聞いていた。

「ええ、そうです」キーンはいった。「優秀な男です」。マティスにはいくつか利点があると、つけくわえた。「彼は情勢に精通しているので、大きな問題が起きても、初日から腕まくりをして問題に取り組むことができます。それが第一です。

第二はきわめて経験豊富なことで、ことに世界でもっとも爆発しやすい地域である中東をよく知っています。それに、実戦の経験も豊富です」。アフガニスタンとイラクで中央軍を指揮していた。「しかも、軍内部だけではなく、外部でも高く評価されています。

これはあまり知られていませんが、彼はかなり思慮深いんですよ」キーンはいった。「それに、慎重です」

「もうすこしわかりやすくいってくれ」トランプは頼んだ。

「マティスは、物事を徹底的に考えます。時間をかけて、問題点をとことん考えます」。マティスは結婚したことがなく、しじゅう本を読んでいる。書庫に蔵書が七〇〇〇冊ある。〝戦う修道士〟とも呼ばれ、四〇年以上も勤務して、軍に一身をささげている。一途ではあるが、冷静だ。「私もマティスをたいへん尊敬しています」キーンはいった。「勇敢で高潔な男です」

車に戻ったキーンは、マティスに電話をかけた。トランプに打診されたが、断わったと教えた。マティスが、確認しようとした。

「きみはやれないんだな、ジャック?」マティスがきいた。

「できないんだ」キーンはいった。「ジム、きみはできるだろう?」

「できるよ、ジャック」マティスは答えた。

「彼らは難しい問題にぶつかっているから、軍人に頼みたいという気持ちになっているようだ」

一一月のうちにトランプが、六六歳のマティスをベッドミンスターに招いた。マティスの物静かな風采には、威厳があった。

ISを片付けなければならない、トランプは力説した。イラクのアルカイダの残党から成長したISは、カリフ制を打ち立てて君臨するという野望を抱いて、暴虐なやり方でシリアにまで拡大していた。選挙運動でトランプは、ISを打倒すると約束していたし、ISの脅威は増大していた。

マティスは、トランプをまっすぐに見つめた。「いまのやり方を変える必要があります」マティスはいった。「消耗戦であってはならない。殲滅《せんめつ》戦にしなければなりません」

トランプは、その言葉が気に入った。完璧だ。マティスを国防長官に任命すると告げた。ただし、すぐには発表しないことで同意した。

マティスは社会政策ではリベラル色が強く、本質的にグローバリストだと、バノンは判断していた。だが、肝心なのは、そこにできあがったトランプとマティスの結びつきだった。マティスは戦士であるとともに、相手を安心させる。バノンはすぐに、マティスは〝安心長官〟で〝政権のモラルの重心〟だというようになった。

バノンは、訪れた閣僚候補者とトランプがベッドミンスターで大きなドアを通る場面を、ダウニング街一〇番地での出来事のように見せかけて撮影する手配をした。

「すばらしいものになりますよ」バノンはトランプにいった。「メディアを通りにならべます。イギリス首相のような感じで出迎え、歓迎してください」

ドアの前のトランプとマティスの写真が、多くの新聞に載った――トランプと握手したマティスは海兵隊式の直立不動の姿勢で、物静かな将軍の姿を示している。

マティスは、9・11後に海兵隊大佐として部隊を指揮し、アフガニスタンに出征した。SEAL（海軍特殊部隊）勤務一七年のロバート・ハワード海軍大佐は、当時、SEALを率いていた。

「おい、いっしょにやらないか?」二〇〇一年にマティスは、ハワードに持ちかけた。それから十数年のあいだ、ハワードはマティスの指揮下で重要な任務を行なった。

二〇一三年、海軍中将に昇進していたハワードは、フロリダ州マクディル空軍基地に送られ、中央軍司令官のマティスのもとで副司令官に就任した。BOQ（独身将校宿舎）にチェックインし、一日仕事をして、部屋に戻った。持ち物がすべて運び去られていた。すべてマティスの家に運ばれたといわれた。

ハワードは、マティスの家に行った。キッチンにはいると、マティス将軍はハワードの下着をたたんでいた。

「司令官」ハワードはいった。「いったいなにをやっているんですか？」

「自分のものを洗濯した」マティスが答えた。「ついでにきみのものも洗おうと思ってね」

マティスのように丁重で謙虚な将校には会ったことがないと、ハワードは思った。マティスはハワードを〝私の副司令官〟と呼ばず、「私の共同司令官を紹介しよう」という。

ハワードは、退役してロッキード・マーチンのアラブ首長国連邦支社長に就任したあとも、マティスと連絡をとっていた。

マティスは、オバマ政権がイランを抑止するのに失敗したことを懸念していた。

ハワードはいう。しかし、「ジム・マティスをよく知っていれば、戦争をはじめるのに乗り気ではないとわかるはずだ」。

海兵隊の伝承では、イランはけっして癒えない傷を海兵隊に負わせ、その返礼はなされていないという。一九八三年のベイルートにおける海兵隊兵舎テロ攻撃の黒幕は、イランだった。この攻撃で海兵隊員二二〇人が死んだ。一日の死者としては、海兵隊の歴史で最大の数だった。ほかにも米軍兵士二一人が死に、合計二四一人が死亡した――9・11が起きるまでは、テロ攻撃による最大の被害だった。マティスはそのとき海兵隊勤務一一年で、少佐だった。

ある上級幹部将校によれば、二〇一〇年から二〇一三年にかけて中央軍司令官をつとめたとき、マティスはイランを「中東のアメリカの権益にとっていまなお最大の脅威」だと見なしていたという。イスラエルがイランの核施設を攻撃し、アメリカを紛争に巻き込むことを、マティスは懸念していた。マティスはまた、アメリカが中東に配置している戦力はじゅうぶんではなく、確たる交戦規則もないと考えていた。そこで、レオン・パネッタ国防長官を通じて、オバマ大統領に意見書を提出し、イランの挑発に対応する権限を強化しようとした。イランが公海に機雷を敷設し、海上で事件を起こして、それが拡大するのではないかと、マティスは憂慮していた。

トーマス・ドニロン国家安全保障問題担当大統領補佐官が、マティスに回答した。その内部文書はすぐに〝ドニロン・メモ〟と呼ばれるようになる。機雷が米軍艦の航路に効果的に敷設されてその軍艦が差し迫った危険にさらされない限り、いかなる状況でもイランに対する軍事行動を起こしてはならないというのが、ドニロンの指示だった。マティスが国防長官に就任したら、ドニロン・メモは真っ先に無効にされるはずだった。

マティスは、イランに向けて戦いのドラムを叩きつづけた。対イラン戦争計画が不備だということに気づいた。すべてを航空機に頼っている。航空戦力のみで、幅広い軍種を使う統合作戦計画がなかった。現状の計画には、五つの攻撃オプションがある——一、イランの小型艦艇を攻撃。二、弾道ミサイルを攻撃。三、兵器システムを攻撃。四、侵攻に対抗。

〝攻撃オプション五〟は、イランの核開発計画の破壊だった。

マティスは、走り書きした意見書を海軍作戦本部長に送った。貴官の海軍は、ペルシャ湾での紛争にまったく備えができていません。

パネッタがマティスに注意した。イランに対してそういう姿勢をとっていると、オバマ政権ではめんどうなことになる。その考え方を打ち消す意見書をよこしてくれ。

「私は軍事面で最高の助言をするために給料をもらっています」マティスは答えた。「政策を決定するのは政権です。政権の怒りをなだめるために考えを変えるつもりはありません。信認が得られないのであれば、辞めます」

そして、辞めた。マティスは五カ月前に解任され、二〇一三年三月に退役したときに、自分が〝大きなスマートブック〟と呼んでいたものをシュレッダーにかけた。厚さが三〇センチ近く、重要な意見書、書類、メモ、資料、座右の手引《メモリージョガー》。歴史愛好家のマティスは、そういうものを残して他人に見られるのを嫌った。

海外遠征を終えるにあたって書いた報告書に、マティスは一五ページの対イラン戦略を添付した。オバマ政権にそういう戦略があるとは思えなかったからだ。オバマがイランについて何度か声明を出したことは認めつつ、「大統領の演説は政策とはいえない」とマティスは述べている。

マティスが起案した戦略は、イランの動きを大目に見るのではなく、対決することに焦点が絞られていた。イランはヒズボラを使って地域の安定を脅かし、イラクでも革命防衛隊の特殊部隊、〝神聖《ゴドス》〟部隊の活動によって、米軍を脅かしている。米軍の信頼度をあらためて高めることが、マティスの戦略の主眼だった。第二段階は、イランの世論を形成する長期の取り組みの計画だった。

マティスが辞任するとともに、イランについてのマティスの意見など、だれも顧みなくなった。ところが、マティスが国防長官に任命されると、お蔵入りになっていた戦略案が人気を博して、コピー作成が間に合わないほどになった。[1] タカ派のトランプ政権でマティスが国防長官に任命されたことによって、イランとの武力衝突が起きる可能性が高くなったのか、という問題が浮上した。

ジェームズ・A・ベイカー三世元国務長官と、ロバート・ゲーツ元国防長官の勧めで、トランプはエクソンのCEOを一〇年つとめた六四歳のレックス・ティラーソンに会った。

生粋のテキサス人であるティラーソンの自信たっぷりの態度に、トランプは感銘を受けた。強い存在感がある。ティラーソンはエクソンに四〇年勤務し、官職の経験という汚点がない。商取引という観点から世界を眺め、地球のあちこちを旅している。世界中で石油契約を交渉してきたビジネスマンで、ロシアとも数十億ドルの契約を結んでいる。二〇一三年にはプーチンからロシア友好勲章を授与されている。

トランプはワシントンDCの政界を馬鹿にしていたが、ビジネス界のエスタブリッシュメントは受け入れ、一二月にティラーソンを国務長官に指名した。最重要ポストである。トランプは補佐官たちに、ティラーソンは世界という舞台で演じる役柄にふさわしいと告げた。「もっともトランプ主義的な人選」だと、テレビでケリーアン・コンウェイがいった。[2]「大きな衝撃をあたえるはずです」

7

ジャレッド・クシュナーが、一一月三〇日にゴールドマン・サックスの社長兼ＣＯＯのゲーリー・コーンを招いて、トランプと経済について話し合うよう求めた。会合の場はトランプ・タワーだった。コーンは超一流の投資銀行ゴールドマン・サックスで、リスク・テイカーとして名高かった。トランプに匹敵する自尊心と自信の持ち主でもあった。トランプはいつも会見を一〇分以内に終えると、コーンはあらかじめ忠告された。

トランプのオフィスに、バノン、プリーバス、クシュナー、ムニューシンがいた。ムニューシンもかつてはゴールドマン・サックスの銀行家で、ヘッジファンド・マネジャーだった。選挙運動の最後の六カ月間は、トランプの選挙資金集めの責任者をつとめていた。ムニューシンは、その報いとして財務長官に指名されていたが、まだ発表されてはいなかった。

アメリカ経済は全体として良好です、とコーンはトランプにいった。特定の対策が講じられれば、爆発的に成長するでしょう。経済成長には税制改革と、過度の規制による制約を取り除くことが必要です。

トランプがそういう話を聞きたがっていることを、コーンは知っていた。ニューヨークの民主党員であるコーンはつぎに、トランプが聞きたくないような話をした。アメリカ経済は貿易を基盤としています。自由で公平で開かれた市場が、不可欠です。選挙運動中にトランプは、国際的な貿易協定に反対していた。

それから、アメリカは世界の移民の中心地です。「私たちは国境を開放しつづけなければなりません」コーンはいった。雇用状況はかなり順調なので、まもなくアメリカは労働者が足りなくなる。だから移民は受け入れつづける必要がある。「アメリカ人がやりたがらない仕事が国内に無数にあります」

つづいてコーンは、だれもがいっていることを口にした。予想できる範囲内で今後、金利は上昇します。

同感だ、トランプはいった。「さっそく莫大な金額を借りる必要がある。それを持っておいて、そのうち売って、儲けを出す」

トランプが基本すら理解していないことに、コーンは唖然とした。説明しようとした。あなたが、つまり連邦政府が財務省証券を発行してお金を借りたら、財政赤字が増えますよ。

どういう意味だ？　トランプがきいた。印刷機を動かせばいい――紙幣を刷ればいい。

そういうわけにはいきません、コーンはいった。アメリカの財政赤字は巨額で、大きな問題になっています。政府はそんなやり方で収支を合わせるわけにはいきません。「賢いやり方にしたいのなら――これをコントロールするのは可能です――財務省証券に五〇年債と一〇〇年債という超長期国債を追加します」

ここ数年、金利が低下しているので、財務省は一〇年以下の年限の国債発行額を増やしてきました。それが正しい措置です、とコーンはいった。金利上昇局面になれば、保険会社や年金基金は、五〇年債や一〇〇年債も購入するでしょう。三・七五％くらいで借りられる。今後、五〇年、もしくは一〇〇年、かなり低い金利で借金ができる。

「ワーオ！」トランプが奇声を発した。「すばらしい名案だ」。ムニューシンのほうを向いた。「できるのか？」

「ええ、もちろん」次期財務長官のムニューシンがいった。「間違いなくできます」

「賛成なんだな？」トランプはきいた。

「ええ、賛成です」ムニューシンはいった。

「きみたちは私の下で六カ月も働いていた」トランプはいった。「どうしてだれもこの話をしてくれなかったんだ？　彼からはじめて聞くのは、どういうわけだ？」

リスクなしで三・七五％の利益が出るものは、まだ存在していません、とコーンはいった。この国債はひっぱりだこになり、買い手がひしめくはずです。五〇年物の社債は、世界中で売られています。投資家はリスクなしで大きな利益が出るものをほしがっています。

連邦準備制度理事会（ＦＲＢ）について、コーンは指摘した。アメリカは何年も、実質的にゼロ金利の政策をつづけています。そのため、金利を上げるという方向しかない。それには理由がふたつある。経済が力強くなっているので、金利が高いほうがインフレを抑えられる。

「ですから、私がＦＲＢを指揮していたら、金利を上げます」コーンはいった。

経済を後押しするために低い利率を好む大統領が多いことを、トランプは知っていた。「まあ、私がきみにFRBの舵取りを任せることはありえない」

「結構ですよ」コーンはいった。「アメリカで最悪の仕事ですから」

税制に話題を転じて、コーンはいった。「法人税率三五％というのは、この一〇年間、私のビジネスにはありがたいことでした。私たちは企業を法人税率一〇％の国に移転させ、高額の手数料を受け取ってきました」。ゴールドマン・サックスの社長兼COOとして話をしていた。移転というのは、親会社を新しく設立し、企業の法的な所在地をアイルランドやバミューダのような法人税率の低い国に移すことだった。じっさいの業務や経営は、法人税率の高い国に置かれた子会社が行なう。

ゴールドマン・サックスは、数十社の海外移転に便宜を図ってきた。企業経営者と取締役会は、株主の利益を最大限にする責任を負っている。海外に移転することで、利益は飛躍的に増えた。製薬会社と保険会社は、ほとんどが海外に移転した。

コーンは得々と語った。「業種にかかわらず、ただ本社を移転するだけで利益を二〇％増やせる国が、ほかにありますかね？　アメリカだけですよ」

ゴールドマン・サックスの利益には反しますが、とコーンはつけくわえた。「それはアメリカにとってよくない。法人税率は平均的な二一、二二％にしなければなりません」

議会が押し付けている規制はほかにもあるが、新しい法律には抜け道がある。「企業が続々と国外に移転するのを許すわけにはいきません。よくないことです。企業として間違っている。雇用にも悪影響がある。私は業界とは反対の意見をいっているんです。私たちはさんざん儲けてきましたから」

トランプが、紙幣を刷る話に話題を戻した。「ただ借りればいいじゃないか」。トランプは、世界一信用格付けが高く、したがってもっとも低い金利で借金ができるアメリカ連邦政府を率いるという考えに酔っていた。

コーンは、選挙運動中に明らかになった報告書の話をしなかった。[1] それによると、トランプ・オーガニゼーションの信用スコアは一〇〇点満点の一九点で、全国平均の三〇点よりも低い。金融機関から融資を受けられない可能性もある。

ただ紙幣を刷るわけにはいきません、コーンはいった。

「どうして？　どうしてだめなんだ？」

議会が債務上限を定めています。連邦政府が借りられるお金には限度があり、法律で縛られています。アメリカ政府の債務サイクルのバランスシートの仕組みを、トランプは理解していなかった。

インフレ率はおそらく安定したままでしょう。オートメーションが進みます、とコーンはいった――人工知能《AI》、機械学習、ロボット工学。労働供給を、いまは人類史上もっとも効果的に管理できます。ですから、雇用減少という面でも、あなたはもっとも危険な時代にいるわけです。いまは機械を労働力として創出できます。

「八年間在職するとしたら、乗用車やトラックの自動運転に対処することになるでしょう。アメリカの人口の二五％は、自動車を運転することで生計を立てています。それを考えてください」

「いったいなんの話だ？」トランプがきいた。

自動運転や自律車両のせいで、数百万人がべつの職種の労働人口にあらたに加わることになります。

大きな変化で、たいへんな激動をもたらしかねません。

「きみは私のもとで働いてくれ」トランプがいった。

「なにをやるのですか？」

トランプは、国防副長官はどうかといった。

「まず第一に、なんであろうと副長官にはなりたくありません」コーンはいった。

国家情報長官はどうだ？

コーンはいい返事をしなかった。どういう仕事なのか、はっきりとはわからなかった。ＣＩＡやその他の情報機関を統括する職務だということは、あとで知った。

「商品取引はやっているだろう」トランプがいった。「エネルギー長官になるのは考えられないか？」

興味ありません。

トランプは、コーンに行政管理予算局（ＯＭＢ）局長を引き受けるよう、説得しようとした。

お断わりします。コーンは、それがつらい仕事だというのを知っていた。

「それじゃ、こうしよう」一時間に及んだ会議の終わりのほうで、トランプはいった。「私は財務長官の人選を間違えた。きみが財務長官になるべきだ。最高の財務長官になれるぞ」

そこにいたムニューシンは、なにもいわず、反応も見せなかった。

「あとでまた、きみの望みを聞かせてくれ」トランプはいった。「チームに加わってくれたらすばらしい。最高だ」

五分後、まだトランプ・タワーにいるあいだに、コーンはテレビのニュース速報を見た。[2]「トラン

れそうな話が出たからだ」

プ次期大統領は、スティーブ・ムニューシンを財務長官に指名した」

「めちゃくちゃだ」クシュナーがいった。「ムニューシンが流したんだ。会議できみに取って代わられそうな話が出たからだ」

コーンは下調べをして、官職についたことがあるゴールドマン・サックスの元共同会長、ロバート・ルービンと話をした。ルービンはクリントン政権で国家経済会議（NEC）委員長と財務長官を歴任している。NEC委員長の地位を手に入れれば、経済で第一の実力者の特権が握れるから、そうすべきだと、ルービンは勧めた。大統領の合意を取り付ければ、ホワイトハウスの西棟《ウエストウイング》にいることが、きわめて有利に働く。

コーンの妻リサが、国には大きな恩義があるから、やるべきだといった。「あなたはのんびりしているし、肥《ふと》りすぎで、齢《とし》も齢だから、国の役に立つ方法は、ほかにはないわ」

コーンはトランプに会いにいって、経済問題を一手に引き受けさせてもらえるなら、NEC委員長をやりたいといった。NEC委員長は、外交政策を国家安全保障問題担当大統領補佐官が握っているのとおなじように、経済問題を掌握する重職だ。

「いいとも」トランプはいった。「きみのやりたいようにやってくれ。二人で偉大な仕事をやっていこう」

会合の場にいたプリーバスは、そういう即断の人事に懸念を抱いていた。あとでトランプにいった。「ヒラリー・クリントンに投票した民主党員を政権に招いて、NEC委員長をやらせるんですか？

なぜです？　われわれが話し合うべきではないですか？　コーンは頭が切れると、私は思っています。こんなふうに職務を決める前に、われわれは話をしておくべきではないですか？」

「いや」トランプはいった。「話し合う必要はない」。それに、職務を提案し、承諾されたのだ。「彼はすばらしい仕事をしてくれるよ」

二〇一六年のクリスマス後、私はトランプが国家安全保障問題担当大統領補佐官に指名したマイケル・フリンに電話で連絡をとった。[3] フリンは孫たちに会うために、フロリダで休暇をとっていた。いろいろと物議をかもした退役陸軍中将のフリンは、情報の専門家でもあり、選挙運動中は外交政策顧問としてトランプと親密な関係にあった。共和党全国大会では、群集を煽動して、ヒラリー・クリントンに対する〝彼女を刑務所に入れろ〟というスローガンを叫ばせた。のちにそれを謝罪している。

二〇一四年にオバマ大統領は、管理職として不手際があったとして、国防情報局（ＤＩＡ）長官だったフリンを解任した。選挙後、フリンを国家安全保障問題担当大統領補佐官にすべきではないというオバマの忠告を、トランプは顧みなかった。

私がフリンに電話したのは、ロシアに対する意見を聞くためだった。私は情報機関と国防総省の幹部から、ロシアが近年、核戦力を近代化し、改善しているという話を聞いていた。新型の潜水艦発射弾道ミサイルや二種類の新型ＩＣＢＭが配備されているという。

「ああ、そのとおりだ」フリンは、オンレコでそう答えた。七、八年前から、プーチンの指示で、ロシアは「量ではアメリカをしのいではいないが、計略でアメリカを打ち負かしている」。

はじめてトランプと会った一八カ月前の二〇一五年に、ロシアの軍備増強について話し合いをはじめた、とフリンは語った。アメリカは戦闘能力、訓練、即応能力、近代化をかなりおろそかにしてきたと、意見が一致した。

プーチンは「組織立ったやり方をしている」フリンはいう。核戦力の改善だけではなく、戦術部隊、正規軍、特殊部隊も改善している。「ロシアと敵対して、じかに対決するようになったら、プーチンがイノベーションとテクノロジーを用いて相当の努力を傾注しているという現実を、われわれは思い知ることになるだろう」

つぎにフリンは、アメリカが核兵器の実験を再開する可能性について、率直に語った。アメリカの最後の実験は、一九九二年に行なわれた。「実験を再開するかどうかを、決定しなければならなくなるだろう」フリンはいった。コンピュータによるシミュレーションではじゅうぶんではないし、核兵器がじっさいに機能するかどうかを知ることは重要だ。

「私はボスに助言した。時間とエネルギーと資源をこれに注ぎ込むべきだと」。強硬な発言と行動が、トランプの計画だと、フリンはいった。プーチンに〝艦首の上を越す威嚇射撃を行なう〟。「レーガン大統領の作戦秘伝を参考にすることになる」。攻撃的になってから交渉する。「それと同時に、ロシアと取引する用意があることも明らかにする。ロシアを一面的に見てはいけない」

二〇一五年にロシアの国営テレビで講演を行ない、三万三七五〇ドルの謝礼を受け取ったことで、フリンはかなり批判を受けた。[4] あれはビジネスチャンスであり、プーチンと会うこともできたと、フリンはいった。「だれでも行けばいい」

フリンはモスクワで質疑応答に応じた。そこでは一般的な希望を述べた。ＩＳ打倒のためにアメリカへの協力を強化すべきだ。敵を峻別するのはきわめて重要だ。オバマがやっているようにＩＳを封じ込めるだけではだめだ。「次期大統領は世界中でそういう汚れ仕事を引き受けることになる。世界は乱れ切っている。それを片付けるためにやることが山積している」

8

選挙後にオバマ大統領は、ロシアの選挙介入に関する高度な秘密扱いの最終報告書を提出するよう、情報機関の責任者たちに命じた。そこには情報源と詳細も網羅される。議会の八人組とトランプ次期大統領に、ブリーフィングが行なわれる予定だった。

オバマが一月二〇日にホワイトハウスを去る前に、情報源を省いて秘密扱いからはずされた、おなじ結論の報告書の簡略版が、公表されることになっていた。[1]

ジェームズ・クラッパー国家情報長官、ジョン・ブレナンＣＩＡ長官、ジェームズ・コミーＦＢＩ長官、マイク・ロジャーズＮＳＡ長官が会合し、トランプに説明する論点を検討した。その報告書は当選に異議を唱え、選挙の正当性に疑問を投げかけるものだと、トランプが見なすことが予想された。意見を一致させて説明しなければならないと、四人は合意した。

「これが私たちの言い分だし、ここから離れてはならない」クラッパーは、団結を促した。クラッパーがブリーフィングの主役になる。全員が自信をこめて話をすることが不可欠だった。ブリーフィングであの野獣が興奮することは明らかだ。

その前の一二月に、ブレナンはクラッパーに電話した。ブレナンは、三五ページの文書のコピーを受け取っていた。それはイギリス情報局秘密情報部（MＩ6）のロシア課長だったクリストファー・スティールの一連の報告書で、ロシアがアメリカの大統領選挙に介入し、影響を及ぼした——混乱を引き起こし、ヒラリー・クリントンに被害をあたえ、トランプを助けた——ことを、詳細に述べていた。トランプがロシアの売春婦に〝放尿《ゴールデン・シャワー》〟させたという猥褻《わいせつ》行為の描写も含まれていた。

「これを読んだほうがいい」ブレナンは、クラッパーにいった。ＦＢＩはすでに、トランプの選挙運動とロシアのあいだに共謀があったかどうかを調べる、機密の対諜報捜査を開始していた。「これはわれわれの捜査を実証するものだ」。証拠にはできないが、おなじ線を追っている。

クラッパーは、ＦＢＩに相談した。トランプをどう扱うべきか？

ＦＢＩはその文書のことをよく知っていた。スティールはＦＢＩにも一部を提供していたし、一二月九日にジョン・マケイン上院議員がコミーＦＢＩ長官にコピーを渡していた[2]。

アンドリュー・マッケーブＦＢＩ副長官は、不安を抱いていた。ロシアに関するインテリジェンス・コミュニティの報告書について、トランプにブリーフィングを行なうときに、スティール文書のことを伏せたら、Ｊ・エドガー・フーバー時代のＦＢＩに逆戻りしたように見られるのではないか——われわれはスキャンダルのネタを握って貯めておく、という態度のことだ。コミーも同感だった。フーバーの負の遺産は、いまもＦＢＩに影を落としている。

クラッパーは情報機関が報告書をまとめるにあたって、情報源の扱い方などを統一してほしいと考えていた。ＦＢＩとＣＩＡは基準が異なっていた。

FBIは、情報収集に加えて犯罪捜査も行なう。だから、情報源の利用と検証については厳格な傾向がある。純然たる対諜報捜査だったものが、犯罪捜査に変わるかもしれない。そうなると情報は法廷で通用する証拠でなければならない。

CIAの任務は、情報収集と、それをホワイトハウスなどの政府機関に配布することだ。刑事裁判に使われることはないので、情報は通常、動かぬ証拠である必要はない。

CIAもFBIのフーバーのような過去の亡霊に悩まされている。二〇〇三年のイラク侵攻の準備期間に、CIAはたいへんな過ちを犯した。重要な情報源――暗号名が〝カーブボール〟だったことにも唖然とする――が、イラクの移動式化学兵器研究室で働いていたと主張した。それは嘘だったのだが、CIAはイラクが大量破壊兵器（WMD）を保有していると結論を下した。ジョージ・テネットCIA長官がプレゼンテーションでジョージ・W・ブッシュ大統領に、それを〝スラムダンクくらい確実〟だと断言した。大量破壊兵器が存在するとされたことが、イラク侵攻を正当化した事由だった。だが、大量破壊兵器は発見されず、ブッシュ大統領とCIAは厳しい政治的窮地に追い込まれた。

CIAの行動や分析に間違いがつきまとうことを、クラッパーは知っていた。情報源をできるだけ嘘発見器にかけるというのが、手順のひとつだった。嘘発見器にパスしたからといって、完全な証拠とは見なされないが、真実かどうかを測るいい目安にはなる。

スティールの文書に記されている情報源は、嘘発見器にかけられていないので、その情報は確証されておらず、疑わしいかもしれない。だが、情報が自分たちの情報源と一致していると、ブレナンはいっていた。かなり確信があるようだった。

スティール文書は、ジャーナリストのあいだにも流布していたし、スティールは記者たちの秘密のオフレコ・インタビューに応じていた。それはまだ公表されていなかった。

文書の二ページ目にはこうあった。[3]「情報源Ｄによれば、本人がいるところでトランプの（変態的な）行為が行なわれた。トランプは、モスクワのリッツ・カールトン・ホテルのプレジデンシャル・スイートに宿泊した。（憎き）オバマ大統領夫妻がロシア公式訪問の際に滞在したことを、トランプは知っていた。売春婦を何人も呼んで、目の前で〝放尿《ゴールデン・シャワー》〟ショーをやらせ、ベッドを汚した。同ホテルはロシア連邦保安庁（ＦＳＢ）の支配下にあり、主な部屋には隠しマイクや隠しカメラがあって、当局が望むものを記録できることで知られている」

文書によれば、〝名誉を傷つける材料《コンプロマート》〟を入手するのが目的だという。[4]

とんでもない告発だった。情報源Ｄの正体をほのめかすような描写はなかった。

ＦＢＩがこの文書を握っているので、インテリジェンス・コミュニティの重要プレゼンテーションのあとで自分がトランプに見せるのが妥当だろうと、コミーはいった。重要ではない付属書類のようにする。

ロシアと選挙運動に協力関係があったという点だけに絞り、三五ページが一ページと四分の三に要約された。

トランプは、ニュース・レポーターの声の高まりに対応して、ロシアが選挙に介入したと情報機関が結論を下しているのは、あからさまな攻撃だと反発した。

一二月九日、トランプは、インテリジェンス・コミュニティ内でこの警報を鳴らしているのは、「サダム・フセインが大量破壊兵器を持っていると主張したのとおなじ人々です」と述べた。[5] また、FOXニュースにその後こういった。[6]「ハッカーがロシアか中国かどこかのベッドに座っているほかの国のだれかなのかもわからない人たちです」。こうもツイートした。[7]「その行為の〝ハッカー〟を捕まえられなかったら、だれがハッキングしたかを突き止めるのはかなり難しい。選挙前にどうして持ち出されなかったんだ？」

一月五日、上院軍事委員会が、ロシアのハッキングに関する公聴会を開いた。翌日にトランプにブリーフィングを行なう予定のクラッパーが証言した。トランプがインテリジェンス・コミュニティを猛攻撃したことに腹を立てていたクラッパーは述べた。[8]「懐疑的になることと、名誉を傷つけることは、まったくべつの問題です。インテリジェンス・コミュニティを国民が信じ、信頼することは、きわめて重要です。海外の情報機関からも、懸念の声が届いています……アメリカのインテリジェンス・コミュニティの名誉が傷つけられていると」

翌日、ケリーアン・コンウェイが、〈CBSジス・モーニング〉で発言した。[9]「ロシアがドナルド・トランプを大統領に当選させたい理由が、どこにありますか？　ドナルド・トランプは、アメリカの核戦力を近代化すると約束しているんですよ」

《ニューヨーク・タイムズ》の電話インタビューで、トランプはいった。[10]「これは政治の魔女狩りだ」

選挙運動でトランプの報道官をつとめた二八歳の広報専門家、ホープ・ヒックスは、二〇一七年一月の政権移行中、トランプ・タワー一四階の狭い会議室に陣取っていた。彼女には、トランプにとって重要な特質ふたつ——忠誠心と美貌——が備わっていた。ティーンエイジャーのころはモデルで、いまは完璧なアイメイクと片方に垂らした長い茶色の髪という、トランプ好みの洗練された魅力的な容姿だった。広報でも天才的な手腕を発揮している。

トランプはヒックスに、ホワイトハウスでどういう仕事をやりたいかときいた。報道陣と毎日のようにじかにやり合うのを避けるために、ヒックスは戦略広報部長を選んだ。それによって、いまでは際限がなくなっているトランプのメディア登場を管理できる。ヒックスはいわば、トランプのインタビューの門番だった。だれもがトランプと会いたがっていた。選挙運動中はトランプがメディアに登場する機会が多すぎて、影響力が弱まったと、ヒックスは感じていた。今後は、そういうチャンスを利用するのに、慎重な調整が必要とされる。だが、次期大統領のトランプには、それが不可能に近いことを、ヒックスはだれよりも承知していた。

メディアは〝反抗挑戦性障害〟に侵されていると、ヒックスは確信していた。臨床心理学で、反抗的な子供に対してよく使われる言葉だった。〝反抗挑戦性障害〟には、権威に対する過度の怒り、復讐心、癇癪《かんしゃく》の発作という特徴がある。報道陣にはそれが当てはまると、ヒックスは考えていた。

ヒックスはすでに、ロシアが選挙に介入したという報道への対策に取り組んでいた。〝ロシアによるハッキング説〟をニュースで大々的に報じるのは、アメリカを弱々しく見せ、ロシアの影響力を現実にはありえないくらい強く見せてしまうと、ヒックスは考えていた。

一月六日、インテリジェンス・コミュニティの長官たちがトランプ・タワーへ行った。コミーFBI長官が、最初にトランプに会った。おそらく自分の鋭い観察眼を強調するためだろうが、コミーは自著でつぎのように述べている。[11]「スーツのジャケットはボタンをはずし、ネクタイは例によって長すぎた。顔が赤茶色で、目の下にくっきりした白い半月形があるのは、日焼けマシンを使い、そのときに目を保護する小さなゴーグルをかけたせいだろう。修道女の頭巾のような形をした明るいブロンドの髪は、仔細に見てもすべて自分の毛のようだった。朝にその髪形にするのに、いったいどれだけ時間がかかるのだろうと思ったのを憶えている。彼が手をのばしたとき、大きさをたしかめようと頭にメモした。その手は私の手よりも小さかったが、すごく小さいわけではなかった」

トランプ・タワーでのブリーフィングで、クラッパーは情報評価の根幹である主要判断をざっと説明した。

- ロシアには〝アメリカ主導の自由民主主義体制〟をひそかに害するという長年の願望があるが、二〇一六年の大統領選挙では、〝直接関与、行動のレベル、活動の規模が大幅に拡大された〟[12]。
- プーチンは〝アメリカの大統領選挙に狙いをつけた影響力行使作戦を二〇一六年に命じ……アメリカの民主的手続きに対する大衆の信頼を蝕み、クリントン候補の評判を汚し、大統領に選出される資格を傷つけた。また、プーチンとロシア政府はトランプ次期大統領を明らかに贔屓《ひいき》するようになったと、私たちは判断している〟。

・〝クリントン候補が選挙に勝つと判断した時点で、ロシア政府の影響力行使作戦は、クリントン候補が大統領に当選する機会を阻むことに集中するようになった〟。

手ぬるい言辞だった。トランプは〝明らかに贔屓され〟ていて、ロシアの活動は、クリントンの〝信用を傷つけ〟、当選を〝阻む〟ことが主眼だった、とされていた。[13] トランプとその陣営が、ロシアの活動に共謀もしくは協働していたとは、どこにも暗示されていなかった。

すべての情報源からの情報がぴったりと合っているし、クレムリンのさまざまな視点からの言説が一致しています、とクラッパーはいった。これらの人的情報源は、いわゆる〝伝統ある情報源〟です——つまり、長年、正しい情報や評価を伝えてきた情報源で、そのうちの一人は、一世代前から信頼できる情報を提供してきました。

これまで報道されていなかったが、一人の情報源は正体がばれる危険があったので、CIAはロシアから脱出させ、安全な国かアメリカに移したかった。急にロシアを出たり、姿を消したりしたら、家族に危害が及ぶのではないかと怖れて、情報源は脱出を拒んだ。

クラッパーは情報源たちの名前をトランプに明かさなかった。でも、教えるよう求められれば教えます。

「人的情報源は信用しない」トランプは答えた。「そいつらは自分の魂を売り、国を売った」。彼らのいうことは信用できない。「人的情報源やこういうスパイは信頼できない」

ＣＩＡは人的情報源に大幅に頼っているので、トランプのこの発言に対して、ブレナンはのちに述べている。「局員にはそれを伝えないほうがよさそうだ」

もうひとつ、これまで報道されていなかったことがあった。調査結果をすくなくとも六人の人的情報源が裏付けていると、ＣＩＡでは確信していた。省略されていない機密の報告書の原本を閲覧できる人物は私に、確実なのは二人だけだと告げた。

ほかになにかあるかと、トランプがきいた。

「ええ、あります。国家機密に属する資料が、まだあります」クラッパーはいった。

私たちは残りますか、それとも席をはずしますか？　プリーバスが、トランプにきいた。

コミーがいった。「二人きりでお話ししようと思っていました」

「それじゃ、二人きりだ」トランプが同意した。

コミーは、強硬な連邦特別捜査官《Gマン》を演じることもできたのだが、持参した要約についてやんわりと説明した。さまざまな容疑について述べられている文書一式があります。それをお渡しします。そういう文書が実在します。すでに流布しているし、全体もしくは一部がメディアで明かされるはずなので、次期大統領がそれに不意打ちを食らうようなことがあってはならないと思っています。

その文書によれば、次期大統領が二〇一三年にモスクワのホテルで売春婦といっしょにいるところを、ロシア人が撮影したそうです。コミーは、そのホテルでトランプが売春婦たちに、バラク・オバマとミッシェル夫妻がかつて寝たベッドで小便をかけあうよう命じたとされていることには、触れなかった。

コミーはのちに自著に書いている。[14]「文書のことをトランプに伝えたとき、その仔細な描写まで知らせる必要はないと思った。文書全体が奇怪だった。話をしているあいだに、魂が体から脱け出したような不思議な経験を味わった。新大統領についてロシアの売春婦の話をしている自分を、体の外から眺めているような感じだった」

トランプは容疑を否定した。売春婦を買わなければならないような人間に見えるか？

自著『より高き忠誠』に、コミーは書いている。[15]「ＦＢＩはトランプを捜査していなかった。それは文字どおり事実だ。私たちはトランプへの対諜報活動は行なっていなかった。ロシアがトランプを懐柔しようとしていたのならべつだが、モスクワで売春婦と馬鹿騒ぎをしようが、私たちの知ったことではなかった」

二人きりで話をしていたときに、コミーは最後にそういう意図をトランプに伝えたと書いている。[16]「トランプがどんどん防御的になって、会話が成り立たなくなりそうになったときに、私はとっさに奥の手を出した。〝私たちはあなたを捜査していません〟。それでトランプは落ち着いたようだった」

二人きりの話し合いは、五分間つづいた。

トランプはのちに弁護士に、モスクワで売春婦を買ったという容疑の説明を受けたときには、コミーに脅されているような気がしたと語っている。「メラニアと女友だちのことでいろいろと揉めている。これ以上問題が起きるのはごめんだ。メラニアには聞かせたくない」

ブリーフィングのあとで発表した声明で、ブリーフィングは〝建設的〟だったとトランプは述べているが、衝撃に揺らぎもしなかったのは明らかだった。[17]「ロシア、中国、その他の国」が干渉しようとしたことは、「投票用の機械に不正な工作がなされていないという事実も含め、選挙結果にはなんの影響もあたえなかった」。

四日後の一月一〇日、《バズフィード》が三五ページのスティール文書一式をネット上で公表した。[18]私が全文を読んだのは、そのときだった。二七ページに、こう書かれていた。「サンクトペテルブルグの事情通の情報源二人が、共和党のトランプ候補が買春して性的行為にいそしんだが、重要証人は口を封じられ、証拠を入手するのは困難だと主張している」

さらに、「直接の証人は最近〝口を封じられた〟。つまり、買収されるか、強制されて姿を消した」。立証する方法がないのは明白だった。

私は驚いた。もしかしたら事実かもしれない容疑の内容ではなく、情報機関の長、具体的にはFBI長官がそれをトランプに説明したことに驚いたのだ。

一月六日のプレゼンテーションの主眼は、ロシアの選挙干渉に関するインテリジェンス・コミュニティの情報評価だった。最近のインテリジェンス・コミュニティの情報評価としては、きわめて重要で、証拠書類も充実し、説得力もある報告書だと、インテリジェンス・コミュニティ側は確信していた。『*Facts and Fears*（事実と恐怖）』でクラッパーはそれを「画期的な成果――アメリカの情報機関が生み出したもっとも重要なもの」だと評している。[19]CIA、NSA、FBIその他の情報機関は、この情報収集にたいへんな努力を集中していた。とはいえ、リークされるか、伝聞で広まるおそれのある報告書一通に、国家機密に関わる情報を多数盛り込むというリスクを、彼らは犯していた。

その情報評価のプレゼンテーション後に、コミーはふと思いついたかのように、このスティール文書を紹介した。ところで、ここに裏付けがなく、立証されていない、下品な添付文書があります。あなたに対して、下劣な告発を行なっていますよ、といっているような感じだった。

彼らは公式情報評価を次期大統領に信じてもらいたいと考えていた。だったら、どうしてこんなスティール文書の要約でそれを台無しにしたのだろう？　トランプのことだから、怒るに決まっているとわかっていた。だれでも怒るような内容だった。どうして真剣な作業の成果と、確認のとれていないスティール文書をいっしょに提示したのだろうか？

スティール文書の資料は、記者やＦＢＩが追加調査を行なうのが当然の代物だった。情報の出所を突き止め、場合によっては情報源を見つけて、確認できるかどうかをたしかめるべきだった。ＦＢＩには明らかにそうする義務があり——現に後日、そうしている。

しかし、いくら要約とはいえ、情報機関の長たちが次期大統領に行なうきわめて重要なブリーフィングにそれを含めるのは、私には理解しがたい。私がきわめて重大で複雑な事件を取材して、《ワシントン・ポスト》に記事を書き——そこに未確認の容疑を補遺として書き添えるようなものだ。ところで、これからこういったことを調査するつもりですが、お知らせしておきますよ、というように。

一年後に出版された『より高き忠誠』でコミーは、トランプと会う前にスティール文書の取り扱いに懸念を抱いていたことを長々と吐露している。[20]

「私はＦＢＩ長官として留任することになっていた」と、コミーは書いている。「その情報を私たちは知っていたし、彼に伝えなければならなかった。そうするのが理にかなっていると思った。新大統領にモスクワの売春婦のことを話すという状況でも、適切ないい方をすれば、賢明な計画のはずだった」

成り行きとしては、すべて真実なのかもしれないが、ＦＢＩ長官がその話をするというのは、想像がつかない。

コミーはなおも述べている。「それでも、私はその計画にかなり不安を感じていた……政治家で情け容赦のない交渉相手であるトランプが、売春婦問題は自分を脅して影響力を得るのが目的ではないかと考えるおそれが、じゅうぶんにあった。私がＪ・エドガー・フーバーを真似たと思うかもしれない。フーバーが私の立場なら、当然やっていたことだからだ。ちょっと驚いた顔をしてすむような状況ではなかった。たいへんな失態になりかねなかった」

大統領就任式の五日前の一月一五日、私は〈ＦＯＸニュース・サンデー〉に出演した。[21]「いろいろなことを知ることができ、だれでも告発できるような世界に、私は四五年、身を置いてきました。これはゴミ書類です。情報ブリーフィングの一部として提示されるべきものではありませんでした。トランプが動転するのも当然です」。情報機関幹部は、「きわめて優秀で、すばらしい仕事をしてきましたが、今回は過ちを犯しました。過ちを犯した人間は、謝罪すべきです」。従来の政権では、こういった情報はふつう、新任の大統領法律顧問に引き継がれてきたと、私は説明した。新大統領の弁護士が、この厄介な問題を扱うことになる。

その午後に、トランプがツイートした。[22]「ありがとう、ボブ・ウッドワード、〝ゴミ書類だ……提示されるべきものではなかった……トランプが動転する（怒る）のも当然〟といってくれて……」

トランプの味方をしたように見られたのはうれしくなかったが、そういう書類は、たとえ簡略にしたものであっても、やはり〝ゴミ〟で、取り扱いを間違えていたと、確信していた。

この一幕は、トランプの情報機関との戦い、とりわけＦＢＩとコミーを目の敵にする戦いが勃発するのに、大きな役割を果たした。

9

就任宣誓の五日後の一月二五日、トランプ大統領は上級補佐官たちと国家安全保障チームをホワイトハウスに招いて、晩餐会を開いた。新国防長官のマティスは、アルカイダに協力しているイエメンのテロ組織の幹部に対するSEALチーム6（海軍特殊戦開発群〔DevGru〕。対テロ特殊作戦に特化）の作戦計画を、トランプに説明した。

特殊部隊員数十人が攻撃を行ない、情報、携帯電話、ノートパソコンを入手して、アルカイダの数すくない残党の一人である協力者を殺害する、とマティスは説明した。

イエメンでは、この二年間ではじめての作戦だった。オバマ大統領が検討し、引き延ばされていたのだ。攻撃は月の出ない夜に行ないたい。まもなくそういう闇夜が訪れる。

バノンは、イエメンにおけるもっと大きな問題について質問した。元海軍少佐のバノンは、反政府勢力フーシを海上から攻撃して殲滅できないのはなぜかときいた。フーシを支援しているのはイランだけだ。

「制空権は握っている」バノンはいった。「われわれの海軍もある。制海権も握っている。そんなに厄介なのか？」

「海岸線が長い」マティスは答えた。

「スティーブ」トランプがいらだたしげにいった。「彼らがいる。それをやっている。任せておけ」。

要するに、黙れということだった。

翌日、トランプが命令書に署名し、一月二九日日曜日の夜明け前に急襲が行なわれた。手落ちが多かった。[1] 五〇分間の銃撃戦でＳＥＡＬ一人が死亡し、三人が負傷した。子供も含めた民間人が死んだ。一機七五〇〇万ドルの海兵隊のＭＶ－22オスプレイが着陸に失敗して、飛べなくなった。敵の手に渡らないように、爆破しなければならなかった。

イリノイ州ピオリア出身で三六歳のウィリアム・〝ライアン〟・オーウェンズ上等特殊戦戦闘員（ＳＥＡＬにおける階級で、上等兵曹と同等）が、トランプ政権で最初の戦死者になった。遺体が到着したら行なわれる葬儀に出席するために、トランプはデラウェア州のドーバー空軍基地へ行くことにした。イバンカが同行する。

ドーバーに到着すると、司令官がトランプを脇に連れていった。のちにトランプが上級スタッフに語ったところによると、司令官はつぎのようなことをいったという。心構えをしていただきたいのです、大統領。あなたがはいっていったら、家族が近づいてきます。こういう経験は、ほかにはありません。大統領は米軍の最高司令官です。みんな大統領に敬意を表します。家族の悲しむようすは、とうてい考えられないほどです。大統領は家族を慰めるためにそこに行きます。飛行機が近づき、国旗をかけられた棺がおろされると、取り乱す家族もいます。ほんとうにひどい取り乱し方です。それはそれとして、不適切なことや、不愉快なことをいわれるのを覚悟しておいてください。

不愉快なことはいわれなかったが、ひどく冷たい雰囲気だったのが、トランプの記憶に残っていた。「つらかった」トランプはあとで述べている。明らかに動揺していた。ドーバーには二度と行かないですむようにしたい、とこぼした。

父親のビル・オーウェンズはドーバーにいたが、妻ともども、トランプと話をするのを拒んだ。[2]「申し訳ないが」オーウェンズは、軍の牧師にいった。大統領には会いたくない。嫌な場面になるのは望んでいないが、私の良心が彼と話をするのを拒否している。

のちにこう語っている。[3]「二年前には、イエメンに地上部隊は派遣されていなかった――ミサイルとドローンだけだった――アメリカ人の命を犠牲にする価値のあるターゲットがなかったからだ。それなのに、突然、派手な見世物をやらなければならなくなった」

トランプは二〇一六年に、民主党全国大会で自分を非難した戦没兵士の両親《ゴールドスター・ペアレンツ》のカーン夫妻を攻撃したときとはちがい、オーウェンズの父親には同情を示した。「人々がそういうことをいうのは理解できる」トランプはのちに語った。[4]「私だって、ひどいことだと思うだろう。それよりもひどいことはない」

オバマ政権の元高官数人は、作戦が何カ月も前から予定されていたことを認めたが、承認はしなかったので責任はないと述べた。

上下両院合同会議で初演説を行なう日の朝、トランプはFOXのインタビューで述べた。[5]イエメン急襲は「私がとても尊敬する将軍たちが、だいぶ前からやろうとしていたことです」。

「そして、ライアンを失いました」とトランプはいった。

トランプは、二月二八日の合同会議演説にオーウェンズの寡婦で三児の母のキャリンを招き、バルコニー席を用意させた。キャリンはイバンカとならんで座った。

議会の聴衆と四七〇〇万人のテレビ中継視聴者に向けて、トランプはいった。[6]「今夜は幸いキャリン・オーウェンズさんをお迎えすることができました。ライアンは、戦士として、ヒーローとして生きて亡くなりました——テロと戦い、私たちの国を安全にするために」

作戦が批判を浴びていたので、トランプはさらにいった。「私はマティス将軍と話をしました。マティス将軍がつぎのように断言したことを伝えます。〝ライアンが参加した急襲は大成功を収め、大量の貴重な情報が得られた。それによって将来、敵との戦いで数多くの勝利をものにできるだろう〟。ライアンの伝説は永遠に刻まれます」

トランプは、バルコニー席にいるオーウェンズの寡婦のほうを向いていった。「ありがとう」

雷鳴のような拍手喝采が響いた。

キャリン・オーウェンズは涙をこらえ、息を吸ってからつぶやいた。「愛しているわ、あなた」。喝采がつづき、キャリンの顔を涙が流れ落ちた。キャリンは立ち、祈っているように手を組んで見あげ、つぶやいた。「愛しているわ」

トランプはいった。「聖書の教えにあるように、友人のためにみずからの命を投げ出すほど偉大な愛の行為は、ほかにはありません。ライアンは友人、祖国、私たちの自由のために命を投げ出した

――私たちはけっして彼のことを忘れません」

議員たちと聴衆の拍手喝采とスタンディングオベーションが、二分近くつづいた。

「ライアンはいま、空から私たちを見ています」トランプはいった。「あなたがたは、それを知っている。彼はとても幸せです。なぜなら、彼はだれも成し遂げなかったことをしたからです」

キャリン・オーウェンズがほほえんで、拍手した。演説のあと、トランプは廊下でキャリンに挨拶して、抱き締めた。


そのあとで、トランプはほかの戦没兵士の家族たちと、電話で話をした。それがトランプにとってはかなり過酷だというのを、ホワイトハウスのスタッフは察した。

「そういう人間ではないんだ」バノンはいった。「軍隊に慣れていないし、軍人の家族にも慣れていない。死というものに慣れていないんだ」。〝幼い子供がいる親〟の死が、ことにこたえたようだった。

「それがトランプに大きな影響をあたえたのが、あらゆることからうかがえた」

トランプと戦没兵士の両親との電話の場にいたスタッフは、トランプがそれに時間とエネルギーをかなり注ぎ込んでいることに感動した。トランプは、戦死した兵士の身上調書の一部のコピーを用意していた。

「いま写真を見ていますよ――ずいぶん美男子ですね」ある電話で、トランプは家族にいった。どこで育ったのですか？　学校はどこに？　軍隊にはいった理由は？

「ここに記録があります」トランプはいった。「彼がとても好かれていたことを物語る報告書があります。偉大なリーダーだったんですね」

オーバル・オフィスのスタッフ数人が、軍歴のコピーを見た。トランプがいったようなことは書かれていなかった。トランプは作り話をしていた。家族が聞かされたい話がわかっていたのだ。

トランプの新政権に国際秩序の基盤が根付くかどうかが、最初の一カ月のあいだに試された。

選挙運動中にトランプは、ヨーロッパ諸国との六八年に及ぶ同盟である北大西洋条約機構(NATO)を、さんざんこきおろしていた。NATOは冷戦中にソ連に対抗して大きな成功を収めた仕組みであり、欧米諸国の結束の基礎だと多くの人は考えている。加盟国は集団防衛を約束しているので、一カ国が攻撃されれば、全体が攻撃されたと見なされる。

トランプは、NATOは時代遅れだと主張していた。批判の根拠はそもそも金に関係があった。加盟国それぞれがGDPの二%を防衛費として支出することが、NATOの目標だった。アメリカはGDPの三・五%で、ドイツはわずか一・二%だった。

マティス国防長官は、二月中旬にドイツのミュンヘンで演説を行なう予定だった。それまでにトランプ政権のNATO政策を決めなければならない。トランプは賛成なのか、反対なのか?

一市民としてのマティスの意見では、トランプの反NATO思想は〝正気の沙汰ではなかった〟[7]。外交政策エスタブリッシュメントも、同盟国も、トランプの発言に動揺している。

二月八日水曜日の午後六時三〇分に大統領居室の赤の間で晩餐会を開くよう、プリーバスが手配した。マティスと、ジョセフ・ダンフォード統合参謀本部議長ほか数名の議論を、トランプに聞いてもらうためだった。ワシントンDCの共和党エスタブリッシュメントの重鎮、C・ボイデン・グレーも招いていた。グレーは七三歳で、ジョージ・W・ブッシュ政権で二年間、ヨーロッパ連合（EU）大使をつとめたのが、最後の官職だった。ジョージ・H・W・ブッシュの副大統領時代と大統領時代を合わせて八年間、法律顧問でもあった。

晩餐会の席につくと、トランプはその日のニュースの噂話を持ち出した。ジョン・マケイン上院議員が、例によって一匹狼らしさを発揮し、米軍のイエメン急襲をおおっぴらに批判していた。[8]

トランプはさっそく攻撃を開始し、マケインは捕虜になってベトナムから逃げ出した卑怯者だといった。ベトナム戦争中に海軍パイロットだったマケインの父親は、太平洋軍司令官ジョン・マケイン大将だった。マケインは早めに解放すると持ちかけられ、他の捕虜を置き去りにしたというのだ。

「いいえ、大統領」マティスが急いでいった。「まったく逆に解釈しておられますよ」。マケインは早めに解放するといわれたのを拒み、ひどい拷問を受け、ハノイ・ヒルトンと呼ばれた捕虜収容所に五年間入れられていた。

「ああ、そうなのか」トランプはいった。

海兵隊に五年間勤務したことがあるグレーは、国防長官がその場で大統領の間違いを正したことに強い印象を受けた。それに、反論されるとすぐ怒るといわれていたトランプも、間違いをあっさりと認めた。

デザートになったところで、プリーバスがようやくいった。「NATO問題に本腰を入れないといけません」

退役陸軍中将で国家安全保障会議（ＮＳＣ）事務局長のキース・ケロッグが、ＮＳＣの代表として出席していた。ベトナムで戦闘経験があり、銀星章と青銅星章を授与されていて、湾岸戦争にも出征したケロッグは、批判に出た。トランプの否定的な意見を反映させて、ＮＡＴＯは〝時代遅れ〟だといった。ＮＡＴＯは、アメリカがもっと裕福で、攻撃的なソ連と対決していた第二次世界大戦後に設立されたものです。現在、アメリカが担っているコストは不公平で、ヨーロッパの同盟国と釣り合っていない。アメリカは利用されています。

「私の見解はそのようなものではありません、大統領」ジョセフ・ダンフォード統合参謀本部議長がいった。

「ほう、そうなのか？」トランプは口を挟んだ。「きみの見解はどういうものだ？」

軍の制服組のトップであるダンフォードは、激しく弁護した。ＮＡＴＯは解消していいような同盟関係ではありませんし、解消したらもとに戻すのは難しいでしょう、とダンフォードはいった。ポーランドのような東欧の国は、プーチンのクリミア半島やウクライナ東部への侵攻に脅威を感じているので、連帯意識と団結を維持するのが重要です。「ヨーロッパの政治的、戦略的、経済的結束を保つのは、きわめて重要です」。加盟国が防衛費を年間ＧＤＰの二％にするという必達目標《コミットメント》を守るべきだという意見には賛成した。

ドイツは二％というコミットメントを果たすと思いますし、ドイツはもっとも重要な加盟国です、とマティスがいい添えた。

ジャレッド・クシュナーが横槍を入れた。「アメリカの国防予算からすれば、不足分はほんとうにわずかなものです。われわれの予算一ドルあたり不足は数セントでしょう」

プリーバスが、二％は義務ではなく、二〇二四年までの努力目標として先ごろ合意された数字だと注意した。しかもＮＡＴＯへの支払いではなく、各国の国防予算の数値目標だ。

「しかし、加盟国が公平な割り当てを支払わないというのは、政治問題だ」トランプはいった。トランプは公平さを論拠にしていて、つねにそこに議論を戻そうとした。ヨーロッパの防衛に、どうしてアメリカが金を出さなければならないんだ？


二％が義務ではなく目標であろうが、トランプにはどうでもいいのだと、プリーバスは気づいた。トランプにとっては、大衆を信じ込ませて世論を勝ち取ることのほうが重要なのだ。

「目標だろうがなんだろうが、どうでもいい」ついにトランプはいった。「それが彼らのやるべきことだ」


ボイデン・グレーが、ヨーロッパはさまざまな経済問題を抱えていると指摘した。「アメリカに経済問題がないとはいいませんが、ヨーロッパのほうがずっと深刻です」。ヨーロッパ諸国の経済は、もっと成長する必要がある。「金を払っていないのは、成長が鈍化しているからです」

「彼らは金が払えないというのか？」トランプはきいた。

「ちがいます」グレーはいった。しかし、アメリカは経済成長に勢いがないヨーロッパを支援すべきです。ヨーロッパのビジネスの風土はおおむね、リスクをとるのを避けようとします。

「つぎに脱退しそうなのは、どの国だ？」トランプはきいた。イギリスの有権者は国民投票でブレグジットを決め、イギリスはＥＵから去ろうとしている[9]。

「もう脱退する国はないでしょう」グレーは答えた。

同感だと、トランプはいった。

「NATOをなくすのなら、それに代わるものをひねり出さないといけませんよ」マティスがいった。「ロシアはNATOと対決しても、戦争に勝てる見込みはありません」

晩餐会が終わるころには、トランプは納得したようだった。「NATOはきみに任せる」マティスにいった。政権はNATOを支持する。「しかし、家賃はきみが取り立てろ」

マティスは笑い、それからうなずいた。

二月一五日にミュンヘンで行なった演説で、マティス国防長官は中間の立場を示した。[10]「アメリカは責任を果たします」マティスはいった。しかし、他のNATO加盟国が責任を果たさないようであれば、関与を〝弱める〟でしょう。それでも、NATO同盟はアメリカの政策の〝根本的な基盤〟ですと、マティスは述べた。[11]

二カ月後にNATO事務総長とともに記者会見に臨んだトランプはいった。[12]「時代遅れだと私はいいました。もう時代遅れではありません」

五月にブリュッセルでヨーロッパ各国の指導者たちと会ったときに、トランプはNATO諸国の〝慢性的支払い不足〟を厳しく非難した。[13]「加盟二八カ国のうち二三カ国が、いまだに払うべきものを払っていないし、国防予算として支出すべき額を支出しておりません」

アメリカ国民に向かって話しかけていることを、そこではっきりさせた。「これはアメリカ合衆国の国民や納税者にとって公平ではありません」

10

なんてこった！　二月九日付《ワシントン・ポスト》の記事をざっと読んで、プリーバスは心のなかで毒づいた。[1] マイケル・フリン国家安全保障問題担当大統領補佐官が、トランプが大統領に就任する前にロシア大使と会い、ロシアに対する制裁について話し合っていたことを、その記事がすっぱぬいていた。

オバマの大統領としての最後の仕事のひとつは、選挙干渉への報復として、一二月二九日にロシアに制裁を科したことだった。ロシアのスパイだという疑いが持たれている三五人を国外追放し、メリーランド州とニューヨーク州にロシアが所有する施設二カ所を、諜報活動に使われているとして閉鎖させた。

プリーバスは、話し合いがあったかどうかを何度となくフリンにたしかめていた。社交好きな遊び人の駐米ロシア大使、セルゲイ・キスリャクと制裁について話し合ったことはないと、フリンはきっぱりと否定した。

二週間前の一月二六日、サリー・イエイツ司法長官代行が、ホワイトハウスを訪れた。イエイツは大統領法律顧問のドナルド・マクガーンに、ロシア人とは接触していないというフリンの言葉が事実ではないことを傍受情報が示しているし、フリンが脅迫のターゲットになっているおそれがあるのを懸念していると告げた。

プリーバスが数えた限りでは、フリンは制裁について話し合ったことはないと、一〇回以上否定していた。

《ワシントン・ポスト》の記事には、情報・国家安全保障を専門とする同紙の経験豊富な記者三人の名が筆者として記されていた。[2] 断定的な記事の情報源は、〝現役の高官および元高官九人〟だとされていた。フリンは記者のインタビューを受けて、二度〝ノー〟と明確に否認したあとで、もっと曖昧な返事をするようになったという。〝その話題が出なかったという確信はない〟というフリンの広報担当の言葉が引用されていた。

プリーバスは、大統領法律顧問のマクガーンを追い詰めた。四八歳のマクガーンは、選挙運動資金法の専門家で、共和党に指名され、連邦選挙委員会の委員を五年間つとめたことがあった。プリーバスはマクガーンに、フリンとロシア大使との会話の筆記録が手にはいらないかときいた。

もちろん入手できると、マクガーンが答えた。ロシア大使の通話を日常的に監視しているＦＢＩが傍受した、フリンとキスリャクとの三回の通話内容を記した秘密扱いの筆記録を、ほどなくマクガーンが入手した。

マクガーンとプリーバスにペンス副大統領が加わって、シチュエーション・ルームで筆記録を検討した。ペンスは公にフリンの否認を支持していた。ホワイトハウス法務部の六ページから成る内部報告書には、つぎのように記されていた。[3] キスリャクと自分が制裁の話をしたのであれば、「キスリャクが持ち出したからだとフリンは主張している。筆記録によれば、フリンのほうが持ち出している。マクガーンとプリーバスは、フリンを解任するしかないと決定した」。

筆記録三通すべてで、フリンとキスリャク大使は制裁の話をしていることがわかった。キスリャクのほうからかけた最後の電話では、制裁についてのフリンの助言にキスリャクが礼をいい、ロシアはそのとおりにするといっていた。

それが記事の決め手となった。制裁に対してプーチンの対応が消極的だった理由も、説明がつく。通常、プーチンは報復として、アメリカ人を何人かロシアから追放する。だが、オバマが制裁を発表した翌日、プーチンは報復しないと宣言した。

そのときにトランプ次期大統領は、ツイートでプーチンを褒め称えた。[4]「タイミングを遅らせてかわすみごとな動き（ｂｙプーチン）——彼がものすごく頭がいいのは、前からわかっていた」

まるで連係プレーのようだったのは、フリンの役割をトランプが知っていたからかもしれない。だが、フリンがキスリャクとの話し合いをトランプに伝えていたかどうかは定かではない。

プリーバスはトランプに、フリンを辞めさせるしかないと告げた。フリンの保全適格性認定資格《セキュリティ・クリアランス》（一定の水準の秘密区分に属する情報へのアクセスを個人に許可するもの。資格により水準は異なる）は取り消したほうがいいかもしれません。政治的に窮地に追い込まれるおそれがあります。

フリンの辞任が二月一三日に発表された。[5]公にされた大きな理由は、フリンがペンス副大統領に嘘をついたというものだった。トランプは政権内部では、フリンには職務を行なう力がなかったから辞めさせたのだと話していた。

その後の九カ月は、フリンにとってつらい日々だった。その後、ＦＢＩに虚偽供述を行なった容疑一件について、フリンは罪を認めた。

フリンは弁護士たちに、就任の四日後にＦＢＩに話を聞かれたときには嘘をついていないと述べている。ＦＢＩ特別捜査官はロシア以外の問題について話を聞きにきたのだし、正式な事情聴取だとは思わなかったという。

では、なぜフリンは罪を認めたのか？　トルコ政府からの金銭授受の報告を怠ったことも含め、フリンはさまざまな容疑の捜査対象になっていた。トランプ政権に加わる前に外国との契約があるロビイストとして登録していなかったことを、フリンは報告していなかった。

やはり捜査対象になっていた息子のものも含めて、訴訟費用が巨額になっていたと、フリンは弁護士たちに語った。一件の罪状を認めるほかに、逃げ道がなかった。フリンの供述書には、〝協力することに同意した〟と記されている。[6]〝反逆罪〟は犯していないと否定し、ロシアと共謀したことははっきりと否認している。

就任から五週間後の二月二五日土曜日、マティスは国務省に近い旧米海軍天文台にある国防長官官邸で、正午の会議を開いた。出席したのは外交政策の賢人アンソニー・ジニ退役海兵隊大将、元大使数人、マティスのスタッフ数人だった。マティスはほとんど家具を置いていなかった。一同は政府支給のダイニングテーブルらしきものを囲んで座った。スーツケース四つでここに引っ越したと、マティスはいった。

「私のＳＣＩＦを見てほしいね」マティスはいった。枢要区画格納情報施設《ＳＣＩＦ》とは、もっとも重要な国家機密、機密プログラムや特別アクセス・プログラム《ＳＡＰ》について話し合う、秘密保全措置がほどこされた場所で、上の階にある。「ここから出る必要はない。すべての仕事をここでやることができる」

トランプ大統領は優秀な聞き手だとマティスはいった。電気が通っている第三軌条にぶつからなければ、ということだ――移民とマスコミのふたつは危険な部分だ。そこにぶつかったら、大統領は脱線してしばらく戻ってこない。「国防長官はつねに大統領を選べる立場にあるわけではない」

一同が笑った。

会議の議題は、トランプが早急に実施することを望んでいる対ＩＳ計画だった。私たちがやろうとしていることは、そもそも手順が逆だ、とマティスはいった。幅広い中東戦略なしで、対ＩＳ戦略を考案しようとしている。理想をいえば、中東戦略があり、ＩＳ対策はその下で戦略を支えるものでなければならない。だが、大統領の要求は、最初にＩＳをやれというものだ。

最終的に、対ＩＳ戦闘戦略は、オバマ政権のものを踏襲することになったが、空爆やその他の権限は現地の指揮官に委ねられた。

イランの拡張を、マティスは懸念していた。〝あの馬鹿なターバン野郎の宗教指導者ども〟といういい方をした。

二月のある早朝、情報機関幹部の一団が、ホワイトハウス西棟にあるプリーバスのオフィスに来て、不適切なやり方で影響を及ぼそうとする人間に警戒する心構えを説明した。最高の保全適格性認定資格を有する高官への標準的な警告だった。

「最後にひとつだけ」アンドリュー・マッケーブFBI副長官が、片手をあげていった。「あなたのオフィスで、五分間だけ、二人きりにしてもらえますか」

いったいどういうことだ？　プリーバスは思った。数週間前にシチュエーション・ルームで会ったので、マッケーブのことはなんとか憶えていた。

選挙運動中に、トランプはマッケーブの妻ジルをさかんに攻撃したことがあった。[7] ジルは民主党員で、バージニア州上院議員選挙に立候補して敗れたが、その際にテリー・マコーリフ知事の政治活動委員会とバージニア州民主党から政治資金六七万五二八八ドル受け取っていた。[8] マコーリフはビルとヒラリー・クリントンの友人で、政治的にも盟友だった。一九九六年にビル・クリントンが再選されたときには、資金集めにもっとも貢献した。

トランプは、その政治資金はヒラリーからの献金だといった。その問題を何度もしつこく取りあげて、のちにツイートもしている。[9]

秘密保全に関するブリーフィングが終わって、全員が出ていくと、マッケーブはプリーバスのオフィスのドアを閉めた。ようすがおかしいと思いながら、プリーバスはデスクのそばに立っていた。

「《ニューヨーク・タイムズ》のこの記事を知っていますか？」プリーバスが知らないはずはなかった。[10] マッケーブがいうのは二月一四日の同紙の記事で、〝アメリカ政府の四人の現職高官と元高官によれば、ドナルド・J・トランプの選挙運動に参加していた複数の人間やその他のトランプ陣営の人間が、選挙の前年にたびたびロシア情報機関の高官と接触していたことを、電話の記録と傍受された通話が示している〟としていた。

フリンの辞任後、トランプ－ロシア・コネクション疑惑を爆発させた、最初の爆弾記事だった。

「まったくのでたらめです」マッケーブがいった。「事実ではありません。それを知ってもらいたかった。とんでもない誇張です」

いやはやまいった、とプリーバスは思った。

「アンドリュー」プリーバスは、マッケーブにいった。「私はこてんぱんに叩きのめされているんだ」

ロシアと選挙干渉に関する記事は、ケーブル・ニュースで土日も休みなしに二四時間態勢で報じられているような感じだった。トランプは頭にきていたし、したがってプリーバスも頭にきていた。

「正気の沙汰じゃない」トランプはプリーバスにいった。「止めないといけない。記事を食い止める必要がある」

マッケーブは、大きな贈り物を持ってきた。バレンタインデーのプレゼントだ。西棟全体のヒーローになれるぞ、とプリーバスは思った。

「手を貸してもらえるか？」プリーバスはきいた。「記事を打ち消すようなものを公表してもらえないか？」

「二時間後に電話してください」マッケーブがいった。「あちこち問い合わせて、お知らせします。できるだけやってみます」

プリーバスは、すぐさま朗報をトランプに報告したい気持ちに駆られた。ＦＢＩが《ニューヨーク・タイムズ》の記事をまもなく空から撃ち落としてくれる。

二時間たったが、マッケーブから電話はなかった。プリーバスは電話をかけた。

「申し訳ありませんが、できません」マッケーブがいった。「私にできることはなにもありません。手は尽くしましたが、記事が出るたびに声明を出すとなると、三日置きにやらなければならなくなります」。ＦＢＩがニュースや記事の正確さを検査して配布するわけにはいかない。ＦＢＩが特定の記事の真偽を判定するようになったら、なにも声明を出さない場合には確認したと受け止められるだろう。

「アンドリュー、私のところに来てこの記事は嘘だといったのはきみなのに、いまさらなにもできないというのか?」

自分はたしかにそう思っている、とマッケーブがいった。

「おかしいじゃないか」プリーバスはいった。「どうすればいいんだ? じっと耐えるのか? 失血死しそうになるまで?」

「二、三時間ください」

なにも起きなかった。ＦＢＩから電話はなかった。プリーバスは、記事が取り消されるのを待っているトランプに説明した。トランプはＦＢＩのそういうところを嫌っていた。ＦＢＩは相手を意地悪くじらして、宙ぶらりんの状態にする。

一週間後の二月二四日、ＣＮＮが独占的に報じた。[11]「先日のトランプ－ロシア疑惑の記事を打ち消すようにとのホワイトハウスの要求を、ＦＢＩは拒否しました」。プリーバスが政治目的のためにＦＢＩを操ろうとした、というように説明されていた。

マッケーブが話を持ち出したというように、ホワイトハウスはその記事を訂正させようとしたが、うまくいかなかった。

四カ月後の六月八日、コミーFBI長官が、宣誓したうえで公に、トランプの選挙対策本部幹部がロシアの情報機関幹部と接触したという《ニューヨーク・タイムズ》の記事は、「大筋で事実ではない」と述べた[12]。

11

トランプは、あらたな国家安全保障問題担当大統領補佐官を必要としていたので、迅速に動いた。自分はマスコミのせいでひどい目に遭っているが、新補佐官はフリンの大失態を帳消しにできるはずだと、トランプはいった。また軍人か？　トランプはメディアばかりを気にしていると、バノンは考えていた。〝役柄に似合っているか？〟という目で、物事をすべて見ている。すべてが映画もどきだ。ダンフォードとマティスはいかにも海兵隊員らしいと思った。口数がすくなく、ずばりと要点をいう。

リストの上のほうに、H・R・マクマスター陸軍中将がいた——身長一七五センチ、目はグリーン、胸が分厚く、背すじをぴんとのばしている——戦争のヒーローであり学者であるという、稀有な組み合わせの人材だった。『*Dereliction of Duty: Lyndon Johnson, Robert McNamara, the Joint Chiefs of Staff, and the Lies That Led to Vietnam*（職務怠慢——リンドン・ジョンソン、ロバート・マクナマラ、統合参謀本部、ベトナム戦争を招いた嘘）』という著書がある。文民の指導者との対決に失敗した軍の指導者を告発する草分けとなる労著だ。マクマスターは陸軍というクラブでは、群れを離れたアウトサイダーだと見なされているが、誠実であることを疑うものは一人もいない。

マクマスターは、トランプと二時間話し合う予定だった。バノンは、トランプの別荘マール・ア・

ラーゴでマクマスターと会い、いつものような助言をした。トランプに講義をしてはいけない。トランプは教授を嫌っている。知識人を嫌っている。トランプは、「授業を受けない。シラバスを受け取らない。メモをとらない。講義を聞きにいかない。最終試験の前日の午前零時に、友愛会館から出てきて、ポット入りのコーヒーを置き、友だちのメモをもらって、できるだけ暗記し、午前八時に試験会場へ行って、Cを取るような人間だ。それでじゅうぶんなんだ。それでビリオネアになる」。

最後の助言。「軍服を着てくるように」

マクマスターは、スーツを着ていた。

「軍服で来るようにといっただろう」バノンはいった。

「あちこちに電話してきいた」マクマスターはいった。「退役願いを出しているから、それは適切ではないといわれた」。任命されたら退役して、民間人として国家安全保障問題担当大統領補佐官をつとめることになる。

「きみを呼んだのは、現役の将官だからだ」バノンはいましめた。

トランプとの会見は、うまくいかなかった。マクマスターはしゃべりすぎ、面接はすぐに切りあげられた。

その場にいたバノンは、あとで報告している。「マクマスターのやつは、二〇分間ずっとしゃべりどおしで、世界について自説を開陳した。やれやれ、やっぱりペトレイアスの書物かぶれの部下だな」。マクマスターは二〇〇七年に〝バグダッドの頭脳集団〟の一人として、イラク戦争についてイラク多国籍軍司令官デビッド・ペトレイアス大将に助言していた。

マクマスターが去ると、トランプはいった。「あの男はいったい何者だ？　本を書いたんだって？　当時の軍人をけなした本だな。あの男は陸軍にいたと、きみはいったじゃないか」

「いまも現役です」

「ビール会社の営業マンみたいな服装だったぞ」トランプはいった。

マクマスターのひどい服装に気づいていたバノンは、相槌を打った。マクマスターのスーツは、二〇〇ドルか、ことによると一〇〇ドルの安物のように見えた。

つぎに面接を受けたのは、極右の元国連大使、ジョン・ボルトンだった。ボルトンは最優等でイェール大学を卒業していて、イラク戦争を支持し、イランと北朝鮮の政権交代を唱えている。FOXニュースの常連でもある――FOXニュースの出演料だけでも、二〇一七年の年収は五六万七〇〇〇ドルにのぼると伝えられていた。応答をトランプは気に入ったが、大きなもじゃもじゃの口髭が気に入らなかった。役柄にふさわしく見えない。

つぎは陸軍士官学校校長のロバート・カスレン中将だった。

カスレンを呼び入れる前に、トランプは面接に同席するNSC事務局長のケロッグにきいた。

「将軍、この男をどう思う？」

「ボビー・カスレンは、陸軍きっての拳銃使いです」ケロッグは答えた。

耳が大きく、略綬を肩に届きそうなほどいっぱい付けたカスレンは、短く「イエッサー」とか「ノー・サー」というように答えた。クリント・イーストウッドに似ていた。トランプは、選挙運動中の逸話をさかんに聞かせはじめた。

トランプはカスレンに自分を売り込んでいるのだと、バノンは思った。カスレンに決まりそうだと予想した。

その晩、クシュナーが、メディアはみんなマクマスターが大好きだといった。戦闘経験があるし、思索家で、著作もある。

「しかし、トランプは彼に親近感をおぼえなかった」バノンはクシュナーに注意した。カスレンとのあいだには親近感があった。しかし、カスレンは現場の将官で、統合参謀本部議長に下級の職務で短期間いたほかには、政界での経験がない。「明るい面を見ていこう」バノンは指摘した。

マクマスターとボルトンに、翌日、もう一度面接を受けさせたほうがいいと、二人は意見が一致した。カスレンはそのあとで一対一のランチに呼ぶ。


翌日、ボルトンが来た。応答はよかったが、口髭はそのままだ。

マクマスターが、軍服でやってきた。外見がだいぶマシだった――高貴でしかつめらしい。親近感もマシになっていた。最高とはいえないまでも。

バノンとクシュナーは、ボルトンとマクマスターに、待ってほしいといった。二、三日のうちに決定する。マクマスターは、それまでマール・ア・ラーゴにいることになった。

「フリンの件では、ひどいニュースにさんざん叩かれている」トランプがいった。「とにかく決めよう」

「そう簡単には決められませんよ」バノンはいった。「カスレンとマクマスターは、現役の陸軍将官です。自由には動けないと思います」。二人とも上官に知らせなければならない。陸軍参謀総長のマーク・ミリー大将は、カスレンが最高の人選だといっていました。「二人ともいまの職務があるので、手続きが必要です」

「だめだ、だめだ」トランプはいった。「私たちは叩きのめされかけている。ひどい記事に」

「メディアはマクマスターが好きですよ」クシュナーがいった。

「それはあいつがリベラルだからだ」バノンはいった。「気を悪くしないでほしい、秀でているという印象は受けなかった。親近感もあまりない」

「ああ、それじゃこうしよう」トランプはいった。「マクマスターを呼んでくれ」

バノンがマクマスターを呼びにいった。「大統領が会いたいそうだ。来てくれ」

どういうことになりそうだと思いますか？　マクマスターがきいた。

「大統領はきみにポストを提案するのだと思う」

「伝えなければならない人間がいます。大統領に、引き受けられると即答はできません。陸軍に話をしないといけません」

「楽譜なし。耳で聞いて演奏する。その場その場でやればいいんだ」バノンはいった。「こっちでなんとかする」。それがトランプの流儀だった。耳で聞いて演奏し、衝動的に演技する。純然たるトランプ流だ。

「この仕事をやりたいか？」トランプが、マクマスターにきいた。

「イエッサー」

「決まった」トランプはいい、マクマスターの手を握った。「メディアを呼べ。ここにカメラを呼べ」。端役紹介所《セントラル・キャスティング》から調達した将軍役の俳優そのもののマクマスターと、写真を撮っておきたかった。

マクマスターが、金襴《ブロケード》のソファにトランプとならんでぎこちなく座った。バラを活けた大きな金色の花瓶がうしろにあった。

「発表したいと思います。この週末、真剣に候補者を選んでいましたが、H・R・マクマスター陸軍中将が国家安全保障問題担当大統領補佐官に就任します」トランプはレポーターたちに告げた。[1]「すばらしい才能と経験の持ち主ですよ」

「すばらしい機会をあたえてくださり、感謝しています」マクマスターがいった。「国家安全保障チームに加わって、アメリカ国民の利益を護り、推進するために、あらゆることをやるのが楽しみです」

トランプと握手をしたマクマスターがとてつもない衝撃を受けていることを、カメラが捉えていた。

「陸軍参謀総長に電話をかけなければならない」マクマスターは、バノンにいった。

「どうぞ」バノンはいった。「だけど、仕事はすでに引き受けたんだよ」

トランプの選択は功を奏した。メディアはマクマスターを立派な大人だと見なした。もうおかしな騒ぎにはならないだろう。大統領は好意的な報道に浴することができた。

12

北朝鮮が国家安全保障上の最大の難題だということを、マクマスターは知っていた。もっとも困難な問題のリストに、それが何年も前から載っている。

六カ月前の二〇一六年九月九日、オバマ大統領は、八年の任期もあと数カ月というときに、不安をもよおす情報を聞かされた。北朝鮮が地下実験場で核兵器を爆発させたのだ。一〇年間で五度目で、それまでで最大の規模だった。

記録された震動が地震によるものではないことを、地震モニターがただちに突き止めた。マグニチュード五・三の揺れは瞬間的で、震源は地表から一・五キロメートル以内、場所はそれまで四度、核爆発が記録されていた豊渓里《プンゲリ》核実験場だった。核出力はTNT一〇キロトン――一九四五年に広島に投下された原子爆弾の一五キロトンに近づいていた。

その事実を裏書するように、北朝鮮のウォルター・クロンカイトともいうべき国民的アナウンサーで七三歳の、李春姫《リ・チュニ》が国営テレビに登場し、核実験のことを発表した。[1] 重大な国事を発表するときには、つねに彼女が登場する。李はピンク色の衣装をまとい、明るい声で高らかに語って、金正恩政権がより性能の優れた大型で用途の広い爆弾を製造したことを、視聴者に告げた。

北朝鮮の核兵器研究所は、新型核爆弾は弾道ミサイルに搭載可能だと述べた。[2] 事実なら不安だが、アメリカの情報機関は搭載できる可能性は低いと見ていた。

四日前に北朝鮮が中距離弾道ミサイル三基を発射し、それが一〇〇〇キロメートル飛んで日本海に落ちていたことが、北朝鮮の脅威をいっそう深刻なものにしていた。[3] 韓国と日本が、弾道ミサイルの射程内にはいったことになる。その一カ月前に射程一〇〇〇キロメートルで一基を発射したのと、おなじ性格の試射だった。たまたま成功したのではないということだ。

オバマは戦争をなんとしても避けたいと考えていたが、北朝鮮の核の脅威を精密な軍事攻撃で除去できるかどうかを検討する時機が来たと判断した。大統領職を引き渡す準備をしながら、北朝鮮問題に正面きって取り組む必要があると思った。

もちろん、次期大統領はヒラリー・クリントンになるにちがいないと想定していた。アメリカ国民は正しい選択をしてヒラリーを選ぶだろうと、オバマは補佐官たちにつねづねいっていた。

就任早々から、オバマ大統領は特別アクセス・プログラム《SAP》数件を承認していた。北朝鮮のミサイルを抑止するために、軍と情報機関はこの区画格納された秘密作戦を行なっていた。ひとつのプログラムは、北朝鮮のミサイル試射前と試射中に、指揮、統制、遠隔操縦、誘導システムにサイバー攻撃を行なうものだった。このリスクの大きいサイバー攻撃は、オバマが大統領に就任した最初の年からはじめられた。成功率はさまざまだった。

べつの極秘作戦は、北朝鮮のミサイルを手に入れるのが目的だった。もうひとつの作戦は、アメリカが北朝鮮のミサイル発射を七秒以内に探知することを可能にしていた。アメリカ合衆国の国益にとって重要な国家安全保障作戦を保護するために、詳細は明らかにしないでほしいと、政府高官数人に私は頼まれた。

北朝鮮の脅威はいっこうに緩和されなかったので、二〇一六年九月、オバマは国家安全保障会議に取り扱いの難しい課題をあたえた。サイバー攻撃で支援して、北朝鮮の核・ミサイル開発計画を撲滅する先制軍事攻撃を行なうことは可能か？

この未解決の課題が、ことにオバマを苛《さいな》んでいた。それまでの大統領二人、ビル・クリントンとジョージ・W・ブッシュも取り組みはしたが、解決できず、北朝鮮の核の問題は何十年ものあいだ大きくなりつづけていた。そしていま、アメリカは万策尽きた。中国を除くほとんどの国との国交を断っている隠者王国の北朝鮮が、強力な核兵器によって破壊できる範囲を、アメリカ本土にまでひろげている。


オバマ政権の国家情報長官ジェームズ・クラッパーは、ベトナム戦争中に空軍少尉としてタイの聴音哨で信号情報支隊を指揮したのを皮切りに軍歴を重ねた。いまは七五歳で、禿げあがり、表情豊かな丸顔に顎鬚《あごひげ》をはやしている彼は、収集部門を指揮することから情報畑にはいった。アメリカ情報機関の祖父ともいうべきクラッパーは、ぶっきらぼうで、直截で歯に衣を着せぬ物言いをし、世慣れている。

クラッパーはオバマに、なにが問題であるかを明確に説明した。報告によれば、北朝鮮の新型兵器システムは、一定の用途で機能すると思われる。だが、それがどういう脅威をもたらしているのか？

韓国には？　日本には？　アメリカには？　危険はどれほど差し迫っているのか？　北朝鮮はそれを交渉の材料に使おうとしているのか？

情報評価は、北朝鮮の開発のレベルが増強されていることを示していた。金正恩が核兵器による戦闘部隊を築こうとしているか、あるいはそう見せかけていると考えられる。

大衆受けする漫画は、金正恩が感情の不安定な常軌を逸した男のように描写しているが、国家機密に属する情報報告書は、核兵器とミサイルの開発に関して、三四歳の金正恩は、一九九四年から二〇一一年まで北朝鮮を統治した父親の金正日《キム・ジョンイル》よりも有能な指導者だと見なしている。

金正日は、実験が失敗すると担当していた科学者や役人を処刑した。彼らは銃殺された。金正恩は実験の失敗を受け入れた。成功への道のりに失敗は付きものだという、実利的な教訓を学んでいるのは明らかだった。金正恩のもとで科学者たちは生き延び、失敗から学び、それによって兵器開発計画は改善された。

オバマは国防総省と各情報機関に、北朝鮮の核兵器と関連施設をひとつ残らず撲滅することが可能かどうかを検討するよう求めた。すべてを効果的に目標に指定することはできるのか？　衛星情報、信号情報、人的情報の改善が必要だった。未知のこと、不確かなことが、かなり多かった。

一九九八年から核兵器を保有しているパキスタンは、核弾頭を小型化して、地雷や砲弾に収められるようにした。北朝鮮にそういう能力はあるのか？　現在の情報評価では、明確な答えが出なかった。

また、情報評価では、北朝鮮の兵器や施設をアメリカが攻撃で掃討することはできないとされていた。存在が知られていないために見落とされたターゲット、部分的にしか破壊できなかったターゲットが残る。

ソウルとその周辺地域には、約一〇〇〇万人が住んでいるし、韓国と北朝鮮を隔てる幅四キロメートルの非武装地帯（ＤＭＺ）とも近い。北朝鮮はＤＭＺ付近の洞窟に数千門の大砲やロケット砲を配置している。演習を行なうときには砲を引き出して、射撃を行なってからまた洞窟に戻す。〝撃って《シュート・ア》は逃げる《ンド・スクート》〟と呼ばれている。アメリカの攻撃はこれほどの数の兵器に対応できるのか？

一カ月の研究の末に、アメリカの情報機関と国防総省は、存在がわかっているものに限っていえば、核兵器と核施設の八五％を攻撃して破壊することが可能だと、オバマに正式に報告した。予想成功率は一〇〇％でなければならないというのが、クラッパーの考えだった。北朝鮮の核兵器が一基でも残っていたら、報復のために発射されて、韓国では数万人の死者が出るはずだ。

アメリカの攻撃は、北朝鮮の強大な砲兵、その他の通常兵器、地上部隊二〇万人、義勇兵多数による報復を招くおそれもあった。

北朝鮮の核プログラムのすべての構成要素を〝一〇〇％確実に突き止めて破壊する唯一の方法〟は地上部隊の侵攻だけだと、国防総省は報告した。地上部隊による侵攻に対して、北朝鮮は核兵器の使用で応じる可能性が高い。

オバマにとっては論外の対策だった。二〇〇九年のノーベル平和賞授賞式で、オバマは演説している。「戦争は人類の悲劇をかならず引き起こします。ある面で、戦争は人間の愚かさを示すものでもあります」

焦りと怒りに駆られて、オバマは先制攻撃を却下した。それは愚かな行為だ。

アメリカと北朝鮮の外交関係は、非公式な裏ルートでつづいていた。アメリカ政府の元高官たちが、北朝鮮の高官たちと会い、対話を維持していた。その枠組みは、トラック1・5会議と呼ばれることが多かった。政府対政府の会議は、トラック1と呼ばれる。双方とも政府と無関係か元政府高官である場合は、トラック2と呼ばれる。

「私たちは過去の人間だが、向こうはそうではない」トラック1・5会議に関わっているアメリカ政府の元高官はいう。マレーシアのクアラルンプールで最近行なわれた会議には、北朝鮮外務副相が出席した。アメリカ側の交渉人ロバート・ガルーチは、この会議で北朝鮮に「われわれはつねに核保有国の地位を維持する」と警告されたという[4]。

二〇一六年の大統領選挙後にジュネーブで開かれたトラック1・5会議には、北朝鮮のアメリカ担当部局の代表が出席した。アメリカ側の代表がなにも目新しいことを提案できないので、「北朝鮮側は会議を真剣に受け止めていない」とアメリカ政府の元高官はいう。「しかし、会議の場がないよりはマシだと彼らは思っている」

トランプには、一九九九年一〇月の〈ミート・ザ・プレス〉で北朝鮮について公に発言したという前歴がある[5]。「私なら正気を失った人間みたいに交渉します」とトランプはいった。二〇一六年の選挙運動中の演説ではこういった[6]。「オバマ大統領は、北朝鮮が攻撃的になり、核兵器の射程をどんどん延ばしているのを、なにもできずに眺めているだけだ」。二〇一六年五月にはロイター通信に、金正恩と「話をするのになんの問題もありません」[7]。大統領に就任してからは、二〇一七年に金正恩を

「頭のいいやつ」だといっている。[8]

批判に耐えるような軍事オプションがないので、クラッパーはアメリカがもっと現実的になる必要があると判断した。二〇一四年一一月、クラッパーは北朝鮮へ行って、身柄を拘束されていたアメリカ人二人を取り戻した。北朝鮮高官との話し合いから、北朝鮮には核兵器を廃絶する意思がないと確信した。廃絶するわけがない。いったいどんな見返りがあるのか？　北朝鮮は事実上の戦争抑止力を得た。それは現実だし、不明瞭だからこそ強力なのだ。アメリカの情報機関は、北朝鮮の核戦力について確実な情報をつかんでいない。非核化が交渉の条件だとアメリカがいってもうまくいかないし、効果はないと、クラッパーはオバマとNSCに説明した。

それに、一九五三年の休戦――関係国の軍司令官による休戦協定で、戦争当事国が結んだものではなかった――によって正式に決着した朝鮮戦争を終わらせる平和条約を、北朝鮮は望んでいると思われます、とクラッパーは述べた。

北朝鮮が情勢をどう捉えているかを、アメリカは理解しなければならない。アメリカと韓国は、つねに金正恩政権を攻撃して滅ぼす構えをとっていて、急にそれが過激になることもある。

ひとつ考慮すべきことがあります、とクラッパーはいった。二〇一四年の訪問中、北朝鮮は反撃しなかった。北朝鮮はアメリカの永遠の敵ではない。私たちは日本やドイツと戦争をしたが、いまは両国ともに友好国です。ベトナムとも戦争をしたが、いまは友好的な関係にある。クラッパーは、最近、ベトナムを訪問していた。総力戦のあとですら、平和な共存は可能なのです。

クラッパーは、平壌に利益代表部を設置したいと考えていた。利益代表部は非公式チャンネルとなり、北朝鮮と外交関係を樹立していて平壌に大使館がある外国政府を仲介役にできる。完全な外交関係とはいえないが、アメリカは拠点を得ることにより、情報が得られる。北朝鮮に潜入するための情報も収集できる。

クラッパーは、荒れ野で呼ばわる声だった。だれも同意しなかった。オバマの方針は強硬だった。北朝鮮は核兵器廃絶に同意しなければならない。世界の核兵器を削減することを断固として唱えているオバマは、時計を逆戻りさせたくなかった。九月九日の北朝鮮の核実験を、公式声明で延々と非難し、アメリカの政策をあらためて強調した。[9]「北朝鮮が核保有国になることを、アメリカは断じて受け入れないと明言します」

金正恩を突き動かしている動機がだれにもわかっていないという事実は見過ごせないと、クラッパーは論じた。「彼の発火点がだれにもわからない」。その評価が必要だが、それがなされていなかった。そうではなく、金正恩がアメリカを含めた外国を操る戦略の天才なのか、あるいは経験の浅い愚か者なのかということを、アナリストたちは議論している。

オバマ政権が実行可能なオプションをあでもないこうでもないと検討するあいだに、北朝鮮に対するサイバー攻撃を増やしてはどうかという議論が浮上した。サイバー攻撃は見破られにくい魔法の杖で、北朝鮮の脅威を緩和できるかもしれないという意見があった。

広範囲で効果的にサイバー攻撃を行なうには、北朝鮮が使っている中国のサーバーをＮＳＡが攻撃する必要がある。中国はそういう攻撃を探知し、自国に向けられたものだと解釈するはずで、過激なサイバー戦争を引き起こすおそれがあった。

「われわれがサイバー反撃に耐えられるとは約束できません」オバマ政権の閣僚の一人が、オバマにいった。ほかにも問題があった。サイバー攻撃を行なうと、攻撃と反撃の悪循環に陥って、インターネット、銀行業務やクレジットカードのような金融システム、送電システム、報道や通信システムに悪影響があり、アメリカ経済、ひいては世界経済を衰退させるおそれがある。

最高の保全適格性認定資格を有し、この議論に加わっていたオバマ政権の法律顧問たちは、激しく反対した。リスクが大きすぎる。あらたな手立てはほとんど講じられなかった。

北朝鮮のサイバー戦闘能力が高いことは、金正恩暗殺を描いたコメディ映画『ザ・インタビュー』の上映を阻止するために、二〇一四年にソニー・ピクチャーズ・エンタテインメントに対して行なった攻撃によってはっきりと示された。映画は、若い独裁者を暗殺するために、ジャーナリスト二人が北朝鮮へ行くという内容だった。

のちに捜査でわかったのだが、北朝鮮のハッカーたちはソニーのネットワークに三カ月前から忍び込んで、攻撃の日を待っていた。一一月二四日、北朝鮮はソニーのコンピュータの画面を乗っ取った。さらに衝撃的だったのは、赤い骸骨が視聴者に迫ってきて、〝＃ＧＯＰがハッキング〟という文字が出たことだった。[10]〝平和の守護者《ガーディアン・オブ・ピース》〟の略語だった。〝私たちはおまえたちに前にも警告した。これはほんの手はじめだ〟。北朝鮮のハッカーはノートパソコンも含めてソニー・ピクチャーズ・エンタテインメントのコンピュータの七〇％を使用不能にした。
北朝鮮はハッカー数千人を雇い、世界的な規模で銀行から数億ドルを盗むサイバー・プログラムを頻繁に使用している。

大統領選挙投票日の二日後、オバマとトランプはホワイトハウスで会った。二〇分間、話し合う予定だったが、一時間つづいた。北朝鮮はあなたが手がける最大の最重要課題になるでしょうと、オバマはトランプにいった。それが私には最大の頭痛の種です、とオバマはいった。北朝鮮がどでかい悪夢になるとオバマに注意されたと、トランプはのちに補佐官に語った。

豊富な経験があり、韓国で勤務したこともある情報アナリストが述べている。「オバマ政権がこの問題について、見ざる、いわざる、聞かざるという態度をとったことには、私は大きな衝撃を受けた。オバマのチームがトランプに、最大の問題は北朝鮮の核兵器だといった理由が、いま理解できた。その問題を、オバマ政権はずっと隠していたんだ」

13

二月にダンフォード統合参謀本部議長が、サウスカロライナ州選出の共和党上院議員リンゼー・グラムのオフィスを訪れ、内密に話をした。

グラムほど軍事問題への取り組みに熱心な上院議員は、ほかにはいない。独身で空軍予備役大佐のグラムは、つねに任務中のように見える。ワシントンDCに、超党派の膨大なネットワークを築いている。上院議員を三六年つとめたジョー・バイデン元副大統領は、グラムは上院で〝もっとも優れた直観の持ち主〟だと評している。[1] 上院軍事委員会の上級委員で六一歳のグラムは、直言居士《こじ》の委員長、ジョン・マケイン上院議員とは親友で、文字どおり永遠の相棒だった。

ダンフォードがオフィスに現われたとき、グラムは彼が動揺しているのを見てとった。トランプが北朝鮮を先制攻撃するあらたな戦争計画を要求したのだと、ダンフォードが秘密を打ち明けた。

北朝鮮に関する情報は、じゅうぶんとはいえない、とダンフォードはいった。「大統領に計画を提出する前に、もっとマシな情報が必要だ」

海兵隊で戦闘経験を積み、海兵隊司令官もつとめているダンフォードは、二〇〇三年のイラク侵攻では第五海兵連隊連隊長として出征した。綽名《あだな》は〝戦士ジョー〟で、ジェームズ・マティス少将の麾《き》下《か》だった。ダンフォードは、トランプの衝動的な意思決定に不安を感じていた。リスクを考えれば、ダンフォードはトランプの要求を引き延ばすにちがいないと、グラムは思った。

予備選挙のとき、グラムはトランプと競合する関係だった。共和党ではトランプのほかに一六人が立候補し、グラムもその一人だったが、予備選前に撤退した。グラムはトランプを〝田舎者〟と呼び、報復としてトランプは、サウスカロライナ州の集会でグラムの携帯電話の番号を暴露した。[2] 電話がじゃんじゃんかかってきたのでグラムが携帯電話を壊すコミカルな動画が作られた。グラムはジェブ・ブッシュを支持し、トランプと対照させて、「危険な言辞を弄することなく、競争の激しい予備選を戦い抜こうとしてきた」と述べた。[3]

プリーバスは、トランプと友好関係を築くようグラムに勧めた。売り込みのポイントとして、グラムにいった。「あなたにはユーモアがあります。トランプのまわりにはそういう人が必要です」

グラムはトランプを攻撃しつづけた。ことにイスラム教徒の入国を禁止する最初の大統領令を、激しく非難した。「小学三年生が封筒の裏に書くような文章だ」とグラムはいった。

グラムとマケインは、共同声明を発表した。[4]「この大統領令は、テロとの戦いでみずからを傷つけることになるだろうと、私たちは懸念しています。意図の如何《いかん》にかかわらず、この大統領令は、イスラム教徒のアメリカ入国を望まないというシグナルを発しています。したがって、この大統領令はアメリカの国家安全保障を改善せずに、テロリストの勧誘を助長するのではないかと、私たちは懸念しています」

グラムは、そういう過去のいきさつをふり捨てる覚悟を決めた。

数週間後の三月七日、トランプはホワイトハウスでの昼食会にグラムを招いた。グラムは短い演説の用意をしていた。

オーバル・オフィスにグラムがはいると、トランプはレゾリュート・デスクの向こうに座っていた。さっと立ちあがり、すばやくグラムに近づいて、ハグをした。「私たちは友だちにならないといけない」トランプはいった。「きみに友だちになってもらう」

「は、大統領」グラムは答えた。「私も大統領の友だちになりたいと思っています」

グラムの携帯電話の番号を公にすべきではなかったと、トランプはいった。

「あれが私の選挙戦の最高潮でした」グラムはジョークをいった。

「新しい番号は?」トランプがきいた。書き留めてから、笑い、どうして仲たがいしたのかなとたずねた。

「競い合いでしたから」グラムはいった。「ご存じのように、私は支持を得られなかった。大きな舞台には立てませんでした。そしていま、あなたが勝った。敗北を謙虚に受け止め、あなたの勝利を認めます」。トランプがそういってほしいことを見抜いていた。「私の手助けが必要ですか?」

必要だと、トランプがいった。

「昼食会の前に」グラムはいった。「多数派の共和党が乱れ切っていることをお詫びします。議会は大統領の仕事の足をひっぱるでしょう。私たちは自分たちの仕事がわかっていない。医療についての計画もない。減税についても足並みがそろっていない。この問題では大統領はだいぶ叩かれますよ」。税制改革とオバマケアに代わる仕組みの導入は、何年も前にやるべきことだった。「それができるのは、あなただけです。あなたは交渉が得意だ。議会の指導部は、住宅購入のような単純な問題ですら、どうやればいいのかわからない。優秀な人間はいっぱいいますが、ほとんどが民間企業での交渉の経験がありません。私が車を買うのを任せられるような人間は、議会には五人くらいしかいません。そういうことを確信していただきたいのです。きみに私の車を買うのを任せるよ、と」

二人は、となりのダイニング・ルームへ行った。大画面テレビがついていて、ＦＯＸのケーブル・チャンネルに合わせ、音が消してあった。マクマスターとプリーバスが加わった。

「なにか考えていることがあるだろう？」トランプがきいた。

「短期には、北朝鮮です」グラムはいった。「近いうちにだれかが報告するでしょうね。〝大統領、北朝鮮がもうじきミサイルを保有します。核兵器を小型化して、搭載したミサイルです。アメリカ本土に届きますよ。どういう措置を講じましょうか？〟」

突然、全員の注意が、巨大なテレビの画面を横切って飛ぶ北朝鮮のミサイル四基に吸い寄せられた。直前の三月五日に、北朝鮮が日本海に向けてミサイル四基を発射していた。[5]

トランプの目が、昔の一ドル銀貨みたいにまん丸になった。

「あれは古い映像です。古い映像です」グラムは、一同を落ち着かせようとしていった。前に見たことがあった。

「これをなんとかしなければならない」トランプが、画面を指差していった。

「その時機が近づいています」グラムはいった。「どうなさるつもりですか?」

「どうすべきだと思う?」トランプがきき返した。

「ミサイルを北朝鮮が保有していることを認め、北朝鮮と中国に、使用したら北朝鮮は消滅するということもできます」グラムはいった。「それから、撃墜率の高いミサイル防衛システムを備える。それが事案想定《シナリオ》1です。アメリカ本土を攻撃できるようなミサイルを北朝鮮が保有するのは許さないと、中国に告げるのが、シナリオ2です。中国が手を打たないのであれば、アメリカがやる」

「きみならどうする?」トランプがきいた。

シナリオ2でなければなりません、とグラムはいった。その戦闘能力を持たせてはなりません。シナリオ1はリスクが大きすぎます。

トランプは、マクマスターのほうに身を乗り出した。「きみはどう思う?」

「グラム議員の意見が正しいと思います」マクマスターが答えた。

「それが完全な脅威に発展したら」グラムはいった。「私たち〔議会〕を文句しかいえないような傍観者にはしないでください。証拠をつかみ、報告がなされたら、議会の指導部を呼んで、武力を行使しなければならないかもしれないといってください。北朝鮮に対して武力を行使するのに、承認の後押しが必要な理由を説明します。議会が断固たる決議を行ない、大統領が武力行使の権限を得れば、それで武力行使を防げるかもしれないからです」

「かなり挑発的な手段になる」プリーバスがいった。

「挑発的なものにするのが目的です」グラムは答えた。「それは最後の手段です」

「だれもが不安になったり、色めき立ったりするだろう」プリーバスはいった。

「だれが不安になろうが、知ったことか」トランプがいった。

「大統領在任中に、北朝鮮が核保有国になり、アメリカに到達するミサイルを開発したと、履歴に書かれるようになることは、お望みではないでしょう」グラムはいった。

それもずっと頭にあったと、トランプがいった。

「北朝鮮が核兵器を完成させ」グラムはいった。「ミサイルがアメリカを射程に収めるようになったら、北朝鮮を叩き潰さなければなりません。議会の承認があれば、一定の根拠にはなります」。段階を踏んだことになり、大統領の影響力が強まる。

「核弾頭を搭載できるミサイルを保有すれば自分たちの身は安全だと、北朝鮮は考えています。核弾頭を搭載できるミサイルを保有しようとしたら国は消滅すると、北朝鮮が確信するようにしなければなりません」

マクマスターが、北朝鮮に関する情報は不完全だといった。

「撃つ前に知らせてください」グラムは、一同に告げた。

グラムは、超党派主義を精いっぱい利用した。民主党も引き入れた。議会対策の行程表《ロードマップ》をトランプに示すつもりだった。「大統領、民主党員も何人か買わないといけません」グラムはいった。「ありがたいことに、安く買えますよ」。共和党と民主党の重要人物と親しくなる必要があると、トランプにいった。「交渉の経験とスキルを発揮してください。検討する叩き台を相手に示す必要があります。

いいですか、私は共和党と民主党の両方を相手に、これを一〇年やってきたんです」

反対はあるか？　はい、あります。グラムはいった。仲のいい友人でも、意見がちがうのはいつものことです。「中央政界では、つねにつぎの一策が重要なんです。ひとつの方策がうまくいかなかったら、あらたな方策に転じなければなりません」

ツイートはやめたほうがいいです。先週、三月四日に、トランプ・タワーの電話をオバマが盗聴させたと、トランプは四度ツイートしていた[6]。

「自分で自分にアッパーカットを食らわすようなものです」。そのツイートにマイナスの反応がかなりひろがったことを、グラムは指摘した。「敵はつねにあなたを狙っていますからね。付け込む隙をあたえることはありません」

「ツイッターは私の活動手段なんだ」トランプはいった。

「ご自分に有利になるようにツイートするのはかまいません、大統領。不利になるようなツイートはやめましょう。敵は大統領を自分たちがいる泥沼に引きずり込もうとしています。餌に食いつかないように、自制を身につけないといけません」

翌日、トランプはグラムに電話をかけて、話し合いの礼をいった。

「ジョン・マケインとシンディ夫人を、晩餐会に招待してください」グラムはいった。「ジョンはいい男です。大統領とジョンは仲良くなるべきですし、ジョンはいろいろなことで力を貸してくれますよ」

二〇一五年にトランプは、マケインについてひどく無神経で残酷なことをいった。[7]「彼は戦争の英雄ではありません。英雄なのは、捕虜になったからです。私は捕虜にならなかった人間のほうが好きです」

マケインがトランプを憎んでいることを、グラムは知っていた。ワシントンDCでは憎む相手とも交渉しなければならないことも知っていた。しかし、その助言をトランプにはいわなかった。

「ジョン・マケインを冷静にさせるのが、私の主な仕事だった」と、グラムはいう。上院共和党院内総務のミッチ・マコネルが「ジョン・マケインをひどく怖れていたのは、ジョンに境界線という意識がないからだ。ジョンは民主党指導部も共和党指導部も区別せずに攻撃する。私もときどきやるが、それはもっと計算してやる。ジョンは純然たるジョンだ。世界一性格がいい男だし、私とおなじようにメディアで名を売る。いや、彼のほうが私よりもずっと性格がいい」

ジョンとシンディ・マケイン夫妻との晩餐会は、四月と決まった。グラムも出席する。シンディ・マケインは人身売買との戦いに生涯を捧げていたので、グラムはトランプに、その政治運動の特使に任命してはどうかと提案した。

青の間の晩餐会で、トランプは一通の手紙を取り出した。シンディのために一行ずつ全文を読みあげた。

あなたを人身売買対策を担当する特使に任命したいと強く希望しています、とトランプは読みあげた。シンディが人権運動に生涯を捧げていることをいい添えた。

「たいへん光栄です」といって、シンディは涙ぐんだ。

マケインは見るからに感動していた。上院軍事委員会の委員長であるマケインも感謝の言葉を述べて、軍を立て直すとトランプに約束した。

大統領を支援するために、私たちはなにをやればよいですか？　マケインはきいた。

「あなたのことをよく知りたいだけだ」トランプは、かなり芝居がかった台詞《せりふ》を吐いた。「あなたを尊敬している。あなたはたいへん気丈な男だ。善良でもある」

こんなことしかいえない。申し訳ない。

マケインは、またしても感動したようだった。「この世は厳しいです。大統領の力になりたいと思っています」

北朝鮮については？　トランプがきいた。

「だれもがしくじっています」マケインはいった。民主党、共和党——二四年間の大統領三代、ビル・クリントン、ジョージ・W・ブッシュ、バラク・オバマ。

「こういう決断があります」。前にトランプに説明したことを、グラムがくりかえした。封じ込め戦略——北朝鮮が先進的なミサイルや核兵器を保有するのを黙認する。それを撃ち落とせるという確信があるか、あるいは抑止力でぜったいに発射させないようにするということが、前提になる——あるいは、北朝鮮がそういう戦闘能力を持てないようにアメリカは阻止すると、中国に断言する。

あなたはどう思う？　トランプはマケインにきいた。

「きわめて複雑です」マケインはいった。「北朝鮮は通常の大砲やロケット砲で、ソウル市民一〇〇万人を殺すことができます。だからやりにくいのです」

グラムが、タカ派の意見を述べた。「一〇〇万人が死ぬとしても、ここではなく韓国で死ぬわけです」

「それは冷酷すぎる」トランプはさえぎった。自分は中国に好かれていると思うといった。もう一〇回ぐらいそういっていた。それが影響力を及ぼすのに役立つはずだ、と。

春のオーバル・オフィスでの会議で、韓国国内に終末高高度空域防衛システム（THAAD《サード》）の配備への反対意見があることが話題になった。[8] それが韓国大統領選挙の争点になっていた。THAADは韓国を北朝鮮のミサイルから護るのに役立つ。さらに重要なのは、アメリカを護るのに役立つことだった。

「韓国はその代金を払ったのか？」トランプがきいた。

「韓国は払いませんよ」マクマスターがいった。「われわれが負担します」

「それは間違っている」トランプはいった。説明を求めたので、マクマスターは国防総省から回答を得ようとした。

「じっさい、われわれにとってかなり有利な取引です」午後に戻ってきたマクマスターがいった。「韓国は九九年間の無料租借権をわれわれにあたえました。でも、システムと設置と運用費用は、こちらが持ちます」

トランプは逆上した。「どこへ設置されるのか、見届けたい」。ようやく地図が届けられ、位置がわかった。土地の一部は、ゴルフ場跡地だった。

「なんの価値もない土地だ」ゴルフ場や不動産の開発では経験豊かなトランプがいった。「ひどい取引だ。だれが交渉した？　なんて馬鹿野郎だ。撤去しろ。こんな土地はいらない」

　大規模なミサイル防衛システムのコストは、一〇年間で一〇〇億ドルにのぼる。しかも、アメリカに設置されるのではない、とトランプはいった。「クソっ、撤去してポートランドに設置しろ！」

　トランプは対韓国貿易赤字一八〇億ドルに憤慨し、〝不愉快な〟米韓自由貿易協定（ＫＯＲＵＳ）を破棄したいといっていた。

　そこにＴＨＡＡＤをめぐる緊張が重なった。韓国は重要な同盟国で、貿易相手国としても重要だった。トランプは、マクマスターとマティスに会った。北朝鮮の危機があるいま、貿易問題を持ち出すのはタイミングがよくないと、二人とも力説した。

「持ち出すタイミングは、ぴったりだ」トランプはいった。「韓国が護ってほしいのなら、取引をまとめるのにうってつけじゃないか。こっちのほうが有利だ」

　トランプはのちにロイター通信に、ＴＨＡＡＤの初期費用は一〇億ドルと見積もっていると話した。[9]

「私は韓国に、向こうが払うのが適切だといった。一〇億ドルもするシステムだ。ミサイルを空から撃ち落とせる驚異的な兵器なんだ」

　四月三〇日、マクマスターは、韓国の国家安全保障会議の首席補佐官に電話をかけた。ＦＯＸニュースのクリス・ウォーレスに、マクマスターはいった。[10]「韓国の安全保障責任者に、今後、交渉があるまでは、現在の取り決めは有効だし、私たちは約束を守ると告げた」

　最初の一歩として、韓国産業通商資源部はのちに、ＫＯＲＵＳの再交渉開始に同意した。[11]

14

二月に、元陸軍大佐で、アメリカ政府でもっとも優れたデータ分析・情報アナリストの一人であるデレク・ハーベイが、国家安全保障会議の中東担当上級ディレクターに任命された。働き甲斐のある紛争地帯の担当だ。

しかし、この物柔らかな口調で精力的な伝説的人物は、殺人課の刑事のような手法で情報に取り組む——事情聴取報告書、通信傍受、戦闘報告書、敵の書類、未処理の情報データ、部族指導者のような異例の情報源からの情報を、数千ページ読破するのだ。

その結果、異端な思考が生み出されることがある。ある種の人々にハーベイは、〝擲弾《グレネード》〟と呼ばれている。一般に通用している考えを吹っ飛ばす能力と意思があるからだ。

ハーベイは9・11テロの前に、ウサマ・ビンラディンとアルカイダのテロ組織が、アメリカにとって戦略的脅威だと結論づける報告書を書いた。アメリカの侵攻後も、アフガニスタンとイラクで反政府勢力が存続して勢力を保ちつづけると予想したのは、ハーベイだけだった。ハーベイの主張は攻撃的なことが多く、彼の野心的な案は〝実行可能だが説得は不可能〟だった。政治機構がそれを実行したり継続したりすることはありえないからだ。たとえば、アフガニスタンに何年も数万人規模の米軍を駐留させることなど、現実には不可能だ。

ハーベイは、オーバル・オフィスのとなりの狭いオフィスを使っているジャレッド・クシュナーのところへ行った。

クシュナーは、椅子にもたれ、足を組んで、ハーベイの話を聞いた。

中東に関してハーベイがもっとも懸念しているのは、イランが支援するテロ組織ヒズボラだった。極秘情報によれば、ヒズボラはレバノンに四万八〇〇〇人の部隊を常駐させているという。それにより、ユダヤ人国家イスラエルの存在を脅かしている。シリアとイエメンには海外遠征部隊八〇〇〇人を送り込み、中東全域に旅団規模の特殊部隊を展開している。くわえて全世界に要員を送り込んでいる――コロンビア、ベネズエラ、南アフリカ、モザンビーク、ケニアの各国に、三〇～五〇人ずついる。

ヒズボラは、ロケット弾一五万発というすさまじい数の武器を保有している。二〇〇六年にイスラエルと戦ったときには、四五〇〇発しかなかった。

イラン革命防衛隊の指揮官たちは、ヒズボラの組織に組み込まれている。イランがヒズボラの経費をまかなっている――年間一〇億ドルというとてつもない額にのぼる。ヒズボラが資金洗浄、人身売買、コカインとアヘン売買、モザンビーク産の違法な象牙の売買で得る金は、そこには含まれていない。

ヒズボラはレバノンの一部を完全に支配し、国家内の国家を形成して、暴力を駆使するのをいとわない。ヒズボラの同意なしに、レバノンがなにか重要なことはできない。ヒズボラは、イスラエルを滅ぼすという目的に邁進している。

ヒズボラは、イランがイスラエルに圧力をかけ、攻撃するのに、申し分のない代理組織だった。ヒズボラは、イスラエルの航空基地をロケット弾で攻撃することができる。イスラエルのアイアンドーム防空システム、〝ダビデの投石器《ダビデズスリング》〟ミサイル防衛システム、アロー弾道弾迎撃ミサイルでは、防衛しきれない。

破滅的な戦争が起きる可能性があると、ハーベイは論じた。人道、経済、戦略面で重大な影響を及ぼすおそれがある。イラン－イスラエル紛争が起きれば、アメリカが引きずり込まれ、地域に安定をもたらそうとする努力が崩壊する。

トランプは、ヒズボラについてのブリーフィングの短縮版を聞かされた。ダン・コーツ国家情報長官とマイク・ポンペオCIA長官が、オーバル・オフィスでの大統領日報（PDB）ブリーフィングで、ハーベイの意見を支持した。マティス、マクマスター、レックス・ティラーソン国務長官は、当然のようにそれを支持した。

ハーベイは、基本的な勢力均衡が大きく変化したことを、出席者たちはきちんと理解していないのではないかと感じた。ふたたびアラブ－イスラエル戦争が起きれば、イスラエルはこれまでの攻撃とはまったく異なる衝撃に見舞われる。大規模な強襲は、イスラエルの戦闘能力そのものに打撃をあたえかねない。

ハーベイは、そのことをクシュナーに強く説いた。トランプ新政権は、起こりうる可能性があることにまったく備えができていないと思っていた。ハーベイは二月の会談でトランプとイスラエルのべンヤミン・ネタニヤフ首相が合意したこと——中東地域の状況を見直し、あらたな現実と立ち向かうための戦略的対話を重視する——の継続作業を推し進めた。アメリカとイスラエルの関係は、オバマ政権の八年間で劣化したと、ハーベイは考えていた。それを強化したいと思った。

夏にイスラエルの駐米大使と国家安全保障担当補佐官が、ハーベイをイスラエルに招こうとした。マクマスターが、理由は述べずに、行ってはならないとハーベイに命じた。

ハーベイは七月上旬にイスラエルの情報機関モサド、軍情報部、イスラエル空軍および陸軍の代表と会う手はずを整えた。マクマスターはハーベイに腹を立て、実現させなかった。[1]

ここで大きな疑問が浮上する。アメリカとトランプが直面する多様な外交政策問題のなかからハーベイが掘り起こしたヒズボラという問題は、果たして爆発しそうな時限爆弾なのか、ということだ。

ハーベイはまもなく、ふたたびクシュナーと会った。

「大統領が初の外国訪問にリヤドを選んだとしたら、どう思う?」クシュナーがきいた。

「私たちがやろうとしていることと、完全に一致している」ハーベイはいった。「サウジアラビア支援をあらためて確認し、中東地域でのアメリカの戦略目標をはっきりさせることができる。オバマの時代に、アメリカの立場はかなり劣化していた」

オバマは核開発関連の取引と交渉でイランを甘やかしすぎ、サウジアラビアやイスラエルとの関係をないがしろにしてきたと、ハーベイは考えていた。大統領の最初の訪問先にサウジアラビアを選べば、トランプ政権の優先事項は前政権とは異なるというシグナルを送るのに大きな効果がある。それに、大統領が自分の担当地域を最初に訪れるというのは、ハーベイにとっても好ましかった。NSCの上級スタッフはみんな、自分の担当地域に最初に行ってほしいと声高に要求するはずだ。

サウジアラビアでの首脳会談は、イスラエルにも利益がある。サウジアラビアとイスラエルは、長年にわたるイランの宿敵で、裏チャンネルでは深い関係を維持している。

クシュナーは明らかにただの大統領の上級顧問ではないし、彼のそういう提案には徹底して集中しなければならないことを、ハーベイは承知していた。トランプの娘婿のクシュナーは、大統領の指示を受けていないとしても、承知のうえで動いているはずだった。

ハーベイは情報関係者のつねとして、イスラエルの情報機関と強いつながりがあり、クシュナーがイスラエルに独自の人脈を築いていることも知っていた。ネタニヤフはクシュナーの家族の長年の友人だった。

クシュナーは、信頼できる重要情報として、サウジアラビアで実権を握っているのは、カリスマ性のある三一歳のムハンマド・ビン・サルマン副皇太子だと、ハーベイに教えた。MBSとも呼ばれ、サウジアラビア国王の息子で、王国全体に影響を及ぼす国防相という枢要の地位にある。MBSは未来像とエネルギーを備えている。魅力的な人物で、大胆で近代的な改革を唱えている。

クシュナーのサウジアラビア訪問計画を知ったマクマスターは、不安げにハーベイにたずねた。

「だれがこれを推進している？　どこから出た話だ？」

大統領がからんでいるのかどうか、ハーベイにははっきりとはわからなかった。

マクマスターは、正規のチャンネル外で行なわれているのが、明らかに気に入らないようだったが、どうにもできなかった。

ハーベイは、CIAも含めた情報機関と、何度も会合を持った。クシュナーはもっと用心すべきだというのが、彼らの主な意見だった。現実に力を持っているのは、現皇太子、MBNと略される五七歳のムハンマド・ビン・ナエフだという。国王の甥にあたり、内務相として国内のアルカイダ掃討に貢献した。若手のMBSを贔屓すれば、王族内に摩擦が起きるにちがいない。

何十年にもわたって中東に情報関係の人脈を築いてきたハーベイは、クシュナーの見方が正しいと確信していた――MBSには未来がある。大胆な改革を行なわないとサウジアラビアは存続できないと、MBSは考えている。クシュナーの後援で、ハーベイは立案する異例の権限をあたえられた。ハーベイは、国防総省、財務省、ホワイトハウスのNECに接触した。かなり大きなリスクはあるが、利点のほうがずっと大きいと、ハーベイは確信していた。

三月に、サウジアラビア訪問を検討する閣僚級会議を、マクマスターが主催した。

「私のエクソンでの経験からして」ティラーソン国務長官が、手をふって斥ける仕草をした。「サウジアラビアは大きな話をしたがる。交渉でそれに調子を合わせ、いざ調印となると、その話は実現しない」。MBSと約束するときには、割り引いて考えたほうがいい。アメリカが首脳会談で努力しても、なんの成果も得られないだろう。

「遠すぎた橋だな」マティスはいった（第二次世界大戦中の無謀な作戦を引き合いに出し、目標達成は無理だと指摘している）。武器売買やその他のアメリカ経済に利益のあるプロジェクトなど、こういった首脳会談に必要な案件を取りまとめるには、時間がかかる。「来年まで待つほうがいい。政権発足早々は、もっと用心深く、分別を働かせて進めるべきだ」

エネルギー長官のリック・ペリーが、短期間にやることが多すぎるから無理だといった。

クシュナーが提案しているような二カ月後の首脳会談を支持する意見は、ひとつもなかった。

クシュナーは、マクマスターと向き合い、テーブルの反対側の席に座っていた。

「これがきわめて野心的だというのはわかっている」クシュナーはそういってから、立ちあがった。「いろいろな懸念も理解できる。しかし、いまが絶好の機会だと思う。それを認識しなければならない。用心深くやるべきだというのもわかる。実現することを前提に、入念に作業する必要がある。それに、目標に到達しないようだったら、方向転換する時間はじゅうぶんにある。だが、絶好の機会がそこにあって、それをつかむことができるんだ」

だれも反論しなかった。反論できないのだと、ハーベイにはわかっていたので、実現するという前提で計画を進めていった。最低基準を設定し、事前に一〇〇〇億ドルの武器購入契約をまとめなければならないだろうと判断した。

実行はハーベイの手に委ねられた。MBSが三〇人のチームをワシントンDCに派遣し、ハーベイはアイゼンハワー行政府ビルの会議室をいくつも用意した。テロリズム、テロ資金、暴力的な過激主義、情報作戦に関する、アメリカとサウジアラビアの合同作業部会が発足した。国防総省は、軍関連の受注と国家安全保障パートナーシップについての会議を開いた。

ハーベイは、サウジアラビア側に過度の要求を押し付けたくなかった。一般に思われているほど、サウジアラビアは裕福な国ではないのを知っていたからだ。原油価格が下落し、サウジアラビアの歳入は減っていた。

マクマスターは、まだ乗り気ではなかった。クシュナーが望んでいるから作業はつづける必要があると、マクマスターはハーベイにいった。だが、あまり支援は得られていない。進めるふりをして、どこかの時点で中止しよう。

アメリカが中東にひきつづき関与するのであれば、サウジアラビアとイスラエルの繁栄を手助けしなければならないと、クシュナーはいった。利益を受けるのがもっぱら現地の国だったら、大統領は中東に国防予算を注ぎ込みつづけるようなことはしないだろう、とクシュナーは考えていた。

中東でイランが影響力を強め、各国政府の転覆活動を進めていることを、クシュナーは不安視していた。ことにイスラエルを脅かしているヒズボラが問題だった。

サウジアラビアにもっと武器を買わせろ、とクシュナーはいった。サウジアラビアが兵器システムを買えば、アメリカ経済が潤い、雇用が増える。弾薬の莫大な備蓄を買わせ、整備と支援の一〇年契約を結ばせろ。

サウジアラビアのチームが、ワシントンＤＣを再訪した。すくなくとも四日間、午前一時までぶっつづけで会議を行なった。

クシュナーはアメリカの関係各省と省庁横断会議を毎日開き、狭いオフィスに十数人が詰めかけた。サウジアラビア側があまり契約を結ばず、武器もあまり買わないことがままあった。

「私が電話する」クシュナーは、ハーベイにいった。クシュナーがＭＢＳにじかに電話をかけると、サウジアラビアの武器購入量が増えた。

親しくなったと思えるようになると、クシュナーはＭＢＳをアメリカに招き、ホワイトハウスを案内して、三月一四日に公式晩餐会室での昼食会に招待した。[2]トランプのほかに、ペンス、プリーバス、バノン、マクマスター、クシュナーが出席した。これは外交儀礼に反していたので、国務省とＣＩＡの幹部が動揺した。大統領と国のトップではない副皇太子がホワイトハウスで昼食をともにするのは、やってはならないことだった。

ティラーソンとマティスは、なおも疑念を表明しつづけた。難しすぎるし、やることが多すぎる。契約についての疑惑も数多い。

トランプがようやくゴーサインを出し、五月四日木曜日、サウジアラビアとイスラエルの両国を訪問することが発表された。[3]

トランプは五月二〇日と二一日にサウジアラビアに滞在し、豪華な歓迎を受けた。サウジアラビアが国防予算一一〇〇億ドルを武器購入に充て、そのほかのさまざまな軍事関連の契約も数千億ドル締結すると、トランプは発表した――誇張された数字であることは間違いない。[4]

首脳会談でサウジアラビアとの関係は飛躍的に改善されると、ハーベイは確信していた。ホームランだ――第一の敵のイランに戦略的メッセージを送ることになる。サウジアラビア、湾岸協力会議（ＧＣＣ：バーレーン、クウェート、オマーン、カタール、アラブ首長国連邦、サウジアラビアが加盟）、イスラエルが団結する。二股をかけたオバマの手法は終わりを告げる。

翌月、八一歳のサウジアラビアのサルマン国王は、三一歳のムハンマド・ビン・サルマンを皇太子に昇格させた。今後数十年、ＭＢＳがサウジアラビア王国の舵取りを担うかもしれない。[5]

15

トランプは、一六年間つづくアフガニスタン戦争を、以前からあからさまに批判していた。いまやアメリカ史上最長の戦争になっている。トランプにも変わらない基本原則というものはあり、それに基づいて、アフガニスタン戦争に反対し、馬鹿げていると嘲笑していた。トランプが大統領候補として正式に名乗りをあげたのは二〇一五年だが、その四年前の二〇一一年から、ツイッターでさかんに攻撃していた。[1]

二〇一二年三月、トランプはツイートした。[2]「アフガニスタンは完全な大失敗だ。自分たちがなにをやろうとしているのかもわかっていない。やつらは五里霧中のわれわれから略奪している」

二〇一三年のツイートは、さらに激化した。一月には、「アフガニスタンから脱け出そう。われわれの兵士は、訓練をほどこしてやったアフガニスタン人に殺されている。アメリカは何十億ドルもそこで無駄遣いしている。馬鹿馬鹿しい！　アメリカを立て直そう」とツイートした。[3] 三月には、「ただちにアフガニスタンから撤退すべきだ。もう無駄に命を捨ててはならない。引き揚げるのなら、強力にすばやくやれ。まずアメリカを再建しろ」[4]。四月には、「われわれの政府は情けないほど劣悪だ。アフガニスタンで無駄にした数十億ドルの一部は、テロリストのものになっている」[5]。一一月には、

「われわれの馬鹿な指導者が、二〇二四年までわれわれがアフガニスタンにいなければならないような取り決めを結ぶのを阻止しろ。コストはぜんぶアメリカ持ちなんだぞ。アメリカを偉大にしよう!」とツイートしている。[6]

さらに、二〇一五年一二月には、「自爆テロ犯がアフガニスタンで米兵を殺している。われわれの指導者はいつ性根を据えて利口になるんだ。われわれは殺戮《さつりく》の場にひっぱっていかれるのに!」とトランプはツイートした。[7]

大統領はすべてそうだが、トランプも、前任者のやり残した仕事を甘んじて引き受けなければならなかった。二一世紀の大統領の場合は、アフガニスタン戦争がそのことをくっきりと浮き彫りにしている。9・11テロ後、ウサマ・ビンラディンやアルカイダにとって安全地帯だったアフガニスタンに、アメリカは侵攻した。高い期待と挫折と誤解がないまぜになり、この戦争に莫大な金と兵員と生命が注ぎ込まれた。

ブッシュ大統領とオバマ大統領の両政権下では、兵員数についての論争や議論が、NSC内部や公の議論の中心になり、進展や解決の期待が煽られた。メディアの報道も兵員数と日程に的が絞られていた。アフガニスタンに投入される米軍の規模が、進展を表わしているかのように見られた。

オバマ政権のあいだ、兵員数は激しく上下動した。最大で一〇万人だったのが、反政府勢力タリバンに対する戦闘任務は収拾するだろうという期待に酔いしれて、八四〇〇人に減少した。だが、その期待は破れた。内部の専門家たちは、成果はあがらないだろうと知っていた。

ホワイトハウスのアフガニスタンおよびパキスタン担当上級調整官だったダグラス・ルート中将は、

オバマが三万人を増派した直後の二〇一〇年に、アフガニスタンは、息を吹きかけただけで壊れる〝カードの家〟のようなものだと述べた。[8]

オバマ政権のアジア太平洋安全保障問題担当国防副次官補で、のちにオバマのＮＳＣで南アジアの責任者をつとめたピーター・ラボイ博士は、物柔らかな話し方をする南アジア――パキスタンやアフガニスタン――の権威だった。ラボイは一般大衆にはあまり知られていないが、国防と情報の分野が機能するためには欠かせない存在だった。ラボイは学術的でもあり、実際的でもある。兵員数だけにこだわるのは、オバマ政権のアフガニスタン政策の最大の弱点だと、ラボイは確信していた。「アフガニスタンには、文字どおり数千の小部族がいます」ラボイはいう。「いずれも不満を抱いています。タリバンが存在しなくなっても、アフガニスタンの反政府勢力は消滅しません」。戦勝はまず望めない。なにをもって勝利と見なすかが、これまでも定かではなかった。

Ｈ・Ｒ・マクマスター国家安全保障問題担当大統領補佐官は、アフガニスタン戦争についてはトランプと全面対決するしかないと悟った。マクマスターは、アフガニスタンをよく知っていた。二〇一〇年から二〇一二年にかけて、マクマスターは、カブールの国際治安支援部隊作戦本部にあって民事を担当する統合参謀第五部（Ｊ５）の副主任だった。

一九九一年の湾岸戦争、いわゆる砂漠の嵐作戦で、陸軍士官学校を卒業してから七年しかたっていなかったマクマスター陸軍大尉は、戦車九両を率いて、イラク共和国防衛隊の戦車二八両を破壊した。マクマスターの部隊に損耗はなく、戦闘は二三分で終わった。マクマスターは、勇猛を称えられ、銀星章を授与された。

イラク戦争では第三装甲騎兵連隊の連隊長として五三〇〇人の兵士を指揮し、二〇〇五年に、住民保護・対反乱戦術を駆使して、タルアファル市を奪回することに成功した。ブッシュ大統領は〝自由イラクに希望が持てる根拠〟になるお手本の作戦だと、公に述べた。[9]

一九九七年の自著『*Dereliction of Duty*（職務怠慢）』で、マクマスターは、ベトナム戦争を監督した統合参謀たちを〝物いわぬ五人〟だとしている。文民の政府指導者たちと重要な人間関係が築けなかったために、考えを述べることができなかったからだ。同書は、ベトナムの二の舞を避けるための現場の手引きだった。

皮肉なことに、トランプは、アフガニスタンはベトナムとおなじだといいはじめていた。国家安全保障上の明確な目的がない泥沼で、最近のアメリカの政策の一貫性のなさを示す最悪の例だ。アフガニスタンに関する軍の進言とトランプの目標を擦り合わせるのが、マクマスターの仕事だったが、トランプの目標は撤退だった。

NSCに勤務するスタッフは、がんばりつづけた。NSCのアフガニスタン担当スタッフ、フェルナンド・ルジャン陸軍レインジャー中佐が、トランプ政権の最初の省庁間中レベル会議を主催した。国務省、国防総省、情報機関の代表も出席していた。

オバマ政権からの残留組のルジャンは、オバマ政権下のアフガニスタン政策が実行面では単純だったことを知っていた。大惨事が起きるのを避けろ。不確実なことが多く、悲惨な事態になる可能性はきわめて高かった。たとえば、オバマは長期の安定をアフガニスタン国家警察に委ねた。評価はDマイナスかF（落第）だろう。

その初会議で、国務省の代表は基本的な疑問から論議をはじめた。つぎのテロ攻撃を阻止するために、どうしてアフガニスタンに対テロ拠点を設ける必要があるのか？　それを正当化する理由は？　テロの脅威がじっさいにアフガニスタンから発生していると考える理由は？　ドローンなどあらゆるものが使えるのに、軍と情報専門家数千人が戦闘を行なう必要があると考える理由は？　アメリカの長期にわたる軍事的存在《プレゼンス》は、反政府分子だけではなく、パキスタンのような地域当事国による不安定を引き起こす可能性がある、と彼は述べた。

その国務省職員は、二〇〇一年にアフガニスタンに侵攻した時点では、アメリカは恒久的なプレゼンスを確立するつもりはないと唱えていたことを指摘した。一六年たったいま、それをどう正すのか？

いや、いや、それはちがう、と軍の代表がいった。米軍のプレゼンスは、恒久的なものにはならない。

そこでまた疑問が生じた。では、いつ終わると考えられるのか？　政治的解決は可能なのか？　政治的解決は、手段なのか目的なのか？　反政府勢力タリバンが、アフガニスタンでのアメリカのプレゼンスはいかなる形であろうと認めないとしたら、政治的解決などありえないのではないか？　政治的解決は、今後の関与を売り込むための手段になりはしないか？

政治的解決が最優先事項だとしたら、それには妥協が必要になるはずだ。トランプ大統領にそのつもりはあるのか？

これまでの方策は、アメリカがやりたいことをやるための事実隠蔽だったのではないか？　民主的もしくは安定した政府が、アフガニスタンには必要なのか？　真の政治的解決に、アメリカはどう関与するのか？

国務省のべつの代表が、アフガニスタンのいまの中央政府をアフガニスタン国民は正当なものだとは見なしていない、と指摘した。アフガニスタンの過去一〇年間の世論調査で最低の支持率だ。違法経済、アヘン、違法採掘が、正規の経済と同規模で、その大部分が反政府勢力のタリバンに牛耳られている。

9・11テロ後、ＣＩＡと米軍はアフガニスタンの地方武装勢力を金で雇って、タリバンを攻撃させた。その金の一部は、政敵を付け狙うのに使われた。アメリカはいま、年間約五〇〇億ドルの戦費をアフガニスタンに注ぎ込んでいる。腐敗しきった中央政府は、アメリカや同盟国の金を受け取って私服を肥やしているだけではないか？　巨額の援助は、アフガニスタン政府の本格的な改革を行なう意欲や、アヘンを撲滅して天然資源採掘で利益をあげようとする政治的意図を損ねているのではないか？　アメリカの金は、アフガニスタンの体制を蝕んでいる毒のひとつなのだ。

さらに大きな問題が膨れあがった。アメリカはアフガニスタンで勝利を収めようと努力するのか、それともただ負けないようにするだけなのか？

会議後に、一同はホワイトボードを用意して、三グループに分かれ、問題点と国の重要戦略目標を明確にしようとした。三グループに共通していたのは、アメリカ本土で二度とテロ攻撃が起こらないようにするという目標だった。

彼らはさらなる問題を提起した。アフガニスタンにはどういう政府が必要なのか？　今後またテロ攻撃が起きるのを防ぐという目標を達成するために、アメリカはどういう形の安定を必要としているのか？

最初のころ、国防総省、国務省、情報機関との会議で、マクマスターは自分の四つの枠組み、あるいは目標を提示した。一、反政府勢力タリバンとの政治的和解を含めた政治的安定を達成する。二、アフガニスタン政府の反タリバンの組織的活動を推進する。三、隣国パキスタンへの圧力を強める。パキスタンは、表向きはアメリカと同盟しながら、テロリズムとタリバンを支援し、両天秤をかけている。四、アメリカに協力している同盟国三九カ国の国際支援を維持する。

増派についてはマクマスターは折衷案を思い巡らし、テロ攻撃阻止のために三〇〇〇～五〇〇〇人を派遣することを考えていた。最終的に数万人規模となる増派を検討してはどうかと、あるスタッフが提案した。

閣僚級会議で――そう呼ぶのは、NSC会議とは異なり、大統領が出席しないからだ――セッションズ司法長官が、増派の提案についてマクマスターも含めた全員に嚙み付いた。

諸君は根本的に、大統領がまったく考えていない方向へ歩かせようとしている。大統領が行きたくないところへ、行かせようとしている、とセッションズはいった。アフガニスタンでは、とてつもない数の人命が失われた。諸君にそれがわからないことが、私には理解できない。大統領はそれを目指してはいない。

プリーバスがいった。あなたが大統領とともに仕事をした時間はわずかなものだから、大統領の基本的な考え方や外交政策の姿勢やその理由がわかるはずはない。大統領には〝WHY《なぜ》〟がもっとも重要なのだ。なぜ私たちがここにいるのか？　なぜこれをやっているのか？　なにが起きてほしいのか？　私たちはいったいなにを達成したいのか？

それはまさにオバマ政権でピーター・ラボイがずっと投げかけていた質問だった。プリーバスもラボイも、納得のいく返事は聞けなかった。

閣僚たちの合意は、四〇〇〇人増派というところに落ち着いた。

「だれか大統領に説明したか？」プリーバスがきいた。「きみたちが選んでいるオプションでは、私たちは今後数十年、アフガニスタンにいることになるだろう。そんなことを説明したら、大統領は逆上するぞ。だれが詳しい話をするんだ？」

沈黙。

そのあとで、プリーバスは重要閣僚の会議を開いた。

「いいか」プリーバスはいった。「私たちのやり方には問題がある。もっとも基本的な問題で、大統領と話し合っていない。どうしてアフガニスタンへ行くのか？　目的は？　国がアメリカ国民の命を危険にさらすのに、どういう根本的な重要性があるのか？　アフガニスタンに何人の兵士を送り込むかを話し合う前に、こういった基本的な問題についておおよそ理解してもらい、合意を取り付けなければならない。きみたちは一〇歩先走りしている」

つぎのテロ攻撃を防ぐのが目標だとマクマスターがいい切るだけでは、じゅうぶんではない。ごく単純な疑問にぶつかる。その数千人の増派が、テロ攻撃防止にどう役立つのか？

アフガニスタンでの主な任務は四種類だった。一、アフガニスタン国軍と国家警察への訓練と助言。二、後方支援。三、対テロ活動。四、諜報活動。段階的拡大が起きないようにするか、起きていないように見えるような戦略を、マクマスターは起案しなければならなかった。撤退するというトランプの発言に真正面からあつかましく反対するような案であってはならない。やがて〝針路維持〟と呼ばれるようになる新手法を、マクマスターはやんわりと売り込まなければならなかった。

三月二八日、マクマスターは、NSCスタッフにR4と呼ばれていた提案を示した。増強《リインフォース》、再編成《リアライン》、調停《リコンサイル》、地域化《リージョナライズ》の頭文字をとったものだ。マクマスターの提案するアフガニスタン戦略の構成要素は、この四つの枠組みの構想にぴたりと当てはまっていた。増強は、装備と訓練を増やすことを意味する。再編成は、タリバンが勢力を張っている激戦地ではなく、アフガニスタン政府の支配下にある地域に的を絞って資金投入を行なうことだった。調停は、選挙や雇用をアフガニスタン政府が独占せず、さまざまな勢力を分け隔てなく参加させることを意味する。地域化は、国境という枠を取り払って、アメリカがインドなどの地域勢力と協力することだった。

五月に提案された計画は、三〇〇〇～五〇〇〇人の増派に落ち着いた。一部は数字が公表されない、〝簿外〟の兵員として派遣される。

この計画では、対テロ活動が中核だった。アフガニスタン国軍がタリバンと激しい戦闘をくりひろげているときには、大隊規模の航空部隊を使用できる。交戦規則も変更される――それまでは、米軍部隊が武力を行使できるのは、脅威にさらされたときだけだった。いまではアフガニスタン国軍が脅威にさらされたときも、武力を行使できる。

ちょうどおなじころに、リンゼー・グラムが増派するようトランプに圧力をかけていた。グラムとトランプは、アフガニスタンについて五月に三度話をした。

「アフガニスタンが闇の世界に戻り、第二の9・11が最初の9・11とおなじ源から発生したと、履歴書に記されるのをお望みですか?」グラムは問いかけた。トランプに北朝鮮のことを説明したときとおなじ論理だった。

「そうだな」トランプはきいた。「これはどういうふうに終わるんだ?」

「けっして終わりません」グラムはいった。「善と悪との戦いです。この戦いに終わりはありません。相手はナチスのようなものです。それがいまは過激なイスラム教徒なのです。いつの日か、べつのものになるでしょう。ですから、大統領の目標は、アメリカ本土がアフガニスタン発のテロに襲われないようにすることです。増派の数千人は、9・11が起こらないようにする保険だと考えてください。将軍たちの話をよく聞いてください」トランプが気に入っている比喩を、グラムは持ち出した。「オバマ将軍は無能でした。バイデン将軍は無能でした。スーザン・ライス将軍（オバマ政権下の国連大使）は出来が悪かった。バレリー・ジャレット将軍（オバマ大統領の上級顧問）は……」。しかし、「トランプ将軍のほうがマシとはいえません。グラム将軍のほうがマシとはいえません。将軍たちの話に耳を傾けるか、そうでなかったらクビにしましょう」。

あるとき、ペンス副大統領がグラムに電話していった。「これがどう終わるかを、大統領に話してもらわないといけない」。けっして終わらないと、グラムはくりかえした。

グラムは、ホワイトハウス内部の抗争に気づいていた。NSC事務局長のケロッグ将軍がバノンと組んで、撤退を唱えている。つまり、ケロッグは上司のマクマスターに歯向かっている。バノンかだれかがこれを〝マクマスターの戦争〟と呼んでマスコミにリークしていることに、グラムは気づいた。すぐさまトランプに電話した。

「これはトランプの戦争です、友よ」グラムは、トランプにきっぱりといった。「マクマスターの名前も、バノンの名前も、歴史には残りません。歴史に残るのは、あなたの名前です」


古い秩序はつねにおなじことをくりかえすと、バノンは考えていた——そのままの道すじをたどるか、それとも不名誉な後退を余儀なくされる。トランプに隠れ蓑を提供して、マイナスのリスクを減らしたいというのが、バノンの狙いだった。

五月三一日、《ウォール・ストリート・ジャーナル》の特集記事で、問題の多い民間軍事会社ブラックウォーターの創業者エリック・プリンスが、「アフガニスタンはアメリカにとって高くついた大失策だ」とあからさまに述べた。[10] アフガニスタンでの軍事活動すべてを指揮する〝総督〟を発足させ、米軍の小規模な特殊作戦集団を除くすべてを〝もっとコストの低い民間解決策《ソリューション》〟に置き換えることを、プリンスは提唱していた。民間軍事会社の武装契約社員《コントラクター》は、アフガニスタンの治安部隊を数年の契約で訓練できる。「アメリカはこれまで一五年以上つづけてきた国家建設という路線を変更し、タリバンなどのテロ組織を激しく叩いて、向こうが交渉を懇願するように仕向けるべきだ。彼らが本格的な圧力を感じて、アメリカの力は衰えていないと思うようになるまで、敵は勝利を収めつづけるだろう」

この主張はほとんど取りあげられなかった。この方針変更がなされれば、〝ベッツィ〟・デボス教育長官の弟のプリンスが経営しているような民間軍事会社が、莫大な金を稼ぐのは明らかだったからだ。バノンは、マイク・ポンペオCIA長官に、折衷案を見つけられないかときいた。八月第一週にアフガニスタンへ行くことに、ポンペオが同意した。

CIAは何年も前から三〇〇〇人規模の機密の隠密部隊をアフガニスタンで運用していた。[11] 対テロ追撃チーム（CTPT）と呼ばれ、アフガニスタン側が費用を負担して訓練をほどこし、CIAが統制していた。最高のアフガニスタン人戦闘員を選りすぐった精鋭部隊だった。反政府勢力タリバンを殺し、捕らえ、しばしば部族支配地域へタリバンを掃討しに行った。CTPTはパキスタンに潜入して、きわめて危険で問題視されるおそれのある越境作戦を行なっていた。CIAがこういった軍補助工作部隊を増強すれば、増派の必要はなくなるのではないか？　CIA軍補助工作部隊と陸軍特殊部隊数千人が働けば、正規陸軍の大規模な地上部隊は撤退できるのではないか？

マティスはグラム上院議員に電話をかけた。ひとつの提案がなされようとしている、と説明した。軍とCIAがこれから調整を行なうはずだ。「CIAには攻撃したい重要ターゲットがある」。作戦は四件ある。「アフガニスタンとパキスタンの国境の両側で二件ずつだ」

マクマスターが、〝枠組み〟もしくはR４の縮小版を売り込もうとすると、トランプは残酷なくらい否定的だった。ひとつ質問しただけだった。「われわれはアフガニスタンでなにをやっているんだ?」だが、マティスとバノンには、ひとつの思いつきをぶつけた。「下士官に会いたい。ほんとうの戦闘員だ。将校ではない人間を呼べ」。アフガニスタンの現場の声が聞きたい。

マティスは、あきれて目を剝いた。

自分の目的に都合のいい歴史をつねに探しているバノンは、リンカーン大統領が最高司令官として、なぜか兵士の話を聞くのに熱心だったことを、トランプに教えた。

七月一八日、トランプはアフガニスタンで軍務を果たしていた歩兵三人、空軍兵士一人と、ホワイトハウスで昼食をともにした。[12] ルーズベルト会議室の輝く大きなテーブルのいっぽうに、ペンスとマクマスターが席を占めた。礼装の軍服を着た若者四人が、向かいに座った。カメラで撮影されているので、落ち着かないようすだった。

トランプはいった。「われわれがアフガニスタンに一七年も行っている理由が知りたい。どういう状況なのか、追加の案として、なにをすべきなのかも知りたい。大勢からいろいろな案が出ているが、現地で戦っている人間の意見を聞きたい」

そのあとで、トランプは四人の意見をまとめてバノンにいった。「全員の意見が一致していた。撤退する方法を考え出さなければならない。腐り果てている。アフガニスタンのやつらのために戦う甲斐はない……NATOはなにもしていない。足手まといだ。NATOがすばらしいなどという話には耳を貸すな。でたらめだ」

翌七月一九日の午前一〇時、トランプにアフガニスタン－パキスタン戦略を説明するために、シチュエーション・ルームにNSCが招集された[13]。

マクマスターが会議のはじめに、目標を明らかにし、論点の大枠を説明した。トランプは退屈そうで、ろくに聞いていなかった。五分ほどたってから、急に口を挟んだ。「アフガニスタンについてこういう馬鹿馬鹿しいことを一七年、聞かされてきたが、なんの実りもないじゃないか」。マクマスターが論点の説明を終える前に、トランプはいった。首尾一貫しない短期の戦略ばかりがある。昔ながらの戦略を変えずにつづけることはできないのか。

トランプは、前日の下士官たちとの話し合いを持ち出した。将軍たちからではなく、前線の兵士数人から、もっとも優れた情報を得た。「きみたちの話はどうでもいい」マティス、ダンフォード、マクマスターにそういった。

われわれはアフガニスタンで大敗を喫しかけている。最悪だ。同盟国は役に立たない。われわれは幽霊兵士《ゴースト・ソルジャーズ》──給料をもらうだけで戦わない──に金をむしり取られている。

NATOは無能で無駄だ、トランプはいった。NATOの幕僚はまったく機能を果たしていないと、下士官たちがいっていた。

「パキスタンも協力していない。友好国などではない」。アメリカが年間一三億ドルの支援金を提供しているにもかかわらず。今後、いっさい支援金は出さない、とトランプはいった。

アフガニスタンの指導者たちは腐敗し、アメリカの金で私腹を肥やしている、とトランプは指摘した。ケシ畑はほとんどがタリバン支配地域にあって、撲滅できない。

「現場の兵士たちのほうが、きみたちよりも巧みに物事を運営できる」トランプは、将軍や補佐官に向かっていった。「彼らのほうが、ずっとマシな仕事ができる。私たちはいったいなにをやっているんだ」

軍幹部と上級顧問たちが、二五分にわたって叱責を浴びた。

「アフガニスタンだけを取りあげて考えるわけにはいかないでしょう」ティラーソンがいった。「周辺地域と合わせた状況で考える必要があります。私たちはアフガニスタンと周辺地域に対して、多国的な手法で取り組んできませんでした」

「だがこの先、何人死ぬんだ？」トランプは問いかけた。「何人が手足を失うんだ？　いつまでアフガニスタンにいるつもりなんだ？」ボブ・ディランの〈風に吹かれて〉の歌詞の受け売りのようなその反戦論は、トランプの政治基盤である一般市民の願いを反映していた。米軍はほとんど、彼らの家族によって成り立っている。

「もっとも早い逃げ道は、負けることとです」マティスがいった。

トランプは、矛先を変えた。インドのモディ首相は私の友人だ、とトランプはいった。私はモディが大好きだ。アメリカがアフガニスタンから得られるものはなにもないと、モディは私にいった。なにひとつないと。アフガニスタンには、膨大な鉱物資源がある。私たちは他国――たとえば中国――とはちがい、それを奪うようなことはしない。支援の見返りには、アメリカはアフガニスタンの貴重な鉱物をすこし手に入れる必要がある。「鉱物が手にはいるまで、いかなる取引にも応じない」。そしてアメリカは「パキスタンが協力するまで金を払わない」。

マティスが、核兵器不拡散の戦略的枠組みと目標を説明した。アフガニスタンに権限移譲できるようになるまで、つなぎの戦略が必要です。

「傭兵を金で雇って、米軍の代わりに仕事をやらせたらどうだ?」トランプがきいた。

「最高司令官が私たちと完全に意見が一致しているかどうかを、知る必要があります」マティスはいった。「もう中途半端な戦争をやるわけにはいきません」。軍が勝利を収めるためには、大統領が戦略に全力を尽くさなければならない、とマティスはほのめかしていた。

「われわれの本土や安全保障を護るために、あれをしろ、これをしろという話を聞くのには、うんざりした」トランプがいった。

この会議のNSCの公式記録には、パキスタンがタリバンをひそかに支援するのをやめさせるために、〝さまざまなツール〟を使って圧力をかけることを大統領が承認した、と記されているだけだった。トランプの発言とは裏腹に、相互に利益があるパキスタンとの関係は維持し、民間支援も継続すると述べられていた。ただし、軍事支援には、パキスタンが行動を改めなければならないという条件がついていた。文言のうえでも、実施のうえでも、強硬な新戦略になるはずだった。

その日の後刻、会議の出席者がプリーバスのオフィスに集まり、アフガニスタンと南アジアでの戦略を検討した。[14] マクマスターは、トランプの意見を取り入れて案件を組み立てようと努力し、精いっぱい責任感を発揮して、おおよその方向性を維持して実行しようとしていた。マクマスターは、明るい態度を心がけていた。だが、マクマスターも、マティスも、ティラーソンも、明らかに途方に暮れていた。

その晩、プリーバスは食事をしながら戦略会議を行なった。[15] バノンには目論見があり、それを推し進めようとしていた。プリーバス、バノン、スティーブン・ミラー（ジェフ・セッションズの広報部長をつとめたことがある、強硬派の若い政策担当上級顧問でスピーチライター）は、NSCのプロセスに不満を述べた。マクマスターは大統領の見解を実行に移したくないように見える。トランプを説得して、自分の意見を押し通そうとしている。マクマスターを解任して、NSC事務局長のケロッグを後釜に据えたいというのが、バノンの目論見だった。ケロッグの世界観のほうが、トランプやバノンの観点に近い。

グラムはトランプに、アフガニスタンのアシュラフ・ガニ大統領は、対テロ部隊やCIA基地を必要なだけ増やすことに異存はないはずだと告げた。アフガニスタンは、聴音哨（電子情報や通信情報の収集拠点）としても、国際テロリズムを攻撃する足場としても、世界一使い勝手がいい。「兵員一〇万人でも受け入れるでしょう」グラムは、数字を大げさにいった。「つぎの9・11を防ぐ対テロリズム同盟者がアフガニスタンを治めていることを、小躍りしてよろこぶべきですよ」

「それは国家建設ではない」トランプはいった。

「そうです。アフガニスタンでジェファーソン流の民主主義を売り込むようなことは、やりません」グラムは相槌を打った。グラムは、不安をつのらせていた。パキスタンとインドの対立が、延々とつづいている。「パキスタンは、核兵器増強に巨額の予算を注ぎ込んでいます。かなり抑制を失いつつあります」

先ごろアフガニスタンを訪れたグラムは、暗澹《あんたん》たる思いで帰ってきた。「私たちにはアフガニスタンに関する外交面での作戦計画がありません」。オバマ政権の初期にリチャード・ホルブルックがつとめたような特別代表もいない。「大使すら置いていません」。グラムの知る限りでは、国務省の南アジア課に担当者が一人いるだけだった。

「政治面もうまくいかないでしょう」グラムはいった。タリバンとの和平協定しか逃げ道がない。

「タリバンが負けるとはっきりするまで、パキスタンは二股をかけつづけるでしょう」

トランプには解決策があった。きみはパキスタン大使になりたくないか？

「パキスタン大使はやりたくないです」グラムはいった。

その話はそれで終わった。

ホワイトハウスでトランプは、ある会議で聞いた言葉を何度もくりかえしていた。「反政府勢力タリバンにべつの反政府勢力をぶつけるのが、勝利への道すじだ」

トランプは、離叛《りはん》勢力による作戦という発想が気に入っていた。勝者はいないと既成の権力機構が判断するような軍事作戦になる。トランプはいった。「この連中は、一九八〇年代に馬を駆ってソ連と戦った」。完璧だ。

アフガニスタン国軍が弱いことを批判して、バノンが離叛勢力による作戦熱を煽った。「私たちは世界最強の戦士を組織するのに一兆ドルを使い」バノンはいった。「世界一弱い陸軍に仕立てあげたんです」

トランプは、その表現も気に入った。バノンは、これが限度だと思うところまで、舌鋒を尖らせていた。二人は陳腐な言葉をならべたセンテンスひとつに、政策をまとめようとしていた。

グラムは、トランプにべつの警告もあたえていた。

「すべて引き揚げたらどうですか。兵員八六〇〇人ではうまくいきません。結果を甘んじて受け入れることです」。現在のアフガニスタン駐留米軍の規模ではどうにもならないと、グラムはトランプに注意した。「結果はこうです。アフガニスタンは筋肉増強剤を飲んだイラクになります。イラクにいる国際テロリストの数をしのぐテロリストが、アフガニスタンに集まります。状況はたちまち悪化し、アフガニスタン発のテロリズムの拡散が、幾何級数的に増えます。そして、最初の9・11の源から、第二の9・11がやってきます。それはあなたの責任になります。問題は、あなたがオバマとおなじ道を歩み、アフガニスタンでの戦争を終えて、アメリカにすべてのリスクを負わせるのか、それともアフガニスタンを安定させる道を歩むのか、ということです」

16

「冗談はやめてくれ」。三月初旬のティラーソン国務長官との電話で、プリーバスはいった。論争の的になっている、オバマが結んだイラン核合意は、九〇日ごとに見直すことになっていた。更新するか離脱するかを、二日以内に決めなければならない。二月にトランプは、「私の見たなかで最悪の合意」だといった[1]。大統領候補だった二〇一六年には、「イランとの有害な合意を廃止するのが、私の最優先事項です」と述べている[2]。

ティラーソンは、実利と道義の両面から、更新が望ましいと考えていた。オバマが締結した合意をイランが遵守しているという事実が重きをなしていた。更新を勧める文言をティラーソンは伝えた。「大統領は賛成しないだろう」プリーバスはいった。「もっとマシな文言を考えないとだめだ。実務的にやんわりというだけでは通用しない。トランプ大統領の立場をしっかりと示せるような文言でなければならない。これを大統領は気に入らないだろう。読んだら本気で激怒するぞ」

ティラーソンの提案をプリーバスが説明すると、トランプは反論した。「私にこんなものを呑めというのか！」

プリーバスは、トランプ大統領とティラーソン国務長官のあいだでシャトル外交を行なった。

「イランは違反していない」ティラーソンはいった。インテリジェンス・コミュニティも合意に加わった各国も、イランは違反していないとの意見で一致している。

「そういう論理は通用しない」。相手がトランプでは、とプリーバスはいった。ティラーソンは譲らなかった。「それなら厄介な問題になるぞ」プリーバスはいった。ティラーソンに念を押す必要があると思った。「ここでは大統領が決断を下す」。自分はおりるといった。「きみを苦しめるのはやめる」

ティラーソンは、トランプに会った。「これは私の重要原則のひとつだ」トランプはいった。「私はこの合意に賛成ではない。アメリカが行なったなかで最悪の合意だ。それを更新するというのか」。たった九〇日のことだから、今回は承認する。「これが最後だ。二度と更新しろといいに来るんじゃないぞ。つぎは更新しない。クソひどい合意だ」

マティスは、ティラーソンに賛同するのに、もっと穏やかで外交的なやり方をした。「まあ、大統領」マティスはいった。「彼らはおそらく建前上は遵守していると思いますよ」

プリーバスは、感心して見守っていた。マティスはけっして臆病ではないが、トランプを操縦する方法を心得ている。

ティラーソンは、四月一八日にポール・ライアン下院議長宛の書簡を書かなければならなかった。第一稿をトランプは気に入らなかった。イランは〝主要なテロ支援国家〟で、合意に含まれている経済制裁中止を継続すべきかどうかをNSCは検討する、ということを、短い書簡に含めるよう、トランプは指示した。[3]

書簡が最初に発表されたとき、テンビのコメンテーターはトランプを攻撃した。それを見たトランプが、なおのこと腹を立てた。記者会見をひらいて、更新されたばかりの合意とイランを非難するよう、ティラーソンに命じた。画期的な外交合意を更新してから数時間以内に、それを攻撃するというのは、異例なことだった。

五分間のプレゼンテーションで、ティラーソンは用意したリストに書かれていたイランに対する不満を読みあげた。[4] 弾道ミサイル試射、〝世界最大のテロリズム支援国家〟、イスラエルに対する脅迫、人権侵害、サイバー攻撃、アメリカ市民を含めた外国人の不法拘禁、アメリカ海軍艦への擾乱活動、政敵の投獄や処刑、〝悲惨きわまりない未成年者処刑〟、〝シリアの残虐なアサド政権〟支援。

ティラーソンは述べた。イラン核合意は「イランの非核化という目標を達成できていません。核保有国になるというイランの最終目的を遅らせているだけです」。

オバマは合意を、上院の採決を必要とする条約ではなく、〝拘束力のない協定〟に位置づけていた。プリーバスはトランプにいった。「この文書は上院に送って承認を得る必要があると主張できるかもしれません。そうすれば、私たちの手を離れます。上院に渡し、三分の二で可決して、条約だと宣言させればいい」

トランプは興味をおぼえたようだったが、上院に送れば権限を放棄することになると、すぐに気づいた。当面は維持することに同意した。しばらくのあいだだけ。

プリーバス、ティラーソン、マクマスターは、イラン核合意を〝予定表に記入する《カレンダリング》〟――ホワイトハウス流のいいまわし——ことにして、つぎの更新の日時が来るのを待っていた。

「彼らは違反している」。七月一七日の更新期限前の会議で、トランプはいった。「そう宣言するためにどういう論拠を示せばいいか、考える必要がある」

ある日、ティラーソンがオーバル・オフィスのとなりのダイニング・ルームに来て、トランプとプリーバスに会い、イランは違反していないと説明した。

「違反している」トランプはいい張った。「この合意は終わりで、破棄されるということを、きみは立証すべきだ」。合意の条件を再交渉することを考えてはどうか。「こちらには交渉の意志があるというように」

「大統領」ティラーソンは、かっとしていった。「大統領には権限があります。あなたが大統領です。お望みのことをおっしゃってください。私はいわれたとおりにやります」

ティラーソンは、大統領と話をするときの儀礼を踏みにじる寸前だった。

ポンペオCIA長官は、ティラーソンがイランについて述べていることに反対ではなかったし、イラン核合意の現実も認めていたが、マティスとおなじように、大統領にはもうすこし当たりの柔らかい言葉を使った。「まあ、大統領、建前上はうまくいっていると思います」

マティスはいまでもイランは中東を不安定にする主な勢力だと見なしていた。私的な立場ではかなり強硬だったが、柔軟な路線をとっていた。やつらを押し戻せ、ぶっ叩け、ロシアとイランのあいだに楔《くさび》を打ち込め。だが、戦争はするな。

バルト海で戦争が起きれば、NATOに対して戦術核兵器を躊躇せずに使用すると、ロシアはひそかにマティスに警告していた。マティスは、ダンフォードの同意を得て、ロシアはアメリカの国家存立に関わる脅威だというようになっていた。

マティスは、ティラーソンと親密な関係を築いていた。ほとんど毎週、ランチをともにしていた。マティスの家は国務省に近いし、マティスはスタッフに何度か、「ちょっと散歩して、彼に挨拶してくる」といっていた。

マクマスターは、マティスとティラーソンを〝二人組〟と呼び、そこには加わらなかった。三人とも、まさにそう望んでいた。

ティラーソンが国務省の人事についてホワイトハウスと揉めていたことが、事態をいっそうややこしくした。プリーバスがティラーソンを呼んで会議を行なったとき、プリーバスの角部屋のオフィスの外にあるパティオに、ホワイトハウスのスタッフが五、六人いた。あるとき、ティラーソンは、ホワイトハウスが上級職に推薦した人物を頑固に断わり、自分が選んだ人間をそのポストに据えた。ホワイトハウスの人事部長のジョニー・デステファノが反対した。ティラーソンが怒りを爆発させた。「だれを雇い、だれを雇わないかを、だれかに指図されるいわれはない。私がこの職務を引き受けたとき、自分で人選するようにといわれた」

「人選するのはかまわない」プリーバスが口を挟んだ。「しかし、問題はスタッフをそろえるのが遅すぎることだ。一、必要なところにスタッフがいないために、私たちは泥沼でもがいている。二、そのせいで私たちは間抜けに見られる。あなたが七月末までにスタッフをそろえなかったら、私が人選せざるをえなくなる」

ティラーソンは、すぐにべつの喧嘩を引き起こした。今度はオーバル・オフィスで、トランプの前だった。自分がなんの話をしているかわかっているのか、とトランプのお気に入りの政策担当上級顧問スティーブン・ミラーをけなした。「なにかをちゃんと運営したことがあるのか？」ティラーソンは、ミラーを蔑むようにそういった。

ホワイトハウス報道官のショーン・スパイサー海軍予備役中佐は、日曜朝のトークショーに政権代表として出演してもらえないかと、マティスに何度か頼んだ。答えはつねにノーだった。

「ショーン」マティスはついにいった。「私は人を殺すのを生業《なりわい》にしている。また電話してきたら、あんたをアフガニスタンに送り込む。わかったか？」

「この合意更新には、ぜったいに署名しない」トランプはいった。「こんなものに署名できるか。もう二度と署名するつもりはない」

マクマスターがのちに、イラン戦略を二七ページに整然とまとめ、二冊に分けて綴《と》じたものに署名して提出した。一冊目はイラン国民を動かして政府を転覆させる活動に関して、二冊目はイランの有害な行動との対決に関してだった。

17

選挙運動中にトランプは、アメリカの貿易協定を、ヒラリー・クリントンに対するのとおなじくらい激しく攻撃した。現在の貿易協定では、安価な外国製品がアメリカに押し寄せて、アメリカ人労働者の雇用が奪われると、トランプは考えていた。

二〇一六年六月、ペンシルベニア州の金属スクラップ工場で開かれた集会でトランプは、製造業の雇用喪失は、〝政治家が引き起こした惨事〟で〝アメリカニズムを軽んじてグローバリズムをありがたがる指導者層がもたらした結果〟だと述べた。[1] そのため、「私たちの政治家は、暮らしを立てて家族を養う手段を国民から奪った……雇用、富、工場をメキシコや海外へ移した」。ヒラリー・クリントンと「グローバル金融産業のその仲間は、アメリカを脅しつけ、けちくさいことを考えさせようとしている」。

エコノミストは大多数がトランプの意見に反対したが、自由貿易を自分とおなじくらい憎んでいる経済学者を、トランプは見つけ出した。その経済学者、ピーター・ナバロを、トランプは新設の国家通商会議（ＮＴＣ）の委員長に据え、その後、それを改組した通商製造政策局局長に任命した。ナバロは六七歳で、ハーバード大学から経済学で博士号を得ていた。「大統領の意向を申しあげましょう」ナバロは公に述べている。[2]「大統領の直観を裏付けるような根本的分析を提供するのが、私の経済学者としての役割です。そして、この問題に関して、大統領の直観はつねに正確です」

貿易赤字を悪いことだとするのは的外れだと、ゲーリー・コーンは確信していた。アメリカ国民が安い製品を買えるのは、むしろよいことであるかもしれない。メキシコ、カナダ、中国からの製品がアメリカに押し寄せるのは、競争力のある価格だからだ。安い輸入品を買うアメリカ国民は、その分の支出が減るので、余分なお金をほかの製品、サービス、貯金にまわすことができる。グローバル市場の効果は、そこに表われる。

コーンとナバロは衝突した。トランプとナバロが出席したオーバル・オフィスでの会議で、世界のエコノミストの九九・九九九%が自分の意見に賛成だと、コーンはいった。それは事実だった。ナバロの意見にはだれも与《くみ》していない。

ナバロはコーンと対決し、ウォール街のエスタブリッシュメントの馬鹿者と呼んでいた。

アメリカの貿易赤字は中国のような外国が課している高い関税、為替操作、知的財産権の侵害、低賃金労働、ゆるい環境規制によって増大しているというのが、ナバロの主張の骨子だった。

北米自由貿易協定（ＮＡＦＴＡ）は、トランプ大統領が予測したとおり、アメリカから製造業の活力を奪っています、とナバロはいった。メキシコが製造業の原動力《パワーハウス》になり、アメリカの労働者は救貧院《プアハウス》に追いやられた。アメリカの鉄鋼労働者は解雇され、鉄鋼価格は下落しています。大統領は輸入鉄鋼に関税を課すべきです。

同感だと、トランプはいった。

「黙って話を聞いてくれませんか」コーンは、トランプとナバロに向かっていった。身分の差は、つかのま無視された。「あなたがたは勉強が足りない」

自分が見てきたゴールドマン・サックスは、つねに研究、データ、事実を重視していた。会議を行なうときには、証拠書類や資料がそろっている、ゆるぎない情報を手に入れておく。ほかの出席者のだれにも負けないように。

「問題は」コーンはいった。「ピーターが会議に来て、ろくでもない話をするときに、それを裏付ける事実がまったくないことです」。サービス経済について、コーンは緻密に研究した結果を書類にまとめ、トランプに届けた。トランプがそれを読んでおらず、今後もたぶん読まないだろうとわかっていた。トランプは宿題が嫌いなのだ。

要約しようとして、コーンはいった。「大統領の考え方は、ノーマン・ロックウェル風のアメリカ観です」。いまのアメリカ経済は、その時代の経済とはまったく異なります。「GDPの八〇％は、サービス産業が占めています」。八四％だとコーンは知っていたが、水増ししていると指摘されたくはなかった。慎重に端数を切り捨てるのが、ゴールドマン流のやり方だ。

「大統領、考えてもみてください。いまマンハッタンの通りを歩くのと、二〇年前におなじ通りを歩いたときのちがいです」。なじみのある街角を記憶から呼び出した。二〇年前には、四つ角のそれぞれに、GAP、バナナ・リパブリック、JPモルガン、地元の小売店がありました。

「GAPとバナナ・リパブリックは閉店したり、見る影もなくなったりしています。地元の小売店はありません。JPモルガンだけがいまもあります。

いまでは、スターバックス、ネイルサロン、JPモルガンがあります。すべてサービス産業です。つまり、いまマディソン街を歩いたり、三番街や二番街を歩いたりすると、あるのはクリーニング店、レストラン、スターバックス、ネイルサロンばかりです。家族経営の金物屋はない。家族経営の衣料品店はない。トランプ・タワーの店子《たなこ》がだれなのか、考えてみてください」

「いちばん重要な店子は、中国の最大手銀行だ」トランプがいった。

「トランプ・タワーにある小売店は?」

「スターバックス」トランプは答えた。「地下にレストラン。そうそう、レストランは地下にあと二軒ある」

「そうでしょうね」コーンはいった。「小売店用のスペースには、サービス業がはいっています。靴や金物やカーテンは売っていない。それがいまのアメリカです。つまり、八〇%がサービス業なので、商品を買うための支出は減り、可処分所得はサービスに消費するか、貯金というすばらしいことにまわされます」

話を聞いてもらうには、大声を出さなければならないことに、コーンは気づいた。「いいですか。貿易赤字が減る唯一の時期は」二〇〇八年の金融危機のようなときです。「アメリカの貿易赤字が減るのは、アメリカ経済が収縮しているからです。貿易赤字を減らしたいのなら、実現できますよ。経済をパンクさせればいいだけです!」

逆に、自分のやり方でやれば——関税なし、輸入割り当てなし、保護主義なし、貿易戦争なし——「私たちが正しい措置を講じれば、貿易赤字はどんどん増えます」。

そして、貿易赤字が毎月膨らむにつれて、怒りをつのらせるいっぽうのトランプに、コーンは説明した。

「大統領、こうなると申しあげましたよ」コーンはいった。「これはいい兆候です。悪い兆候ではありません」

「私はペンシルベニアのあちこちへ行った」トランプはいった。「かつては大きな鉄鋼業の町だったが、いまは寂れて、雇用も仕事もまったくない」

「それは事実かもしれません」コーンはいった。「しかし、一〇〇年前、そこでは馬車や鞭《むち》を製造していました。やがて、やはり仕事がなくなりました。自己改革しなければなりませんでした。コロラドのような州へ行ってみてください。失業率が二・六%にすぎないのは、自己改革しつづけたからです」

トランプは、そういう論理が気に入らなかったし、納得もしなかった。「これとなにも関係ない」

コーンは、ジョージ・W・ブッシュ政権で経済担当補佐官をつとめた、ハーバード大学出身のエコノミスト、ローレンス・B・リンゼイを応援に呼んだ。リンゼイはあからさまにいった。どうして貿易赤字のことを考えて時間を無駄にするのですか？　経済全体のことを考えるべきです。安い外国製品を買えて、ほかの分野——サービスやハイテク製品——で抜きん出ることができるのなら、そういう分野に集中すべきです。グローバル市場は、アメリカに莫大な利益をもたらしています。

「アメリカが国内で製品を作っていないのはなぜでしょう？」リンゼイは問いかけた。「アメリカは工業国です」

もちろんアメリカは製品を作っていますが、それが大統領の頭にある光景と一致していないだけです。大統領は時代遅れのアメリカ観にしがみついています──機関車、大きな煙突のある工場、組立ラインでせっせと働く労働者。

コーンはありとあらゆる経済データを集めて、アメリカの労働者がもはや組立ラインで働きたいとは思っていないことを示そうとした。

コーンは、労働統計局が発表している最新の求人労働異動調査（ＪＯＬＴＳ）を毎月、トランプに説明していた[3]。月ごとの変化はほとんどないので、意地の悪い行為だとわかっていたが、おかまいなしにつづけた。

「大統領、これをお見せしてもよろしいですか？」コーンは、データの書類をトランプの目の前で扇形にひろげた。「大統領、もっとも多い離職者は──自主的に離職するのは──製造業の労働者です」

「理解できない」トランプがいった。

コーンは、説明しようとした。「エアコンのある快適なオフィスで働くこともできれば、一日八時間、立ち仕事をすることもできる。おなじ賃金だとしたら、どちらをやりますか？」

コーンは、なおもいった。「だれだって、二〇〇〇度を超える高炉の前に立ちたくはない。だれだって炭鉱にはいって黒色肺になりたくはない。おなじ賃金なら、賃金水準が変わらないなら、べつの仕事を選びます」

トランプは納得しなかった。

コーンは、トランプにただこうきくこともあった。「どうしてそういう考え方を持つようになったんですか？」
「そう考えているだけだ」トランプは答えた。「三〇年間、ずっと考えは変わらない」
「だからといって、正しいとは限りませんよ」コーンはいった。「私は一五年間、アメフトのプロ選手になれると思っていました。だからといって、私が正しかったわけではありませんでした」

ロブ・ポーター秘書官を採用したのは、プリーバスだった。ポーターは、共和党の大統領に秘書官として仕えた人々から五つ星の推薦を受けて就任した。[4] プリーバスはポーターに、血盟に近い忠誠を要求していた。「ハーバードとオックスフォードを出ているのはすごい。きみは頭がいいし、だれもが太鼓判を捺《お》している。だが、私がほんとうに重視するのは、きみが私に対する忠誠を守ることだけだ」

ポーターは、ハーバード大学を通じてジャレッド・クシュナーと縁があった。クシュナーは、ポーターの父親ロジャー・ポーターの講義を受けていた。ロジャー・ポーターは、フォード大統領、父ブッシュ大統領、レーガン大統領のスタッフをつとめた。クシュナーは、政権移行作業中にポーターと二時間ほど会った。最初の一時間は、やはり忠誠試験のようだった。

トランプはすばらしい直観の持ち主で、政治の天才だと、クシュナーはいった。しかし、慣れるのには苦労する。「うまく扱うやり方を学ばないといけない。心が通じるようにしなければならない」

ポーターは、二〇一六年の選挙ではトランプ支持者ではなかったが、職務を引き受けた。就任式の日まで、トランプに会ったことはなかった。就任演説のときに演壇のうしろに立っていたポーターは、トランプが「アメリカの殺戮」といったときに、顔をしかめた。仕事をはじめて新大統領と会う準備をするために、ポーターは演説が三分の二まで進んだところで退席した。

「ロブ・ポーターです、大統領。秘書官をつとめることになりました」。それがどういう職務でポーターが何者なのか、トランプが知らないのは明らかだった。クシュナーはトランプに、ポーターがトランプの毎日を秩序正しく組み立てるのだと説明した。

トランプが、なにをいっているんだ？　というような顔で、二人を見た。そんなことはするな。だれにもそんなことはさせない。トランプはテレビを見るために、無言で離れていった。

トランプが署名した最初の公式書類は、退役海兵隊大将のマティスを国防長官に任命するための制限免除に関するものだった。マティスは退役してから七年以上たっていなかったので、法律で定められた長官就任資格をまだ得ていなかった。

もうひとつの問題は、環太平洋パートナーシップ協定（ＴＰＰ）からの離脱だった。オバマ政権のもとでなされた合意で、関税を引き下げ、アメリカ、日本、カナダ、東南アジア諸国を合わせた一一カ国で、知的財産権や労働問題を討議する場が設けられていた。

政権移行中に何人かがトランプに、就任早々やる必要はないと助言していた。そうするには複雑すぎる。検討したほうがいい。

「とんでもない。そうはしない」トランプはいった。「選挙運動中からの主張だ。撤回はしない。署名する。草案を書け」

トランプは、一月二三日に正式離脱の書類に署名した。大統領就任後、一週間とおしで勤務する最初の週だった。
「トランプ大統領の通商政策目標は、間違いなくホワイトハウス西棟内の政治勢力によってひどく阻害されています」。国家通商会議委員長のピーター・ナバロが、トランプとプリーバス首席補佐官に宛てた、〝親展――秘《アイズ・オンリー》〟扱いの二〇一七年三月二七日付の二ページから成る意見書に書いている。

貿易赤字は重大な問題だとするトランプと意見が一致していたナバロは、激怒していた。トランプ政権が発足してから最初の二カ月は、影響力がまったく得られなかった。「大統領が通商措置をタイムリーに考慮できるようにお手元に届けてもらえなかった」とナバロは書いている。

ナバロは、秘書官のロブ・ポーターに非難の矛先を向けていた。「通商関連の大統領の対策案は、秘書官を通じた手続きによって薄められ、遅らされ、阻止される危険にさらされております」
コーンは、「ホワイトハウス西棟に大規模な勢力基盤を築き、その部下の通商担当の上級補佐官二人は……熟練の政治工作員で、トランプ政権の通商政策目標に根本的に反対しています。
マスコミでは報じられませんが、ムニューシン財務長官はコーンの〝ウォール街陣営〟に属していて、通商関連の対策案すべてを阻止するか、遅延させています」。

ナバロは、〝コーンからの向かい風〟との戦いを、バノン、スティーブン・ミラー、ウィルバー・ロス商務長官、自分が行なっていると述べた。

「大統領、コーン一派から圧力を受けていることを、わかっておられますか？　私は初日に、補佐官から副補佐官に格下げされ、通商担当スタッフはおらず、三週間ずっとオフィスもなく、オーバル・

オフィスにじかに来ることもできませんでした」

トランプにわかりやすいはずの比喩を使って、ナバロは述べた。「ゴルフでいえば、五番アイアンとパターを渡されて、パーでまわれといわれたようなものです――それを通商でやれと――とうてい不可能です」。自分と国家通商会議にもっと権限とスタッフと大統領に会う機会をあたえてほしいと、ナバロは提案した。コーンを批判する新聞記事、コーンが権力を増大させていることを報道する記事を、添付していた。

ナバロは、大統領とプリーバスに届けてもらうために、意見書をポーターに渡した。ポーターは中立的な仲裁者になるつもりでいたが、オックスフォード大学で経済学を学んでいたので、ナバロの意見は時代遅れで根拠がないと確信していた。貿易赤字に関していえば、ナバロは地球平面協会の一員のようなものだと、ポーターは考えていた。トランプもおなじようなものだ。

ポーターとコーンは、同盟を結んでいた。ポーター秘書官は、まさに〝ウォール街陣営〟の一員だったのだ。

それと同時に、ナバロの意見が貿易に関するトランプの心情を如実に表わしていることもわかっていた。意見書を提出すれば、通商政策の闘争が激化し、本格的な戦闘に拡大するおそれがある。

ポーターは、意見書をプリーバスに見せた。

「これはめちゃくちゃな考え方です」ポーターはいった。「これは外に出しません。デスクにしまい、ファイルに綴じます。どこにも出しません」

プリーバスも同感だった。

ポーターは、通商問題についてもう一度プリーバスと話をした。「なんとか手を打たなければなりません。とてつもない混乱になっています」――コーン－ムニューシン派対ナバロ－ロス派。「飛び入り自由、大乱闘、自分の身は自分で護れというような状況です」

「そうか」プリーバスはいった。「どうすべきだときみは思う?」

「だれかが通商問題を調整する必要があります」

「だれがいいだろうか?」プリーバスはきいた。

「正常な政権だったら、NECとゲーリー・コーンです」ポーターはいった。それが本来の仕事だ――すべての意見とデータを集め、できれば統合して、大統領に選択肢を提示し、決定されれば、実行計画を立案する。

そういう理屈は、プリーバスにもわかっていた。

「ゲーリー・コーンにはできません」ポーターはいった。「グローバリストを自負していますからね。ピーター・ナバロとウィルバー・ロスは、どんな問題であろうと、コーンを中立的な仲裁者や調整役にはしないでしょう。コーンの出した案も尊重しないでしょう」。それに「どのみちコーンもやりたがりません」。

「では」プリーバスはいった。トランプ流の管理手法を採用し、その場にいるもっとも手近な人間を選んだ。「きみがやればいい」

そんなわけで、行政府での経験がまったくない三九歳の秘書官のポーターが、通商政策調整官に就任し、トランプの大統領としての重大な懸案と約束のひとつを指揮することになった。

ポーターは、毎週火曜日の午前九時三〇分に、ルーズベルト会議室で通商問題会議を主催した。ポーターは関係者を全員招いた。プリーバスはそれを是認したが、なんの発表も行なわなかった。自然にそうなっていた。まもなく閣僚秘書五、六人と、もっと上級のスタッフが出席するようになった。トランプは、ポーターと通商の話をすることが多かったので、火曜日の会議のことを事後に知った。それまでにポーターはトランプとある程度まで親密になっていて、いっしょにいる時間も長かったので、ポーターが通商問題の調整という権限を任せられたのは、大統領の意向なのだろうと、だれもが考えたようだった。

その間、ワシントンＤＣの弁護士で、レーガン政権で通商代表次席代表をつとめたロバート・Ｅ・ライトハイザーが、五月一一日に通商代表指名を承認された。通商問題はライトハイザーが指揮することになった。

七月一七日、ライトハイザーとナバロは、大きなポスターをオーバル・オフィスに持ってきて、トランプに見せた。明るい色のボックスと矢印が描かれ、〝通商政策目標の時間割〟と題されていた。それは保護主義者トランプの通商政策目標の構想で、一五の予定された日時に、韓国とのＫＯＲＵＳやＮＡＦＴＡとの交渉を開始するか、行動に踏み切るというものだった。同時に、アルミ、鉄鋼、自動車部品についての調査と行動も開始する。二カ月ほどあとの労働者の日《レイバー・デー》の直後に、鉄鋼への関税を課すことを提案していた。

ナバロとライトハイザーが、プレゼンテーションをはじめた。トランプはかなり興味をおぼえたようだった。

ポーターが数分後にやってきて、すぐに激しく反対し、ライトハイザーとナバロが手続きに違反していると非難した。三ページの回覧文書でルールを明示した三月二二日以降、プリーバスは大統領と会議を行なうか、裁可を得る場合には、正式な書類手続きを求めるようにしていた。内部文書には太字で、**〝決定は最終的ではなく——したがって、実行されないこともあるかもしれない——それには、大統領が署名した仮決定通知書を秘書官が吟味して保管することが求められる〟**と書かれていた。トランプのホワイトハウスの仕組みがわかっていたので、回覧文書にはやはり太字で、**〝不意の決定はあくまで暫定的なものとする〟**とあった。

二人が持参したポスターに記されている措置には、議会の承認を必要とするものがあると、ポーターは指摘した。「大統領には権限がありません」とポーターはいった。

二人の主張に関する調整もなされていなかった。「ピーターとボブは、ひとつの見解を示しているにすぎません」ポーターはいった。「大統領は、商務省〔ウィルバー・ロス〕、財務省〔ムニューシン〕、NEC〔コーン〕の見解を聞く必要があります。吟味しなければなりませんし、手続きもあります」

ほんの一瞬ではあるが、通商問題は手続き論に道を譲ったかに思えた。なにも進められなかった。

18

春になると、ホワイトハウスの絶え間ない無秩序が、自分も含めてだれにとっても邪魔になると、バノンは気づいた。「きみが指揮官だろう」バノンは、プリーバスにいった。「私はきみを通じてやっている。もう自分一人ではやっていない」。首席補佐官が指揮をとっていないので、ぶち壊し屋で一匹狼のバノンですら、仕事に支障をきたしていた。

クシュナーとイバンカが牙城を明け渡さないことが問題だった。二人は周囲の意見をまったく受け入れようとしないと、プリーバスは思っていた。二人をルールに沿った作業予定に引き入れるのは不可能だった。そういうありようが、全員に害を及ぼしていた。首席補佐官であるプリーバスだけではなく、だれもが被害を受けていた。

「二人がここにいるべきではないと思っているんだな?」トランプが何度かきいた。

そのたびに、いるべきではないでしょうね、とプリーバスは答えた。なにも変わらなかった。トランプの娘と娘婿をホワイトハウス西棟から追い出そうとしても無駄だと、プリーバスは確信した。大統領の家族をクビにできるものは、どこにもいない。そんなことは実現しない。

トランプは何度もわざわざいったことがある。「ジャレッドとイバンカは、ニューヨークの民主党穏健派だ」。文句をいっているのではなく、ただ事実を告げているだけだった。

トランプがバノンとプリーバスに腹を立て、フロリダへ行くのに大統領専用機《エアフォース・ワン》を使わせなかったと、イギリスの《デイリー・メール》にリークしたのはクシュナーにちがいないと、バノンは確信していた。[1] 二人が強制的に飛行機からおろされたというのは事実ではなかった。二人ともその日に出発するのを拒んだだけだった。「私をはめたな」バノンはクシュナーにいった。「この記事できみはラインスの顔に泥を塗った。きみがやったのはわかっているんだ」

クシュナーは激しく否定し、疑われてむっとしているように見えた。クシュナーのほうは、二〇一六年一二月にロシア大使と会ったことを《ニューヨーク・タイムズ》にリークしたのはバノンにちがいないと思っていた。[2] トランプの選挙運動がロシアと共謀しているという疑いが、その記事でいっそう煽られた。

プリーバスの角部屋のオフィスで開かれた会議で、バノンとイバンカが激しく口論した。

「きみはスタッフだろうが！」バノンはついにイバンカをどなりつけた。「たかがスタッフふぜいのくせに！」ほかのスタッフとおなじように、首席補佐官の下で働く立場だ、とバノンはいった。秩序がめちゃくちゃになっている。「きみはここを歩きまわって、自分が指揮しているかのように行動しているが、とんだ思い違いだ。きみはスタッフなんだ！」

「私はスタッフじゃない！」イバンカが叫んだ。「スタッフなんかにならない。私は大統領令嬢《ファースト・ドーター》よ」――その称号が本気で気に入っているようだった――「ぜったいにスタッフなんかにならない！」

亀裂は深まるばかりだった。

トランプの選挙対策本部副本部長だったボシーは、ホワイトハウスでの職務は得られなかったが、バノンとときどき連絡をとっていた。バノンがホワイトハウスでクシュナーを正面から全面攻撃していると、ボシーが助言した。

「スティーブ」ボシーはいった。「一人は孫の父親、もう一人はそうじゃない。きみが大統領の立場だったら、どっちに味方する？」

プリーバスもバノンと揉めることがあった。だが、バノンは、クシュナーとイバンカよりも一〇倍、組織に協調する。

プリーバスは、マクマスターがトランプと馬が合うように仕向けるのに、いまなお苦労していた。国家安全保障問題担当大統領補佐官のマクマスターが予定されていた会議のためにオーバル・オフィスに来ると、トランプはしばしば「またきみか？　さっき会ったばかりじゃないか」という。マクマスターのブリーフィングのやり方は、トランプにはぜんぜん合っていなかった。というより、あらゆるやり方が、トランプとは反対だった。マクマスターは、規律、秩序、上下関係を重んじ、直線的な思考しかできない。トランプはAからGへ、LからZへと飛ぶ。あるいはDかSに逆戻りする。マクマスターは、Bを通らずにAからCへ行くことができない。

マクマスターが激しやすいということに、プリーバスは気がついた。オバマが粘り強くご機嫌をうかがっていたインド首相ナレンドラ・モディが、六月に訪米し、トランプと会うことになっていた。インドは、パキスタンと拮抗させるのに好都合な勢力だった。パキスタンは、テロリズムに正気の沙汰とは思えない両賭けをし、アメリカの歴代政権を困らせてきたが、トランプ政権にとっても悩みの種だった。モディは、キャンプ・デービッドへ行ってトランプと食事をともにし、絆を結びたいと願っていた。

それはありえない、とプリーバスはマクマスターにいった。「晩餐会はここでやる。それが大統領の希望だ」

「なんだと?」マクマスターが、急に怒り出した。「相手はインドだぞ。インドなんだぞ」。パキスタンの宿敵であるインドが戦略的に重要な国だというのを、マクマスターは理解していた。手を差し伸べて強い関係を結ぶことが不可決だ。

モディを歓迎する行事は、〝実用的な〟カクテル・パーティになった。[3] 会談をかねての晩餐会は、ホワイトハウスで開かれた。

四月四日火曜日の朝、感情を昂ぶらせたドナルド・トランプが、国防総省のマティスに電話をかけた。大統領に就任してから三カ月目だった。シリアの反政府勢力に対するサリンガス攻撃の画像と動画が、ホワイトハウスに押し寄せていた。

おぞましい残虐な攻撃で、数十人が殺された。死者のなかには女や子供がいた――美しい赤子も。息が詰まり、口から泡を吹く。親は悲しみと絶望に打ちのめされる。シリアの独裁者バッシャール・アサドが、自らの国民を惨殺したのだ。

「こいつをぶっ殺そう!」トランプはいった。「潜入しろ。こいつらをぶち殺そう」

米軍には機密扱いの攻撃能力があり、シリア指導者層を隠密裏に空爆することも可能だった。トランプは、まるで自分が攻撃を実行しそうな口ぶりだった。シリアは化学兵器を使用しないと約束していたはずだ――トランプは、化学兵器禁止条約に加盟しているシリアが、化学兵器をすべて廃棄するという国際合意に反していることを指摘していた。

はい、マティスはいった。ただちにやります。

電話を切った。

「そんなことはやらない」マティスは、上級補佐官にいった。「もっと慎重にならなければならない」

通常兵器による航空攻撃を、小、中、大の三つのオプションとして作成することになった。通常のとおり、三レベルから成っている。

あまり大きなことはやらずに手を打つ格好の機会が目の前に現われたのだと、マティスは思った。それでも、トランプ政権はオバマ政権よりも大きな手を打てる。

二〇一二年、オバマはアサドの化学兵器使用が越えてはならない一線《レッドライン》だと宣言した。翌年、一般市民一四〇〇人が化学兵器で殺された。オバマは軍に攻撃計画を用意させたが、言葉を濁した。武力紛争と泥沼を避けたかったのだ。

よりによってウラジーミル・プーチンが、オバマに助け舟を出した。プーチンの仲裁によって、アサドは化学兵器をすべて廃棄することに合意した。一三〇〇トンという恐るべき量の化学兵器が、シリアから運び出された。

オバマは成功の栄光に浴した。二〇一四年に述べている。[4]「大量破壊兵器の拡散を防止する現在の活動において、重要な進展がありました。シリアが申告した備蓄化学兵器がすべて廃棄されたのです」。ジョン・ケリー国務長官はさらに、「化学兵器は一〇〇%運び出しました」と述べた。[5]

秘密扱いの情報報告書は、それを打ち消していた。二〇一六年、クラッパー国家情報長官が公に述べた。[6]「シリアは化学兵器開発計画の全要素を申告していませんでした」

シリア内戦がつづくなかで、オバマは戦略的失敗に責任があると指摘された。シリア内戦によって四〇万人が死に、数百万人の難民が生じた。

化学兵器攻撃後、マクマスターとNSC中東担当上級ディレクターのデレク・ハーベイはホワイトハウスでオプションの作成を開始した。

なにが進行しているのかを、バノンが聞きつけた。見過ごされるはずがない。トランプが燃えているとき、その軌道を周回している人間はすべて熱を感じ取る。バノンは、西棟の廊下でハーベイと対決した。

「いったいなにをやっているんだ?」バノンは問いつめた。

「大統領のために選択肢を作成している」ハーベイが答えた。「大統領が選択肢を要求した。手続きどおりに動いている」

まさにその手続きを、バノンは激しく嫌っていた。それが軍事行動に傾き、強さを強調しようとしていることを、バノンは見破った。勢いがついているし、それなりの哲学もある。アメリカは世界の警官だというものだ。手を打て、解決しろという言葉が、呪文のように唱えられている。アメリカは中東に大規模な軍隊を配置してなにをやっているんだ？　というトランプの質問にも、まだ答えていないのに。

イバンカの差し金だろうと、バノンは察した。トランプの操り方を、イバンカはだれよりも心得ている。大統領居室で、苦しんでいる赤ん坊や死んだ赤ん坊の写真を、トランプに見せたのだ。毒ガス攻撃がいかに悲惨なものであるかは、バノンも知っていたが、軍事対応はトランプの望みには反している。

デレク・ハーベイはそれとは逆に、国家安全保障政策に関与しながら、決定的な結果が出ないことにうんざりしていた。シリア問題は、解決を目的とせず、言辞を弄して中途半端な手段を講じている典型的な例だった。最大限の軍事対応を引き出せる見込みも、ないわけではない。

飛行場一カ所をトマホーク・ミサイル六〇基で攻撃するという、中程度のオプションもあった。「もっとでかいことをやれるチャンスです」ハーベイは、マクマスターにいった。「それに、飛行場は複数攻撃することを考えなければなりません」。攻撃で甚大な影響をあたえられる。「アサド政権の軍事力を倍増させている航空戦力を殲滅するわけですから。戦争終結の形を整え、政権に圧力をかけて、政治的に対応するよう仕向けます」

シリアの航空部隊の「一五〜二〇%を破壊するのではなく、八〇%を殲滅しましょう」とハーベイはいった。それにはトマホーク二〇〇基を必要とする。六〇基という中程度のオプションの三倍以上だ。

「デレク、わかった」マクマスターはいった。「しかし、マティスという現実に対処する必要がある。マティスはわれわれの目指している方向について、私を激しく叱責している」

マティスは、慎重を期そうとしていた。いかなる形でも、行動には危険が伴う。シリアの飛行場ではロシア人が働いている。ロシア人を殺したら、状況は一変し、対決かあるいは激しい紛争を引き起こすだろう。

オプションを検討するために、国家安全保障会議が予定された。バノンは、自分にあたえられた特権を利用して、オーバル・オフィスにトランプが一人でいるところへはいっていった。無用の戦争や海外での関与を避けるという方針は、補佐官たちが提案しているようなミサイル攻撃とは合致しないと、バノンはトランプに告げた。

会議に加わって、きみの意見を表明してくれ、とトランプはいった。

四月四日の公式声明で、トランプはアサドとオバマの両方を攻撃した。[7]「バッシャール・アサド政権の極悪非道な行為は、前政権の弱さと優柔不断の結果です。オバマ大統領は二〇一二年に、化学兵器使用を〝レッドライン〟とするといいながら、なにもやりませんでした」

NSC会議で、三つのオプションが示された。ホット、ミディアム、コールド。最大のオプションのホットでは、シリアの主要飛行場すべてをミサイル二〇〇基で攻撃する。ミディアムでは、ミサイル六〇基。最小のコールドでは、ほとんどなにもやらないか、まったくやらない。

ターゲット候補はかなり多かった。オバマがミサイルで攻撃すると脅した二〇一三年に承認したターゲットのリストには、化学兵器開発計画関連の政府施設も含まれていた。マティスと国防総省は、攻撃範囲をできるだけ狭めたかったので、現在のリストにはそれが含まれていなかった。

マティスはそれを、飛行場一カ所、ミサイル六〇基に絞り込んだ。飛行場の宿舎もターゲットからはずされた。家族が住んでいる可能性が高いからだ。

「それが標準なら」バノンは反論した。「サブサハラ諸国の画像を用意しようか？　グアテマラやニカラグアでなにが起きているか教えようか？　これが標準的なミサイル攻撃なら、どこでやろうがおなじだ。なんでもやれる」。大統領が賛成するだろうと、バノンは思った。

「これは針の先でつつくようなものだ」バノンはなおもいった。攻撃を行なうのであれば、派手にやるべきだ、皮肉交じりにつけくわえた。「これはあまりにもクリントン的だ」と、最大の侮辱を口にした。「滑走路に巡航ミサイルを何基か落としても、一日か二日で完全に使用できるようになる」

しかし、その中間的な選択肢が、トランプの心を動かした。狡猾だとバノンは思った。これは戦争をはじめるためではないというのが、その論拠だった。戦争を避けるための、メッセージを送る作戦なのだ。

金曜日にトランプは、マール・ア・ラーゴへ行き、枢要区画格納情報施設《SCIF》で夜にＮＳＣ会議が開かれた。一四人が出席した——ティラーソン、プリーバス、マクマスター、クシュナー、バノン、コーン、国家安全保障問題担当副補佐官（戦略担当）のディナ・パウエル。マティスはテレビ会議で参加した。海上発射ミサイル六〇基の中間的なオプションが検討された。ターゲットはシリアの地上の航空機、強化された航空機掩体《えんたい》、燃料その他の資材の貯蔵施設、地下武器補給所、防空システム、レーダー。

トランプは、アサドを殺すという最初の願望からは、後退していた。珍しいことに、細かい点に注意を向けた。リスクについて、あれこれ質問をした。ミサイル一基もしくは数基が進路からそれたらどうなるのか？　学校に落ちたらどうする？　病院に落ちたらどうする？　あるいは意図していなかったターゲットに弾着したら？　一般市民を殺す可能性は？

マティスが確約した。米海軍は艦《ふね》も乗組員も最高です。

誘導ミサイル駆逐艦二隻、〈ポーター〉と〈ロス〉のそれぞれの艦長と、秘話回線で話がしたいと、トランプがいった。艦長たちにトランプはいった。今夜、この攻撃を行なう。ミサイルのプログラミングは申し分ないだろうな？

艦長二人が請け合った。つぎにトランプは部屋をまわって、おのおのの意見をきいた。どう思う？　異論があるのなら、あとではなく、いまここで聞きたい。

同意や、強力な支持があった。

ロシア人はその飛行場の施設一カ所に固まっているはずだと、情報がかなり確実に示していた。攻撃の時刻――シリアの現地時間で午前四時四〇分――には、航空機の整備は行なわれていないはずだった。トマホーク弾着の約一五分前、飛行場のロシア人たちに警告が発せられることになっていた。連絡がなされたとき、飛行場で電話に出たロシア人は、酔っ払っているような声だった。

トランプは、初の本格的な軍事行動にゴーサインを出した。トマホーク五九基がターゲットに命中した。一基は発射後に地中海に落ちた。

トランプは、中国の習近平国家主席との晩餐会へ行った。貿易と北朝鮮問題を話し合う二日間の首脳会談のために、習近平はマール・ア・ラーゴを訪れていた。デザートが出されたときに、トランプは習近平にいった。「毒ガス攻撃を行なったシリアをミサイルで攻撃しているところです」

「もう一度いってください」習近平が、通訳を介してたずねた。トランプはくりかえした。

「ミサイルの数は？」習近平がきいた。

五九基だと、トランプは答えた。

「五九基？」習近平がきき返した。

五九基だと、トランプが確認した。

「わかりました」習近平がいった。「理解できます。結構なことです、当然の報いですね」

それで晩餐会は終わった。

そのあとで、バノンはハーベイに電話した。「あんたたちは戦争屋だ。あんたとH・R〔・マクマスター〕は戦争を起こそうとしている」


午前零時ごろに、トランプはリンゼー・グラム上院議員に電話をかけた。

「起こしてしまったかな？」トランプはきいた。

「ええ」グラムはいった。

「すまん」

「いいえ、電話していただいてよかったですよ、大統領」

「きみは街でいちばん幸せな男だろうね」

「幸せという言葉は適切ではないですよ。私はわが大統領を誇りに思います」。深い沈黙が流れた。

「大統領は、もっと前にやるべきだったことをやりました」

「一〇〇カ国から電話があった」トランプはいった。

たぶん一〇カ国程度だろうと、グラムは思った。

「みんな電話してきて、激励してくれた。中国国家主席がなんといったか、知っているかな？　トマホーク五九基をアサドに向けて撃ったと、デザートのときに話したら、結構なことです、当然の報いですねといったんだ！」

バノンのモデルには手痛い一撃だ！　とグラムは思った。

「オバマは」トランプはいった。「弱虫だ。こういうことはぜったいにできない」

「そして、オバマの失策のせいで、四〇万人の命が失われた」グラムは、シリア内戦中の死者数を口にした。

トランプは、子供たちの話をつづけた――体が焼け焦げ、皮膚がめくれ、恐ろしい死に方をしたり、ひどい怪我を負ったりしていた。

「大統領」グラムはいった。「中東のいたるところでそういう光景が見られます」。世界中で人権を蹂躙《じゅうりん》する残虐行為が行なわれている、というバノンの言葉の引き写しになっていることには、気づいていないようだった。「大統領は正しいことをやりました。アサドは子供たちを残虐に殺しているだけではなく、あつかましくも、世界中の人間にクソ食らえ《ファック・ユー》といっています。そして、大統領はアサドに、いや、おまえこそクソ食らえ《ファック・ユー》といったんです！」

グラムは、トランプ話法を知っていた。〝クソ食らえ〟に対して、もっと大声で〝クソ食らえ〟といい返す。[8]「大統領はアサドにそういっているんです。クソ食らえ、と。これから気をつけなければならないことがあります。シリアが基地の破壊されたところを修繕し、ふたたび航空機が出撃して、子供たちに化学兵器爆弾を投下したら、なにをやるつもりですか？　それに備えていなければなりません。大統領はガツンと殴られるわけですから」

問題は化学兵器だけではないと、グラムはいった。一般市民に対する空爆です。どんな兵器であろうと、許されることではありません。

「そのことを明確にいわないと」グラムはなおも説いた。「大統領が得たすべてが失われます。なぜなら、アサドはまたクソ食らえというわけですから。いいだろう。べつのやり方で殺す。そうアサドは大統領にいうでしょう。これは試練です。一度だけで終わりにするのは、正しい答えにはなりません。その航空基地から離陸して、子供たちに樽爆弾《バレル・ボム》（非誘導の簡易爆弾で化学兵器も搭載できる）を投下したら、そいつを撃ち落とすと、アサドに思い知らせる必要があります」

大統領である最高司令官が撃ちはじめたら、たとえトマホーク五九基にすぎなくても、政界の意見と世論は、積極的に大統領を応援する。今回も例外ではなかった。トランプは、迅速に断固として対応したことで、全世界に絶賛された。

翌朝、ジョン・マケイン上院議員が、〈モーニング・ジョー〉に出演した。[9]「きのう発信されたシグナルは、あなたがたがいうように、きわめて重要なものでした」

司会者のジョー・スカボローは、ロシアとアサドに対してだけではなく、中国と北朝鮮に対しても、重要なメッセージだったと述べた。「それに、私たちの友人たちにとっても重要だった」マケインはつけくわえた。「多くのアラブ諸国は、アメリカが頼りになると思っているあいだは、進んでパートナーになろうとするでしょう」

スカボローは指摘した。スンニ派のアラブ国家は、オバマ政権時のアメリカには「気骨がなかった、と感じていました。昨夜の行動で、その考えは変わったのではないですか?」

「変わりつつあります」。《ワシントン・ポスト》のコラムニストで、パネリストとしてミサイル攻撃についての議論に加わっていたデービッド・イグナティウスが述べた。「もっと見たいと、彼らは考えています」

マケインは、トランプの安全保障チームと、彼らの意見に耳を貸したトランプを褒め称えた。「トランプ大統領がマティス国防長官やマクマスター国家安全保障問題担当大統領補佐官の意見を尊重したことに、もっとも勇気づけられました」

意外な外交政策専門家からも、高い賞賛の声があがった。ヒラリー・クリントンがオバマ政権の初期に二年間、国務長官をつとめたときに、政策企画本部長として力をふるったアン・マリー・スローターが、ツイートした。[10]「ドナルド・トランプは、シリアで正しいことをやった。ようやく！　おぞましい残虐行為を前に、悲嘆にくれるばかりで何年もなにもできなかったあとで」

その後しばらくのあいだ、トランプはしばしばホワイトハウス西棟の補佐官たちに、航空基地へのミサイル攻撃ではじゅうぶんではなかったと語った。アメリカはもっとやるべきではないか？　アサドを含めたシリア指導者層に対する隠密攻撃を命じようかとも思った。

神経ガスが人体にあたえる影響について、トランプは説明を受けるか、資料を読んでいた。「どんなものか、わかっているのか?」と質問したことがあった。頭に浮かぶ光景を描写した。肺にガスが充満し、呼吸ができなくなり、口から泡を吐く。よだれが流れ、目が見えなくなり、四肢が麻痺する。嘔吐、排尿、排便を制御できなくなる。全身が激しく痛み、すさまじい腹痛に襲われる。心臓発作が起きる。体中の器官が脳とつながらなくなる。そんなふうに一〇分間苦しんでから死ぬ。子供も赤ん坊も。

トランプは、オプションを求めた。数限りなくあった。米軍には想像できる限りの殺傷能力がある。なにができるのか?　トランプは質問した。

トランプが二度目の攻撃を命じるかもしれないと警戒したマティス国防長官は、なだめすかして、シリアに対するさらなる軍事行動を控えさせようとした。

数週間後にトランプの怒りは鎮まり、ゆっくりとではあったが、ほかの問題に目を向けるようになった。

マクマスターは、決定を推し進める権限がないことを、クシュナーにこぼした。国務長官と国防長官は押しなべて、国家安全保障問題担当大統領補佐官が強大な権限を握るのは望ましくないと考える。ティラーソンとマティスもおなじだった。

シリアへのミサイル攻撃後、あるときにトランプが、ロシアとイランのシリアにおける最近の挑発行為について、情報を求めた。すこし前に米軍が、パルミラの東の道路で、イランが支援するヒズボラの兵士数人を殺し、脅威となるイランの武装ドローン一機を撃墜していた。トランプは、マクマスターに質問した。米兵が殺されたらどうなる？　われわれはなにをやる？　どういうオプションがある？

マクマスターは、ティラーソンとマティスに電話をかけた。応答はなかった。マクマスターはハーベイを呼び、叱りつけた。悪態の応酬になった。これはきみの仕事だ。国防総省と国務省の同格の人間を呼べ。

九時間が過ぎたが、依然としてティラーソンとマティスからの応答はなかった。

国防総省から統合参謀本部の人間がホワイトハウスに来て、ハーベイに説明した。国防総省には攻撃オプションの用意があるが、米軍が展開するシリアの国境の町タンフで米兵が殺された場合に関するオプションはない。米艦が触雷した場合のオプションもない。

マクマスターとハーベイにとっては、信じられないことだった。答えは得られなかった。だが、トランプはすぐにその質問のことを忘れた。

19

「アメリカがＮＡＦＴＡから離脱する大統領令を作成しろ」トランプ大統領が命じた。「金曜日までに私のデスクに届けろ」

四月二五日火曜日にオーバル・オフィスに集まっていたのは、ペンス副大統領、ロス商務長官、クシュナー、ポーター、ナバロだった。就任一〇〇日目に離脱宣言を発表したいと、トランプは考えていた。

だれも抗議せず、反対意見も出なかったので、火曜日の朝の通商問題会議を主催してきたポーターが発言し、大統領令にはできないと指摘した。協定が求めているように、一八〇日前に行なう離脱通知にせざるをえない。

「時間という大きな問題があります」ポーターは、トランプとほかの出席者に告げた。「大統領貿易促進権限（ＴＰＡ）法のもとで、ＮＡＦＴＡの再交渉を迅速にとりまとめようとしても、時間がかかるからです」。再交渉による合意には、議会の承認を得なければならないが、それには一八〇日以上かかる。

ポーターは、一同のなかでもっとも若く、地位も低かった。「そういう時間差は望ましくありません」ポーターはなおも説明した。「それに、合意がなにもない期間が生じます。時間の問題があるのです。なんの準備もなしに一八〇日の離脱期限を開始するわけにはいきません」

全員が黙り込んで、トランプに発言を促しているようだった。トランプがNAFTAからの早まった離脱を考えていることに、ポーターは唖然とした。この貿易協定は、二〇年以上も北米の経済と安全保障の基礎でありつづけてきた。アメリカ、カナダ、メキシコの三カ国のあいだの関税が撤廃され、三カ国の年間貿易額は一兆ドルを超える。アメリカのカナダとメキシコとの貿易額は、それぞれが中国との貿易額にほぼ匹敵する。いずれも最大の貿易相手国だった。

「秩序正しくやるには、手続きが必要です。これについて徹底的に考慮しなければなりません」。ポーターは、ペンス、ロス、クシュナー、ナバロのほうを示した。「みなさんが出席しておられるのはすばらしいことですが、ゲーリー・コーンNEC委員長がおられませんね。スティーブ・ムニューシン財務長官がおられませんね。急いで進めたいのはよくわかります」。しかし、ゆっくりとやるしかありません。

「そんなことはどうでもいい」トランプはいった。「金曜日までにデスクに届けろ」

ポーターは、マクマスターに応援してもらおうとした。マクマスターは貿易問題の議論にはあまり加わっていなかったが、NAFTAからの離脱は国家安全保障にとって最悪の事態になるということには同意した。それに、無用の動きだ。同盟国を動揺させる。同調すると、マクマスターは約束した。

関係閣僚と上級補佐官が、翌日、ルーズベルト会議室で緊急会議を開いた[1]。時間が逼迫していた。

トランプが署名するまで、一日か二日しかない。

ナバロは離脱を主張した。ジョン・ケリー国土安全保障長官やほかの出席者は、離脱の脅しは強い影響力になるかもしれないが、現実に離脱すればたいへんな事態になるだろうと述べた。アメリカは自分の足を撃つようなものだ。すさまじい波及効果が生じるだろう。金融市場を混乱させるだろうし、ただちに報復措置がとられるだろう。世界の貿易相手国は、つぎは自分たちがやられるかもしれないと疑心暗鬼になる。

会議が終わるとポーターは、トランプが用意しろといった書類を届けるために、オーバル・オフィスに行く途中で、就任したばかりのソニー・パーデュー農務長官を呼び止めた。パーデューは元ジョージア州知事だった。アメリカ南部が合衆国に再統合して以来、同州でははじめての共和党知事だった。

「ソニー」ポーターはいった。「ちょっと来てもらえませんか?」ウィルバー・ロスも加わって、三人でオーバル・オフィスへ行った。

「NAFTAはアメリカ農業の利益に大きく貢献してきました」ポーターは、トランプにいった。「メキシコとカナダへの輸出は年間三九〇億ドルです。それほど大きな農産物市場は、ほかにはありません。私たちがNAFTAから離脱したら、もっとも大きな打撃を受けるのは大統領の票田、トランプ支持層です」

パーデューが、農業と製造業の損失がもっとも大きくなる州を示す地図を、トランプに見せた。ほとんどが、トランプに投票した有権者の多い州だった。

「大統領の票田であるというだけではなく、大統領選挙を左右する激戦州でもあります。ですから、これはぜったいにやらないほうがいいです」パーデューが説明した。

「わかった」トランプはいった。「しかし、これらの国は私たちを食い物にしているから、手を打たなければならない」

一八〇日前に行なう離脱通知は出さず、離脱の論拠と脅しを公にすることに、ようやくトランプが合意した。

クシュナーが、ポーターに伝えた。「大統領は、いまは離脱しないことに同意した」

トランプの決定がすべて暫定的だということを、ポーターは知っていたが、きわどいところだったと気づいて驚いた。それに、まだ終わってはいない。

ピーター・ナバロが、だしぬけにオーバル・オフィスに忍び込み、予定にない話し合いをした。

「私たちがやったのはTPPからの離脱だけだ」トランプはいった。「貿易でどうしてほかの手が打てないんだ?」

「秘書官を通じた手続きが、こういったことすべてを邪魔しているんです」ナバロはいった。

「マデリーン」トランプはアシスタントのマデリーン・ウェスターハウトを呼んだ。「ロブをこっちによこしてくれ」

ポーターは階段を駆けあがって、オーバル・オフィスへ行った。

「どうして遅らせるようなことをするんだ?」トランプはポーターにいった。「なぜさっさとできない? 自分の仕事をちゃんとやれ。トントンと足取り軽く。トントンと私についてこい。これをやってくれ」

大統領が、また真剣になった。ポーターは離脱通知書を作成した。アメリカのNAFTAからの一八〇日間の離脱期間が、トランプの署名ではじまる。

これはカナダおよびメキシコとの経済・外交関係の危機を引き起こすと、ポーターはますます確信した。ポーターは、コーンのところへ行った。

「私が食い止める」コーンはポーターにいった。「オーバル・オフィスから出ていくときに、この書類を持ち出す」。あとでじっさいに持っていった。「署名するには、また書類が必要だ」

「それも作成を遅らせますよ」ポーターは約束した。

もちろん、トランプがコピーを要求するのは簡単だとわかっていた。だが、トランプは目の前に書類がないと忘れることが多い。視界にないものは、意識にないのだ。

ポーターもおなじように見ていた。トランプの記憶は、なにかのきっかけでよみがえる——デスクにあるものや、新聞で読んだことや、テレビで見たことによって。あるいは、ピーター・ナバロがまたオーバル・オフィスに忍び込むことによって。だれかか、なにかに、スイッチを入れられない限り、トランプが思い出すまで、何時間も、何日も、ことによると何週間もかかる。待てよ、あれから撤退するつもりのはずだ。どうしてまだやっていないんだ?　きっかけがなかったら、まったく思い出さないこともありうる。

五月四日、ソニー・パーデュー農務長官がシチュエーション・ルームで、貿易における農業の役割について説明した。[2] アメリカが中国にあらたな関税を課した場合、中国が報復関税で応じることは間違いないと、国家機密に属する情報が示していた。

経済と政治の両面で痛みをあたえる方法を、中国は明確に知っている。中国の知能を博士なみとすれば、アメリカは幼稚園児のようなものだった。中国は、アメリカの下院選挙区それぞれの農産物を把握している。どこで大豆が作られているかを知っている。下院の支配を維持するのに、どの激戦区が重要かを知っている。そういった選挙区の農産物に狙いをつけて関税を課すか、州そのものをターゲットにすることができる。中国は、マコネルの地元ケンタッキー州のバーボンウィスキーや、ポール・ライアンの地元ウィスコンシン州の乳製品を狙い撃ちできる。

数日後にウィルバー・ロス商務長官が、貿易赤字が重大である理由を説明した。トランプの意見を反映させ、貿易赤字の解消は政権の指針にすべきだし、これまでの経済の不安定と弱さをそれが象徴している、とロスは述べた。大統領が貿易赤字縮小に傾注しているのだから、全員がそれに傾注すべきだと、ロスは唱えた。

ポーターは、中立的な調整役という建前をかなぐり捨てた。「貿易赤字は重要ではありません。すくなくとも個々の国に関しては、大きな問題ではありません。そういう考え方は、馬鹿げています」。閣僚に対してポーターがそれほど礼を失したことをいうのは、おそらくはじめてだっただろう。「通商政策、つまり私たちが交渉によって定めた貿易協定は、貿易赤字の主因ではありません」。赤字は経済状況によるもので、どの国がさまざまな製品をもっとも効率的に低コストで生産できているかということや、貯蓄率や通貨の価値に左右されます。保護主義的な政策はすべて、アメリカの経済の利益にはつながりません。

「そうかね」ロスが反論した。「私は数十億ドルを儲け、ウォール街で働いてきたから、市場の仕組みはよくわかっている。きみは需要と供給が理解できていない」。アメリカが中国に関税を課せば、中国は報復関税を設けるだろう。そうしたら、アメリカはべつの国から製品を買えばいい。

二〇一七年春、ロスは中国の鶏肉を輸入し、アメリカの牛肉を輸出する取り決めを中国と交渉した。それを〝超人的な偉業〟だと自画自賛した。だが、その合意には痛烈な批判もあった。《ニューヨーク・タイムズ》の見出しは、〝通商交渉第一ラウンドで、中国はアメリカになにも譲らなかった〟というものだった。[3]

ホワイトハウスでの会議で、トランプはロスを責めた。「こんな合意を結ぶとは信じられない。どうして独断でやった？　私にはひとことも相談がなかった。きみが中国へ行って、一人で決めた。それがまたひどい合意だ。私たちはしてやられた。ウィルバー、きみは勝つことに慣れすぎていたのかもしれない」。一九九〇年にトランプのカジノが破綻しかけたときに、怒れる債権者の代理をつとめた投資銀行家のロスは、トランプの人気に目をつけ、再生できると考えて打開策を打ち出し、破綻から救った。

「昔のきみはやり手だった」トランプは、七九歳のロスにいった。「ウォール街にいたとき、きみはすごいディールをやってのけた。しかし、盛りを過ぎたんじゃないかな。もう交渉の腕が立つとはいえない。それがなんなのか、私にはわからないが、きみはそれを失ってしまった。もう信頼できない。

交渉はやってほしくない」。ロバート・ライトハイザーが、NAFTAなどの貿易協定を担当することになった。

ロスは中国との合意を擁護しようとした。アメリカ産牛肉の輸出が増えますよ。だがトランプは関心を示さなかった。

六月八日、トランプは、鉄鋼関税――トランプが固執している問題のひとつ――についての会議をオーバル・オフィスで開いた。[4] ゲーリー・コーン、ウィルバー・ロス、ポーター、マティスが、レゾリュート・デスクを囲んで着席した。

「実施準備はできています。この報告書を提出させてください」ロスがいった。割り当てる関税率を進言するものだった。ことに中国がターゲットになる。中国が現在の対米輸出量を上回る量を輸出した場合、極度に高い関税が課せられる。

ポーターが、数々の法的問題を述べた。商務省は国防総省と協議していません。輸入が国家安全保障への脅威であるかどうかを見極めるために協議することが、法律で定められています。

「協議した」ロスがいった。「それはやった」

「これに関しては、なんの相談も受けていない」マティスがいった。

「それはいいんだ」ロスが答えた。この問題を担当する国防次官補と話をした。メールの写しもある。

「そうか」マティスはいった。「きみは私とは話をしていない」

ポーターが口を挟み、国防総省のだれでもいいわけではなく、国防長官と協議する必要があると定められていると指摘した。

こういう官僚機構の儀礼的な法規が、トランプには腹立たしかった。「ウィルバー、ジムと話をしろ！　さっさと始末しろ」トランプはいった。「こういう駆け引きにはうんざりだ。さっさとやれ。私がやれといっているんだ」

この問題は、結果を数カ月とはいわないまでも数週間先送りする絶妙の手段になると、ポーターは気づいた。マティスは、意見を述べる前に分析する必要があるとロスにいって、引き延ばした。

しかし、マティスに提出された国防総省のその後の分析では、「米軍の鉄鋼使用量はアメリカの鉄鋼需要の〇・五％以下なので、国防に必要な量の鉄鋼を国防総省は調達できる」とされていた。

20

コミーFBI長官を政権発足時にクビにしたかったのだが、いま辞めさせたい、とトランプがいった。

バノンは反対し、オーバル・オフィスにトランプと二人だけでいるときに、理由を説明した。「特別捜査官の七五％が、コミーをかなり嫌っています。それは間違いありません。しかし、それでも大統領がクビにしたとたんに、コミーはJ・エドガー・フーバーになりますよ。クビになったその日に、やつはアメリカ史上最大の殉教者になります。大統領を攻撃する格好の武器になります。特別検察官が任命されるでしょう。コミーをクビにできても、FBIはクビにできません。コミーをクビにした瞬間に、組織としてのFBIは大統領を滅ぼさなければならなくなり、滅ぼすでしょう」

トランプは永遠に存在しつづける機関——FBI、CIA、国防総省、幅広い軍のエスタブリッシュメント——の力がわかっていないと、バノンは思った。大統領が関わったあらゆることを捜査するために任命される特別検察官の力が広範に及ぶことも、理解していない。

「私を説得しようとするのはやめろ」トランプは、プリーバスとマクガーン大統領法律顧問にいった。「もう決めたから、説得はやめろ」。コミーはスタンドプレーをするし、コントロールできない。

五月初旬、複雑化したヒラリーの私的メール捜査に関するコミーの証言を聞いて、トランプはコミーが弱い立場にいると考えた。コミーをクビにすべき理由をならべた手紙を、トランプは口述させた。ロッド・ローゼンスタイン司法副長官が話をしに来ると、マクガーンがトランプにいった。コミーのことを話し合いたいのだという。ローゼンスタインはどうやらコミーを追い出したいらしいと、マクガーンはいった。

手続きについてマクガーンが説明した――司法副長官は、FBIを監督する立場にある。ローゼンスタインの話をまず聞きましょう。こういう遅延戦術を、ホワイトハウスのスタッフはしばしば使うようになっていた。冷静に構えて、ロッドの話を最後まで聞いてから、計画を練りましょう。

ローゼンスタインはトランプに、コミーをクビにすべきだと告げた。理由を述べる意見書を、ローゼンスタインはすらすらと書き、三ページの意見書をホワイトハウスに届けた。[1]〝件名：国民のFBIへの信頼を再強化する〟。それによると、検察官の決定が下される前の七月五日に、コミー長官はヒラリー・クリントンのメールに関する〝国家機密に属する犯罪捜査〟についてみずからの結論を述べ、クリントンの行為は〝きわめて不注意だった〟として、〝名誉を傷つける情報〟を明かした。つづいてコミー長官は、大統領選挙投票日の一一日前に、〝話す〟か〝隠す〟かの問題だと確信しているので、クリントン捜査を再開すると発表した。これは問題を誤った陳述だと、ローゼンスタインは述べていた。元司法長官と元司法副長官五人が、コミーはルール違反を犯していると意見が一致した、と書かれていた。

それでいい、とトランプはローゼンスタインにいった。そうとしかいいようがない。〝即刻解任するので長官室から退去するように〟と知らせる短い手紙を、トランプはコミーに送った。

要するに、ＦＢＩ長官の辞任を遅らせる計画は裏目に出た。手続きを加速させてしまった。ローゼンスタインの意見書が決め手になったのではないと、プリーバスは知っていた。トランプはすでに決断していたのだ。

バノンは、コミーを解任した理由は、ＦＢＩがクシュナーに財務記録を要求していたからだと〝一〇〇％〟確信していた。純然たる憶測だった。イバンカは父親にＦＢＩのことでずっと苦情をいっていた。

何カ月もたつうちに、プリーバスは気づいた。トランプがだれかをクビにするつもりでいたり、クビにするといったりしても、そのとおりになるとは限らない。「ここでは埋められるまで、何事も死にはしないんだ」というのが、プリーバスのお気に入りの台詞になった。

コミーはいまのところ死んだように見えるが、本人もその物語も、まだ埋められてはいなかった。

五月九日のコミーＦＢＩ長官解任についてのケーブル・ニュースを、トランプはかなりたくさん見た。雲行きはよくなかった。五月一一日、トランプはＮＢＣのレスター・ホルトに、ローゼンスタイン司法副長官やセッションズ司法長官の進言がどうあろうと、コミーを解任するつもりだったと述べた。この話はトランプのそれまでの発言と矛盾していたので、問題になった。[2]事情説明のつもりだったのだろうが、トランプはホルトに長々とまとまりのない話をした。「私はこうつぶやいたよ。ロシアとトランプがどうのこうのとか、ロシアがどうのこうのというのは、作り話なんだと」

トランプがコミーに宛てた手紙では、ヒラリー・クリントンのメール捜査の扱いについてローゼンスタインが厳しく批判したことを、解雇の理由としていた。トランプの発言は、それと大きく食い違っている。

五月一六日火曜日の晩。《ニューヨーク・タイムズ》のマイケル・シュミットが、爆弾記事を公表した。[3] コミーが、トランプとの会話の直後に詳細なメモを残していたのだ。二月一四日、まだＦＢＩ長官だったコミーは、オーバル・オフィスの会議に出席したとき、フリンに対する捜査について大統領に頼まれたことを書き留めた。トランプは、「これをうやむやにして、フリンを解放してやるやり方が、きみに明確にわかっていることを願う」といった。「フリンはいいやつだ。彼を解放してやれ」

トランプは、報道から目が離せず、テレビのそばをうろうろしていた。その晩のＣＮＮでは、経験豊富で良識的な意見を持つデービッド・ジェルゲンが、警告を発した。[4] ジェルゲンはリチャード・ニクソンやビル・クリントンが弾劾《だんがい》捜査を受けた当時、ホワイトハウス顧問をつとめ、現在はＣＮＮの上級政治アナリストだ。

「弾劾の領域に属すると思います」ジェルゲンはいった。「現政権は崩壊しつつあります」

弾劾という言葉を聞いて、トランプがかなり狼狽しているのを、ポーターは見てとった。コミーのせいで形勢が逆転したことに、トランプが怒りの声をあげた。

翌五月一七日水曜日、トランプはオーバル・オフィスにいるときに、ロシアの選挙干渉と、トランプの選挙運動とのつながりがあるかどうかを調べるのに、ローゼンスタインがよりによって、ＦＢＩ長官を一二年間つとめたロバート・モラーを特別検察官に任命したことを知った。

トランプの機嫌は一夜にして悪化し、翌五月一八日は最悪だった。抑えのきかない怒りを爆発させ、側近たちがそれまで見たこともないくらい動揺していた。惨憺《さんたん》たる場面だった。「しのぐのが大変だった」とポーターが同僚にいった。

いつもなら、トランプはレゾリュート・デスクに向かっているか、専用ダイニング・ルームにいる。だが、その日はほとんど座らず、その二部屋を猛然と行き来していた。

トランプは、自分の命綱のケーブル・ニュースに頼ろうとした。FOXニュースの二時間枠の番組を見てから、録画してあったMSNBCとCNNの二時間番組を見た。

上級補佐官たち――プリーバス、バノン、クシュナー、マクガーン、コーン、ヒックス、ポーター――が出入りするあいだ、トランプは報道に怒り狂っていた。「どうしてモラーが選ばれた？」トランプはいった。「やつはここに来たが、私はFBI長官に戻してやらなかった」トランプが激怒した。「それを恨んで仕返しをしようとしているにちがいない」

「だれもが私を怒らせようとする」トランプはいった。「フェアじゃない。今度はだれもが、弾劾されるぞといっている」。特別検察官にはどんな権限があるのか？　と質問した。

特別検察官には、いかなる犯罪であろうと捜査する権限があります、ポーターはいった。ウォーターゲート、イラン・コントラ事件、クリントンのモニカ・ルインスキー・スキャンダル。

「そういう人間を私は抱え込んだ」トランプは刺々しくいった。「関係のないことまで覗き込めるような人間、説明責任もないような人間だ。そいつがこの先何年も、私の全人生と財務をほじくり返すんだ」

トランプは、ほかのことに集中できなくなった。会議が中止になり、無駄な時間がしだいに増えた。トランプがそんなにうろたえるのを、ポーターははじめて目にした。トランプがナルシストで、どんなことでも自分にあたえる影響を中心に考えることはわかっていた。しかし、何時間も怒りをたぎらせているのを見て、ニクソンの辞任直前の日々を描いた本に書いてあったことを、ポーターは思い出した——祈り、カーペットが磨《す》り減るほど歩きまわり、壁の歴代大統領の肖像画に話しかける。トランプの態度は、いまや被害妄想の域にはいりかけていた。

「やつらは私を怒らせようとしている」トランプはいった。「これは不公平だ。フェアじゃない。どうしてこんなことが起きるんだ？　なにもかも、ジェフ・セッションズの手落ちだ。これには政治がらみの動機がある。ロッド・ローゼンスタインの魂胆がわからない。あいつは民主党員だ。メリーランド出身の」

歩きまわりながら、トランプはいった。「コミーをクビにしろといい、この手紙を私によこしたのは、ローゼンスタインだった。それなのに、どうしてこの捜査を仕切っているんだ？」

ボブ・モラーには利益相反があるから、自分を捜査する特別検察官になるのは禁じられるべきだと、トランプはいった。「彼は私のゴルフ場の会員だった」——バージニア州のトランプ・ナショナル・ゴルフ・クラブのことだ——使用料のことで揉めて、モラーは退会した。モラーの法律事務所は、以前はトランプの娘婿が使っていた事務所だった。

「私は殴られている」トランプはいった。「殴り返さなければならない。フェアな戦いにするためには、戦うしかない」

トランプは一日中歩きまわり、ダイニング・ルームでテレビを見るのと、オーバル・オフィスにはいってきて荒々しく質問し、捜査をコントロールできなかったことをののしるのを、交互にやっていた。

「私が大統領だ」トランプはいった。「だれだろうとクビにする力がある。やつらは、私がコミーをクビにしたから捜査している。そんなことはさせない。だいいち、コミーはクビになって当然だった！　みんなに嫌われていた。どうしようもない人間だった」

21

灰色の髪の熟練した弁護士で、トランプの離婚や破産などで彼の弁護を何十年もつとめてきたマーク・カソウィッツが、七六歳で経験豊富なホワイトカラー刑事事件専門弁護士のジョン・ダウドに、二〇一七年五月二五日午後四時にニューヨークの自分の事務所に来てもらえないかと頼んだ。

「ワシントンDCで大統領の弁護をやってもらう必要がある」。ロバート・モラー特別検察官が開始したロシア疑惑捜査の件だと、カソウィッツはいった。利益相反やトランプを扱うのが難しいという理由で、高名な弁護士数人に、すでに断わられていた。だが、ダウドは、アメリカでもっとも注目されている事件で、四七年にわたる法律家としての仕事人生を締めくくれる見込みに飛びついた。ダウドは、著名な依頼人を弁護した経験は豊富で、検事出身だ。

「それはすごい」ダウドはいった。「信じられない。よろこんで大統領を弁護するよ」

「楽じゃないぞ」

「それは想像がついている」

ダウドは見かけは人の好い年寄りのようだが、強面《こわもて》の調査員でもある。一九六〇年代は海兵隊の弁護士で、一九七〇年代には司法省組織犯罪撲滅部隊の責任者として、ギャングを裁判にかけた。一九八〇年代には、メジャーリーグのコミッショナーの特別顧問をつとめた。数々の捜査を行なったが、もっとも有名なのはシンシナティ・レッズのピート・ローズ監督の野球賭博の捜査だ。その後、金融界や政界の大物の弁護士となり、金融スキャンダルのキーティング・ファイブ事件に連座したジョン・マケイン上院議員の弁護も行なった。ダウドは、著名な法律事務所エイキン・グループのパートナーだったが、いまは引退している。

ダウドは、トランプやカソウィッツと電話会議を行ない、トランプとも何度か話をした。モラーの捜査が自分と大統領の職務を消耗させていると、トランプはいった。自分はなにも悪いことはやっていない。「ジョン、これがものすごく重荷になっている。ことに外交問題の邪魔になっている。交渉の最中に相手国の主席や首相が、〝なあ、ドナルド、きみはいつまでもつかな?〟というようなことがあっては、政治的に不利だ。きんたまを蹴飛ばされるようなものだ」

ダウドは、時間ごとの料金ではないといった。手数料を決める。一カ月一〇万ドルで合意した。ダウドの通常の報酬のほぼ半額だった。請求書をニューヨークの事務所に送ってくれれば、翌日に払うと、トランプはいった(そのとおりに支払った)。

トランプは、モラーの捜査に激しい怒りをおぼえていた。苦情をダウドにならべ立てた。まず、ロシアによる選挙干渉に関する捜査には関与しないという、セッションズ司法長官の三月二日の決定に裏切られた。[1] 司法長官からの政治的保護を受けられると期待したが、いまは護られていない。

つぎに、ロッド・ローゼンスタイン司法副長官が五月一七日にモラーを特別検察官に指名したのを知ったいきさつを、トランプは語った。こんな馬鹿な話があるか。オーバル・オフィスにセッションズといっしょにいたときに、ホワイトハウスの法律顧問の一人が知らせた。セッションズが、〝私は知らなかった〟といった。トランプは、セッションズに向かっていった。〝ほう、彼はきみの部下だろう?〟セッションズが捜査を忌避したため、ロシア疑惑捜査はローゼンスタインが指揮していた。

トランプはなおもいった。最悪なのは、その前日にＦＢＩ長官に復帰しようとしていたモラーを面接して、復帰を拒絶したことだった。そのモラーが、突然捜査の指揮をとるようになった。「つまり、私は司法省に二度も不意打ちを食らった」

三つ目は、ＦＢＩ長官を解任されたコミーが、さかんに証言したりリークしたりして、フリンの捜査をとりやめるようトランプにいわれたのをばらしていることだった。「私はなにもやっていない」トランプは、ダウドにいった。「ぜんぶでたらめだ。コミーは大嘘つきだ」

カソウィッツが、自分とパートナー一人が、トランプとロシアの干渉につながりがあるかどうかを調査することに同意した。丸一カ月調べて、つながりはなにもないと暫定的な結論を出した。

トランプが否認の言葉をまくしたてたので、怒りはほんものだとダウドは思った。もちろん、だから無罪だとはいえない。コミーを非難したことに加えてトランプは、強力な部下や弁護士を抱えていなかったからそういう事態を招いたのだといった。

ローゼンスタインが五月一七日にモラーを任命したときの一ページの書類を、ダウドはつぶさに調べた。[2] ロシア疑惑の捜査権限をあたえているだけではなく、〝〔ロシア疑惑〕捜査から直接生じたか、生じる可能性のあるあらゆる問題〟の捜査をモラーに指示していた。司法省の人間がこれほど幅広い権限を持つのを、ダウドは見たことがなかった。

トランプが、不信をあらわにした。モラー特別検察官のチームには、民主党員が多数いる。政治的動機があるかもしれないということに、ダウドも同意した。「負け犬が忠誠を示そうとして働いています」と、トランプにいった。

依頼人を弁護するだけではなく、友人にもなるというのが、ダウドの弁護理論だった。トランプは、毎日、毎時、ダウドに電話をかけるようになった。トランプは社交的で傍若無人だが、ひどく孤独なのだと、ダウドにはわかった。

ダウドは、トランプの法律顧問たちとわかっている事実を検討し、弱点になりそうな事柄を見直した。これまでにわかっている証拠をざっと吟味したところでは、ロシアとの共謀や司法妨害の告発の根拠となるものは、なにも見当たらなかった。

もっとも厄介な証拠は、フリンを解任したあとで、捜査に手心を加えてほしいとトランプが頼んだことを示す、コミー元ＦＢＩ長官のメモと証言だった。[3] コミーによれば、トランプは、〝これをうやむやにして、フリンを解放してやるやり方が、きみに明確にわかっていることを願う。フリンはいいやつだ。彼を解放してやれ〟といったという。捜査をやめろという意味だと、コミーは確信していた。

そんなことも、それに類することもいっていないと、トランプは否定した。

なんといったのですか？　ダウドはトランプにきいた。

「とにかく、そうはいわなかった」。コミーはＦＢＩ本部を訪問して特別捜査官たちと話をしてもらえるかとたずねた。「だから、私はいつが都合がいいかときいた。コミーは追って連絡しますといった。しかし、フリンのことなど、私はいっさい口にしていない。フリンはもう終わりだと、私は思っていたからね」

ダウドは独自の調査をつづけ、既知の証人すべての証言について説明を受け、書類を吟味した。顔見知りのモラーと、人間関係を築こうとした。何年も前の海兵隊の観閲式で、ダウドは当時ＦＢＩ長官だったモラーとばったり出会った。

「いま、なにをやっているんだ？」モラーがきいた。

「ドン・ヤング下院議員の弁護をしている」

「あの悪党の？」モラーがいった。「よくそんなことができるな？」

「それがアメリカの制度だ」ダウドは答えた。ＦＢＩ長官がそういう口をきいたことに、むっとしていた。その後、ヤングは下院倫理委員会の懲戒処分を受けたことがあったが、起訴されたことはなかった。ヤングはまもなく連邦下院でもっとも長い任期をつとめた議員になる。

モラーはまだ特定の書類を請求していなかったが、まもなく請求する可能性が高かった。大統領法律顧問のドナルド・マクガーンは、重要な書類はなにも渡したくなかった。トランプに、大統領特権のような免責特権を行使してもらいたいと思った。

ダウドは、マクガーンの考えには反対だった。隠すようなものがないのなら、トランプが協力すれば、モラーはこちらの観点で見てくれるかもしれない。「酢よりも蜂蜜のほうが、ずっと得るものが大きいでしょう」とトランプに進言した。

「やつらにはクソ食らえといったほうがいい、と私に助言する友人たちがいる」トランプは、あるときの電話でいった。「あの連中は信用できない」。協力は解決を早めると、ダウドが説き、やがてトランプは酢よりも蜂蜜がいいという手法を承認した。

ダウドは、白くて太い口髭で有名なワシントンＤＣの経験豊富な弁護士、タイ・コブ（ケンタッキー・フライドチキンのマネキンにちなんで、ダウドは〝カーネル・サンダース〟という綽名をつけていた）を、ホワイトハウスのスタッフの特別顧問として雇うことを勧めた。モラーとそのチームに書類を届けるのが、コブの役目だった。ダウドはトランプの個人的な弁護士で、書類はホワイトハウスのものなので、それをやることはできない。じつは、書類請求に抵抗しろというマクガーンの助言を打ち消すために、コブを引き入れたのだ。

ダウドは、トランプを説得した。「〔モラーと〕面談し、秘密がないような関係を築きたいと思っています。それは可能です」

ダウドは、六月一六日午後一時に、特別検察官のオフィスで、モラーとその首席補佐官ジェームズ・〝ジム〟・クォーレスとの初会合に臨んだ。クォーレスは、四〇年前にウォーターゲート事件を捜査した特別検察官局にいたベテランだった。

「私たちはあなたがたの任命への反対を差し控えている」ダウドはいった。「しかし、これはいったいどういうことですか」。ローゼンスタインの命令は、あまりにも範囲が広すぎるし、たまたま見つけた問題すべてを捜査するような権限は、司法省のだれにもないはずだ。「この命令は有効ではない。しかし、私たちは文句をいいません」

モラーは答えなかった。沈黙をうまく使う名人なのだ。

「大統領から、協力するとあなたがたに伝えることを許されています」ダウドはいった。「大統領の言葉です――〝ボブに、尊重するといってほしい。協力する〟」

モラーは、ほっとしたようだった。

「なにが必要ですか?」ダウドはきいた。「届けます。とにかく、捜査を早く終わらせましょう」。なにも隠すことはない、というのが大統領の見解です。よくいっても捜査をよろこばしいとは思っていないが、戦いが長引くのは望んでいない。「しかし、私たちは互恵的な情報交換を望んでいます。つまり、交流《エンゲージ》を」

「ジョン」立ちあがりながら、モラーがいった。「私たちが全面的に取り組《エンゲージ》めば、最高の案件になるでしょう」

「私たちが協力するのは、これを早く終わらせたいからです」ダウドはいった。「私たちは特権を行使しません。ドン・マクガーンの反対を押し切ってそうしている。大統領がやれといっています。なんでもあなたがたに見せ、だれとでも話をしていいと、大統領がいっています」

タイ・コブが、証言と書類提出に関する大統領特権を、迂回しつつ維持する方法を編み出した。コブはモラーにいった。「ボブ、あなたに渡そう。私たちは特権を放棄しない。あなたがたが見たか、見終えて用を終えたと思ったら、教えてくれ。その書類に対する制限免除書を届ける。そうしたら、あなたがたの保管書類の収支を合わせるために、特権付きとして返却してくれ」

書類をすべて見ることができるので、モラーはかなりよろこんだようだった。口頭でやろうと、コブはモラーとクォーレスにいった。書類を山のように増やしたくない。

　それで結構だと、ダウドはいった。書いた記録は残さない。

「ジョン」モラーはいった。「私のことはよく知っているだろう。てきぱきと進める」。特別捜査をやったことがあるダウドは、それが果てしなくつづけられる可能性もあることを知っていた。この手の捜査が長くつづくのは、職権濫用になりかねない。モラーはいった。「ジムが先に立ってやる。彼が補佐だが、きみたちのうちのだれかが、私に連絡してくれれば、いつでも私はきみと会う」

「ありがたい」ダウドはいった。「こっちもおなじだ。きみたちになにか必要なものがあれば、私に連絡してくれ。手に入れる。質問にも答えるし、証人探しも手伝う」


《ニューヨーク・タイムズ》と《ワシントン・ポスト》が報じていたような数々の容疑について、真剣な調査が必要だった。共謀に関しては、二〇一三年のトランプのモスクワ行きなどの問題があった。元選挙対策本部長ポール・マナフォートと、トランプの顧問弁護士を長年つとめてきた弁護士マイケル・コーエンが、選挙運動中にロシアでなにをやっていたのかを、トランプは知っていたのかどうか。ヒラリー・クリントンのメールをハッキングで手に入れるのに関与していたと疑われている、ロジャー・ストーンのようなほかの補佐官たちの行動を、承知していたのかどうか。

　二〇一六年の選挙運動中、七月二七日の有名な記者会見で、トランプはロシアに、ヒラリーの弁護士が消去したメールを公表するよう促した。[4] ヒラリーの弁護士はＦＢＩの捜査には無関係のメールだと判断して消去していた。

「ロシアよ、聞いているなら」トランプ候補はいった。「消えた三万通のメールをきみたちが見つけられることを、私は願っている。きみたちはアメリカのマスコミから絶大な賞賛を受けるだろう」

そのあとで、トランプはツイートした。[5]「ロシア、その他の国、あるいは個人が、ヒラリー・クリントンが違法に消したメール三万通を手に入れたようなら、ＦＢＩに渡すべきだ！」翌日、トランプはいった。[6]「もちろん、皮肉っているだけだ」

トランプの宣言とロシアへの要請は、皮肉であろうとなかろうと、ロシアと協力してひそかに不正行為を行なっていることを示すものではないと、ダウドは判断した。しかし、それがモラーの捜査の主眼のようだった。

司法妨害容疑のほうが、もっと大きな問題であるかもしれない。コミーにフリンの捜査をやめるよう促し、その後コミーを解任したことだ。しかし、ＦＢＩ長官解任は、合衆国憲法第二条に定められた大統領の権限に明らかに含まれていると、ダウドは確信していた。

モラーがこれをどう見るかによって、トランプの言動という証拠の解釈が変わる。トランプの意図を探るのが重要になるはずだ。司法を妨害するような行為に、法令に定められている〝腐敗した〟動機があったのか？

たいがいの裁判で、それが高いハードルになる。一般的に、検察官は、捜査官に嘘をつくようだれかを促したとか、書類を破棄したとか、違法な行為のために金を払うことを命じた、というような証拠を示せなければならない。ウォーターゲート事件ではニクソンが証人を買収して黙らせようとした。

数千時間に及ぶニクソンのテープ録音は、司法妨害とウォーターゲート事件隠蔽を克明に示していたが、それは稀有な例だった。

トランプのテープ録音をダウドは見つけていないし、トランプに不利な証人はコミーしかいない。しかしながら、ダウドは検察官だったことがある。検察官の文化を知っていた。検察官は事件を成立させようとするものだし、ことに相手が世に知られた人物の場合は、なおさらそうしようとする。

ホワイトハウス内部では、モラーのロシア疑惑捜査が、トランプにはこたえはじめているのがありありとわかった。西棟やオーバル・オフィスにいる時間が長い人間は、それがトランプの感情のエネルギーを搾り取っているのを察した。注意を散らす大きな原因になっていた。トランプは、そのことを意識のどこかにしまい込むことができなかった。モラー、ジェフ・セッションズ、ロッド・ローゼンスタインへの憤懣《ふんまん》で、一日が無駄になってしまうことが何度となくあった。

トランプが強く執着している中国に対する関税のような政策問題の会議のときですら、トランプはモラーの捜査を話題にした。テレビで見たことを語る場合が多かった。「これはどういう影響がある？」トランプはきく。「押し返すには、どうすればいい？」

会議のスタッフでも、法務部に所属していないものは、意見をいいたがらなかった。

トランプは、ことあるごとに、フェアではない、〝魔女狩りだ〟といい放った。

それがトランプを逆上させているのが、ポーターにはわかった。潮の満ち干のようではあったが、トランプがそれに呑み込まれることがあり、そういうときには、大統領の職務や本分がないがしろになった。フェアではないし、自分はなにも悪いことはしていないと、トランプは思っていた。しかし、自分を調べている連中には、絶大な権限がある。

外国情報監視法（ＦＩＳＡ）によって許されている盗聴が行なわれているのではないかと、トランプは心配していた。ポーターは同僚や上司に、トランプは「選挙運動中にＦＩＳＡ盗聴が行なわれていた可能性があると心配している」と告げた。「……身辺に侵入されていると感じている。自分が大統領ではなかったときには、自分をしのぐ力を持っている人間がいたと」

トランプは、モラーに対してもうひとつ不服があった。「これでは大統領らしくなれない」トランプはいった。「モラーのせいで、ロシアやプーチンに好意的だと思われるようなことはなにもできない。手をうしろで縛られているようなものだ」

ホワイトハウス西棟の補佐官たちのように、トランプとともに旅をすることが多い人々は、メディアの憶測とはちがって、トランプとメラニアがほんとうに仲むつまじいことに気づいた。だが、メラニアは一人で行動する。食事をともにしたり、いっしょに過ごすこともあるが、二人の生活がほんとうに融合しているようには見えなかった。

メラニアのいちばんの関心事は、トランプとのあいだにできた息子のバロンだった。「彼女はバロンに夢中だ」一人がそういった。「一〇〇％、息子に注意を集中している」

トランプは、女性にひどい態度で接したことを認めた友人に、ひそかに助言したことがあった。真の力とは恐怖だ。力で肝心なのはそれだけだ。弱みを見せてはいけない。つねに強くなければならない。脅しに負けてはならない。それ以外のやり方はない。

「女に対しては、否定、否定、否定、否定で押し通す」トランプはいう。「なにかを認めたり、過失を認めたら、それで終わりだ。大きな過ちを犯したことになる。銃を撃ちまくりながら反論しないと、弱みを見せたことになる。強くなければならない。攻撃的でなければならない。激しく押し戻す。自分についていいわれたことは否定する。ぜったいに認めるな」

トランプは、関税について何カ月も議論した。自動車輸入に二五％の関税をかけたかった。「大統領令を用意しろ」トランプはいった。

大統領にはそれをやる法的権限がありません、とポーターはいった。

「結構。いずれ法廷で争おう。かまうものか。やろうじゃないか」

べつのときに、トランプはポーターにいった。「いますぐオフィスに戻って、書きあげろ。私の関税案を持ってこい！」

ある日、オーバル・オフィスでコーンは、トランプとペンスに最新の雇用統計を伝えた。

「これ以上は望めないような最高の雇用統計ですよ」コーンはいった。

「すべて私の関税のおかげだ」トランプはいった。「効果が出ている」

トランプはまだなんの関税も課していなかったが、名案だと確信していたし、コーンが反対なのはわかっていた。

「大統領は悪党ですね」コーンが冗談交じりにいって、トランプの腕を軽く叩いた。

コーンは、シークレット・サービスの警護官のほうを向いた。「私は大統領を殴った。撃ち殺したいのならやれ」

コーンはトランプのために、報道関係者とのグリディロン・クラブでの晩餐会用のジョークを考えた。「壁に関して、大きな進展がありました。設計図は描き終えました。掘削工事も終えました。土木工事も終えました。遅れが出ている理由はただひとつ、〝トランプ〟という言葉を二〇〇〇キロメートル以上に引き延ばす方法が見つからないのです」

トランプはそのジョークを採用しなかった。

だれかに反対意見をぶつけられるときはつねに——政策論議、法廷、公の場のいずれでも——力を駆使しないと負けるというのが、トランプの本能的な反応だと、ポーターは気づいた。

トランプがセッションズに対する不満をぶちまける回数は、数え切れないほどだった。怒りが消えることはなかった。セッションズの捜査忌避が、癒えない傷として残っていた。

ジェフ・セッションズについて、トランプはいろいろな悪口をいい、救いようのない敗残者だともいった。忠誠心がまったくない。度胸がある強い男なら、捜査を忌避するなどとはいわないはずだ。私は司法長官だ。なんでも望みのことをやれる、といったはずだ。

22

情報と軍の世界には、大統領と、軍および情報機関の重鎮を含めた少数の人間のみが知っている、国家機密に属する事柄、情報源、手法が存在する。オバマ大統領が私に〝われわれの深い秘密〟といったもののことだ。[1]

9・11テロ後、アメリカの諜報組織は膨張し、秘密の監視が日常茶飯事になった。

二〇一七年五月末ごろに、私はこの〝深い秘密〟のひとつを知った。北朝鮮が、ミサイルと核兵器の開発計画を驚異的に急加速させていて、〝一年とたたないうちに〟アメリカ本土を射程内に収める核弾頭付き弾道ミサイルを保有する可能性があるという。従来の情報では、北朝鮮がそういう能力を備えるようになるまで、最短でも二年はかかると見られていた。新情報は情報の世界では大地震を起こしていたが、あまりひろまらなかった。なんとしても秘密を守らなければならなかったからだ。

それに対する国防総省の機密暫定戦争計画では、アメリカが戦闘態勢をとって、事変拡大のシグナルを送ることが求められていた。二個もしくは三個空母打撃群で朝鮮半島付近の戦力を増強する。付近の攻撃型原潜（トマホーク・ミサイルの一斉発射能力がある）の数を増やす。F－22戦闘機の飛行隊と、B－2爆撃機を増やす。在韓米軍二万八五〇〇人の家族と軍属を撤退させる。地上部隊を増強し、戦域ミサイル防衛システムを強化し、部隊を分散させて攻撃に対する脆弱性を緩和する。砲撃に耐えるようにインフラを強化する。

北朝鮮が核弾頭付きの新型ＩＣＢＭ（大陸間弾道ミサイル）発射能力を、〝一年とたたないうちに〟得られるのかどうかを、私はあちこちで調査した。国防総省の最上層部は私に、「そのようなものはない」といい、私の情報は完全に否定された。

インテリジェンス・コミュニティの最上層部には、「新しいものはない」し、二年以上かかるという分析に「大きな変化はない」といわれた。警戒するようなことは、なにもない。

私は、そういう最新情報にアクセスできる幅広い権限がある人物と、話をした。完全に否定する言葉が、強い口調で断定的にくりかえされた。そして、四六年間の記者生活で一度もなかったようなことが起きた。その人物が、「私が間違っていたら謝罪する」といったのだ。

そういわれるのは、ほんとうにはじめてだった。しかし、意味は不明だった。国家機密に属する微妙な問題で、高官が白々しい嘘をついたことはあった。あとできくと、偽るほうが賢明だと思ったという言葉が返ってきた。会って話をするのに同意したのはなぜか？　沈黙は肯定と解釈されるおそれがあったからだと、彼らはたいがい答える。国家機密に属する情報問題の取材では、それが現実だ。間違っていたら謝罪すると、前もっていわれるようなことは、それまで一度もなかった。

謝罪してもらうには及ばないと、私は判断した。だが、ほどなく、謝罪してもらうのが当然だと思うような事件が起きた。

その一カ月ほどあとの七月三日、北朝鮮が初の大陸間弾道ミサイル、火星14の試射に成功した。[2]ミサイルが飛んだ距離は九三〇キロメートルにすぎず、飛行時間もわずか三七分だったが、もっと浅い角度の弾道だったらアメリカ本土に到達した可能性があったことを、情報が示していた。私のくだんの情報源は、このことを遠まわしに警告しようとしていたのかもしれない。

その晩、トランプは説明を受けた。翌七月四日、トランプはホワイトハウスで独立記念日の祝賀会を主催した。その午後に、マクマスターがシチュエーション・ルームで緊急閣僚級会議を開いた。[3]トランプは出席しなかった。

ポンペオCIA長官が、ICBM一基について確認されている情報を説明した。中国から輸入された一六輪の輸送起立発射機から発射された。中国が北朝鮮を抑える影響力を行使するだろうなどという希望的観測は消え失せた。

ティラーソンが、中国とは連絡がとれていないが、国連安全保障理事会の緊急会合を要求したといった。「ロシアと協力し、支援を取り付け、現在の制裁を遵守していない国に対処する必要があります」ティラーソンはいった。「これはG20の議題にすべきです。ことに日本と韓国が関係していますから」

北朝鮮を追い込むには中国の力が必要だが、中国を狙い撃ちする現政権の鉄鋼関税が心配だと、ティラーソンは指摘した。鉄鋼関税というトランプの脅しに対する同盟国の反応も懸念される。日本、韓国、EUが影響を受ける。

国連大使ニッキー・ヘイリーがいった。「中国は私たちをずっと避けていますが、じきにあすの国連安保理の会合には同意するでしょう」。アメリカは経済制裁強化のために、北朝鮮と取引がある企業を洗い出す必要があります。

「支持を集めるために、説得力のある声明が必要だ」マティスがいった。「われわれと韓国のあいだに亀裂があるように見られたくない」。北朝鮮攻撃も含めた軍の緊急対処計画を説明した。限定的な精密攻撃、総力戦、指導部攻撃など、すべての範囲にわたっていた。該当地域で必要になる可能性がある艦艇その他の資産が、現在はそろっていない。さまざまな緊急事態への備えができていないし、すべての準備を整えるには時間がかかる。

「最初の方策は国連主導の制裁になるだろう」ムニューシンがいった。「あるいは、そのほかに十数種類の大規模制裁を行なってもいい」

マイク・ロジャーズNSA長官が、サイバー・セキュリティに関するアメリカの防衛態勢を説明した。積極的なサイバー攻撃能力については触れなかった。

「中国やロシアとどれだけ技術的データを共有するかという問題を検討すべきだ」ダン・コーツ国家情報長官が注意した。「ICBMやその他のものについて、私たちがつかんだ情報のことだ」。アメリカの情報は、全貌をほぼ把握している。それを保護しなければならない。

「中国がわれわれとの約束を守るかどうかは、じきにわかる」ティラーソンはいった。アメリカ人の北朝鮮渡航をアメリカが禁じる用意があるのなら、他国にもおなじようにしてもらわなければならない。

「人的情報〔HUMINT〕が失われるという大きな問題が生じるだろう」。渡航禁止でCIAの秘密情報源に影響が出ることを、ポンペオが遠まわしに指摘した。

「これはゆっくり進めたほうがいい」マティスがいった。特別アクセス・プログラム《ＳＡＰ》の詳細を知っているからだ。「ＨＵＭＩＮＴが失われるのは、大きな問題だ」

「渡航を禁止しないと、人質をとられるリスクがある」ティラーソンはそういったが、人的情報源が重要だというポンペオとマティスの意見には賛成だった。

大胆な行動に踏み切らないと、アメリカには北朝鮮がＩＣＢＭを保有するというあらたな現実に取り組む熱意が欠けていて、無策だと見なされるおそれがある。

北朝鮮のミサイル発射は、最大規模の危機だった。金正恩は、移動式ＩＣＢＭ発射機を保有し、ミサイルはアメリカ本土に達する可能性がある。この総合ミサイル・システムの重要コンポーネントである一六輪の輸送起立発射機を中国が提供した明白な証拠を、アメリカの情報機関はつかんでいた。アメリカが渡航を制限すれば、ＣＩＡは秘密情報源を失うおそれがある。また、大統領が大規模な軍事対応を命じたら、そういった諜報員はたちまち使えなくなる。


のちに知ったのだが、五月に私が話をした人物は、その情報が国家の最高機密に属すると判断して、嘘をつくことにしたのだ。

最初のＩＣＢＭ試射から二カ月しかたっていない九月三日に、北朝鮮は六度目の地下核実験を行なった。[4] これまでで最大の規模で、一九四五年に広島を破壊した原子爆弾の一七倍以上の威力だった。

選挙運動中の二〇一六年二月一〇日、トランプは〈CBSジス・モーニング〉で、中国が〝金正恩をなんらかの形ですみやかに消滅させる〟ようにはからうと述べた。[5] 金正恩をトランプは、「悪党だ――見くびってはならない」といった。

一九八一年にレーガン大統領が署名した大統領令は、「アメリカ政府に雇われているか、政府の代理として行動する人間は、暗殺を行なったり、暗殺を行なう陰謀に加担したりしてはならない」と定めていた。しかし、敵対している国の指導者の指揮統制本部を軍事攻撃するのは、暗殺禁止には反していないと、政府の法律専門家たちは結論している。

この指導者の指揮統制施設への攻撃は、クリントン政権の末期に採用されたのを嚆矢《こうし》とする。あまり記憶に残っていないのは、議会で弾劾が議論されていた最中だったからだ。一九九八年一二月、クリントンはイラクへの軍事攻撃を命じた。

この砂漠のキツネ作戦は、爆撃機とミサイルの出撃六五〇回から成り、三日間に一〇〇以上のターゲットを攻撃した。大量破壊兵器を探す国連の武器査察に協力しなかったイラクを罰するのが目的だった。

砂漠のキツネ作戦は、厳密にはイラクの指導者サダム・フセインを殺すためのものではなかったが、ターゲットの半分以上は、大統領宮殿も含めて、情報機関の特殊部門や共和国防衛隊に護られていて、サダム・フセインが使用しそうな場所だった。サダム・フセインは被弾しなかったが、クリントン政権の多くの高官、ことにウィリアム・コーエン国防長官は、フセインの息の根を止められれば、それにこしたことはないと考えていた。

二〇〇三年のイラク侵攻直前、ジョージ・Ｗ・ブッシュ大統領と国家安全保障会議の幹部は、秘密作戦でサダム・フセインを殺せないかどうかを、ふたたび検討した。

士気が低下していたイラク工作グループ（ＩＯＧ）――局内やグループ内で、〝壊れたおもちゃの家〟と呼ばれることが多かった――が、声を大にして反対した。難しすぎる。サダム・フセインは厳重に護られている。イラクの治安機関と情報機関は、サダム・フセインを生き延びさせ、権力を維持させるためのみに存在している。サダム・フセインを取り除く方法は軍事侵攻しかないと、ＩＯＧは進言した。

米軍のイラク侵攻前夜、暗号名〝ロックスター〟というＣＩＡのＨＵＭＩＮＴ情報源が、サダム・フセインがドーラ農場にいる可能性が高いと報告した。ドーラ農場はバグダッドの南東にあり、チグリス川に面している。サダム・フセインが地下壕にこもっているという報告を受けたブッシュは、バンカーバスターで地下壕を攻撃するよう命じた。数時間後、ジョージ・テネットＣＩＡ長官が、シチュエーション・ルームに電話してきた。「やつを仕留めたと、大統領に伝えてくれ」。仕留めていなかった。

数日後、イラク北部のＣＩＡ基地責任者が、フリーマーケットの残骸のようになっていたドーラ農場へ行った。地下壕はあったが、ただの地下食料庫だった。ひとつだけはっきりしていたのは、サダム・フセインは逃げたか、最初からそこにはいなかったということだった。サダム・フセインは九カ月後に、小屋の下の穴倉に隠れているところを捕らえられた。[6]

その後数年、CIAは高度な自己反省に専念した。CIA幹部は、行動後の重要な疑問について考えた。サダム・フセインが秘密活動か軍事攻撃で殺されていたら、どうなっていただろうか？　侵攻や長期の戦争は不必要になったのではないか？　イラク人は控えめに見積もっても一〇万人以上死に、アメリカ人は四五三〇人死んだ。アメリカの戦費は八〇〇〇億ドルを超え、ことによると一兆ドルに達している。イラク戦争によって中東の不安定は激化し、イランに力をあたえたのではないか？　中東と世界の歴史は、何年にもわたり、イラク戦争の影響を受けつづけているように思える。

その後、ジョン・ブレナンがCIA長官をつとめた二〇一三年から二〇一七年初頭にかけて、この自己分析はピークに達した。骨の髄までCIA局員で、人当たりがよく、自信に満ち、控えめな態度のブレナンは、CIAでの経験が豊富で、清廉潔白だった。テレビに出演するときには、めったに笑顔を見せなかった。

ブレナンは、クリントン大統領に毎日の情報ブリーフィングを行ない、その後、サウジアラビアのリヤド支局長をつとめ、テネット長官の秘書官と首席補佐官を歴任した。オバマ政権の一期目にはテロ対策・国土安全保障担当大統領補佐官として、オバマ大統領と強力な人間関係を築き、二期目にCIA長官に任命された。ブレナンは〝答えを知る男〟と呼ばれていた。情報の最終報告書を克明に読み、諜報員の報告書や分析前の通信傍受記録を請求することも多かった。

ブレナンはイラクでの〝過ち〟を忘れず、最終的にCIAは役割を果たしていなかったと、結論を下した。〝壊れたおもちゃの家〟は責任を逃れて、〝兵隊が必要だ！　兵隊が必要だ！〟といい張った。それはCIAの仕事とはいえない。現在のオプションに対してCIAになにができるかに、エネルギーを集中するほうが、いい結果が出る。イラクでの過ちの重大さを考慮すれば、サダム・フセイン問題は自分が〝間接暗殺〟と呼ぶもので解決できていたはずだと、ブレナンは結論づけた。

そこで、北朝鮮問題がオバマ政権下で拡大すると、ブレナンは過激な論理を組み立てた。CIAは体制変革ではなく、指導者の金正恩を抹殺する〝人間交代〟を模索すべきだ。イラク侵攻前の二〇〇二年から二〇〇三年の時期、イラク工作グループ（IOG）には、根性もノウハウも想像力もなかった、とブレナンは判断した。そこで、CIA工作本部の北朝鮮に対応する同種のグループが、作業を開始した。〝間接暗殺〟もしくは〝人間交代〟は可能なのか？　それは検討する値打ちのあるオプションだった。

CIAの北朝鮮対策グループは、半島情報見積（PIE）を作成した。北朝鮮が攻撃を開始しそうなときには、それによって警告が発せられる。北朝鮮の攻撃に対応する、国防総省の機密扱いの緊急戦争計画は、OPLAN（作戦計画）5027と呼ばれていた。

それは、空・海・陸上部隊のターゲットと任務を指定する行動命令だった。戦争に勝つように案出された膨大な計画で、アメリカ政府でもっとも高度な機密に属している。

時間配分部隊展開（TIPFDD）によれば、すべての部隊を投入するには、三〇日かかる。

もっと単純だがリスクも大きいオプションとしては、北朝鮮の指導部、とりわけ金正恩をターゲットにする、もっと精密な戦争計画OPLAN5015があった。

空軍にはいくつか指導部攻撃オプションがあり、ステルス爆撃機を送り込んで空爆し、北朝鮮が対処する前に離脱するというものもあった。一人の将軍がいったように、指導部へのピンポイント攻撃を行なうには、〝きわめて明確な〟知識が必要とされる。

二〇一七年一〇月一七日から一九日にかけて、空軍はミズーリ州側のオザーク高原で、一連の入念な空爆演習を行なった。[7] そこは北朝鮮と地形がよく似ている。

爆撃機と空中早期警戒機と空中給油機の暗号化通信がうまく機能しなかったので、パイロットたちの通信は軍の周波数を傍受している地元の人間に聞かれてしまった。

ひとつの交信は、「ＤＰＲＫ〔北朝鮮〕指導部がいる可能性がある施設」に触れていた。べつの交信でパイロットは、「ＤＰＲＫ指導部の指揮所が移設されている可能性がある場所」だと述べた。

爆弾投下演習のひとつは、わずか一五〇メートルの絶対高度から行なわれた。危険は大きいが、地下を破壊する威力が最大になる。べつの関連する演習では、爆撃機が、二〇一七年四月にアフガニスタンで使用された重さ三万ポンド（一三・六トン）のＭＯＰ（重軍需施設貫徹爆弾）を搭載していた。演習のシミュレーションでは、地図の座標がジェファーソン市空港の格納庫一棟を精密に示していた。また、ターゲットに弾着したときの威力を最大にするために、パイロットたちは投下のタイミングを検討していた。

あらゆる面で、この演習は本格的な準備だったが、実行可能な緊急対処計画のひとつとして行なわれたにすぎないというのが現状だった。

マクマスターは、北朝鮮に関してはタカ派的で、ホワイトハウス内部では、攻撃を行なうのであれば、北朝鮮がミサイルと核兵器を改良する前に、早急にやるべきだと主張していた。あるいは保有数が増える前に。時間がたてば、脅威はそれだけ大きくなる。攻撃に消極的な人間に、マクマスターは問いかけた。「ロサンゼルスがキノコ雲に覆われるほうに賭けたいのか？」

イラク侵攻前に、ブッシュ政権の国家安全保障問題担当大統領補佐官コンドリーザ・ライスが述べたことと似ている。[8] サダム・フセインがいつ核兵器を手に入れるかは、はっきりしていないといったあとで、ライスはつけくわえた。「でも、〝煙を吐いている銃〟——確証——がキノコ雲だというのは、望ましくないでしょう」

退役海兵隊大将のジョン・ケリー国土安全保障長官は、ホワイトハウスが〝夢見る人々《ドリーマーズ》〟と呼ばれる移民——移民の議論の中心的な問題——について妥協案を練っていると知って、激怒した。ドリーマーズとは、不法入国した成人の親に連れられてアメリカに来て成長した子供たちのことだ。二〇一二年のＤＡＣＡ（幼少期に親と不法入国した若者の強制送還を猶予する制度）によって、オバマ大統領はドリーマーズ八〇万人を国外追放から救い、就労許可をあたえた。闇経済から引き出して、アメリカ人のアイデンティティをあたえるためだった。

ケリーは移民に関しては強硬派で、本来ならこの問題を指揮する立場にあった。だが、ジャレッド・クシュナーが裏チャンネルで妥協を図っていた。クシュナーは、民主党指導部のナンバー2（上院民主党院内幹事）であるイリノイ州選出のディック・ダービン上院議員と、リンゼー・グラム上院議員をオフィスに呼んで、妥協案を話し合った。グラムはその後、ケリーにきいた。「何カ月もこれに取り組んでいることを、ジャレッドはきみにいわなかったのか？　落としどころは決まったよ」

ケリーは、バノンに電話した。「あの娘婿がやるつもりなら、やらせればいい。私はやりたくない。大統領に会う必要がある。私はもうこれをやりたくない。長官として私が掌握しなければならないことで、不意打ちを食らい、辱めを受けるのはまっぴらだ」

バノンは、トランプ政権は移民政策については強硬な姿勢を打ち出していると考えていた――トランプ本人だけはべつだ。「トランプはＤＡＣＡにはずっと寛大だった。あの左派の案を信じている。やつらはみんな卒業生総代だ。みんなローズ奨学生だ。イバンカが何年もかけて、トランプにそう吹き込んでいる」

ケリーは、プリーバスに悩みを打ち明けた。プリーバスもバノンとおなじように、ケリーが辞任するのではないかと不安になった。

「ケリーを大統領の日程に組み込もう」バノンが提案した。「ケリーを大統領に会わせて、ジャレッドがやっていることを明るみに出す。ジャレッドらしいやり方で、陰でこそこそやっているのを暴くんだ」

プリーバスは、応じなかった。

「大統領の日程に組み込め」バノンはいい張った。

プリーバスは、引き延ばしをつづけた。ホワイトハウス内部の組織分裂が暴露されるおそれがあったからだ。

「なにをいっているんだ？」バノンはいった。笑わせるぜ！　もちろん、プリーバスにはクシュナーを制御することなどできない。それに、人間はたいがい陰でこそこそやるものだ。

そこで、バノンとプリーバスは、ケリーにいった。われわれが始末をつける。大統領に話を持っていっても、無用の騒ぎを起こすだけだ。二度とこういうことが起きず、きみが万事を掌握するように取り計らう。

ケリーは、そのときはチーム・プレーヤーを演じて、それを呑んだ。その後、トランプがいるところで、遠まわしにいった。トランプは反応しなかった。

リンゼー・グラムが、ホワイトハウス西棟のバノンのオフィスに、ぶらりとはいってきた。「やあ、こういう合意はどうだ。壁がほしいんだろう?」トランプは、ドリーマーズを認める見返りに、国境の壁建設の予算を得られる。

「やめろ」バノンがいった。ドリーマーズ合意は恩赦だ。「個人向けの恩赦はぜったいにやらない。壁を十重に建てようがどうでもいい。壁なんか役に立たない。問題は連鎖移民だ」

連鎖移民は、公式には家族再統合政策と呼ばれているもので、合法的な移民一人が、近親者――親、子供、配偶者、場合によってはきょうだい――をアメリカに連れてくることを認めている。[9] こういった家族が、合法的な永住権や市民権を得る道すじになるはずだった。親、子供、配偶者、きょうだいという〝鎖〟を伝うことで、それが行なわれる。

二〇一六年には、合法的な永住者の約三分の二(六八%)が、家族再統合政策すなわち連鎖移民で入国していた。[10] それがトランプとバノンの反移民の方針の根幹だった。不法移民を阻止し、合法的移民を制限しようとしていた。バノンは、あらたに厳格な政策を打ち出したかった。グラムとバノンは、合意に近づけなかった。

イバンカとジャレッド・クシュナーは、移民政策の強硬派であるスティーブン・ミラー政策担当上級顧問を自宅での晩餐会に招いた。ダービンとグラムも招かれていた。「ただ受け止めるんだ。喧嘩はするな。私は話されたことをすべて知りたい」

「話を聞くだけにしろ」と、ミラーはバノンに命じられていた。

ドリーマーズ一八〇万人の恩赦の見返りに、壁建設予算を含むなんらかの取引に、トランプが合意したと、イバンカとジャレッド・クシュナー夫妻は考えているようだと、ミラーが報告した。連鎖移民は移民の数を二、三倍——三〇〇万〜五〇〇〇万人——にすると、バノンは計算していた。「われわれがそんな馬鹿だと思うのか」

バノンは、グラム上院議員がホワイトハウス西棟に引っ越してきたのではないかと思うことがあった。ドリーマーズのことを、すくなくとも三度、グラムは説得しようとした。グラムはマコネルに代わって上院共和党院内総務になりたいのだろうかと、バノンは思った。

バノンはマコネルと激しく戦っていたので、グラムを最大の味方だと見なしていた。グラムとバノンは、ほとんど毎日、電話で話をした。だれもがマコネルを嫌っていて、闇討ちにしたがっているはずだと、バノンは確信していた。マコネルの管理があまりにも厳しいからだ。

グラムはじっさいに、マコネルの後任を見つけようという話をした。「彼に代わる人間が必要だ」グラムはいった。だが、党のトップというマコネルの地位がほしいわけではないと否定した。

グラムは共和党でもっとも優秀な交渉人だと、バノンは見なしていた。しかし、エスタブリッシュメントであることに変わりはなかった。グラムはバノンのナショナリストとしての政治目標を嫌っていて、バノンにこういった。「バノン、アメリカ・ファーストはいんちきだ。まったくの嘘っぱちだ」

トランプ政権のホワイトハウスで習得した確実な流儀に従い、バノンは自分の目的を達成するために、どんな馬でも乗りこなした。セッションズ司法長官を、ホワイトハウスに呼んだ。いまでは、移民に関する彼らの悩みの種は、トランプだった。「トランプはイバンカとジャレッドの話を聞く。それに、グラムがここではやり手のセールスマンだ。ダービンも味方にしている。彼らがトランプをおだてあげている。厄介な問題だ」

バノンは、カンザス州州務長官のクリス・カバと話をした。カバは、ドリーマーズ反対の最大の旗手で、右派の英雄だった。自分と州司法長官が、ＤＡＣＡは憲法違反だとする訴訟を起こすというのが、カバの案だった。バノンとセッションズは、その違憲訴訟に対して戦わず、違憲を認める方針を立てた。「終わりだ」バノンはいった。「ＤＡＣＡは終わった。トランプは議会に、こういわないといけない。おい、私はペンシルベニア・アベニュー一六〇〇番地で働いている。いい案があったら、会いにきてくれ」。トランプは、中立の立場を維持しなければならない。

23

トランプが、気候変動に関するパリ協定から離脱する計画を練っているとき、プリーバスはそのことでイバンカを激しく非難した。トランプの娘で三五歳のイバンカは、大統領補佐官として、ホワイトハウス西棟でほとんど我が物顔にふるまっていた。パリ協定を支持する秘密作戦とでもいうものを、イバンカは開始していた。二〇一五年に一九五カ国が合意に達したパリ協定は、拘束力のない国際合意で、気候変動への取り組みとして、温室効果ガス排出の自主規制を打ち出していた。

オバマは、排出を二〇〇五年のレベルから二五％減らすと約束していた。目標達成は二〇二五年の予定だった。オバマは緑の気候基金（ＧＣＦ）を通じて、発展途上国に三〇億ドルの援助を行なうと約束した。

だが、支払われたのは一〇億ドルだけだったし、その半分はオバマがホワイトハウスを去る三日前に送金されていた。

イバンカは、環境保護合意を父親のトランプが継続することを、強く望んでいた。プリーバスが、経済チームと国家経済会議（ＮＥＣ）の補佐数人を集めて自分のオフィスで会議を開いていると、一五分ほどたってから、イバンカがはいってくることがあった。イバンカは着席して、たいがい黙っていた。

こいつは何者だ？　プリーバスはあきれた。いったいなにをしているんだ？

西棟の管理が、いよいよ難しくなった。イバンカがずっといつづける——一日に何時間も、つづけて何日も——ことがあった。クシュナーも、西棟に居座る権利を行使していた。二人は、家族として、また大統領の上級顧問として、決定事項に疑問を投げかけているような態度で、うろつき、眺め、影響をあたえあっていた。イバンカは、政策に疑惑の種を蒔《ま》き、父親に新聞の切り抜きを渡していた。

プリーバスが困っているというと、トランプはたいがいジョークにした。「あの二人は民主党員だ」。ニューヨークという都会に根付いているリベラリズムに影響されている、という意味だ。トランプは、二人が自由に活動するのを本気でやめさせようとはしなかった。プリーバスには、共和党全国委員会（RNC）を厳しく統制して、健全な組織として運営してきたという自負があった。トランプのホワイトハウスは、あらゆる秩序や慣例をひっくり返すように設計されているように思えた。

あるとき、プリーバスは、パリ協定からアメリカが離脱するという決定通知書をトランプに提出し、検討して署名をもらおうとした。

イバンカがトランプにいった。「マーク・ザッカーバーグが、パパと話がしたいそうよ」。トランプとフェイスブックの創業者でCEOのザッカーバーグとの電話をつないだ。ザッカーバーグは、歯に衣を着せない気候変動論者だった。アップルのティム・クックCEOやその他の人間との電話もつないだ。あるときには、アル・ゴア元副大統領の個人的なメッセージを、トランプのデスクの書類にまぎれ込ませた。ゴアはパリ協定の最大の支持者として知られている。

トランプは、ゴアと話をした。トランプは協定から離脱しないようだと、ゴアは仲間たちに報告した。

イバンカとクシュナーは、匿名のホワイトハウスの情報源の談話だとして大きく取りあげられた新聞記事を、トランプに見せた。これがだれだか、知っていますか？ スティーブ・バノンですよ。西棟にはリーク屋が大勢います。この戦術が徐々にではあったが確実に、トランプの意識にバノンへの不信を植え付けていった。


四月五日、ポーターは、スコット・プルーイット環境保護庁（ＥＰＡ）長官が西棟のロビーにいるのに気づいた。上院で五二対四六で指名を承認されたとき、ポーターは指名承認の準備を担当した。プルーイットはオクラホマ州司法長官を六年つとめ、ＥＰＡの規制と戦った。

二人は雑談をした。プルーイットがオーバル・オフィスへ歩いていくので、ポーターはついていった。プルーイットの訪問は、通常の日程表に載っていなかった。記録に残さない会合であることは明らかだった。バノンがオーバル・オフィスに現われて、それが裏付けられた。

「パリ協定から離脱する必要があります」プルーイットが、一枚の書類をトランプに渡した。パリ協定から離脱する際に、読みあげてほしいのだという。離脱する必要があります、とくりかえした。

「選挙運動での公約です」

「そう、そう、そのとおり」バノンが何度もいった。「ただちにやらなければなりません」

声明を出しましょう、プルーイットがいった。これを記者会見で発表してください。オーバル・オフィスでレポーターたちの前で読みあげてもいい。そのあとで、報道官が書面の声明にすればいいでしょう。

ポーターは愕然とした。秘書官のポーターは、それが手続きを経ていないことを知っていた。だれも相談されていない。法律面での吟味もなされていない。プルーイットとバノンがオーバル・オフィスをこっそりと訪れて、現在もっとも重要な国際・国内環境問題を、即決させようとしている。

大統領のデスクに置かれた書類が危険な火種だということを、ポーターは知っていた。トランプがそれを取り、報道陣に読んで聞かせるか、ショーン・スパイサー報道官に渡して、これを発表しろというかもしれない。ポーターは隙を見て、バノンとプルーイットが作成した声明の草案を、トランプのデスクから持ち去った。

そのあとで、ポーターはバノンとプルーイットに、そんなふうにオーバル・オフィスにはいっていくことは許されないと告げた。手続きを大きく損ねている。容認できない。

四月二七日、ゲーリー・コーンが、パリ協定に関する会議のために、閣僚級をシチュエーション・ルームに招集した。[1] コーンのNECは、ふたつのオプションを提案する、六ページの公用専用文書を配布していた。第一のオプションは、協定からの離脱だった。第二のオプションは、「パリ協定には残るが、経済に悪影響のない範囲とすると公約し、今後は財政的な支援と関与を控える」としていた。

「まず大統領法律顧問に見てもらいたいと思う」コーンは会議の冒頭にいった。「法律問題を説明してもらうために」

しかし、ドン・マクガーンはその場にいなかった。副顧問のグレッグ・カトサッツが、細かい法律問題を検討するうちに、マクガーンがやってきた。

「よかった。マクガーンが来た」コーンはいった。「法律問題を話してくれ」

マクガーンは離脱を支持していたが、まだ手の内を見せていなかった。「そうだね」マクガーンはいった。「裁判になることもあるだろう。それから、協定から離脱しなかった場合、私たちがやろうとしているＥＰＡの規制緩和がかなり危うくなるだろう」

オバマ政権はパリ協定を規制の根拠に使って、クリーン・パワー・プラン（発電所の二酸化炭素排出量規制）の費用便益分析を正当化していた」。四六〇ページに及ぶ規制で、発電所が排出するCO_2を減らし、年間四五〇〇人の命が救われると、ＥＰＡは推定していた。

「つまり、パリ協定から離脱しない限り、こういったたぐいの訴訟で敗北する可能性がある」マクガーンはいった。ただちに離脱すべきだ。

「きみは自分がなにをいっているか、わかっているのかね」ティラーソンがいった。「国務省の法律顧問は、協定締結時の交渉にも関わり、専門知識もたしかだが、ただ離脱宣言をするだけではすまないといっている」

オプション意見書には明確に、〝アメリカは二〇一九年一一月までは、パリ協定からの離脱を正式に宣言することはできない〟と書かれていた――二年半後だ。

だが、第二のオプション――協定には残るが、経済に悪影響があることはやらず、今後の財政支援も控える――なら、アメリカは訴訟においてはるかに有利になる、とティラーソンはいった。

しかし、ティラーソン国務長官は孤立していた。プルーイットが、離脱を強く主張した。政治的利益があると考えて、プリーバスも離脱に賛成した。バノンは、パリ協定はグローバリストの合意で、アメリカに有害だと考えていた。

会議の終わりにコーンは、明らかに法律問題を処理する必要があるといった。「しかし、総意はまとまりつつあるようだ」。コーンのいうとおりだった。パリ協定は息の根を止められた。

六月一日の午前一〇時、マクマスターとポーターは、オーバル・オフィスでトランプとパリ協定について膝詰めで話し合った。トランプがその日に宣言することになっていた。最後の努力をしようと、二人は考えた。

離脱は数多くの国との関係を損ねます、とマクマスターはいった。外国の国家安全保障担当者からの電話が殺到していた。「あなたがたは本気でこれをやろうと思っているのですか?」あるいは、もっとあからさまに、「お願いだから、離脱しないでほしい」。

ポーターは、トランプが使えるようないいまわしを、何種類か用意していた。〝アメリカは実質的にただちにパリ協定の条件から離脱します〟。ポーターは、自分の提案を読みあげた。「アメリカは本日以降、パリ協定が課しているとされる財政的・経済的義務および温室効果ガスの国別削減目標を遵守しません」

〝条件〟からの離脱は、厳密にいえば協定からの離脱とは異なる。「これでもかなり強硬な感じになります」ポーターは、マクマスターを説いた。「政治的見返りがじゅうぶんにあると、トランプは思うでしょう。選挙運動のときの公約を守れる。支持層もよろこぶでしょう」

閣僚級会議で検討された第二のオプションに近かった――〝パリ協定には残る〟。被害を最小限に抑えられる方法を見つけたと、ポーターは思った。

ポーターとマクマスターは、提案の文言をトランプに説明した。へとへとになるまで説得したが、戦いに負けたことは明らかだった。

だめだ、だめだ、だめだ、トランプはいった。全面的に離脱する。「支持層との約束を守るには、それしかない」

演説の草稿にトランプが手を入れて、いっそう過激な文言にした。

夕方にローズガーデンにトランプが登場したときには、ブラスバンド付きで、株式市場の好調さと、テロとの戦いにアメリカが邁進していることを褒め称えた[2]。

「これらの問題や、その他の数多くの問題で、私たちは公約に従っています。そして、私はなにものにも妨げられません」。そして、特ダネを披露した。「よって、アメリカとその市民を護るという厳粛な責務を果たすために、アメリカはパリ協定から離脱します。

私もそうですが、環境に深い関心を抱いている人間として、環境保護における世界的指導者であるアメリカを罰するような合意――事実、罰しています――を支持することは、良心が許しません。そのいっぽうで、この協約は、世界最悪の汚染源である国には、有意義な義務をなんら課していないのです。

私は、パリ市民ではなくピッツバーグ市民の代表として選ばれました」

二〇一七年六月一五日、《ワシントン・ポスト》は司法省とFBIを担当するトップ記者三人による記事を載せた。[3]〝ジャレッド・クシュナーの商取引を特別検察官が捜査〟という見出しだった。モラー特別検察官は、大量の記録を請求していた。クシュナーは、ワシントンDCきっての刑事弁護士アビー・ローウェルを雇った。クシュナーが関わった問題のある一連の投資が、攻撃にさらされているのを、プリーバスは見てとった。プリーバスはことを拡大して、大事件にしようとした。クシュナーをホワイトハウスの公職につけておくべきではないと、トランプに進言した。身内人脈人事を禁止する反縁故法も、ひとつの理由です。モラーの捜査は、クシュナーの財務を徹底的に追及するでしょう。それが大統領の財務にまで飛び火しないとも限りませんよ。すでにそうなっていないとしても。

ふつうなら、トランプは助言を顧みないか、斥ける。今回は、口ごもり、あまり反論せず、考え込んだ。プリーバスの顔をじっと見た。これまでとはちがう、ぎくしゃくした反応だった。

「きみのいうとおりだ」トランプはいった。

あなたの娘婿のジャレッド・クシュナーは、ホワイトハウスで公職についてオフィスを構えるべきではないと、プリーバスはなおもトランプに説いた。[4]だが、その提案は跳ね返ってきて、ホワイトハウスに残りたいクシュナーとの仲が険悪になっただけだった。プリーバスは任務に失敗し、クシュナーは残留した。

トランプのツイートをコントロールするか減らすのに失敗したプリーバスは、現実的に影響をあたえられる方法を探した。トランプが取り憑かれたようにテレビばかり見ていることが、ツイートのきっかけである場合が多かったので、なんとかテレビを消せないかとプリーバスは考えた。だが、テレビはトランプの活動のデフォルトだった。日曜夜はしばしば最悪だった。週末にゴルフ・リゾートに出かけていたトランプが、ホワイトハウスに帰ってくるころに、敵対するネットワーク、MSNBCやCNNの政治トークショーがはじまる。

トランプとメラニア夫人は、大統領居室でべつの寝室を使っている。トランプの寝室では巨大なテレビがほとんどつけっぱなしで、一人でリモコンをいじり、録画した番組を見たり、ツイッターをやったりしている。プリーバスはトランプの寝室を〝悪魔の作業場〟と呼んでいる。早朝と危険な日曜夜は、〝魔法を使う時間〟だった。

朝については、プリーバスにできることはあまりなかったが、週末のスケジュールは多少コントロールできる。日曜夜にトランプがホワイトハウスに帰る時刻を遅らせるように、予定を組んだ。トランプが午後九時直前にホワイトハウスに着くようにした。その時間帯なら、MSNBCもCNNも、トランプが主役を演じる直近の政治議論ではなく、もっと穏やかな番組を流している。

アフガニスタン、イラン、中国、ロシア、北朝鮮に関して、NSCがつぎつぎと大量の説明をしても、トランプに伝わっていないことにバノンは気づいた。系統的に絞り込まないと、トランプの注意力の持続時間を超えてしまう。

そこで、バノンは、マティス国防長官の側近の補佐官、サリー・ダネリーに連絡した。「サリー、ボスと話をしてもらわないといけない。こういう問題があるんだ」。ある日はリビアが注目され、つぎの日はシリアが問題になる。「トランプのことはよくわかっている。不満を抱いている。これでは支離滅裂だ。サウジアラビア対策はべつとして、なにもかもが、ごちゃごちゃに入り混じっている。マティスと話をしなければならない。資料を持っていって、図で説明する」。バノンは、〝アメリカの戦略〟と題したものを作成した。

六月のある土曜日の午前八時に、バノンは国防総省を訪れた。ダネリーと、マティスの首席補佐官のケビン・スイーニー退役海軍少将とともに、コーヒーを飲んだ。それから、マティスも交えて、長官室の小さな会議テーブルを囲んだ。

「私が気づいた問題点は、こういうことだ」バノンはいった。「きみたちは太平洋のことをまったく考えてこなかった。中国のことを考えなかった。詳細な研究がない。きみたちは中央軍にばかりこだわっている」――中央軍は、中東と南アジアを担当している。

マティスは二〇一〇年から二〇一三年にかけて中央軍司令官だったので、その思考法をひきずったまま国防長官をつとめているのだろうと、バノンは見ていた。中国の政治指導者と知識人のアメリカに対する観点は、真っ二つに割れていると、バノンはマティスに指摘した。アメリカを同等のパートナー、おなじ覇権国と見なしているグループもいる。そのほかのタカ派はアメリカを、自分たちよりも劣っている勢力と見なし、そう扱おうとする。

マティスが反論した。ＩＳ掃滅は、トランプ大統領がことに自分に命じた任務だ。

「取引しようじゃないか」バノンは提案した。中国封じ込めをそちらが支援すれば、アフガニスタンからの撤兵を求める圧力を弱める。

アフガニスタンは、ヨーロッパまで通商路を拡大しようとしている中国の一帯一路政策にとって、重要な地域だった。

「スティーブ」マティスはいった。「私は世界貿易を重視しているんだよ。そういう貿易政策はすばらしいと思っている」

バノンは驚くとともにあきれた。トランプのいうとおりだ。マティスはビジネスや経済のことが、まったくわかっていない。軍人にとっては、なんであろうと、コストなど知ったことではないのだ。

24

七月八日と九日の週末、《ニューヨーク・タイムズ》が、それまで公表されていなかった、選挙運動中のトランプ・タワーでの会合について、記事を二本載せた。[1] トランプの長男ドン・ジュニア、選挙対策本部会長のマナフォート、クシュナーが、よりによってロシア人弁護士と会い、ヒラリー・クリントンの弱みを教えようと提案されたという。当然ながら、否定され、話の内容が訂正され、その場にいた人間を混同しているという反論があった。それは一大スクープで、ロシアが関係するなんらかの不正行為や隠密活動があったことを——証明していないにせよ——示唆していた。

トランプは興奮して、顧問弁護士のジョン・ダウドに電話し、リークとマスコミに文句をいった。「大統領、根も葉もないことですよ」ダウドは、きっぱりといった。だいいち、だからどうだというのですか？　選挙運動や中央政界で相手の弱みを得ようとするのは、よくあることです。〝政敵研究〟や〝調査報告〟という婉曲な名称まである。中央政界の人間の半分が、金を払ってそれをやらせています。それのどこが悪いんですか？　悪くない。政敵研究チームや調査報告員は、弱みをつかむために、だれのためであろうと働くし、外国政府の手先をつとめることもあります。メディアの姿勢にはむかつく。まるで世紀の大犯罪でもあるかのような扱い方です。《ニューヨーク・タイムズ》と

《ワシントン・ポスト》は、自分たちが特別検察官か国の最高法規であるかのようにふるまっています。この記事は、中身のないハンバーガーのようなものです、とダウドは結論を下した。

七月一七日、トランプはツイートした。[2]「たいがいの政治家は、政敵の情報を得るために、ドン・ジュニアが出席したような会合に出る。それが政治だ！」

ダウドは、メディアが毎日小出しにする情報に注意をそらされないようにしようと、決心した。ほしいのは確実な証拠だ。大統領法律顧問のマクガーンは、大統領との重要な会議や話し合いを律儀にすべて口述筆記させていた。エグゼクティブ・アシスタントのアニー・ドナルドソンは、モラーとそのチームに調査されている事柄に関して一七時間分の口述筆記をしていた。

ダウドはモラーにその筆記録やほかの弁護士七人のメモを渡した。いっさい返却されなかった。ダウドはモラーにいった。「ボブ、大統領の頭になにがあるかを知りたければ、アニー・ドナルドソンの筆記録を読めばいい」

こうしたことはすべて、トランプの許可を得ていた。ダウドがトランプと話をして、こういう種類の書類を請求されています、という。これも、あれも、渡しましょう。「憲法上は、彼に権利はありません」。書類や証言を求めることはできない。「しかし、司法当局を尊重し、最高司令官である大統領が、彼にやらせるのです。喧嘩はしません」。トランプはおそれを知らないと、ダウドは思った。けっしてノーといわない。

ダウドは、モラーにいった。「大統領に私はそういう話をしているんだから、大統領が間抜けに見えるようなことはしないでくれ。きみはよくやっていると見られるはずだ。私たちもそう見られるようにしてくれ。だが、とにかく終わらせてくれ」

モラーは、トランプの選挙運動中の書類一四〇万ページ、ホワイトハウスの書類二万ページを受け取った。破棄された書類はないと、ダウドは確信していた。証人三七人が、自主的にモラーのチームの聴取に応じた。

マクガーン、プリーバス、副大統領のスタッフが、記憶を照らし合わせて、フリン問題全体に関するホワイトハウスの要約六ページを作成した。[3] ダウドは、これ以上のものはできないだろうと思い、モラーに届けた。フリン以外はすべて捜査に対して偽りを述べていないから、モラーがだれかに圧力をかけたり、苦しめたりすることはないだろうと、ダウドは確信していた。

選挙運動の記録を議会の調査委員会に送るときに、ダウドはモラーの首席補佐官のクォーレスにきいた。「議会にコピーを送る。そっちにも届けようか?」

クォーレスが、頼むと答えた。ダウドは、クォーレスとうまくいっていると思った。クォーレスとは、会って話ができる。モラーは堅苦しく、大理石のように冷たいと思えることがあった。

七月二〇日、ブルームバーグが爆弾を落とした。[4] モラーが、〝トランプの所有するビルのアパートメントをロシア人が購入した〟ことも含めて、トランプの財務を調査しているという。〝……二〇一三年にモスクワのミス・ユニバースのエージェントが購入し、二〇〇八年にトランプは、フロリダの豪邸をロシアの新興財閥《オリガルヒ》に売却している〟

ダウドは、この記事の件でクォーレスに電話した。

「その」クォーレスがいった。「ボブはコメントしない」

「いいかげんにしろ！」ダウドは怒っていい返した。「お互いに持ちつ持たれつの関係じゃないか」。お互いにわかっているように、「ホワイトハウスが否定しても効き目はない」。ダウドはなおもいった。「きみたちとの合意では、捜査になにか進展があれば、まずこちらに知らせることになっている」

「そのとおりだ」

「きみたちは捜査の対象となる物事を、私たちに教えていた」ダウドはいった。「ときどき追加事項があれば、私たちはそれをリストに載せた。フロリダの豪邸だの不動産を売っただのという話は、聞いていない」。トランプの弁護士のマイケル・コーエンとフェリックス・セイターが、モスクワでトランプ・タワーを開発しようとして、ニューヨークで捜査されているのは知っている。「わかるだろう、ジミー」ダウドはいった。「きみたちが質問するときには、私たちはすべて答えている。だから、もっとマシな弁解をしろ」

「ジョン、こういっておこう」クォーレスがいった。「私たちのやったことではないと、九九％確信している」

「わかった」こういう報道がなされたときに、トランプがどういうことにも集中できなくなるのはわかっていたが、ダウドはすぐにトランプに電話をかけた。案の定、トランプは発作を起こしそうなくらい興奮した。

「それを調べているのは、モラーたちではありませんよ」ダウドは、トランプをなだめようとした。だが、トランプはまったく信じず、そういわれても安心できないようだった。

四日後、ダウドは、モラーのオフィスがあるパトリオット・プラザの石のベンチで、クォーレスに会った。

「ボブと私は、きみに借りができた」クォーレスがいった。「新聞に書かれていることを信じないでほしいと、ボブはいっている」

「わかった」ダウドは答えた。

「ほんとうに面目ない」クォーレスがいった。

「どうして?」

「きみたちは約束した以上のものを届けてくれた。私たちもかなり満足していた。捜査を進めていた。終えようとしていた。まとめなければいけない材料が山ほどあったのに、きちんとまとめて用意されていた。狩りをしたり、つつきまわったりする必要はなかった。きみたちは資料の海で私たちを溺れさせようとはしなかった」

かつてある脱税捜査の容疑者がFBIに、要求されたものは倉庫二棟のどこかにあるといったことを、ダウドは知っていた。捜査官がそれを捜すのに何年もかかった。

「しかし、進めることに合意しようじゃないか」ダウドはいった。「ごまかしはやりたくない。きみを疑ってはいない。過去のことをほじくり返したい人間がいるようだ」。それに、トランプの勘では〝事実無根〟だ。トランプ・オーガニゼーションに問い合わせたが、ほかの機関から捜査は受けていないという。書類も聴取も求められていない——捜査の場合は、通常、それが最初の手順になる。「それに、わかっている限りではでたらめだと、彼らはいっている」。トランプ・オーガニゼーションのプロジェクトは、すべて八年か九年前のものだった。なにも問題はなかった。モラーが見たいような資料は、どこかに公式記録として残っているはずだ。

ダウドは、トランプにこの話をしていた。「知っているよ。とんでもない!」トランプはいった。

ダウドは、クォーレスとの協力をつづけた。「私が電話をかけなければならないこともある。きみに説明してもらう必要がある。捜査内容をきいたり、手の内を明かしてくれといったりはしない。私たちが攻撃されるのか、攻撃されないのか、それだけを教えてくれ。あるいは要求があるのか、それともないのか。私はきみたちの目には留まらないようにする」

「同意する」クォーレスがいった。

ダウドは、本筋からそれないように気をつけた。クシュナーの財務が捜査されるのかどうかは、きかなかった。クライアントはトランプなのだし、クライアントに集中することが肝心だ。

七月に、強硬な保守派議員三〇人から成る自由議員連盟《フリーダム・コーカス》が、米軍のトランスジェンダーの性別適合手術とホルモン治療への援助を禁止しないと、予算案に賛成しないと、トランプを脅した。

オバマ政権下で、トランスジェンダーの兵士はそのことを明らかにして軍務に服することを禁じられなくなったが、新兵は二〇一七年七月一日まで入営を許されなかった。その前日の六月三〇日、マティスは〝軍の即応性と殺傷力〟を吟味するために実施を六カ月遅らせる内部規定に署名した。

選挙運動中、トランプはLGBTの権利を支援すると公言していた。いま、バノンにはこういった。

「なんだと? やつらが軍隊にはいって、ちょん切られるっていうのか」——性別適合手術のことを、粗野にそういった。だれかがトランプに、手術は一人当たり二五万ドルかかるといい、怒りに油を注いだ。「そんなことは許さない」トランプはいった。

性別適合手術は、たしかに高額になりうるが、めったに実施されない。国防総省に依頼された調査で、ランド研究所は、「トランスジェンダーと推定される兵士六六〇〇人のうち、医療措置を受けることを希望するのは、毎年数百人にすぎない。そのコストは、年間八〇〇万ドル以内だと推計される」と述べている。[5]

その問題について、省庁横断の取り組みが進められた。各省庁の法律顧問が検討に乗り出した。副長官級会議が開かれ、閣僚級会議も何度かあった。合意には至らなかったが、四つのオプションが作成された。

七月二六日の朝、プリーバス、バノン、弁護士数人が、居室にいるトランプとスピーカーホンで話をした。トランプは、一時間後でないとオーバル・オフィスには行かない。

大統領、プリーバスはいった。まもなくこちらにおいでになるのはわかっていますが、軍のトランスジェンダー兵士に関する決定の意見書について、あらかじめお伝えしたいと思ったので。

オプションは四つ。一、トランスジェンダー兵士がおおっぴらに軍務に服するのを容認するオバマの政策を維持する。二、マティス将軍に命令を下し、裁量をあたえる。三、大統領令でオバマの政策を終わらせるが、すでに軍にいるトランスジェンダー兵士の処遇は勘案する。四、トランスジェンダーの人々が軍務に服するのを、いっさい禁止する。最後のオプションでは、訴訟を起こされる可能性が高まると、プリーバスは説明した。「こちらにいらっしゃったときに、書類をご覧にいれながらお話ししたいと思っています」プリーバスはいった。

「一〇時におりる」トランプはいった。「そのときに持ってくればいいじゃないか。そこで検討しよう」

論争になっている問題のすくなくともひとつは、整然としたプロセスにできたと、プリーバスは思った。

午前八時五五分に携帯電話の電子音が鳴り、トランプがツイートしたとわかった。[6]「将軍たちと軍の専門家に相談した結果、アメリカ政府は受け入れも容認も……」

九時四分と九時八分にもツイートがあり、トランプは声明を終えた。[7]「……トランスジェンダーが米軍でなんらかの機能を果たすことは許されない。私たちの軍は決定的で圧倒的な勝利を収めることに専念しなければならないし、軍のトランスジェンダーに伴う莫大な医療費や混乱のような重荷を担うことはできない。ありがとう」

「私のツイートをどう思う？」そのあとで、トランプがプリーバスにきいた。

「マティスを参加させた決定通知書を使ったほうが、もっとよかったでしょうね」プリーバスは答えた。

マティスは、新情報をトランプがツイートで公表したことを不愉快に思った。現在、軍務に服していたり、海外に派遣されたりしているトランスジェンダーへの影響も懸念される。太平洋岸北西部で休暇をとっていたマティスには、寝耳に水だった。

国防総省の報道官が、トランプのツイートを〝新しい指針〟と呼んだため、広報にも混乱が生じた。[8]

トランプの報道官サラ・ハッカビー・サンダースが述べた。[9]〝大統領の国家安全保障チーム〟が助言を求められ、トランプ大統領が前日に決定を下して、その直後にマティス国防長官に〝知らされた〟。ホワイトハウスの高官数人がマスコミに、声明がなされる前にマティスは相談を受け、トランプがそれを考慮していることを知っていたと告げた。[10]

バノンは、軍上層部が国防に関しては強硬派でも、社会問題については進歩的だというのを知っていた。「海兵隊は進歩的な機構だ」バノンはいった。「ダンフォード、ケリー、マティスが三大進歩派だ。ゲーリー・コーンやクシュナーよりも、ずっと進歩的だ」

沿岸警備隊司令官は公に、トランスジェンダーの隊員の「信頼を裏切るようなことはしない」と述べた。[11]

ダンフォード統合参謀本部議長は、三軍と海兵隊と沿岸警備隊のトップに、書簡を送った。[12]「大統領の命令を国防長官が受領し、長官が実施の指針を発布するまで、現在の政策に変更はない」。要するに、ツイートは命令ではない。「それまで私たちは敬意をもって将兵に接しつづけなければならない……私たちは今後も、命じられた任務の達成に全力をあげる」

マティスの補佐官のサリー・ダネリーが、バノンに電話をかけた。「ちょっと、あなたのボスには問題があるわよ」ダネリーはいった。「このトランスジェンダーの決定は受け入れられない。正しくない。彼らもアメリカ国民なのよ」

「こいつらは手術を受けるために軍隊にはいるんだ」バノンがいった。「そんな費用を払わなければならないのか？」

マティスは決定を覆そうとするでしょうね、とダネリーはいった。

「チームのために受け入れなければだめだ」バノンがいった。マティスにも従ってもらう。

後日、ホワイトハウスが国防総省に正式な指針を送った。[13] マティスは、この問題について研究すると発表した。それまで、トランスジェンダー兵士は軍務を続行する。マティスは、この問題について研究するトランスジェンダーの勤務禁止に対する仮差し止め命令が四件出た。二〇一八年一月、国防総省は裁判所に求められたとおりに、トランスジェンダー新兵の受け入れを開始した。

25

二〇一七年六月二日、トランプの弁護士を長年つとめてきたマーク・カソウィッツが、オーバル・オフィスにはいってきた。トランプは、ポーターが持ってきた書類に署名していた。ポーターは、署名を求める際に、それぞれの書類について入念に説明し、短い意見を述べていた。

ワーオ、カソウィッツがいった。あなたが使っているこのポーターは、すごい逸材だな。ハーバード、ハーバード・ロースクール、ローズ奨学生。

トランプは、大統領に就任してからずっと、ポーターを相手にしてきた。

「ニール・ゴーサッチよりすごい履歴書だ！」トランプはいった。ゴーサッチの最高裁判所判事指名と議会の承認は、トランプの大統領として最大の偉業であるかもしれない（若手のゴーサッチの就任によって最高裁判所判事の勢力はリベラルと保守派が拮抗した。その後、高齢で引退したケネディ判事の後任のブレット・カバノー判事の任命が上院で承認され、保守派が多数派になった）。自分の政権の成果を語るとき、トランプはかならずゴーサッチのことに触れる。「きみはだれの仕事をしている？」カソウィッツが出ていくと、トランプはきいた。

「それは……」ポーターが答えようとした。

「だれに直属している？」

「ラインス・プリーバス首席補佐官だと思いますが、大統領の仕事をやっています」

「そう、そうなんだよ」トランプはいった。正式な組織図は知っていたが、それが大嫌いだった。

「ラインスのことは考えるな。あいつはちっぽけなネズミみたいだ。ちょこちょこ走りまわっている。ラインスのことは気にしなくていい。ここで私と話をしろ。ラインスを通す必要はない」

その日、トランプとポーターの関係は変わった。ポーター秘書官は、実質的に、ニール・ゴーサッチのクローンになった。

トランプがプリーバス首席補佐官の悪口をいうことに、ポーターは愕然とした。


プリーバス、ポーター、その他の補佐官たちは、トランプにツイッターを使うのを控えるよう説得しようとした。

「これは私のメガホンなんだ」トランプは答えた。「フィルターをまったく通さずに、国民にじかに語りかける手段なんだよ。雑音に邪魔されない。フェイクニュースに邪魔されない。コミュニケーションをとる方法はこれしかない。フォロワーが数千万人いる。ケーブル・ニュースの視聴者よりも多い。私が演説すると、CNNが報じるが、だれも見やしない、関心も持たない。なにかをツイートすると、それがメガホンになって、世界中に聞こえる」

六月二九日木曜日の早朝のトランプのことを、プリーバスは〝頭がいかれた〟と表現した。トランプは午前六時前の二度のツイートで、ジョー・スカボロー元共和党下院議員とキャスターのミカ・ブレジンスキーが司会をつとめる、MSNBCの〈モーニング・ジョー〉を狙い撃ちした。[1]

トランプの選挙運動の最初のころ、二人はかなり強く支持していた。予備選挙中にトランプは、何度もその番組に出演していた。だが、いま二人はさかんにトランプを非難している。トランプは、「大晦日のころに、ＩＱの低いクレイジー・ミカとサイコ・ジョーが三夜つづけてマール・ア・ラーゴに来たことがあってね、私に出演しろというんだ。ミカはフェイスリフトのせいでひどく出血していたよ」とツイートした。

午前一〇時一五分ごろにトランプがオーバル・オフィスで新聞を読んでいると、プリーバスがはいってきた。

「なにをいおうとしているか、わかっている」プリーバスが戸口を通ったときに、トランプはいった。「大統領らしくないというんだろう。で、どう答えるか、当ててごらん。答えは〝知っています〟。しかし、どうしてもやらなければならなかった」

理由をきいても無駄だと、プリーバスにはわかっていた。

戦略広報部長になっていたホープ・ヒックスは、うろたえた。ミカについてのツイートのたぐいを規制しようとした。

「政治的にまずいですよ」ヒックスは、トランプにいった。「ツイッターでだれかれかまわず攻撃するわけにはいかないです。こういうことばかりやっていると、命取りになります。自分の足を撃つようなものです。大統領は、大きな間違いを犯しています」

オバマケアを廃止してべつの制度を設けるには、共和党の票を多数必要とするのに、ミカについてのツイートのあと、共和党議員から無視できないような抗議の嵐が沸き起こった。[2]メイン州選出のスーザン・コリンズ上院議員は、「こういうことは止めなければならない」といった。アラスカ州選出のリサ・マカウスキ上院議員は、「やめなさい！」といった。すでに女性からの支持が不安定だったトランプは、個人攻撃を行なったことで、過去の所業をほじくり返された。

ヒックス、ポーター、ゲーリー・コーン、ホワイトハウスのソーシャルメディア・ディレクターのダン・スカビーノは、緊急対策として委員会を立ちあげた。そして、トランプが気に入りそうなツイートの原稿を書いた。トランプがツイートの案を思いついたときには、書き留めるか、委員会のだれかを呼んで校閲してもらう。事実関係が正確なのか？　綴りは間違っていないか？　筋が通っているか？　トランプの必要なことに役立つか？

「きみたちのいうとおりだ」トランプは何度かそういった。「そうしてもいい」。しかし、調査や校閲はほとんど無視して、好きなとおりにやった。

トランプと北朝鮮の金正恩のやりとりが激化したとき、トランプは警告された。「ツイッターで戦争が起きるかもしれませんよ」

「これは私のメガホンなんだ」トランプがまたそういった。「さえずり《ツイッター》と呼ぶのは、やめようじゃないか。ソーシャルメディアと呼ぼう」。ホワイトハウスはフェイスブックとインスタグラムのアカウントも持っていたが、トランプはどちらも使わなかった。もっぱらツイッターを使った。「これが私だ。こうやってコミュニケーションをとる。私が選ばれた理由がこれだ。私が成功した理由はこれなんだ」

ツイートは、大統領の職務の片手間ではなかった。それが中心だった。二〇万かそれ以上の〝いいね〟をもらえた最近のツイートを、トランプはプリントアウトするよう命じた。それをじっくり調べて、もっとも成功したツイートに共通するテーマを見つけようとした。ツイートをもっと戦略的に利用しようと考えているようだった。成功したのは話題か文言のおかげなのか、それとも大統領が議論に加わっているという意外性のおかげなのか。ショッキングなツイートが、もっとも効果的である場合が多かった。

その後、一度のツイートに使える文字数をツイッターが一四〇字から二八〇字に倍加すると、トランプはポーターに、ある面でこの変更は賢明だと思うといった。考えを充実させ、奥行きをあたえることが可能になった。

「いいことだ」トランプはいった。「しかし、私は一四〇字のヘミングウェイだったから、ちょっと残念な気もする」

七月初旬にドイツのハンブルクで開かれたG20サミットで、トランプはオーストラリア首相マルコム・ターンブルと話をした。トランプはセキュリティ規則を破って、自分の枢要区画格納情報施設《SCIF》にターンブルを招いた。アメリカで最高の保全適格性認定資格《セキュリティ・クリアランス》を持っていて、最高機密の枢要区画格納情報にアクセスできる人間のみが、SCIFにはいれることになっている。盗聴器を仕掛けられるのを防ぐための、絶対的な規則だった。SCIFは大きな鋼鉄張りの部屋で、会議が終わったら取り壊さなければならない。

就任一週目に二人が電話会談をしたとき以来、トランプとターンブルの関係はあまりよくなかった。

トランプは、オバマ大統領がオーストラリアと結んだ〝私を破滅させる〟〝馬鹿な〟合意から離脱しようとしていた。[3] その合意では、オーストラリアの島に収容されている、正体がよくわからない一定数の難民がアメリカに入国するのを許可することになっていた。二〇一七年一月二八日の電話の内容が、リークされていた。トランプは、「これはまずいな……そいつらはボストン爆弾魔になるんじゃないのか？」といった。[4]

ドイツでトランプと会ったとき、ターンブルは、ホワイトハウス内で鉄鋼への輸入関税が議論されていることを意識していた。

「鉄鋼に関税を課すのであれば」ターンブルはいった。「オーストラリア産の鉄鋼は適用を除外してもらわなければなりませんよ。オーストラリア産の鉄鋼は特殊鋼です。それが製造できるのは、世界中で私たちだけです。除外してもらわなければなりません。アメリカの対オーストラリア貿易収支は、四〇〇億ドルの黒字です。オーストラリアはアメリカの軍事同盟国です。私たちはすべての戦いで、アメリカに味方しています」

「もちろんだ」トランプはいった。「オーストラリアは除外しよう。それが本筋だ。あなたがたはすばらしい。貿易収支も大幅な黒字だ」――それが最大の理想だった。

会談に出席していたゲーリー・コーンはよろこんだ。ターンブルはかつてゴールドマン・サックスのパートナーで、コーンが社長だったときの部下だった。

G20サミットから戻ってきたトランプは、演説の原稿をポーターといっしょに手直ししていた。き

（貿易は悪）

ちんとした書法の字体で、トランプは書いた。〝貿易は悪〟演説では口にしなかったが、トランプはようやく、自分の保護主義、孤立主義、熱烈なナショナリズムをもっとも的確に表現する簡潔な言葉を見つけた。

八カ月近くたった二〇一八年二月二三日、ターンブルがトランプと会談するために、ホワイトハウスを訪れた。

オーバル・オフィスで会談の準備をしているときに、コーンは約束を忘れないようにと、トランプに注意した。

「大統領」コーンはいった。「ターンブルは真っ先に、鉄鋼関税のことを持ち出しますよ。オーストラリアを適用から除外すると大統領がいったことを指摘するでしょうね」

「憶えていない」レゾリュート・デスクの奥で座りながら、トランプはいった。

「でも、大統領」コーンはいった。「ターンブルと話をしたでしょう……」

「否定する」トランプは答えた。「ターンブルと話をしたことはない」

「わかりました。そういう話が出ると、念を押しただけです」

コーンは、こういうことを一年以上も目撃していた――否定が必要なとき、それが役立つとき、そのほうが好都合なときには、トランプは否定する。「トランプはプロ級の嘘つきだ」コーンは同僚にいった。

ランチのときに、ターンブルは用心深く、去年の夏にG20でしばらくいっしょにいたときのことを話しはじめた。

ハンブルクでごいっしょしましたね？

ああ、トランプはいった。

機密施設に招いてくれましたね？

「ああ、そうだった。それは憶えている」トランプは答えた。「セキュリティ担当者たちが、ひどく怒っていた。私のやったことが信じられないといって」

なんの話をしたのか、憶えていますか？

トランプはうなずいた。

オーストラリアのみが製造している特殊鋼の話をしましたね。

トランプが、肯定ととれるようなことをいった。

「貿易黒字は四〇〇億ドルです」

そうだ。それは知っている。

オーストラリアを鉄鋼関税の対象からはずすことに、同意してくれましたね？

「ああ、そうだ」トランプは答えた。「憶えているような気がする」

コーンは笑い声をあげた。

オーストラリアは、ほかの数カ国とともに関税の適用から除外された。二〇一八年六月現在、オーストラリアは適用除外を維持している。

26

七月一五日、マクマスター国家安全保障問題担当大統領補佐官は、ディナ・パウエル副補佐官とポーターの三人で酒を飲んだ。

「二人組が」マクマスターがいった――ティラーソンとマティスのことだ――自分の立場を難しくしているし、弁護の余地もなくなっている。

マティスとティラーソンは、トランプとホワイトハウスは正気ではないと判断したにちがいないと、マクマスターは確信していた。その結果、二人はマクマスターの干渉や関与抜きで、政策を実行したり、ことによっては立案したりしようとしている。もちろん大統領も抜きだ。

マクマスターは語った。つい先週も、ティラーソンはカタールで、テロ対策とテロ資金根絶に関する重要な了解覚書を、カタール外相と調印した。[1]

それについてまったく知らされていなかった、とマクマスターはいった。ティラーソン国務長官は、国家安全保障問題担当大統領補佐官である自分に事前の相談もせず、通知もしなかった。マスコミの報道で知ったのだ！　カタールでの記者会見で、ティラーソンは、この合意は両国政府が〝何週間も真剣に検討したもので〟、かなり前から作業がはじめられていた、と述べた。[2]

ティラーソンはホワイトハウスの政策手続きを通していないし、大統領も関与させていないと、ポーターがいった。明らかに独断でやったのだ。
「大統領を避けてやるのではなく、説得しようとするほうが、ずっと忠実だ」マクマスターはいった。大統領の考えがはっきりしているときには、直接命令を実行する。陸軍将校として、それが責務だと思っている。ティラーソンは、そう思っていない。
「あいつはクソ野郎だ」マクマスターはいった。「自分はだれよりも賢いと思っている。だから、自分の好きなようにやれると思っているんだ」

混沌とした状態に秩序をもたらそうと努力してきたプリーバスは、重要閣僚が定期的に顔を出すような仕組みを作った。[3] 七月一八日火曜日の午後五時一五分に、ティラーソンがオフィスにはいってきた。

マクマスターは呼ばれていなかったが、会議に加わった。会議テーブルの席についた。国家安全保障問題担当大統領補佐官の沈黙の存在は無気味で、緊張が走った。

どんな状況なのか、話してもらえるか？　とプリーバスがきいた。重要目標の達成は順調に進んでいるか？　国務省とホワイトハウスの関係はどうか？　あなたと大統領の関係は？
「ホワイトハウスのきみたちは、仕事をきちんとやっていない」ティラーソンがいい、憤懣を一気に吐き出した。「大統領は決定ひとつ下せない。決定する手順がわかっていない。決定を下そうとしない。決定しても、二日後には考えが変わる」

マクマスターが沈黙を破り、ティラーソンに怒りをぶつけた。

「あなたはホワイトハウスとともに働いていない」マクマスターはいった。「私やＮＳＣのスタッフにはひとことも相談しない。しじゅう私たちを騙している」ティラーソンとの電話、会議、朝食を手配しようとしたときに、「あなたは留守で、自分一人でなにかをやっている」。大統領、マティス、プリーバス、ポーターとじかに連絡をとっている。「しかし、ＮＳＣとはコミュニケーションをとらない。私たちがやるべき仕事なのに」。つづいて、マクマスターはもっとも重大なことを告発した。「あなたは国家安全保障のプロセスを積極的に蝕もうとしている」

「それは事実ではない」ティラーソンが答えた。「いつでも応じられるようにしている。きみとだってしじゅう話をしている。きのうは電話会議中だっただけだ。週に三回、午前中にやっている。いったいなんの話だ、Ｈ・Ｒ？　いっしょに仕事をしているじゃないか。私はだれとでも仕事をする」

ティラーソンが、なおもいった。「私は国務長官なんだよ。出かけることが多い。時差がある場所にいることもある。いつも電話に出られるとは限らない」

国務次官補に代理がつとめられるような場合には、担当の国務次官補と相談することにしよう、とマクマスターがいった。

「次官補はいない」ティラーソンが、冷ややかにいった。「私が指名したわけではないし、いまの次官補は気に入らず、信頼できないので、仕事をいっしょにやっていない。だから、だれにでも相談すればいい。私とは無関係だ」。国務省のあとの人間は、どうでもいい存在だということだ。ティラーソンを通さないと、何事も実現しない。

その会議のあとで、まだ怒りの収まらないティラーソンが、ポーターのオフィスに来た。「ホワイトハウスはめちゃくちゃだ」ティラーソンはいった。「上の連中は、物事がまったくわかっていない」三九歳の人事部長ジョニー・デステファノは、ぼんくらで、国務省の重要ポストに任命する人間を選ぶことができない、とティラーソンはいった。デステファノは議会スタッフの経験はあるが、外交政策のことはなにも知らない。国務次官補候補の「面接に信じられないような人間をよこす」。「笑い話だ。その男がどうしてこの仕事につく資格があると思ったのか、私には見当もつかない」

プリーバスが、あとでポーターにいった。「ワーオ、派手な花火があがるぞ！　ティラーソンは、いろいろなことにものすごく腹を立てている。あいつは癇癪もちだな」

ポーターは、マクマスターのいうことに一理あるとは思ったが、マクマスターの招集する会議や電話は長ったらしく、不必要な場合もあった。だが、ティラーソンとマクマスターの断絶は、全体的な機能不全の証左だった。

二〇一七年七月一九日水曜日、トランプは珍しく《ニューヨーク・タイムズ》のインタビューに応じて、ジェフ・セッションズ司法長官を猛烈に攻撃した[4]。

保身のためにロシア疑惑捜査から手を引くようなことをするとわかっていたら、セッションズを任命しなかった、とトランプはいった。「セッションズは捜査忌避をすべきではなかったし、忌避するのであれば長官職を引き受ける前に私にいうべきだった。その場合は、ほかの人間を選んでいたはずだ。仕事を引き受けておいて忌避するとは、どういうことだ？　引き受ける前にセッションズが捜査忌避をしていたら、私は〝ありがとう、ジェフ。きみを指名しないことにする〟といっただろう。大統領に対してフェアなやり方ではない——これでも軟らかい表現なんだ」

三日後の七月二二日土曜日、バージニア州ノーフォークへ行くためにエアフォース・ワンに乗ったときも、トランプはまだセッションズに腹を立てていた。建造費一三〇億ドルの空母〈ジェラルド・R・フォード〉（CVN78）の就役式で、演説をすることになっていた。

トランプとプリーバスが、雑談をした。オバマ政権の司法長官エリック・ホルダーを前々から尊敬していたと、トランプがいった。もちろん、オバマ政権の政策には反対だが、八年間ずっと、ホルダーはどんな論争が沸き起こっても、オバマを支持した。捜査忌避や政治的十字砲火を避けるようなことはしなかった。ホルダーはオバマの代わりに砲火を浴びた。

「ジェフは、どんなに苦しいときでも私を支持するような人間ではない」トランプはいった。

セッションズは、選挙運動の日々の活動とは無関係だといって、ロシア疑惑での捜査忌避を行わないこともできたはずだ、とトランプはいった。運動中におなじ飛行機に乗り、集会へ行ったかもしれないが、戦略にはまったく関わらなかった——現地での運動、説得のメール、デジタル活動には関係していない。

ロシア人と会い、話をしたと、セッションズが議会のさまざまな委員会で証言したことも、トランプは不愉快に思っていた。

「辞表を出させろ」トランプは、プリーバスに命じた。

以前はセッションズのスタッフで、彼の強力な支持者でもあるスティーブン・ミラー政策担当上級顧問が、プリーバスにいった。「ほんとうに厄介なことになった。辞表を出させられなかったら、きみに力がないとトランプは思う。辞表を出させたら、きみはきりもみ降下の災難に巻き込まれる」

プリーバスは、セッションズと何度か話をした。セッションズに辞任する気持ちはなかった。大統領は、あなたに仕えてもらいたくないと思っている、とプリーバスはいった。だったら仕えないほうがいい。

いや、辞めるつもりはない。

やがて、トランプがしばらく待つことに同意した。翌日曜朝のトークショーをやり過ごすためには、いま辞任させないほうがいい。

二日後に、トランプはセッションズ攻撃を再開し、ツイッターで〝包囲された司法長官〟と呼んだ。[5]《ウォール・ストリート・ジャーナル》のインタビューでトランプは、大統領選挙運動中のセッションズの支援はたいしたことがなかったとけなした。[6]「セッションズが支援しているといわれたので、アラバマへ行きました。聴衆は四万人でした。彼はアラバマ州選出の上院議員でした。私はアラバマでは大差で勝ちましたよ。多くの州で、大差で勝っています。しかし、上院議員のセッションズは、四万人の観衆を見て、たぶん思ったことでしょう。〝これなら負けるはずがない〟と。それで私を支援した。つまり、彼の支援は、忠誠といえるようなものではなかったのです」

バノンが、セッションズをホワイトハウスに呼んだ。バノンが作戦室と呼んでいるオフィスで、セッションズが座った。壁のホワイトボードには、トランプの選挙運動中の公約が列記されていた。小柄なセッションズは、神経を尖らしていたが、愛想はよかった。

「いいかね」バノンはいった。「きみは、ずっといたんだ」。選挙運動のあいだずっと。「これがろくでもないショーで、混乱しまくっていたのは、知っていたはずだ」

セッションズには、反論できなかった。

バノンは、二人の政治人生でもっとも楽しい思い出の話をした——一一月九日のトランプの大統領当選は、この上なく甘美な思い出だった。

「〝九日〟と当時呼んでいたあの出来事に神の手が働いていたのは、疑いの余地がないだろう？」バノンは、お互いに信心深いのを利用しようとした。「トランプがこれに勝ったのには、神の摂理があったんだ」

「その通りだ」セッションズがいった。

「本心からそう思うか？」

本心からだと、セッションズが答えた。

「あれは神の手だった。そうだろう？　きみも私もそこにいた。神の手がなかったら、起こりえなかったと、お互いにわかっているはずだ」

「そうだな」

「いいだろう」バノンはいった。「ぜったいに辞めないんだな？」

「辞めない」セッションズを辞めさせるには、トランプがクビにするしかない。

「ぜったいに辞めないと約束するか？」

「ああ」

「これからもっとひどい目に遭うぞ」

「なにがいいたい?」セッションズはきいた。

「すべては陽動作戦——注意をそらすためだったんだ」

「どういう意味だ?」

「ジャレッドが証言する」。ジャレッド・クシュナーが、月曜日には上院情報委員会で、火曜日には下院情報委員会で喚問を受ける。「掩護射撃が足りないと、彼らは思っている」

「トランプが私にそんなことをするはずがない」セッションズはいった。

「するさ。一瞬のためらいもなく。いまもやってるじゃないか。見てろよ、ジャレッドが証言を終え、いい証言だと彼らが考えたら、トランプはツイートしなくなる」

七月二四日、クシュナーは、弁護士に丹念に吟味させた長い声明を、議会で証言する前に発表した。[7]

「私はいかなる外国政府とも共謀していませんし、選挙運動の参加者も私の知る限りでは共謀していません。不適切な接触は行なっておりません。民間セクターでの私のビジネス活動の資金源はロシアの資金に依存していません」

トランプのセッションズ攻撃が、しばらく静まった。注意をそらすための、枝葉の活動だったからだ。だが、トランプは、セッションズに裏切られたと考えていたので、確信的な陽動作戦だった。

トランプのセッションズ攻撃は、上院の共和党議員たちの良識を目覚めさせた。グラムは、セッシヨンズは〝法の支配を信じている〟と述べた。[8] べつの共和党議員たちも、元の同僚であるセッションズを弁護し、司法長官を更迭すると、後任が上院で承認されるのは難しいだろうと告げた。ロッド・ローゼンスタイン副長官も辞任するかもしれない。一気にウォーターゲート事件のような状況に陥る可能性もあった。ニクソン大統領が特別検察官を解任し、司法長官と司法副長官が辞任した、一九七三年の土曜日の夜の虐殺を彷彿させた。コミー問題など児戯に思えるようになるのではないかと、プリーバスは心配した。

トランプは、オーバル・オフィスでセッションズに、相手が顔色を失うような非難を浴びせ、〝愚か者〟と呼んだ。セッションズは、バノンと約束したにもかかわらず、トランプに辞表を送った。プリーバスは、辞任を認めないようトランプを説得した。[9]

捜査忌避をしたセッションズは〝裏切り者〟だと、トランプはポーターにいった。南部なまりで馬鹿にした。「こいつは頭のなかがからっぽなのさ。馬鹿な南部人の典型さ」。セッションズが長官任命承認の公聴会でうろたえ、ロシア大使と話をしたことはないと否定する場面を、南部なまりを真似て再現することまでやった。

「どうしてあんなやつを司法長官にするように説得されたんだろう?」トランプは、ポーターにきいた。「アラバマで個人経営の弁護士にもなれなかったやつだぞ。司法長官がつとまるわけがないだろう」

トランプは、悪口をやめようとしなかった。ポーターにいった。「これで保身を図ろうとするくらいなら、司法長官を引き受けなければよかったんじゃないのか? あんなひどい裏切りはないぞ。どうしてそんなことができたんだ？」

　ポーターには答えがわかっていた。できるだけやんわりといった。「保身を図るときの手順や指針は、昔から確立しています。セッションズはそれを守っているんです。これは彼の政治的決定ではなかった。彼が望んだことでもなかった。彼は司法省の該当する専門家に相談し、条件が一致しているから、捜査を忌避するしかないといわれたんです」

「そうかね」トランプは、腹立たしげにいった。「あいつは長官を引き受けるべきではなかった。司法長官なんだぞ。そういう決定くらい自分で下せるだろう。スタッフの話を聞く必要はないんだ。セッションズが頭のいい弁護士だったら、保身を図る方法を知っていたら、最初からそういえばいい。私はあいつを司法長官に選ばなかっただろう。だが、あいつは鈍いんだ。おそらくわかっていなかったんだ」

27

プリーバスは、七月二〇日午前八時に、移民問題についての上級スタッフ全体会議を開いた。[1] スティーブン・ミラーがプレゼンテーションを行なった。問題をただならべているだけだと思うものもいた。国境の壁、国境の警備強化、捕縛と解放、移民担当判事、グリーンカード抽選プログラム、不法移民に寛容な聖域都市、ケイト法（国外追放されたあとで不法にアメリカに入国しようとしたものへの罰則強化）、連鎖移民。

勝利をものにできる問題を選ぶべきだ、とミラーがいった、民主党にとってまずい問題を。そして、上院を説得し、聖域都市への補助金停止のような厳しく、民主党の足並みが乱れるような争点を議決にかけるように努力させる。

クシュナーは、ミラーの戦略に強く反対した。超党派の建設的なことに取り組み、民主党に妥協できるようなことも見出すべきだ――「われわれの優先事項いくつかと、民主党の優先事項二、三件を組み合わせる」クシュナーはいった。「たしかなことを実現するために、前進する道すじが必要だ」

プリーバスは、クシュナーの意見には反対だった。「私は議会のことを知っている。こういうメッセージ的な議決でなにがうまくいくかを知っている」。クシュナーのようなニューヨーク市の不動産開発業者に、政治はわからない。

クシュナーは抗議した。「私は物事を達成するやり方を知っているし、建設的な態度で、反対している人々を味方につけることができる」

ホワイトハウスでの議会関連の議論の大部分は、保守派の共和党全国委員会（ＲＮＣ）のプリーバス一派、セッションズ元上院議員の事務所、ペンス副大統領の保守派が関わっていると、クシュナーは指摘した。いずれも超党派の合意交渉の経験がなく、取引をまとめたこともない。過激派と、政治の点数を稼ごうとする連中が、議会関連の協議事項を牛耳っている。

マティスとゲーリー・コーンは、〝重大問題〟について何度かひそかに話し合った。トランプは、海外の同盟国の重要性や外交の価値を理解していない。外国政府との軍事・経済・情報における協力が、どう結びついているかが、わかっていない。

行動計画を創出するために、二人は国防総省でランチをともにした。

問題の原因のひとつは、年間五〇〇〇億ドルの貿易赤字がアメリカ経済を損ねていると、トランプが強烈に信じ込んでいることだった。自由貿易の利点を教え込もうとコーンが精いっぱい努力しているにもかかわらず、トランプは関税と輸入割り当てを課すことを改革の柱にしている。

どうすればトランプを納得させることができるのか？　もっとあからさまにいえば、どうすれば大統領を教育できるのか？　トランプを説得するのはとうてい無理だと、コーンとマティスは気づいた。貿易に関する会議は二転三転し、対立ばかりが深まっていた。

「ここの帷幕会議室《ザ・タンク》にトランプを呼んだらどうだろう？」マティスが提案した。ザ・タンクは統合参謀向けの会議室で、秘密保全措置がほどこされている。トランプは注意を集中できるかもしれない。「名案だ」コーンはいった。「トランプをホワイトハウスから連れ出そう」。マスコミも、テレビも、オーバル・オフィスのどなり声が聞こえる場所にいるアシスタントのマデリーン・ウェスターハウトもなし。ザ・タンクに窓はないので、窓から外を眺めることもない。

トランプをふだんの環境から引き離せば、効果があるかもしれない。企業がよく使う作戦だった——保養地など、社屋から離れたところで会議を行なう。トランプと国家安全保障チームと経済チームを、ザ・タンクに招き、世界全体の戦略関係を話し合う。

マティスとコーンは同意した。力を合わせて、この件でトランプと戦う。貿易戦争もしくは世界市場の分断は、もとから危なっかしい世界の安定をぐらつかせ、損ねるおそれがある。その脅威は、軍やインテリジェンス・コミュニティに波及しかねない。

NATOや中東の友好国や日本——ことに韓国——に、アメリカが喧嘩を仕掛ける理由が、マティスには理解できなかった。

トランプの大統領就任から六カ月が過ぎた七月二〇日木曜日の午前一〇時前、よく晴れた夏の日に、トランプはポトマック川を渡って、国防総省《ペンタゴン》へ行った。

ザ・タンクは、なかなか魅力的な場所だった。トランプはそこがかなり気に入った。カーペットとカーテンの色から黄金の間と呼ばれることもあり、装飾は豪華で荘重だった。何十年もの歴史が感じられる、セキュリティが厳重な奥の間という感じだった。

マティスとコーンが、歴史の講義と戦略地政学の全容を織り交ぜたプレゼンテーションを用意した。目前に迫っている問題との取り組みとも関係があった。トランプ政権はどのように政策の優先順位を定めて、それに従って行動するのか？

マクマスターは、家族の用事があって、出席できなかった。

世界中のアメリカの重要な取り組み《コミットメント》をまとめた地図——米軍の展開、兵員、核兵器、外交拠点、港湾、情報資産、条約、貿易協定——が、壁の大きなスクリーン二面いっぱいに表示され、世界でアメリカがどういう動きをしているかを物語っていた。アメリカが港湾使用権と領空飛行権を得ている国や、主要なレーダーその他の監視施設まで表示されていた。

「もっとも偉大な世代が、私たちに伝えたもっとも偉大な贈り物は」マティスが話をはじめた。「ルールに則った民主主義の国際秩序です」。その全世界的な構造が、安全保障、安定、繁栄をもたらした。

バノンは、脇のほうに離れて座り、うしろのほうの席から、トランプを視界に捉えていた。このグローバリストの観点は、よく知っている。迷信のたぐいだと見なしていた。バノンはいまもアメリカ・ファーストに固執していた。

マティスが、従来制度の原理はいまも有効で必要でもあると論じはじめたので、面白くなるぞ、とバノンは思った。

いよいよだ——激しく脈打つ問題の核心に近づいている、とバノンは思った。

レックス・ティラーソン国務長官が、つづいて発言した。

「これが七〇年間、平和を維持してきました」テキサスの石油メジャーの元CEO、ティラーソンはいった。

バノンの考えでは、それは古い世界秩序だった。金がかかり、とことん関与しなければならず、約束をして、それを守らなければならない。

トランプは、首をふって反対であることを示していたが、なにもいわなかった。

コーンが、つぎに話をした。自由貿易賛成論を述べた。メキシコ、カナダ、日本、韓国との輸出と輸入のデータを示した。アメリカは、年間一三〇〇億ドルという莫大な量の農産物を輸出している、とコーンは指摘した。アメリカの農産物を、これらの国に買ってもらう必要がある。アメリカ合衆国の中核の国民は、主に農民なのです、とコーンはいった。

その大部分が、トランプに投票している。

アメリカの海外への武器売却は、二〇一七年度に七五九億ドルに達した。ボーイングの航空機を多数買っているシンガポールの空港に、軍用機が多数あるのは、たしかな事実です。コーンは述べた。シンガポールを拠点に大規模な情報活動を行なっていることも、たしかな事実です。アメリカ海軍の艦隊が、給油や補給のためにシンガポールに寄港していることも、たしかな事実です。

貿易赤字は、アメリカ経済を成長させています、とコーンは断言した。

「そんなことは聞きたくない」トランプはいった。「ぜんぶ嘘っぱちだ」

コーンとおなじようにゴールドマン・サックス出身のムニューシン財務長官が、安全保障上の同盟国と、貿易相手国の重要性を説いた。

トランプが首をめぐらして、バノンを見た。もう一度目を向けた。合図だと、バノンは解釈した。

「ちょっと待った」バノンは、立ちあがりながら、一同に向かっていった。「現実的になろうじゃないか」

アメリカを世界秩序に縛り付けている、論争の的になっている国際合意を、バノンは取りあげた。

「大統領はイラン核合意を撤回したいと考えているのに、諸君はそれを引き延ばしている。再交渉するために撤回するというのが、大統領の意向だ」トランプは、選挙運動中に約束したように、イラン核合意を破棄するだけではすませないつもりだった。

「大統領がやろうとしているのは、イランに制裁を科すことだ」と、首席戦略官のバノンはいった。

「諸君がいう偉大な同盟者のEUは、大統領を支援するのか？」彼らはわれわれのパートナーだという話だが、「制裁に関して大統領を支援する国の名を挙げてくれ」。

ムニューシンが、同盟国は重要だと反論しようとした。

「国の名を挙げてくれ」バノンはいった。「一カ国でいい。一企業でいい。どこが制裁を支援する？」

だれも答えなかった。

「私がいいたいのは、そういうことだ」トランプはいった。「彼は私のいいたい問題点をいってくれた。きみたちはこういう国を同盟国だという。同盟国がどこにあるというんだ。スティーブの質問に答えろ。アメリカをだれが支援する？」

ティラーソンがいった。「私たちにいえるのは、イランがなにも違反を犯していないということです」。情報機関すべてが、それに同意している。それが重要な問題点です。合意に違反していないのに、どうして制裁を科すことができるのですか？

「彼らはみんな金を稼いでいる」トランプは、ＥＵがイランと貿易し、巨額の取引をまとめていることを指摘した。[2]「それでわれわれを支援しないのさ」

トランプは、アフガニスタンに話題を変えた。最近、ＮＳＣ会議やもっと規模の小さい会議が五、六回あり、我慢も限界に達していた。「いったい、いつになったら戦争に勝ちはじめるんだ？　こういう図表ばかり見せられる。いつになったら戦争に勝ちはじめるんだ？　こんなもので無理やり私を納得させるつもりなのか？」

出席していなかったアフガニスタン駐留米軍司令官ジョン・ニコルソン大将を槍玉に挙げて、トランプはまくしたてた。「彼は勝ち方を知らないのだと思う。勝てるような人間ではなさそうだ。勝利はありえないね」

トランプは、まだ検討中だったアフガニスタン戦略にも同意しなかった。

「きみたちはやつらを殺せばいいんだ。人間を殺すのに戦略などいらないだろうが」

統合参謀本部議長ダンフォード大将が、ニコルソンを弁護するために口を挟んだ。

「大統領」ダンフォードは、きわめて慇懃《いんぎん》に、かなり静かな声でいった。「勝つのが正式命令ではありません。そういう命令をニコルソンは受けていません」。駐留米軍の大半を撤退させたオバマ政権では――最大一〇万人から八四〇〇人に減員した――実質的に膠着状態が戦略だった。

マティスとダンフォードは、オバマ時代に現地司令官に課せられた制約を撤廃し、より攻撃的に殺傷力を行使できるように、交戦規則を改めることを提案していた。敵に戦術を教えるようなことはしない。最近のＩＳに対する勝利が、その変更の重要性を実証している。

トランプは、ニコルソン将軍が重さ二万ポンド（九・八トン）のＧＢＵ－43／Ｂ爆弾（渓谷の奥に隠れている洞窟掩体を攻撃するための、大型滑空精密誘導爆弾）の使用を許可したことを思い出した。ＭＯＡＢ[3]——すべての爆弾の母《マザー・オブ・オール・ボムズ》——とも呼ばれている。「ニコルソンは、あの馬鹿でかい爆弾をやつらの上に落とした」

そうです。ダンフォードはいった。それは政府ではなく現場指揮官の決定でした。

マティスは、丁重に口を挟もうとした。「大統領、大統領……」

「マッド・ドッグ、マッド・ドッグ」トランプは、マティスの綽名で応じた。「彼らは国の金を使って遊んでいる。いったいなにをやっているんだ?」叫びはしなかったが、トランプは将軍たちを鋭く追及した。「勝つことはどうなっている?　きみたちがこういう活動を進言してきたから、私たちはこんな窮地に陥っているんだぞ」

緊張が高まり、じきにまたイランの話になった。

「イランは合意に従っています」ティラーソンがいった。「取り決めどおりです。従っています。大統領は気に入らないかもしれませんが」。合意で定められた事項が遵守されていることを、論理的に順を追って説明した。

「あまりにエスタブリッシュメント寄りすぎる」トランプは、ティラーソンにきっぱりといった。「どの問題でも、物事を型にはめている——中国やメキシコとの貿易協定も、イラン核合意も、海外への派兵も、海外援助も。トランプは、説明を受けた事柄すべてに、〝ノー〟というメッセージを送っていた。

「これはできない」トランプはいった。「ひどい状況になったのは、このせいだ」

「彼が制裁を科すというとき」ムニューシンにバノンがいった。「偉大な同盟国は、制裁に関してなにをやってくれるというんだ？」

ムニューシンが、曖昧にいい逃れしようとした。

「やめろ」バノンはいった。「同盟国は協力するのか、しないのか？」

「ぜったいに支援しないでしょう」ムニューシンがいった。

「私のいいたいことは以上だ」バノンはいった。「きみの同盟国だ」

「ヨーロッパ企業は」トランプは、ムニューシンを指差していった。「まったく役に立たない」。シーメンス、プジョー、フォルクスワーゲン、その他のヨーロッパの有名企業は、じっさいにイランに投資している。

トランプはいった。「レックス、きみは弱すぎる。合意を撤回したい」

トランプは、お気に入りの話題を取りあげた。鉄鋼、アルミ、自動車に厳しい輸入関税をかけたいと思っていた。自分の意向に反して、ムニューシンが中国を為替操作国に認定しないのはなぜかと質問した。

中国は何年も前は為替操作を行なっていたが、いまはやっていないと、ムニューシンが説明した。

「どういう意味だ？」トランプはいった。「立証しろ。いいからやれ。認定しろ」

為替操作を証明するのになにが必要であるかを、アメリカの法律は具体的に定めていて、立証することはできないと、ムニューシンが説明した。

「われわれは転覆している」。貿易取引で、とトランプはいった。「これらすべてで水面下に沈んでいる」。外国が金を稼いでいる。「貿易品目すべてに目を通してみろ。みんなアメリカが支払っている」。これらの国々は〝保護国〟だと、トランプはいい放った。

「じっさいにはアメリカ経済にとってよいことです」コーンがふたたびいった。

「そんなことは聞きたくない」とトランプは応じた。「ぜんぶ嘘っぱちだ」

会議が終わりに近づくと、ティラーソンが椅子に背中を預けた。大統領に向かって話をしているようだったが、目を合わせなかった。マティスに目を向けていた。

「大統領の政策《ディール》です」ティラーソンはいった。「大統領が決めることです」

テキサス流の譲歩だった——従い、実行しますが、私ではなくあなたの構想ですからね、といっているようだった。

「在韓米軍に年間三五億ドルを支出している」トランプは、腹立たしげにいった。韓国はTHAAD《サード》ミサイル防衛システムの配備についても煮え切らない！　だいいち、システムの費用を韓国は払うつもりがあるのか？

THAADの配備は北朝鮮との戦争を誘発するおそれがあるという意見が韓国にはある。日本とアメリカだけが利益を受けるのではないかともいわれている。

「引き揚げろ！」トランプはいった。「どうなってもかまわん」

「韓国はわが国にものすごく多額の補助金を出してくれています」コーンが、トランプの神経を逆なでするようなことをいった。貿易協定は、アメリカ経済に役立っています、とくりかえした。「世界最高の韓国製テレビを二四五ドルで買えます。つまり、アメリカ国民はテレビを買うときに余ったお金で、アメリカ国内のべつの製品を買うことができます」

在韓米軍を撤退させたら、地域不安を鎮めるために、配置する海軍の空母打撃群を増やさなければなりません。そのほうがコストが一〇倍かかります、とコーンは述べた。

それに、最高機密に属する情報を、特別アクセス・プログラム《SAP》によって得られているのは、韓国の承諾があるからだった。トランプは、その情報の価値と必要性を理解していないようだった。

「三五億ドル、兵員二万八〇〇〇人だぞ」トランプは、本気で激怒していた。「駐留する理由がわからない。ぜんぶこっちへ呼び戻せ！」

「では、大統領」コーンがいった。「夜に安心して眠るために、その地域にはなにが必要になるのですか？」

「なにも必要ない」トランプはいった。「それに、私は赤ん坊みたいにぐっすり眠れる」

プリーバスが、会議の終了を宣言した。マティスはひどくしおれているようだった。

トランプが立ちあがり、出ていった。

ティラーソンもすっかり意気阻喪していた。トランプが将軍たちを攻撃したことが、我慢できなかった。トランプは、まるで米軍が金で雇われている傭兵かのようないい方をした。駐留国が金を出さないといったら、米軍は行かない。平和な世界秩序を築いて維持するのは、もはやアメリカの利益ではないとでもいうような口ぶりだった。アメリカ人を一丸にする原理は金だ、といっているようだった。

「だいじょうぶか？」コーンがきいた。

「あの男はものすごく知能が低い」ティラーソンは、一同に聞こえるようにいった。

午後一二時四五分直前に、トランプはプリーバス、バノン、クシュナーを従えて、会議の場をあとにした。[4] すこしのあいだ、廊下にならんでいた軍人たちと挨拶をした。

「会議はすばらしかった」トランプは、レポーターたちにいった。「じつにいい会議だった」

大統領専用リムジンに向けて歩いていった。

「意見をいってくれてありがたかった」トランプは、バノンにいった。

「大統領はみごとにやりましたね」バノンはいった。

ムニューシン財務長官が、トランプたちのあとから出てきた。ヨーロッパの同盟国に関して、トランプと意見がおなじであることを、はっきりさせておきたかった。「彼らが同盟国なのか、私にはわかりません」ムニューシンはいった。「大統領とおなじ考えです」

車内で、トランプは補佐官たちに説明した。「彼らはビジネスのことがまったくわかっていない。だれかを護ることばかり願っている――それに私たちは金を払っている」

同盟国の韓国は、あらたな貿易協定を結ぶつもりがない。「そのくせ、アメリカの力で、北のいかれたやつから護ってほしいと思っている」

トランプは進歩するどころか後退していると、コーンは判断した。新大統領になった最初のころのほうが、御しやすかった。

プリーバスにとっては、数多くの悲惨な会議のなかでも、最悪の会議だった。トランプ政権が発足してから六カ月目、目標設定に根本的な問題があることが、明確にわかった。自分たちはどこへ向かっているのか?

ザ・タンクに漂っていた不信が、政権を蝕んでいた。原始的な本能が剝き出しにされた雰囲気だ。表面上は全員が味方のようでいて、だれもが甲冑《かっちゅう》を身につけているかのようだった。ことにトランプがそうだった。

狂気とはこういうことなのだろうと、プリーバスは結論を下した。

会議の出席者と直後に話をしたホワイトハウス高官が、つぎのような要約を書き留めている。[5]〝国防や国家安全保障についてなにもわかっていないと、大統領は全員に説教し、侮辱した。大統領の上級顧問、ことに国家安全保障チームのメンバーは、大統領の不安定な性格、問題に対する無知、学習能力の欠如、危険なものの見方に、極度の懸念を抱いている〟

28

帷幕会議室《ザ・タンク》での会議後、イーグルスカウトだったティラーソンは、ボーイスカウトのジャンボリーに出席するためにウェストバージニアへ行き、つづいて息子の結婚式のためにテキサスへ行った。ティラーソンは、辞任を考えていた。

「聞いてくれ」プリーバスが、後日、電話でティラーソンにいった。「いま辞めてもらっては困る。馬鹿げている。私のオフィスに来てくれ」

ティラーソンは、プリーバスに会いにいった。「大統領が将軍たちについていうときの口ぶりが気に入らない。あんなふうにいわれる筋合いはない。大統領の話をじっと聞いているのに耐えられない。あの男は知能が低い」

ティラーソンが敵意を剝き出しにしたことに、プリーバスは驚いた。トランプのティラーソンに対する話し方も不平の原因なのだと、プリーバスは察した。シチュエーション・ルームの会議の多くで、ティラーソンはたいがい、文字どおり鼻息を荒くして文句をいい、ただいらだっているだけではないことを、それとなく伝えていた。〝知能が低い〟と思っているのを、隠し切れていなかった。

言葉を和らげてはどうかと、プリーバスはティラーソンに提案した。「無礼な態度はよくない。いまのような態度で大統領に話しかけてはいけない。意思伝達の方法を見つけなければだめだ。おなじことをいっても、気に障らないように」

マティスの手法に、プリーバスは感心していた——対決を避け、敬意と服従を示し、仕事を抜け目なく進め、できるだけ出張して、ワシントンDCにいないようにする。

ティラーソンが、将軍たちのことを蒸し返した。「大統領が将軍たちを非難するのを、じっと聞いていることはできない。我慢できない。間違っている」

プリーバスはそのあとで、大統領に対して無礼だとティラーソンに指摘したことを、トランプに話した。〝知能が低い〟という言葉はいわなかった。

トランプは珍しいことに静かに話を聞き、現状についての考察に賛成した。トランプは誇り高いので、ティラーソンの敵意を認めたくないのだろうと、プリーバスは思った。行政府の長としては、国務長官の明らかな不服従を許すべきではなかった。

NSCのプロセスがうまくいくこともあった。副長官級会議のひとつ下のレベルの政策調整会議が招集され、統合参謀本部、国防総省、国務省、情報機関、財務省、行政管理予算局の職員の意見を聞く。付属文書を添えた三〇ページの戦略意見書が作成される可能性がある。それが副長官級会議に上申され、各省の副長官が手直しをする。枠組みに全員が同意し、行程表《ロードマップ》が承認されると、マクマスターが主催して閣僚級会議が開かれる。

国務長官のティラーソンがもっとも格上の閣僚なので、閣僚級会議では最初に発言する。会議の場でティラーソンはこういうはずだ。NSCの戦略意見書は見ていない。これは厄介な問題だ。もっと幅広い視野から取り組む必要がある。私の見方はつぎのようなものだ。

ティラーソンが、ブリーフィング用のスライドを配る。会議前におのおのが見られるように事前に送ることはしない。会議でティラーソンがスライドについて説明し、一枚に五分かけることもある。NSCのメンバーは、発言もできない傍観者だ。会議の時間は一時間一五分と決められている場合が多いので、ティラーソンの話だけで終わってしまうこともある。ティラーソンの意見が主流になる。ティラーソンは、問題に関する自分の解釈に、全員が同意することを望んでいる。おのおのがそれを持ち帰って、戦略を練り直せばいいと考えている。

このティラーソンの介入――省庁間のプロセスを、自分が考えている政策の方向性に基づいて再始動したいという願望――は、イラン、イラク、レバノン、ヒズボラ、シリア、中国、北朝鮮、IS掃滅のような戦略に、なんらかの形で表われていた。

閣僚級会議に出席した閣僚や下級の補佐官のなかには、ティラーソンが組み替えた枠組みに感心するものもいた。平凡なプレゼンテーションだと思うものもいた。ティラーソンは、経済統合、開発支援の調整、暴力を引き起こす原因への取り組み、積極的な外交努力を主唱していた。

実行計画はあっても、どこが担当し、どこが説明責任を負うかを指定するのが遅れたり、指定されなかったりする場合が多かった。最終目標はぼやけているか、まったく述べられなかった。その結果、何週間もしくは何カ月もの遅れが生じた。

七月のこの時期、トランプは小型機でベッドミンスターから帰ることが多かった。大統領が乗れば、どの飛行機でもエアフォース・ワンと呼ばれる。イバンカ、クシュナー、マクマスター、ポーターがいる狭い補佐官室に、トランプがやってきた。

三カ所の主要戦域――イラク、アフガニスタン、シリア――は泥沼化していて、トランプはそれに責任を持たされていることにうんざりしていた。説教するような口調で、トランプはいった。「われわれはこの三カ国で、莫大な資源を浪費しつづけている！　勝利宣言をして、戦争を終わらせ、兵士たちをアメリカに連れ戻すべきだ」

マクマスターは、しょんぼりしたようすだった。六カ月のあいだ最高司令官をつとめてきたトランプが、一切合財を引き払って、撤退することを望んでいる。

トランプが出ていくと、クシュナーとイバンカが不安げな顔になった。マクマスターの力になりたいと、二人はいった。戻ったら、ポーターと相談して、戦略案を書きあげればいい。部隊の一部を撤退させ、あとは残すというような。大統領を説得できる方法を見つけよう。

七月二五日、トランプはまたマクマスターを叱りつけた。同盟国には関心がない、トランプはいった。現状では北朝鮮のＩＣＢＭ発射を七秒で探知できるが、アラスカからでは探知に一五分かかると説明されても、韓国駐留はやめたいといった。

オーバル・オフィスの外の柱廊で、マクマスターはコーンおよびポーターと話をした。

午前六時三分にトランプがツイートしたと、マクマスターは教えた。[1]「トランプの選挙運動に対するウクライナの破壊工作――〝クリントンの票をひそかに伸ばそうとした〟。AG〔司法長官〕の捜査はどこだ」

明らかにロシアのプロパガンダ記事だと、マクマスターはいった。自分とNSCと情報機関の専門家が、そう結論を下した。だが、大統領はそれを取りあげて、攻撃した。

いつまで職務をつとめられるかわからないと、マクマスターはいった。

その日の後刻、マクマスターはオーバル・オフィスで、リビア関連の機密命令書にトランプの署名をもらおうとした。

署名しない、とトランプがいった。アメリカは石油を得なければならない。将軍たちは、金を手に入れたり儲けたりすることに、じゅうぶんに集中していない。私たちの目的がどういうものであるかを理解していないし、アメリカをまったく間違った方向に引きずり込んでいる。

大統領が一日の終わりに居室に行く前に、ポーターは関連事項報告書、政策意見書、翌日の日程をまとめたブリーフィング・ファイルを渡す。

翌朝、トランプはオーバル・オフィスに、午前一〇時、一一時、ことによると一一時三〇分にやってくる。

「きょうの予定はなんだ?」ファイルをちらりと見たのかもしれないし、まったく見ていないのかもしれないが、トランプはきまってそうきく。即興で工夫するのが自分の強みだというのを伝えているのだ。自分には状況が読める。あるいはその場の雰囲気も。大統領選挙運動中も、そういう一瞬があった。

トランプは一瞬のひらめきで物事をやるのが好きなのだと、プリーバスは判断した。その場その場の勘で行動するのだ。事前の準備をやりすぎると、自分の即席で行動する能力が弱まると思っているふしがある。前もって考えたせいで挫折するのが嫌なのだ。計画は自分の力、第六感を奪う、とでも思っているようだった。

トランプが朝に持ち出す話題は、テレビ、ことにFOXニュースで見た問題や、新聞に載っていたことが主だった。一般に思われているよりずっと、トランプは新聞をじっくり読む。

日中は、まわりにいるだれかからの意見を求める――閣僚や警護官などから。トランプなりのクラウドソーシングだった。

一度、二七歳の専属アシスタントのジョニー・マッケンティーに、アフガニスタンにもっと部隊を送るべきかどうかとたずねた。

「それは賢明ではないと思います」マッケンティーが答えた。

西棟のだれかにトランプが質問すると、たいがいたらいまわしにされた。「それについてはH・Rに相談すべきでしょう。彼が専門家ですから」

「ちがう、ちがう、ちがう」トランプはいったことがある。「きみの意見が聞きたい」

「新聞で読んだことしか知りません」

トランプは、それでは納得しなかった。「そうじゃなくて、きみが考えていることが知りたいんだ」

あらゆる大統領は観衆に動かされるものだが、トランプの主な観衆は自分自身である場合が多かった。トランプは、わが身を振り返りつづけた。ほとんどが情熱的なプラス思考だった。メディアの意見が、ブレーンの役目を果たしていた。

オーバル・オフィスとホワイトハウスの業務は、〝巧みな政策合意〟ではなく〝合意をばらばらにする〟ことが中心だった。目の前でばらばらにされることもしばしばで、トランプの集会が延々とくりかえされている感じだった。目を背けたくなる光景だった。

外交問題で重要なのは、個人的な人間関係だった。オーバル・オフィスにいることが多いスタッフに、トランプは説明した。「習とはほんとうにいい関係だ」。中国の習近平国家主席のことだ。「習とは気が合う。習は私を好きだ。私が北京を訪問したときには、レッドカーペットで歓迎してくれた」。二〇一七年一一月には公に述べている。[2]「私は習を友だちだと思っている。彼のほうも私を友だちだと思っている」

マクマスターは、習に利用されているのだと、トランプに説明しようとした。中国は敵対的な経済政策を採用し、世界のナンバー1になろうとしている。

そういうことはすべて理解していると、トランプはいった。しかし、習との信頼関係は、そういった問題を超越している。

二〇一七年の最後の四カ月のあいだに、国連安保理は北朝鮮に対する経済制裁を強化するために、三度採決を行なった。一二月二二日、中国を含めた一五対ゼロで可決された。[3]北朝鮮が輸入する石油を八九％削減する制裁措置だった。トランプはおおいに満足した。

「習主席とすばらしい人間関係を築いたからだ」トランプはいった。「それに、私が習を尊敬し、習が私を尊敬しているからだ。中国とは対立すべきだときみたちがいっているときに、私が友好的なのはいいことだったんだ。私が習とすばらしい人間関係を結んでいなかったら、中国は制裁に賛成しなかったはずだ」。気が合って信頼関係があったからだ。「だから、それがなかったらやらなかったはずのことを、やらせることができたんだ」

トランプが何十年もかけて自説を打ち立ててきた問題では、議論は意味をなさなかった。二〇一七年から二〇一八年にかけてホワイトハウス西棟にいた経験豊富な補佐官の一人が述べている。「トランプが結論に達している物事については、なにをいっても、どういう論拠を示しても、関係ない。彼は耳を貸さない」

トランプが、関税をかけることに決めた、といった。

「結構ですね」コーンはいった。「あしたの株式市場は一〇〇〇～二〇〇〇ポイント下落するでしょう。でも、満足なさるんですね？」

「ちがう、ちがう。会議は終わりだ。なにもしない」

「大統領がいちばん怖れているのは、ハーバート・フーバー（世界恐慌に見舞われた大統領）になることですね」コーンはいった。

貿易問題の二転三転の再発だった。議論も論拠も確信もおなじ――双方ともに変わりがない。来週も来月も、おなじ討論がつづくにちがいなかった。

貿易協定から離脱し、関税を課すと、トランプは何度もくりかえした。「やろう」といって、大統領令の命令書を要求することもあった。

「KORUSから大統領の注意をそらさなければなりません」ポーターが、コーンにいった。「NAFTAからも注意をそらす必要があります」コーンは同意した。

ポーターは、トランプの指示どおりにすくなくとも二度、命令書を作成した。コーンはすくなくとも二度、トランプのデスクから持ち去った。それ以外のときは、時間かせぎをした。

トランプは自分の決定を忘れたらしく、問いただささなかった。果たすべき仕事のリストは、トランプの頭のなかにも、どこにもなかった。

二〇一七年七月一二日、大統領経済諮問委員会（CEA）の元委員長たち一五人が、トランプに書簡を送った。CEAは、経済学者が大統領に助言するための正式機関で、影響力が強い。「鉄鋼輸入関税を課さない」よう、トランプをいさめる内容だった。関税は重要な同盟国との関係を損ね「アメリカ経済にも実質的な打撃をあたえる」としていた。

書簡に署名した人々は、共和党と民主党のオールスター・キャストだった――元FRB議長のアラン・グリーンスパンとベン・バーナンキ、クリントン政権のCEA委員長だったローラ・タイソン、ノーベル賞受賞者のジョセフ・スティグリッツ。

書簡の上に、手書きのメモがあった。ウィルバー・ロス商務長官が、反対意見を走り書きしていた。「拝啓、大統領。だいじなことは、ここに署名している人々の助言が、アメリカの〔貿易〕赤字をもたらしたという事実です。彼らの政策を受け入れるわけにはいきません。敬具。ウィルバー」

二〇一七年七月の最後の一〇日間は、数々の傷跡を残した。七月二七日木曜日、トランプはプリーバスの激しい反対を押し切って、ゴールドマン・サックスにいたことがある軽忽《きょうこつ》な投資銀行家、アンソニー・スカラムチを広報部長に採用した。

スカラムチは、勝ち誇って一連のインタビューに応じ、プリーバスはじきに辞任を迫られるだろうとおおっぴらに述べた。「ラインスはクソ野郎で妄想型統合失調症で偏執症だ」とスカラムチはいった。[4]

七月二八日金曜日の朝、オバマケアを廃止してべつの制度に置き換えるというトランプの公約は、議会にはねつけられた。トランプはプリーバスに責任をかぶせた。プリーバスは議会に通暁《つうぎょう》していて、共和党指導部と密接な関係を築いているはずではなかったのか。プリーバスがいくら弁解しても、トランプは信じようとしなかった。「きみはやれなかった」

その日、トランプは演説のために飛行機でロングアイランドへ行った。プリーバスは同行した。エアフォース・ワンの機首に近い専用キャビンで、二人は話をした。

プリーバスは、前夜に辞表を提出していた。うんざりしていたし、トランプにとっても役に立つ存在ではなくなっているとわかっていた。

後任にはだれがいいだろうとトランプは考え、国土安全保障長官で元海兵隊大将のジョン・ケリーと話をしたといった。ケリーをどう思う？　トランプはきいた。

ケリーなら最高でしょう、プリーバスはいった。

トランプは同意し、ケリーは適任だと思うといった。だが、まだケリーにこの仕事の話はしていないといった。

プリーバスは、自分の辞任があたえる印象を気にしていた。今週末に辞任してもいいですし、プレスリリースを出してもいい。あるいは月曜日でもいい。なんでも大統領の望みどおりに。「どういうやり方でも、準備はできています」

「今週末にやろう」トランプはいった。「これからどうする?」

前にいた法律事務所に戻れるといいのですが。

トランプは、プリーバスをハグした。「手配りはする」トランプはいった。「きみはすばらしい男だ」

エアフォース・ワンが着陸した。プリーバスは駐機場を歩いていった。乗る予定の黒いSUVに雨滴がつき、スティーブン・ミラーとダン・スカビーノが待っていた。プリーバスは、状況をできるだけ明るく考えようとした。

大統領がツイートしたことを知らせる電子音が鳴った。プリーバスは、@realdonaldtrump の最新ツイート[5]を見た。「ジョン・F・ケリー将軍/長官をホワイトハウス首席補佐官に指名したことをよろこんで伝えよう。彼は偉大なアメリカ人で……」

「信じられない!」プリーバスは、心のなかでつぶやいた。「本気か?」

トランプに、発表は週末にすると話したばかりなのに。

だれもトランプのツイートを予期していなかった。それを見たミラーとスカビーノが、プリーバスのSUVから跳びおりて、べつの車に乗った。前首席補佐官は、一人で残された。

ドアを閉めながらプリーバスは、前もって書いておいたツイートを、トランプが誤って発信したのだろうかと思った。ちがう。それはありえない。キャビンでの話は、例によって嘘だったのだ。

その晩、ケリーがプリーバスに会いにきた。二人はともに最前線で戦ってきた仲だったが、ケリーはひそかにトランプに対し、ホワイトハウスの無秩序と混乱を批判していた。自分なら立て直すことができると、ケリーはトランプに告げていた。

「ラインス」ケリーはいった。「ぜったいに私の差し金ではない。この仕事を提示されたのはツイートのあとだ。聞いていればきみに話していた」

筋が通っていないと、プリーバスは思った。ただし、トランプの決定のやり方を知っていれば、納得できる。「大統領には思いやりや哀れみの感情がない。どういう形であれ、そういう精神的能力はゼロだ」

愕然としたケリーは、何時間か連絡を絶った。夫人に電話して、世界でもっとも重要な職務をツイートで示されて、引き受けざるをえなかったと、説明しなければならなかった。

その日の声明でケリーは述べた。[6]「四五年以上も国のために尽くすことができて、幸運でした――まず海兵隊で、それから国土安全保障長官として。アメリカ合衆国大統領の首席補佐官として勤務するように依頼され、光栄に思います」

いろいろな面で、プリーバスはそういうふうに解任されたことを乗り越えられなかった。これを異常な出来事だと思わないのは、物事や人間に対して思いやりや哀れみを感じない人間だけだ、というのがプリーバスの下した結論だった。トランプが二日後に電話してきたことが、それを物語っている。ラインス、どんな調子かな？　どうしている？　トランプは、問題があったとは思っていなかったので、気まずさなどまったくなかったのだ。

一般的にいって、トランプとの関係は、近づけば近づくほど遠ざかる。最初が一〇〇点で、それ以上にはならない。ケリーも最初は持ち点一〇〇だったが、どんどん減っていった。トランプに近づく、とくに首席補佐官になるということは、点数が減っていくことを意味する。支払うものが増えていく。トランプの世界でもっとも重要な部分は、的《まと》でいえば中心の金的《きんてき》ではなく、外側の輪なのだ。雇えるかもしれない人間、部下にできるかもしれない人間、あっさりと捨てられるような人間。雇わなければよかったと思うかもしれない相手。トランプになんの借りもなく、周囲にいても、なにも求めない補佐官や知人も、そこに含まれる。中心にいる人々ではなく、外側の輪が、最大の力を持っている。それはケリーでも、プリーバスでもなく、バノンでもない。

ホワイトハウスを去ってから数カ月後に、プリーバスは分析の最終結果を出した。西棟で自分は、生まれついての殺し屋に囲まれていた、とプリーバスは確信した。彼らは高官で、定期的な仕事の成果——計画、演説、戦略の概要、予算、日々のスケジュール——を出す必要がない。彼らは徘徊する侵入者、混沌を引き起こす集団だった。

会議や大統領の最新の仕事にちょっかいを出す、狩りの女神イバンカがいた。クシュナーもおなじ権利を行使していた。二人は経験もないのに職務をあたえられている。

ケリーアン・コンウェイは、テレビやインタビューに関して影響力を認められ、好きなようにそれを行使していた。プリーバスが管理する広報部や報道官と調整を行なうことはまれだった。

オーバル・オフィスに近いオフィスをあたえられ、トランプの公約を記したホワイトボードを壁にならべているバノンもいる。首席戦略官だとされているが、その業務はまったく実体がない。ナショナリスト－ポピュリストの政治目標がリスクにさらされているときや、一見無関係なことで、議論に加わって熱弁をふるう。自分がなにかをやる必要があるときも、口を出す。

トランプは、リンカーン大統領の規範からすると、大統領落第だ。政敵のチームや、競争相手を議論の場に出さなかった。「生まれついての捕食者を議論の場にならべた」プリーバスはのちに語っている。「好敵手《ライバル》ではなく、敵を食い殺そうとしている人間ばかりだった」

政府での経験がまったくない人間ばかりだということも、驚愕に値する共通項だった。彼らは政治議論や政策論議をかじっただけで、若すぎた。

いくつかの面で、この四人――イバンカ、クシュナー、コンウェイ、バノン――の手口は似通っていた。「彼らは西棟にただはいっていく。武器をおろしてはいけない」プリーバスはいう。「私もおろしはしない」。彼らの議論は相手を説得するためのものではなく、トランプとおなじように相手に勝つ――隷属させ、叩き潰し、信望を貶める――のが目的だった。

「議論の場に生まれついての捕食者がいると物事が進まない」プリーバスはいう。だから、ホワイトハウスは医療や税制改革のような重要問題で、指導力を発揮することができない。外交政策は一貫性を欠き、しばしば矛盾している。

「なぜか?」プリーバスは問いかける。「ヘビとネズミ、ハヤブサとウサギ、サメとアザラシを、動物園で壁のないところに入れたら、むごたらしく血みどろになる。そういうことが起きている」

29

ドナルド・トランプの大統領就任の七カ月後、二〇一七年八月中旬の週末に、バージニア州シャーロッツビルで、数百人規模の白人至上主義者と人種差別に反対する集団とが衝突し、暴力沙汰になった。アメリカの人種分断が、またしてもありありと強調された。

蒸し暑い八月一一日の夜、松明《たいまつ》を持った約二五〇人の白人ナショナリストがバージニア大学のキャンパスを練り歩く無気味な光景は、一九三〇年代のドイツを彷彿させた。彼らは〝ユダヤ人に取って代わられるな〟と叫び、〝血と土〟というナチスのスローガンを唱えた。

翌日、南部連合国のロバート・E・リー将軍の像が撤去されたことに抗議する白人ナショナリストと、差別に反対する集団が乱闘騒ぎを起こし、白人ナショナリストの一人が車で相手方の群れに突っ込み、女性一人を殺し、一九人に怪我を負わせた。ポロシャツにチノパンという服装で、松明を持ち、歯を剝き出してうなる白人たちの映像と、車が残虐に歩行者を跳ね飛ばす動画が、テレビと新聞で大々的に報道された。

八月一二日土曜日、トランプはベッドミンスターのゴルフ場でFOXニュースを見ていた。午後一時にその番組で、バージニア州警察の広報担当の女性が、その乱闘について、「双方とも空き瓶を投げていました。炭酸飲料の缶にセメントを詰めたものや、ペイントボールを投げていました。まるで戦闘でした。怒声をあげてお互いを攻撃していました。発煙筒を投げあったり、化学薬品のスプレーを撒いたりしていました」と述べた。[1]

午後一時一九分、トランプはツイートで平静を呼びかけた。[2]「私たちはみんな団結し、憎悪の理由を糾弾しなければならない。アメリカにはこういう暴力の居場所はない。ひとつにまとまろう！」

その午後の後刻、退役軍人関連法案に型どおりに署名する際、トランプは〝暴力〟という言葉で終わる非難一点張りの台本を手にしていた。トランプは述べた。[3]「憎悪と偏見と暴力をこのような悪質な形で示すことを、私たちはもっとも厳しい言葉で糾弾します」。だが、台本にないことをつけくわえた。「さまざまな側において、私たちの国でそれが長年つづいています。政権がドナルド・トランプであろうと、バラク・オバマであろうと、関係ありません。それはものすごく長いあいだ、つづいてきたのです」。そこで台本に戻った。「アメリカにそのような行為の居場所はありません」

トランプが使った〝さまざまな側〟という言葉が、人々の神経を逆なでした。ネオナチも反人種差別の人々も同等だとほのめかしているからだ。トランプへの痛烈な批判が、共和党指導部も含めた政界全体にひろがった。

「#白人至上主義者によるテロ攻撃である#シャーロッツビルの事件に関する@ｐｏｔｕｓ（アメリカ合衆国大統領）の論評を国民が聞いたことは、きわめて重大だった」マルコ・ルビオ共和党上院議員はツイートした。[4]

「大統領――邪悪なものは邪悪だといわなければなりません」コロラド州選出のコリー・ガードナー

共和党上院議員はツイートした。[5]「邪悪なのは白人至上主義者であり、国内で起きたテロリズムです」「私の兄弟はヒトラーと戦って命を落とした。アメリカでナチスの思想がとがめられないのであれば、なんのためだったのか」。ふだんはトランプの強い味方のオリン・ハッチ共和党上院議員がツイートした。[6]

ジョン・マケイン上院議員は声明を出した。シャーロッツビルでのことは「私たちのよりよき天使と最悪の悪魔との対決だった。白人至上主義者とネオナチは、アメリカの愛国主義と私たちを私たちたらしめる理想に本質的に反している」[7]。

ポール・ライアン下院議長はツイートした。[8]「白人至上主義は害悪だ。この憎悪とテロリズムと対決し、打ち負かさなければならない」。ミット・ロムニーがツイートした。[9]「人種差別、憎悪、いまわしい演説、忌むべき集会、そして殺人。至上主義ではなく蛮行だ」

リンゼー・グラム上院議員は、〈ＦＯＸニュース・サンデー〉に出演し、大統領は「発言を訂正する必要がある。この集団はホワイトハウスのドナルド・トランプが自分たちの味方だと信じているようだ。味方ではないとこの集団にきっぱりと断言することを、大統領に進言する」[10]。

ペンス副大統領がつけくわえた。[11]「白人至上主義者、ネオナチ、ＫＫＫ〔クー・クラックス・クラン〕の憎悪と暴力は、とうてい容認できない。これらの危険な非主流過激派は、アメリカの大衆の生活に居場所はなく、アメリカの議論の場に加わる資格はない。私たちはもっとも厳しい言葉で、彼らを糾弾する」

トランプが白人至上主義者を非難するのを渋っていることに、ニュースの矛先が向けられた。白人至上主義者に共感しているという疑いを払拭する好機を逃した、という指摘もあった。

ケリーが、八月一四日月曜日午前八時に、上級スタッフの秘話電話会議を設定した。ケリーはベッドミンスターにいたが、スタッフの大半はワシントンDCのホワイトハウスにいた。秘話電話会議の機器になにか問題があって、会議開始が遅れた。

「クソっ！」三〇秒ほどが過ぎてから、ケリーがいった。「とりやめる」。すたすたと出ていったので、スタッフのあいだでは、短気で癇癪を起こしやすいという話でもちきりになった。

翌日も不具合があった。

「これはだめだ」ケリーはいった。「クソっ。電話で参加する人間ははずせ。ここにいるものだけで会議をやる」

ロブ・ポーターは、トランプとともにベッドミンスターにいて、シャーロッツビルに関するあらたな演説で汚名を返上する作業を調整していた。原稿はホワイトハウスのスピーチライターが書き、ポーターはトランプが翌八月一四日月曜日にホワイトハウスで演説できるように準備した。トランプが建設的で事態を沈静させる力があることを示すのが目的だった。

ポーターは、ワシントンDCへ戻るエアフォース・ワンの機中で、原稿をトランプに渡した。二人でそれに手を入れた。トランプは、文言が気に入らなかった。政治的正しさ《ポリティカル・コレクトネス》に屈服したと思われたくなかった。

ポーターと、報道官のサラ・ハッカビー・サンダースは、大統領にもう一度演説させるために共同戦線を張ろうと、合意していた。

「とても重要だと思います」サンダースは、トランプにいった。「メディアのフィルターを通さず、アメリカ国民に直接、話しかけることができますから、誤解されるおそれがありません。こうすれば、CNNだろうとMSNBCだろうと、大統領の発言や言葉の意味が行動と食い違っているとほのめかすことができなくなります。この演説は、かなり明確なものでなければなりません。そして、それをやる最善の方法は、大統領がメディアのフィルターを通さず……きわめて正確に、そして単刀直入に語ることです。それによって、メディアにゆがめられることなく、伝えることができます」

トランプは、前の自分の発言を弁護した。「いっぽうが〔もっぱら〕憎悪や偏見に凝り固まっているとは限らないし、ひとつの集団だけが間違っているとは限らない、という意味だった。メディアにかかると、公平な扱いはけっして受けられない。いうこと、やることが、すべて批判される」

「これは正す必要があります」ポーターは説いた。「大統領は、いま思われているような人間だとは思われたくないはずです。大統領は国を団結させなければなりません」。それが道義的義務です。「ネオナチや人種憎悪に駆られている人間をあからさまに非難しないのは、得策ではありません。アメリカには大きな亀裂があります」。中心にいたいというトランプのエゴと願望を、ポーターは強く刺激した。大統領は、国民の傷を癒やし、慰める最高責任者のようなものです、といった。

「たとえるなら、大統領が傷口に軟膏を塗ってくれて、進む方角を示すのを、国民は当てにしています」ポーターはいった。大統領はいい刺激をあたえて、国民を向上させる。救世主として、大統領にはそれができる。

トランプは反論しなかったが、イエスともいわなかった。

ホワイトハウスに戻ると、西棟は改修工事中だった。トランプとポーターは、居室へあがっていった。ポーターは、演説の原稿をノートパソコンに表示した。プリンターがすぐ近くになかったので、トランプとポーターはノートパソコンの画面で作業した。タッチ・タイピングができず、キーボードを使わないトランプは、デスクの奥に座った。ポーターが横で原稿をスクロールし、二人でカット&ペーストをやった。

トランプが途中でいった。「これはわからない」

原稿では人種差別を攻撃し、愛と癒やしが必要だと述べていた。

「これはふさわしくないような気がする」トランプはいった。弱く見られる。謝罪したくはない。

「私にはふさわしくないような気がする」

二人のトランプがいることが、ポーターにはわかった――ふたつの強い衝動がある。明らかに気持ちが二分している。ポリティカル・コレクトネスに屈したくはないが、国民を団結させる必要があると思っている。トランプがじきにそれに気づいて、文言に反対しなくなった。

「わかった。よし」ポーターが原稿をスクロールしながら、トランプの承認した手直しを加えていると、トランプはついにいった。「これをやろう」

葛藤をポーターは察した。感情や決断を隠すことのできないトランプがよろこんでいないのは明らかだった。しかし、取り乱してはいなかった。怒ってもいなかった。ポーターは、承諾を得た一二段落から成る最終稿を、テレプロンプターに入力した。トランプは、外交使節接見の間から演説を行なう。

午後一二時三〇分をすこしまわったころに、トランプはアメリカ国旗と大統領旗のあいだに設置された演壇へ歩いていった。[12] 演壇を両手でぎゅっとつかんだ。眉間に皺を寄せた。厳しい面持ちで、自分は貿易政策と税制改革のことで、経済チームとここで会合していると述べた。経済は力強く、株価は高く、失業率は低いと売り込んでから、シャーロッツビルについてあらたな情報を提供するといった。

司法省は公民権法違反で捜査を開始したと、全国ネットのテレビの視聴者に向けてトランプは語りかけた。「週末の人種差別主義者の暴力行為に加わって犯罪を犯した全員に告げる」トランプはいった。「おまえたちは全責任を負うことになる」

無理強いされて動画で話をする人質のように、身をこわばらせ、居心地悪そうに、トランプは演説をつづけた。「肌の色がどうあろうと、私たちはみんなおなじ法律のもとで暮らし、おなじ偉大な旗にだれもが敬礼します。私たちはお互いを愛し、お互いへの好意を示し、一致団結して、憎悪、偏見、暴力を糾弾しなければなりません。私たちは、アメリカ人として私たちを団結させる愛の絆と忠誠を、ふたたび見出さなければなりません。

人種差別は悪です」トランプは、具体的にいった。「ＫＫＫ、ネオナチ、白人至上主義者、その他のヘイト集団のことです。

すべてのアメリカ人の神聖な権利を擁護し、保護していきましょう」。すべての市民が「心のなかで自分たちの夢を追い、魂の奥の愛とよろこびを表わせるように」。

まるでレーガン大統領かオバマ大統領の演説のように、五分間そうやって語ることができた。

「すばらしかったと褒めるのを忘れるな」ケリーは、上級スタッフにいった。首席補佐官に就任してから、三週間もたっていなかった。

スティーブ・ムニューシンとゲーリー・コーンは、大統領居室に戻るエレベーターの前で、トランプを出迎えた。二人はトランプに賞賛の言葉を浴びせた。「ほんとうにすばらしい演説でした」コーンはいった。「大統領として最高の瞬間のひとつでしょう」。団結し、人種差別の傷を癒やす高尚な道を歩むのは、アメリカの偉大な伝統に則っています。そのあとでムニューシンとコーンはポーターに、よくトランプを説得できたものだといった。

ポーターは、つかのまの勝利だが、国のためにいいことができたと思った。ポーターは、大統領に献身的に尽くしていた。何時間もぶっつづけで仕事をした甲斐があった。

トランプは、ＦＯＸニュースを見るために居室へ行った。元海軍ＳＥＡＬチーム6の隊員で著作家のロバート・オニールは、具体的なことに踏み込んだとしてトランプを全体的には評価したが、「だいたいにおいて、わかった、私が悪かった、ちょっとは取り組むよ、ということですね」と、つけくわえた。[13]

ＦＯＸニュースのホワイトハウス番記者のケビン・コークはいった。「大統領就任から日が浅い時期に最大の国内論争に直面し、四八時間後にトランプ大統領は路線を変更した」

間違いを認めたとほのめかされ、一貫性に欠けていると指摘されたトランプは、怒りをあらわにした。「私の犯した最大の過ちだ」トランプはポーターにいった。「こんな譲歩はするべきではなかった。ぜったいに謝ってはいけない。もとから悪いことはやっていなかった。なぜ弱く見られるようなことをするんだ?」

最初の原稿を書いたのはポーターではなかったが、トランプと四時間かけて推敲し、文言を調整したのは、ポーターだった。しかし、不思議なことに、トランプはポーターに怒りの矛先を向けなかった。「こんなことをやらされたのが信じられない」トランプがいった。やはりポーターを非難してはいなかったが、不満は直接ぶつけた。「私がやったなかで最悪の演説だった。もう二度とこういう演説はやらない」。自分のいったことを蒸し返して、大きな間違いだったといいつづけた。

30

翌日の火曜日、トランプはニューヨークで会議を開いた。道路、橋、学校などのインフラの予算案を検討するためだった。午後にはトランプ・タワーのロビーで、記者会見が予定されていた。ロビーのイバンカ・トランプ・ブランドの製品ディスプレイには、ブルーのカーテンがかけてあった。ロビーにおりていく前にトランプは、シャーロッツビル関連の二度の声明の〝もっとも好都合な部分〟のプリントアウトを要求した。質問された場合に備えて、正確な文言を知っておきたかった。

質問を受けてはいけません。切羽詰まった声で、スタッフ全員がいった。質問を受けるつもりはないと、トランプはいった。

記者会見で、トランプは質問を受けた。[1] シャーロッツビルに関する質問ばかりだった。トランプは、土曜日の声明のプリントアウトを出した。「私がいったのは——土曜日のほうですよ——憎悪と偏見と暴力をこのような悪質な形で示すことを、私たちはもっとも厳しい言葉で糾弾します」。〝さまざまな側〟以降の言葉は省かれたが、トランプは今回ちがうことをつけくわえた。集会で「オルタナ左翼が攻撃を仕掛けました。反対側の集団もまた、かなり暴力的でした。だれもそれをいいたがらないのですが、いま私はそのことを申しあげます。

これらの人々がすべてネオナチではありません。ほんとうです。これらの人々すべてが、白人至上主義者だということなど、ありえません。これらの人々の多くは、ロバート・Ｅ・リー将軍像の撤去に抗議していただけです……来週はジョージ・ワシントン像がそうなるかもしれません。再来週はトーマス・ジェファーソン像がそうなるかもしれません」。いずれも奴隷を所有していた、とトランプは指摘した。「どこまで行ったら止まるのかと、自問したほうがいいでしょうね」

トランプは、前言を撤回した。「双方に非があります……それに、どちらもたいへん優れた人々です。ほかの集団にはもっと悪辣な人間がいますよ……物語にはふたつの面があるものです」


ＫＫＫの有名な元首領、デービッド・デュークがツイートした。[2]「ありがとうトランプ大統領、＃シャーロッツビルでの真実を語る正直さ＆勇気に」

アメリカの陸海空軍と海兵隊と沿岸警備隊のトップは、最高司令官である大統領に、ソーシャルメディアで熾烈な非難を浴びせた。[3]海軍作戦本部長ジョン・リチャードソン大将はツイートした。「シャーロッツビルの事件は容認＆許容できない。＠ＵＳＮａｖｙ（アメリカ海軍）は不寛容《イントレランス》と憎悪に永久に反対する」。海兵隊司令官ロバート・Ｂ・ネラー大将は、「＠ＵＳＭＣ（アメリカ海兵隊）に人種憎悪と過激主義の居場所はない。私たち海兵隊は核心の価値観である名誉、勇気、献身に基づいて暮らし、行動する」と述べた。陸軍参謀総長マーク・ミリー大将はツイートした。「陸軍は将兵すべての人種差別、過激主義、憎悪を許容しない。私たちの価値観と、一七七五年の創設以来、私たちが護ってきたことすべてに反する」。空軍と沿岸警備隊のトップも、同様の声明を発表した。

ＣＢＳのスティーブン・コルベアは、無気味なジョークを口にした。[4]「まるでＤデーのようです。Ｄデーでは連合軍とナチスが戦いました。攻防は激しく、美しいビーチが無残な光景に変わりました。ゴルフコースに使えたかもしれないのに」

トランプが質問を受けるあいだ、ジョン・ケリー元海兵隊大将はトランプ・タワーのロビーに渋い顔で立っていた。コルベアはいった。「こちらは四つ星の将軍です。イラク、なんの問題もない。アフガニスタン、われわれにはできる。トランプの二〇分間の記者会見は？　すでに泥沼です」

ポーターは、トランプ・タワーのロビーの端のほうで傍観していた。ショックを受け、打ちひしがれ、信じられない思いだった。その後、トランプが二番目の演説のことを持ち出したときに、ポーターはいった。「二番目の演説が、三つのなかで唯一、いい演説だと思いました」

「きみと話をしたくない」トランプは答えた。「近づかないでくれ」

後日、ケリーはトランプにいった。声明を三度出したので、「だれでもそのうちのひとつを選べます。それが大統領に有利に働くかもしれません。あるいは最善の結果だったかもしれません」。家内は火曜日の声明と記者会見が気に入っていました。三度目のとき、大統領は力強く、昂然《こうぜん》としているように見えたので。

フォーチュン五〇〇にはいる大企業では珍しいアフリカ系アメリカ人の企業幹部である、大手製薬会社メルクのケネス・フレージャーＣＥＯは、トランプが設置したアメリカ製造業評議会（ＡＭＣ）を辞任すると発表した。[5]ＡＭＣは大統領の諮問機関だ。

「アメリカの指導者たちは、憎悪、偏見、特定の集団の優越性の表明を、明確にはねつけることで、私たちの基本的な価値観を尊重しなければなりません……メルクCEOとして、また個人の良心の問題として、私には不寛容と過激主義に反対する責任があります」フレージャーは声明でそう述べた。

一時間とたたないうちに、トランプはツイッターでフレージャーを攻撃した。[6] フレージャーが辞めたので、「ぼったくりの薬価を下げる時間ができた！」と書いた。

アンダーアーマーとインテルのCEOも、フレージャーに倣って辞任した。

怒りの収まらないトランプは、二度目のツイッターでフレージャーに殴りかかった。[7] メルクは「雇用を戻し＆薬価を下げろ！」とトランプは書いた。

八月一五日火曜日、トランプはツイートした。[8]「製造業評議会からドロップアウトしたすべてのCEOに告ぐ。代わりはいくらでもいる」。辞任した人間を、〝スタンドプレー好き〟と呼んだ。

トランプの記者会見は、第二の諮問機関である戦略・政策フォーラムと、AMCのメンバーにとって耐え難いものだった。その日のうちに、3M、キャンベルスープ、GEのCEOがAMCからの辞任を表明し、AFL－CIO（アメリカ労働総同盟産業別会議）の会長やアメリカ製造業連盟の代表も辞任した。

JPモルガン・チェースのジェイミー・ダイモン会長は社員に、戦略・政策フォーラムは解散を決定したと告げた。トランプは、先手を打って、その二機関を解散するとツイッターで発表し、辞任の雪崩《なだれ》を終わらせようとした。[9]「製造業評議会＆戦略・政策フォーラムに属するビジネス界の人々に圧力がかかる前に終わらせることにした。みなさんありがとう！」

しかし、もっとも目についたのは、ライアン下院議長とマコネル上院共和党院内総務の反応だった。共和党のトップである二人は、CEO数人に電話し、堂々と主張したことをひそかに称揚した。

八月一八日金曜日、ゲーリー・コーンは、ロングアイランドのイーストハンプトンから、ニュージャージー州モリスタウンへ、ヘリコプターで行った。[10] 着くと土砂降りの雨で、ベッドミンスターのゴルフ場へ行く許可を得るまで、駐機場で待たなければならなかった。辞任状を持っていた。もう耐えられなかった。娘の大学寮の部屋に、だれかがナチスの鉤十字章を取り付けていた。

コーンは、トランプがメンバー&ゲスト・ゴルフ・トーナメントで演説をするクラブハウスへ行った。拍手喝采に迎えられてはいっていったトランプが、握手と言葉を交わし、自分が前にトーナメントで優勝したことに触れた。コーンはブッフェの料理を持って、個室のダイニングルームにそっとはいっていった。

「大統領」二人だけになると、コーンはいった。「私と家族は、大統領のせいで非常に困った立場に追い込まれました。これを長々と議論するつもりはありません」

「きみは、自分がなにをいっているか、わかっていない」トランプがいった。

トランプがいったこと、いわなかったことについて、二人は話し合った。

「それ以上なにかをいう前に」トランプがいった。「戻ってもう一度よく聞いてくれ」

「大統領」コーンは答えた。「三〇回くらい聞きました。動画を見たでしょう?」

「いや、動画は見ていない」

「動画を見てください、大統領」コーンはいった。「見てもらう必要があります。松明を持った白人が、〝ユダヤ人に取って代わられるな〟というんです。私はそんな世界で暮らしていくことはできません」（コーンはオハイオ州生まれのユダヤ人）

「よく聞き、よく読んでくれ」トランプはいった。「私は動画を見る」

お互いにそれをやってから話し合おうと、二人は合意した。

「私はなにも間違ったことはいっていない」トランプはいった。「いったことは本気だった」

「月曜日の声明はすばらしかったですよ」コーンはいった。「土曜日と火曜日はひどかった」

翌週の月曜日、ホワイトハウスでコーンはオーバル・オフィスへ行った。[11] イバンカがソファに座っていた。ケリーが椅子のうしろに立っていた。

コーンがオーバル・オフィスにはいりかけると、トランプがいった。「それじゃ、どうしても辞めるんだな？」

「はい、大統領。辞めます」

「私は間違ったことはやっていない」トランプはくりかえした。きみが辞めるのは「パーク街のリベラルの友だちのせいだな。奥さんのせいにちがいない」。トランプは、コーンの妻を非難した。ある偉大なゴルファーの話をはじめた。ゴルファーは週末に家にいないので、妻が文句をいう。彼はかつては偉大なゴルファーだったが、妻のいうことを聞いたために、いまはゴルフボールを売っている。

トランプ流の悪妻理論だった。

「みんながきみのポストを狙っている」トランプはなおもいった。「きみに任せたのが間違いだった」トランプは、悪意に満ちた言葉を吐きかけた。背すじが寒くなった。コーンは、そんなふうにいわれたり扱われたりしたことは、一度もなかった。「**これは裏切りだ**」とトランプがいった。

トランプは、コーンが罪悪感に襲われるように仕向けようとした。「きみは私たちの政策を動かしてきた。いま辞めたら、税制改革はボツになる。よくそんなことができるな」。コーンは何カ月もかけて減税に取り組み、議会と交渉している最中だった。大規模で複雑な作業だ。「やりかけで私を置き去りにするのか」

「大統領、やりかけで置き去りにしたくはありません。裏切られたと思われたくもありません。私にとっては、評判がこの世のなによりも重要です。ホワイトハウスではほとんど無給で働いています。重要なのはお金ではない。国の役に立つことが重要です。私が裏切っていると大統領が考えるようでは、国の役に立つことなど、ぜったいにできません」。譲歩して、つけくわえた。「税制改革だけは残ってやります。でも、残るのなら、口を閉ざしていることはできません」

ペンス副大統領がはいってきて、コーンの横に立ち、そっと触れて好意を示した。コーンには残ってもらわなければならないが、彼が置かれている立場はよくわかると、ペンスはいった。コーンは公になにかをいわなければならないだろう。

「表に出て、なんでも好きなことをいえばいい」トランプがいった。「ムニューシンもなにかいった」

ムニューシンは、声明を発表していた。[12]「憎しみに満ちた輩《やから》の行動を、私は強く非難します……私も現政権の大統領も、このものたちを弁護するつもりは毛頭ありません」。シャーロッツビルでの事件に対するトランプの最初の反応を引き合いに出して褒めた。「私はユダヤ人ですから……この件で自分を、あるいは大統領を弁護しなければならないというのは、信じがたいことですが、ネオナチなどの暴力を肯定するヘイト集団が、法を守って平和なやり方で抗議する集団と同等であるなどということを、大統領はどのような形であれ信じてはおりません。そう断言するのが、自分の義務であると存じます」

トランプは、自分と距離を置こうとしているそのほかの人間の名前を挙げた。

「私には演壇《プラットフォーム》がありません」コーンは答えた。

「どういう意味だ?」トランプがきいた。

閣僚は広報部門を従えています、とコーンは説明した。「いつでも公の場に出ていって、声明を述べられます。私は大統領の顧問です。記者会見を開く権限はありません」

「かまわない」トランプはいった。「いま演壇《ポディアム》に行って、声明を出せ」。ホワイトハウスの記者会見室の演壇に行っていいと、コーンに勧めていた。

「それはできません、大統領。問題を引き起こします。やめましょう。私なりのやり方でやります」

「どういうやり方でもかまわない」トランプはいった。「ただ、税制のことが片付くまでいてほしい。それに、なんでも好きなことをいえばいい」

「発表する前にご覧になりたいですか?」

トランプは、迷っているようだった。「いや」最初はそういった。「なんでもいいたいことをいえ」。そのあとで、どういうものになるかとたずねた。「最初に見せてもらえるか?」

ホワイトハウスの広報部と相談すると、コーンは答えた。

オーバル・オフィスを出るときに、一部始終を聞いていたケリーがコーンを閣議の間に引き入れた。コーンがあとで書いたメモによると、ケリーはこういった。「私が見たこともないような、すばらしい自制心を示していたね。私なら辞任状を持って、あの男のケツに六回突っ込んだだろう」

数分後、西棟のコーンのオフィスに、ペンスがやってきた。支援すると、あらためていった。いう必要があること、いいたいことを、なんでもいって、ひきつづき国に尽くせばいい、とペンスはいい、すべてに感謝した。

コーンは、《フィナンシャル・タイムズ》のインタビューを通じて自分の意見を知らせることにした。[13]「この政権はもっと改善できるし、改善されなければなりません……辞任と残留の両方について、私は大きな圧力を受けました……自分の苦悩について話さなければならないと思っています……平等と自由のために立ちあがった市民と、白人至上主義者、ネオナチ、ＫＫＫは、ぜったいに同等ではありえません」

二週間ほどトランプが口をきかなかったので、怒っているのだとコーンにはわかった。定例会議で、トランプはコーンを無視した。ようやくある日、トランプがコーンのほうを向いて、「ゲーリー、きみはどう思う?」とたずねた。

政権内で排除されることはなくなったが、傷跡は残った。

ロブ・ポーターにとって、シャーロッツビルの件は限界点だった。トランプは、スタッフのほとんど全員の適切な判断をはねつけた。前にもそういうことがあった。トランプのひねくれた独立心と理性のなさは、潮が引くように弱まったり、洪水のように強まったりする。しかし、シャーロッツビルの件では、堰《せき》を切ったように激しくなった。ほんのいくつかの言葉に拘泥することで、トランプは明確に一線を越えた。「これはもう大統領とはいえない」ポーターはいった。「これはホワイトハウスじゃない。トランプはトランプでしかない」。トランプはなんでもおかまいなしに突進する。

ポーターが間近にいて気づいたように――ホープ・ヒックスを除けば、スタッフのなかでもっとも近い位置にいた――トランプの大統領選挙は、アメリカの分断をふたたび煽っていた。メディアとの敵対関係が悪化した。文化の戦いが、あらためて激しくなった。世間全体が、人種差別主義の色合いを帯びた。トランプがそれを助長した。

シャーロッツビルの事件後、こうした分断を修復しようとしても、ほとんど勝ち目はなくなったのではないかと、ポーターは思った。もとには戻らない。トランプは、ひき返すことのできない一点を越えたのだ。反トランプ派、トランプを嫌っている勢力にとって、トランプはアメリカ的ではない、人種差別主義者だった。反トランプの炎はすでに燃えあがっていたが、トランプはそれに油を注いでいた。炎は燃えつづけ、いっそう赤々と燃えるだろう。

疑念、不信、敵意が、いまでは恒常的になっている。「これは全面戦争だ」

31

シャーロッツビル論争のさなかに、バノンはケリーに電話をかけた。「私はこの男〔トランプ〕のことをよく知っている」バノンはいった。トランプを「ホワイトハウスの人間に掩護させないといけない」。さもないと厄介なことになる。「彼を掩護しなければならない」

それより前に、ボブ・コーカー共和党上院議員が、レポーターに述べていた。[1]「大統領は、まだ安定した態度や力量を示していない」。大統領として成功するには、そういう資質が必要だ。《ポリティコ》は、トランプの怒りという問題について長い記事を載せ、トランプは〝そのときどきの気分に動かされている〟と指摘した。[2]「怒りは、スタッフを管理したり、気に入らないことを表に出したりする道具であり、鬱憤《うっぷん》を晴らすためだけに怒ることもある」

「ホワイトハウスの上級レベルの人間は、これまで一人も、表立ってトランプを弁護していない」バノンはいった。

メッセージ戦争にトランプは勝てるはずだと、バノンは考えていた。[3]「〝こんなことは、もうやめようじゃないか〟と語りかけて、トランプ大統領は――ワシントン、ジェファーソン、リンカーンのように――アメリカ国民と信頼関係を結ぶ。左派の人種・アイデンティティ政治は、すべてを人種差別問題にしようとしている。もっと手を打たなければならない……これではまだ不足だ」

ペンス副大統領は、トランプの穏やかな発言をツイートで忠実に取りあげ、つけくわえた。[4]「@POTUSトランプがいったように、〝アメリカ人として国のために愛をもって団結しなければならない……&お互いを心から好きになって〟 #シャーロッツビル」

バノンは、ケリーにいった。「彼〔トランプ〕が窮地に追い込まれたら、きみは議会の連中のフリーキックを浴びることになるんだぞ。彼を護る仕事をそろそろはじめたらどうだ」

「この仕事がほしいのか？」ケリーはきいた。

「なんだって？」

「きみは首席補佐官になりたいのか？」

「わけのわからないことをいうな」バノンは応じた。「私につっかかることはないだろう。きみにしかできないことはわかっているはずだ」

「いいか」ケリーはいった。「いま私は、ホワイトハウスの要職の半分がいなくなるという問題を抱えている。閣僚も三分の一が辞めるかもしれない。きみはわかっていない。ほんとうに綱渡りの状況なんだ。みんなこれに耐えられなくなっている。この一件は、もっと糾弾されるべきだったんだ。きみに解決策があるのなら……」

バノンには解決策がなかった。辞任するつもりだと、ケリーにいった。

「なあ、私は金曜日に出ていく」バノンはいった。あすが最後の日になる。

それがいちばんいいかもしれない、とケリーはいった。

だが、バノンは、週末にトランプがキャンプ・デービッドへ行くときのことを心配していた。アフガニスタンについて決定するための最後のNSC会議が、そこで開かれる。

「大統領がすべてのオプションと詳細を説明されるように、気を配ってくれ」

「そうする」ケリーはいった。それがいつもの手順だった——大統領に全貌を説明し、全範囲のオプションを伝える。

「ポンペオに発言の機会があるように気を配ってくれ」

そうすると、ケリーは答えた。

トランプがグローバリストの決定に向けて進んでいることを、バノンは知っていた。マクマスターが率いる国家安全保障エスタブリッシュメントが、トランプを陥れようとしている。アフガニスタンがあらたな9・11テロの拠点になるおそれがあるとして、その脅威をトランプにすべて説明したことを示す記録を、彼らは作成していた。脅威が現実になったら、彼らは《ワシントン・ポスト》や《ニューヨーク・タイムズ》に、トランプは警告を顧みなかったとリークするはずだ。

八月一八日のNSC会議の準備段階では、セッションズとケロッグは、アフガニスタンからの撤兵を唱える予定だった。ポンペオCIA長官は、増派ではなくCIA軍補助工作部隊の役割を拡大することを主張するはずだった。バノンとともに練った案だった。マクマスターは、従来の路線どおり、四〇〇〇人の増派を唱える予定だった。

セッションズが口火を切り、9・11テロ以来、上院軍事委員会の委員をつとめていたことに触れた。

それからずっとおなじことばかり聞いています。六〜一八カ月で、アフガニスタンの情勢は好転するという話です。何度もおなじことばかり。そして、あなたがたはつねに間違っていた。オバマは、数万人増派という一大決定の際に力説しました。形勢が大きく変わると約束され、期待された。つねに間違っていました。だからアフガニスタンで一六年間も戦っているのです。いまではタリバンが半分以上の地域を支配しています。いますぐ撤退しましょう。あきらめるのです。

ケロッグが、結論を述べた。「引き揚げなければなりません」

ポンペオは、CIA本部の会議《ラングレー》で、真実を突きつけられていた。〝帝国の墓場〟と呼ばれているアフガニスタンは、出世を棒にふる墓場でもあると、古株の局員に諭された。アフガニスタンではCIAは何年にもわたって対テロ追撃チーム（CTPT）による軍補助工作という補助的な役割を果たしてきた。全面的な責任を負うのは避けている。アフガニスタンは陸軍の問題だと、古株の局員は助言した。そのままにしておいたほうがいい。もうひとつ案があった。ポンペオの提案で、陸軍にCTPTを統制させ、CIAが管理しないようにする。勝利は保証できないし、まず期待薄だから、どこかでだれかが非難されることになる。

ポンペオは、その中庸的な案を説明する段になって、自分の思いつきであるにもかかわらず、欠点をならべ立てた。CIAがCTPTの対テロ活動を拡大するには、約二年かかります。物量の面で準備が整っていないし、インフラもない。特殊部隊の野心的な行動に参加して協働する能力がありません。アフガニスタンのCIA資産は衰退しています。現在では有効な代案にはなりません。

マクマスターがつぎに、現在の路線を維持して四〇〇〇人増派することを唱えた。アルカイダなどのテロリストがアメリカ本土や同盟国を攻撃するのを防止することが第一の戦略目標であるというのが、主な論拠だった。

「それを聞くのには飽き飽きした」トランプがいった。「だって、そんなことは世界のどの国にもあてはまるじゃないか。ＩＳが世界中にいると、きみたちはいいつづけている。私たちに攻撃を仕掛ける可能性があると。米軍が全世界に行くことはできない」

トランプは、ことに将軍たちに怒りをぶつけた。「きみたちがこういう状況を創り出したんだ。惨憺たるありさまじゃないか。きみたちは、アフガニスタンのこの惨状の立役者《アーキテクト》だ。きみたちがこういった問題を生み出した。きみたちは頭がいいが、これだけはいっておく。きみたちが問題の一部だ。そして、それをまだ解決できていない。むしろ悪化させている」

セッションズの主張を取りあげて、トランプはなおもいった。それなのに、私が正しいとは思っていないことに、さらに兵員を投入しようとしている。私は最初からそれに反対していた。

トランプは、腕組みをした。「私は撤退を望む。しかし、きみたちは、もっと深入りするという答えを私に突きつけている」

物静かに意見をいうマティスは、決定に大きな影響力があった。けっして対決はしない。例によって、控え目のほうが効果が大きい、という手法を使った。

大統領のおっしゃることは正しいと思います、マティスはトランプにいった。費用についての直観も正しいでしょう。しかし、新しいやり方はうまくいくかもしれませんよ――オバマのいかにも人工的な時間割を廃止し、現地指揮官に対する制約を緩めます。撤兵はアフガニスタンの政権崩壊を引き起こしかねません。米軍がアフガニスタンから撤退すると、空白が生じて、9・11を引き起こすようなテロリストの安全な避難場所をアルカイダが築くでしょう。アフガニスタン発のそういうあらたな大規模テロ攻撃が、大惨事を引き起こす可能性があることが、問題なのです。

撤退すれば、ISが勃興したときのような大変動が起きる可能性があると、マティスは論じた。アフガニスタンでISはすでに大きな存在になっている。

オバマ政権時にイラクでISが登場したように、大統領の政権下でもおなじことが起きます、マティスは鋭い口調でトランプに明言した。刺のある言葉に、何人かが気づいた。

「どうしてもこれをやらなければならないと、きみたちみんながいう」トランプが渋々いった。「結構だ。やろう。しかし、やはりきみたちは間違っていると思う。どういう目的があるのか、私にはわからない。これまでなにも得られていない。何兆ドルも使っただけだ」大げさにいった。「大勢の命が失われた」。しかしながら、逃げ出して、アルカイダやイランやその他のテロリストのために空白を生じさせるわけにはいかない、と認めた。

会議後に、セッションズはバノンに電話をかけた。「彼は馬銜《はみ》を吐き出したよ」。疲れ切った馬が乗り手の手綱さばきを拒否するようになった、という意味だ。

「だれが?」バノンはきいた。

「きみの乾児《こぶん》、ポンペオだ」

「いったいなんの話だ?」

「見たこともないような、最悪のプレゼンテーションだった」セッションズはいった。自分とケロッグは、最高のできだった。「私としては最高だった。ケロッグもすばらしかった。マクマスターも、これまでにないできだった。きみがいなかったからだ。あとで大統領が、私とケロッグのプレゼンが最高だったといった。しかし、大統領は中庸のオプションを代案にしようと思っているようだ」

「ポンペオはそんなにひどかったのか？」

「まるでやる気がなかった」

「どうしてだろう？」

バノンは、ポンペオに電話をかけた。「いったいどうしたんだ？　せっかくお膳立てして、きみの案にしたのに」

「あの建物をここまでひきずってくるのが、やっとだった」ポンペオがいった。CIA本部を動かせなかったという意味だ。「私には、ほかにも勝たなければならない戦いがある」

ポンペオは、CIA幹部につぎのようにいわれた、と報告した。なんのつもりですか？　長官はこれまで高い評価を受けてきたし、大統領に手法を気に入られています。順調にやっているんですよ。でも、これでは長官が責任をとらされますよ。

CIA本部のある局員が、ポンペオにいった。私たちはアフガニスタンのことで責任を負わされずにすむように、一〇年間気を遣ってきました。どうして志願するんですか？　私たちはそんなことはしてきませんでした。バノンのことは気にしなくていい。あの男は道化です。頭がいかれている。国防総省は、じつは撤退したがっていて、私たちを罠にはめようとしているんです。

ポンペオは、ＣＩＡの立場を説明した。「これを指揮できるような機構がない。これは陸軍がやらなければならないことだ。統合作戦にしろときみはいうが、それができるような資源はＣＩＡにはない。彼らが話しているような規模の専門技術が備わっていない。私たちはそういう責任を引き受けられない。きみはアフガニスタンのことで責任を引き受けたいか？　だって勝つ見込みはないんだよ。勝てないだろうというのは、きみにもわかっているはずだ！」それに、トランプの発言が物事をいっそう困難にしていた。「われわれはどうして勝っていないんだ？　どうして〔タリバンに〕兵士たちを吹っ飛ばされているんだ？」

バノンは、電話でトランプと話をした。「この件についての、私の立場はご存じですね」バノンはいった。「いずれ大統領は中庸の対策に落ち着くだろうと、私は思っています」

「きみは会議をすっかり聞いたわけではない」トランプはいった。「じつは新戦略があるし、われわれは勝てるだろう」

八月一八日のＮＳＣ会議で、トランプはマクマスターのＲ４案を承認した。六〇ページにまとめられた八月二一日付の戦略意見書に、マクマスターが署名し、正式な方針となった。増強《リインフォース》は〝装備と訓練は強化するが、支援を行なうにあたっては、改革を促進するという条件を付す〟。再編成《リアライン》は〝アメリカの民間援助と政治的援助を、政府が支配する重要地域に集中するように再編し、激戦地についてはその都度考慮する〟。調停《リコンサイル》は〝政府が差別撤廃、政治的便宜、選挙参加など、幅広い活動を促進し、各民族・各地域の指導者に手を差し伸べるよう、外交努力で促す〟。地域化《リージョナライズ》は〝地域の当事者と協力する〟。

意見書によれば、タリバンの軍事オプションを制限し、〝武力衝突を減らしてテロリストに安全地帯をあたえないような政治合意の交渉を促すために、〝アフガニスタンの治安環境を立て直す〟のが、会議で打ち立てられた目標だった。

トランプは、マティスがタリバンとパキスタンのテロ組織ハッカーニ・ネットワークを敵性勢力に指定することに同意した。

一九ページ目の統合戦略の部分に埋もれていたが、〝アフガニスタンの膠着状態は今後もつづくだろう〟し、〝タリバンはひきつづき勢力を広げる可能性が高い〟と、本音が記されていた。

意見書に真実をこっそり書き入れるのは、昔ながらの手口だ。〝勝利は達成されない〟というのが、マクマスターが署名した意見書の結論だった。

「きみに真っ先に電話しているんだよ」トランプは、グラムにいった。「将軍たちと会ったところだ。将軍たちの意見どおりにする」

「そうですか、大統領、それはどの大統領にとっても、もっとも賢明なことでしょうね」

「厳しかった」トランプはいった。「帝国の墓場だからね」。セス・G・ジョーンズのアフガニスタンについての著書の題名を口にした。

「大統領が読んだのがその本だけでよかったですよ」グラムが、ジョークをいった。

トランプは調子を合わせて笑った。

「オフレコだが」。八月一八日金曜日、報道陣がいなかったにもかかわらず、トランプはエアフォース・ワンの機内で、上級スタッフにそういった。[5]「バノンをクビにした。北朝鮮についてのあいつがいったことを読んだだろう？　軍事オプションはないだと？　クソったれ！」

バノンは、リベラル誌《アメリカン・プロスペクト》のロバート・カットナーに電話して、トランプが好戦的に〝炎と怒り〟を浴びせると北朝鮮を脅しているのは、はったりだとほのめかしていた。[6]「軍事解決策はない」バノンは述べた。「われわれは彼らに急所をつかまれている。〝ソウル市民一〇〇〇万人が通常兵器によって開戦から三〇分以内に死なずにすむ方法を示せ〟という方程式の解をだれかが私に示せるならべつだが、そんな馬鹿な話はないだろう」

トランプは、バノンとの言葉の戦争が長引くのを怖れていたし、バノンが静かに辞めなかったことに腹を立てていた。

全国ネットのテレビで放送されるアフガニスタン戦略についての演説は、八月二一日月曜日の夜に予定されていた。[7]バージニア州フォート・マイヤーの将兵が聴衆だった。一大行事だった――大規模な聴衆の前で、トランプははじめて正式声明を発表することになる。

「私の最初の直観は〝撤退〟でした――これまでずっと、私は直観に従うのをよしとしてきました」トランプはいった。目標は〝勝つ〟ことだと三度くりかえしてからつづけた。「兵員や今後の軍事計画については、明かさないことにします」

そういうことで、トランプはブッシュやオバマとはちがい、弱点をあらわにするのを避けた。トランプの戦略には、アフガニスタン戦争の議論を遠ざけるという狙いがあった。大規模な武力衝突がない限り、新聞の第一面やニュースに取りあげられないようにする。

ジョン・マケインが論評した。[8]「アフガニスタンに関する新戦略で、正しい方向に大きな一歩を踏み出したトランプ大統領を、私は褒め称えます」。民主党上院議員で、ヒラリー・クリントンの副大統領候補だったティム・ケインは、アメリカは「アフガニスタンが、私たちのところへ戻ってきて危害を加えるような物事の温床にならないように努力する必要があります」と述べた。[9]

バノンは、スティーブン・ミラーと話をした。「あの演説はどういうことだ？」バノンはいった。「だいいち、これでは振り出しに戻ったじゃないか」

振り出しなどではなかった。オバマの戦略を更新し、強化していた。現実に即していないというのが、バノンの反対の主な論拠だった。「大統領はホワイトハウスで勝利の話なんかできないんだぞ。勝利はありえないんだから」

トランプは、勝利という言説にこだわった。軍、マティス、マクマスターに、大幅に譲歩した。軍は面子を保ち、敗北を認めずにすんだ。

大統領の演説のあとで、ティラーソンは、勝利をものにできないことを明言する方法を見つけた。記者会見で、タリバンに向けて話しかけた。[10]「おまえたちは戦場での勝利は得られない。私たちも勝てないかもしれないが、おまえたちも勝てない」

つまり、膠着状態だということだ。

32

八月に議会が休会するあいだ、ケリーとポーターはベッドミンスターで数週間、トランプといっしょに過ごした。新首席補佐官のケリーは、ホワイトハウスは混乱しきっていると見ていた。プリーバスとバノンは、アマチュアだった。ケリーは、秩序と規律を浸透させるつもりだった。

「すこしはやろうとしてみたんです」ポーターはいった。プリーバスが、秩序を確立しようと果敢に努力したことを、ケリーに話した。数カ月前にプリーバスは、上級スタッフ――マクマスター、コーン、バノン、ケリーアン・コンウェイ、ポーター――を、行政府ビルの戦略室の会議に招集した。

「戦略が必要だ」そのときに、プリーバスはいった。「優先事項はなにか？　それをどう順序だてるか？」戦略室の壁にならべられたホワイトボードに、いくつもの案を書いた。極秘扱いの討議向けの枢要区画格納情報施設《SCIF》のような部屋だった。コンピュータやテレビ会議用の機器がたくさんあった。

その会議で出された案が、真剣に取りあげられることはなかった。トランプは、一人か二人か三人だけしか関与させずに決定を下すことが多かった。意思決定と調整のプロセスがなかった。その状況は、混沌と無秩序というような言葉ではいい足りない。要するに、なんでもありだった。トランプがなにかを思いついて口にする。「私はこれに署名したい」。そこでポーターは、大統領には大統領令を出す幅広い権限があるが、議会が法律を制定し、くつがえされる場合も多いのだと説明する。トランプは、政府がどう機能しているかを、まったく理解していなかった。自分で命令書を書いたり、口述したりすることもあった。プリーバスが首席補佐官だったことからポーターが駆使してきた基本的な戦術は、時間稼ぎと引き延ばし、法的障壁の説明で、ときにはレゾリュート・デスクから草稿を持ち去ることもあった。

ポーターが自分でもいうように、彼はこの何カ月ものあいだ毎日〝手続き厳守の叫び声〟をあげつづけてきた。署名され、命令される物事を、厳しく掌握する必要があったからだ。それが無理なら、せめてか細い糸一本でコントロールしなければならない。

八月二一日、ケリーとポーターは閣僚とホワイトハウスの上級補佐官向けに、二通の内規書を発行した。「大統領秘書官〔ポーター〕は、大統領向け資料の未読箱と既読箱の役割を果たす」。決定通知書、すべての報告書、プレスリリース、ニュース記事など、書類はすべてポーターを通さなければならない。

大統領令は、ホワイトハウスの法律顧問と、法的見解をホワイトハウスに伝える司法省法律顧問局の監査を必要とし、「完成に二週間以上を必要とする」。

「大統領記録法を遵守するため……オーバル・オフィスから出る書類はすべて、大統領秘書官に提出しなければならない」

二通目の内規書（じっさいの内規書には強調のためにアンダーラインが引かれている）は、「決定は最終的ではない——したがって、大統領が署名した決定通知書が審査を通って大統領秘書官が保管するまで――実行されないこともありうる」。〝予算、医療、貿易政策〟などの新規政策案件、〝外交、情報、軍事活動〟などの政府業務も、そこに含まれる。

「口頭でのブリーフィング後になされた決定は」、正式な決定通知書が作成されるまで、「最終的なものではない」。

夢物語にすぎなかった。

ケリーとポーターは、改革された手続きを、トランプにじっくり説明した。

「決定通知書に署名するまで、決定を下すことはできません」ポーターはいった。通知書は長くなくていい。「一ページに収めます」。決定通知書には、裏付けとなる資料を添えなければならない。「でも、どの決定でも、大統領には一ページだけ読んでいただければいいようにします。私が説明しますので、徹底して話し合うこともできます。五人、六人、七人の顧問を集めて会議を開かなければならないこともあるでしょう。ほとんどの場合、決定通知書一枚でやれるようにします」

わかった、とトランプはいった。

最初の数週間、新システムにトランプはいらだったようだった。そのうちにポーターがそれを習慣づけて、毎日二～一〇通の決定通知書を持ってきて、トランプの署名をもらうようになった。トランプは署名するのが好きだった。物事を進めている気持ちになれるからだし、トランプは上下に長い書体で署名するので、黒いマジック・マーカーで書くと威厳があるように見えた。

ケリーが最初の数週間はトランプと親しげだったことに、ポーターは目を留めた。二人は同等の仲間のようだった。トランプのそばにいるとき、ケリーはいつも笑顔だった。トランプとジョークをいい合った。助言し、反応を引き出すこともあった。「大統領、私たちはこれをやったほうがいいと思います」。それに、うやうやしかった。「私はただのスタッフです。大統領がボスです。最高の情報をお届けするように努力します」。完璧な首席補佐官だ。「決定するのは大統領です。どのような方向にも大統領を動かすつもりはありません」

蜜月はすぐに終わった。九月ごろから、ケリーとポーターは、二人きりか、あるいは上級スタッフ数人とともに、話し合うようになった。

「大統領は錯乱している」ケリーがいった。ことに貿易協定や在韓米軍について、なにかが起こりそうだった。「大統領を説得して、やめさせなければならない」ケリーがいった。大統領にはっきりと意見をいう必要がある。大統領は耳を貸さない。

オーバル・オフィスの業務と意思決定が、いよいよ無計画になっていた。「大統領はそれに関して、ほんとうになにもわかっていない。いうことが支離滅裂だ」ケリーはいった。

トランプは、貿易協定の破棄やコストのかさむ外交政策の中止を、いっそう強く主張するようになっていた。ケリーはよくいった。「こんなことをやろうと思うとは、信じられない」。ポーターにじかに訴えた。

「ロブ、これを食い止めてほしい。〔命令書を〕書かないようにしろ。下に行って作成するのをやめさせろ。彼のところへ行って話をして、なんとかなりそうかどうか、教えてくれ。私はけさ彼と電話で話をした。説得しようとした。きみにできないかどうか、試してくれないか？」

在韓米軍を、トランプはつねに課題として取りあげつづけていた。われわれは韓国に補助金をあたえている、とトランプはいい張った。「まったく不合理な話だ」

それはアメリカが支出している国家安全保障費用のなかでも、もっとも役立っている可能性があると、マティスやその他多くのものが指摘したことを思い出してほしいと、ポーターはトランプに頼んだ。駐留によって、北朝鮮のミサイル発射を探知し、抑止するのに不可欠な機密情報が得られていた。八月二五日、NAFTA、KORUS、WTO（世界貿易機関）について包括的な決定を下すことを、トランプが決断した。「これについての話し合いは、むかつくくらいやり尽くした」トランプはいった。「今度は実行だ。実行しろ。NAFTAから離脱しろ。KORUSから離脱しろ。WTOから離脱しろ。われわれはこの三つから抜ける」

コーンとポーターは、貿易に国家安全保障をひっかきまわされたくないと思っているケリーを前面に立てた。ケリーとポーターが、オーバル・オフィスへ行った。「韓国は同盟国です」ケリーはトランプにいった。「KORUSは、大統領が思っているよりも有益な協定です」

KORUSが貿易赤字を減らしていることを示す研究を、ポーターが見せた。

「北朝鮮や地域全体のこともあるので、非常に重要な時期です」ケリーはいった。「貿易に関しては、なにもやらないほうがいいでしょう。大きな枠組み全体からすれば、些細な問題ですから。それで事態が爆発しかねません」。ティラーソンに電話するよう、トランプに勧めた。ティラーソンも、おなじ意見だった。

ティラーソン、マティス、マクマスター、ケリー——国家安全保障問題担当の全員——が、韓国に対する貿易赤字がいまの一〇倍であっても、在韓米軍を引き揚げることは正当化できないと、意見が一致した。考えるだけでも常軌を逸していると、口をそろえていった。

「わかった」九月一日金曜日に、トランプはようやくいった。「KORUS解除の一八〇日前通知を、いまはやらない。今後、やらないということではないが、わかった。きょうはやめておく」

ポーターは、議会担当スタッフ、ホワイトハウスの弁護士団、NSCスタッフに、きょうはひとまず安心だと伝えた。トランプが署名できる書類は作成しないと、約束した。

四日後の九月五日、コーン、ポーター、ほか数人が、オーバル・オフィスへ行った。トランプは、アメリカがKORUSを解除する際に求められている、一八〇日前の通知書の原稿を持っていた。[1]ポーターは書いていなかったし、だれが書いたのかはわからなかった。おそらくナバロかロスだっただろうが、突き止められなかった。

「草稿がある」トランプがいった。「われわれはこれから離脱する。文章を整えて、公式の便箋に書き、送ればいいだけだ。きょうやる必要がある」

マクマスターが、国家安全保障上の理由から反対した。コーンとポーターは、経済面から反対した。

「じっさいに行動し、私の脅しがほんもので、真剣に受け止める必要があることを示さないと、交渉力が強まらない」。そういって、トランプはオーバル・オフィスを出ていった。

トランプは、ポーター秘書官が支配する手続きから脱け出して、親書の新しい草稿を書かせたので、コーンは不安をつのらせた。コーンはトランプのデスクから、草稿を持ち去った。[*]

首席補佐官就任後の最初の数カ月、ケリーはほとんど一日オーバル・オフィスに詰め、すべての会議に出席していた。あまり発言せず、観察者《オブザーバー》と警戒役《モニター》に徹していた。マデリーン・ウェスターハウトの狭い受付オフィスとオーバル・オフィスのあいだのドアがきちんと閉まっていることを、つねに確認した。元共和党全国委員会（RNC）のアシスタントで二七歳のウェスターハウトは、長い茶色の髪と明るい笑みが、ホープ・ヒックスとよく似ていた。プライバシーを守るためだというのが、表向きの理由だったが、これまでのようにだれもが好き勝手に出入りするのを防ぎたいと、ケリーは考えていた。

「だめだ、だめだ、あけておけ」トランプがいうことがあった。「すぐに呼べるように、マデリーンが見えるようにしておきたい」

ホワイトハウスの大統領専属医ロニー・ジャクソン海軍少将は、ほとんど毎日、トランプに会いにきた。すくなくとも週に数回はやってきた。

「きょうは、ぐあいはどうですか、大統領？」トランプが通りかかると、ジャクソンは診察室から首を突き出してきく。ふつうは三〇秒ほど診察し、たいがい鼻スプレーかなにかを使う。

ジャクソン医師がケリーのところへ行くこともあった。「大統領は最近、かなりのストレスにさらされています」とジャクソンがいったことがあった。「ペースを落とすか、スケジュールをゆるめる方法を考えたほうがいいかもしれません」

*プロローグ（11～19ページ）参照

もっと具体的な話をすることもあった。「大統領はふだんよりも大きなストレスを負っています。あすのスケジュールを減らしたほうがいいかもしれません」

ケリーの解決策は、トランプの〝執務時間《エグゼクティブ・タイム》〟を増やすというものだった。トランプはふだん、勤務開始のスケジュールを自分で決め、居室に戻る時間もまちまちだった。

ケリーは、ジャクソンの求めに応じようとした。どの会議が不可欠か？　午前中にトランプの空き時間を三〇分か一時間作るか、夕方のスケジュールを一時間減らすことはできるか？　だが、大統領の仕事には切れ目がないので、トランプは自分も含めた全員をせかして働かせた。

鉄鋼関税について話し合うために、トランプは居室に関係者を集めた。[2] ロス、ナバロ、ライトハイザー、コーン、マクマスター、ポーターが出席した。議論にはもううんざりだ、例外なしにすべての国に関税二五％を課す決定通知書に署名したいと、トランプはいった。

例によって議論は二転三転し、そのうちにムニューシンが、税制改革を最優先事項にしなければならないといった。下院、上院、ホワイトハウスを共和党が支配しているので、税制改革法案を成立させる千載一遇のチャンスだと、ムニューシンはいった。三〇年以上前のレーガン政権以来、本格的な税制改革はなされていない。

税制改革案への賛成票をまとめたいが、共和党上院議員の多くは自由貿易主義者で、鉄鋼関税に猛反対していると、ムニューシンは注意した。

大統領、彼らの票が得られなくなりますよ、とムニューシンはいった。

コーンが賛成し、ポーターも同意した。鉄鋼関税は重要な同盟国との関係を損ねると、国家安全保障上の理由からずっと反対していたマクマスターも、税制改革と共和党上院議員の動きについて、おなじ見方をしていた。

「ああ、きみたちのいうとおりだ」トランプはようやくいった。「これも重要だが、このために税制改革案を危険にさらすわけにはいかない。だから、保留しよう。しかし、税のことが終わったら、貿易のことに移る。そして、真っ先にやる必要があるのは、この鉄鋼関税を課すことだ」

バノンの辞任後、トランプとセッションズは、九月五日に移民に関するあらたな解決策をひねり出した。オバマ政権のＤＡＣＡ（幼少期に親と不法入国した若者の強制送還を猶予する制度）を廃止すると、トランプは発表した。[3] それを〝恩赦優先の手法〟と呼び、議会が六カ月後に代案を用意すると述べた。

二日後の九月七日、トランプはすべての関係者を落ち着かせようとして、ツイートした。[4]「六カ月間の猶予期間中に自分たちがどうなるかを心配している（ＤＡＣＡの）人々よ、心配することはない——法的措置はとらない！」

まだトランプと連絡がとれる状態だったバノンが電話して、強硬な反移民は重要だと諭した。

「これが二〇一三年に共和党を壊滅させそうになったことが、わかっていますか？」バノンはトランプに思い出させようとした。「これが大統領に当選した主な理由ですよ。共和党を壊滅させかねない問題です。この恩赦問題は、ずっと私たちにつきまとってきました」

スティーブン・ミラーは、ホワイトハウスからの伝言を、バノンに伝えた。いまはＤＡＣＡよりも連鎖移民が議論の中心になっている。現在の政策をつづけると、今後二〇年間に移民が五〇〇〇万人増えるという。

ミラーはバノンにいった。「連鎖移民に関して、民主党はぜったいに譲歩しないだろう。それが国を変えた。連鎖移民がすべてだ。それで家族がひとつにまとまる」

ミラーのいうとおりだとわかった。トランプが妥協するような発言をしたとしても、民主党との政策合意は得られない。

「私にはいい弁護士がいない」ある日、トランプはオーバル・オフィスでいった。「ろくでもない弁護士ばかりだ」。ホワイトハウスの法律顧問のドナルド・マクガーンを槍玉に挙げた。「弁護士は何人もいるが、攻撃的ではなく弱い。私の最大の利益を考えていない。忠実ではない。まったくひどいものだ。優秀な弁護士が見つからない」。モラーの捜査に対処するために個人として雇った弁護士もおなじだ。

ポーターは、事前に警告するために、ケリーのオフィスへ行った。二人きりだった。「こういう筋書きは、前にも見たことがあります」ポーターはいった。「心配です。前にも、特別検察官が任命された直後に――コミーとモラーが権力をふるっていたころです――大統領はそれに呑み込まれ、気を取られて、業務を進めたり決定を下したりするのが――大統領らしくするのが――難しくなりました。私たちが政府の仕事を進めるためには、指示が必要なのに、それがおろそかになったんです。

ありがたいことに、私たちは乗り越えました。でも、捜査が進み、重大な局面になったら、こういうことが再燃するのではないかと心配しています。なにがきっかけになるか、見当もつかないんです」

上院と下院のロシア疑惑捜査から浮上するなにかが、きっかけになるかもしれない。「まったくわかりません。しかし、これを認識しておく必要があります。ほかの問題と切り離し、モラー問題に落ち着いて対処できるような時間と空間を大統領にあたえるのに失敗したら、ホワイトハウス全体に伝染してしまいます」。大統領には、時間が必要だ。「怒りを吐き出し、感情的に安定するために」

ポーターは、この件について考えてほしいと、ケリーに頼んだ。「準備ができていれば、私たちは機能しつづけて、これが前のように西棟全体を、何週間もとはいわないまでも何日も麻痺させるのを避けられます」

ケリーはうなずいた。「ああ。私もそれは垣間見た。それに、ひどいことになりそうなのは、想像がつく」

「前回は、やっとのことで乗り越えたんですよ」ポーターはいった。「前よりもひどいかもしれません。ですから、いくつかの筋書きに応じた対策を、いまから練っておく必要があります」

それが賢明だと、ケリーが同意した。「やってみよう」ケリーはいったが、二人ともすぐには案が浮かばなかった。

33

モラーの捜査はたしかに気がかりで、注意をそらす原因になっていたが、トランプが逆上して悪口雑言を吐く原因は、それだけではなかった。ロシアと共謀しているか捜査を妨害しているか、あるいは両方かもしれないと、メディアがたえず報じていたことも、乱心を煽っていた。その結果、「大統領が大統領として勤務する能力が奪われることがあった」とポーターは述べた。

マクマスターも、それに気づいた。トランプはふだんから、国家安全保障問題担当大統領補佐官であるマクマスターの話を長いあいだ注意深く聞くということはなかったが、注意散漫があまりにもひどくなったので、マクマスターはポーターにいった。「注意を引くことすらできない」

「自分に対してだけそうだとは、思わないほうがいいですよ」ポーターは助言した。「大統領は気が散っているようです。一日ずっと、そんなふうでした。ロシアのニュースのことばかり考えているからですよ」

ゲーリー・コーンが、ポーターにいった。「きょうは彼と話をしても無意味だ」

ホープ・ヒックスは心配していた。「彼はこのことで、ひどく気を昂ぶらせているわ」とポーターにいった。無分別な言動を避けるために、トランプには落ち着いてほしいと思っていた。さもないと、あとでまた攻撃される。ヒックスは、トランプにべつの話をさせ、テレビから注意をそらそうとした。さらに、どうでもいいことだと思わせようとした。

集会に向かうために、トランプをエアフォース・ワンに乗せた。出発のときに、トランプがいった。

「最初の一〇分はメディア攻撃だけに使おう」

トランプはポーターに、ホワイトハウスの法律顧問にならないかと、何度かきいた。ポーターは辞退した。

トランプの個人弁護士が、モラー特別検察官に関係する問題を話し合うためにやってきたときも、トランプはポーターに、話に加わってくれと頼んだ。

「ロブ、いてほしい。これに参加してくれ」

「私は大統領の弁護士ではありません」ポーターはいった。「弁護士として仕事をしていません。仮にそうだとしても、個人弁護士ではなく、政府の弁護士ですから、弁護士と依頼人のあいだの秘匿特権を破ることになります。ですから、ここにはいられないんです」

「だめ、だめ、だめだ」トランプがいった。「そんなことはどうでもいい」

トランプの個人弁護士のジョン・ダウドが、「ロブには出ていってもらう必要があるんだよ」となだめなければならなかった。

「いつまでいられるか、わからない」ゲーリー・コーンが、ポーターにいった。「ここは正気の沙汰ではない。大混乱だ。トランプは変わらないよ。きちんとまとめあげ、スライドをいっぱい用意して、有意義で実のあるブリーフィングを大統領にやっても無駄だ。話を聞かないとわかっているから。最後までやれたためしがない。はじめて一〇分もたつと、大統領はべつの話題についてしゃべりはじめようとする。だから、一時間そこにいても、ブリーフィングを最後までやれないんだ」

ポーターは、関連情報、さまざまな視点、費用便益、長所と短所、決定の影響を盛り込んでまとめたブリーフィング資料を用意しようと努力した。役に立たなかった。

ゲーリー・コーンとロバート・ライトハイザー通商代表は、何カ月もかけてトランプを説得し、中国の貿易慣行における知的財産権侵害を調査する承諾を得た。貿易協定をぶち壊すことなく、トランプが反貿易の脅しを実行できる案件だった。一九七四年通商法の第三〇一条に基づき、大統領はアメリカと不公平な貿易を行なっている国に、一方的な貿易制裁措置を実行できる。

中国は、ありとあらゆる規則に違反していた。IT企業の企業秘密を盗み、ソフトウェアや映画や音楽の海賊版を作り、贅沢品や薬品の偽造をするなど、あらゆる盗みをしていた。企業の一部を買収し、技術を盗む。中国で事業を行なうには中国に技術移転しなければならないという条件を課して、アメリカ企業から知的財産を盗む。コーンは、中国を卑劣な腐った悪党だと見なしていた。中国は知的財産六〇〇〇億ドル相当を盗んだというのが、トランプ政権の推定だった。

たんに〝三〇一条〟とも呼ばれるこの条項によって、ライトハイザーは米通商代表部が中国を正式に捜査すべきかどうかを、一年以内に判断することになる。正式捜査になれば、トランプは関税、制裁、その他の措置を中国に課す権限を得る。

ＥＵ、日本、カナダも、中国の知的財産権侵害に対して、アメリカと大規模な協力体制を組んだ。トランプにとって最初の通商法執行になる。

トランプはついに決定通知書に署名することに同意し、中国の知的財産権侵害に対する一年がかりの調査を開始することを演説で発表した。[1] トランプは長い道のりの末に、貿易戦争の前線で、明確に定義できる行動に踏み切ることを許された。

大統領居室で八月に開かれた経済・貿易チームとの会議で、トランプは急に二の足を踏んだ。トランプは、習近平と話をしたばかりだった。中国をターゲットにしたくなかった。「北朝鮮問題で、中国の力が必要になる」トランプはいった。「国連決議一件だけの問題ではない。今後もひきつづき中国の協力が必要になる。演説では中国に触れる部分をすべて削除したい」。習近平とのすばらしい関係を台無しにしたくない。

ポーターが、二ページの決定通知書に中国という言葉が五度出てくるといった。ほかの国には触れていない。何カ月も話し合っていたのは、もっぱら中国についてだった。

「だめだ、だめだ、だめだ」トランプはいった。「中国に特定したくない。全世界を対象にしよう」

法律では、この捜査は特定の国の特定の不公平な貿易慣行に対するものでなければならない。

「この件では、中国です」ポーターはいった。「その事実は避けられません」

「ああ、わかった」トランプはいった。「なんにでも署名するが、声明では中国とはいいたくない」

「中国をターゲットにしているといわずに、これを説明することはできませんよ」

わかった。トランプはいった。公表された声明は、つぎのようなものだった。[2]「外国による知的財産権の盗用は、毎年、私たちの国に数百万人分の雇用と数十億ドルの負担を強いています。長年にわたり、私たちの国から富が流出していたのに、政府はなにもしませんでした……しかし、政府はもはや目をつぶってはいません」。中国については、一回だけ触れた。

コーンとポーターは、三〇一条の発動を許可する決定通知書に署名したことで、トランプが鉄鋼とアルミへの関税をただちに課すのをやめることを願っていた。

貿易赤字は重大だし、関税を課す必要があるというトランプの確信に、二人は異議を唱えたが、トランプの考えは変わらなかった。「私が正しいとわかっている」トランプはいった。「私に反対だというなら、きみたちは間違っている」

トランプが頑なな考えを抱いていて、アメリカと世界の経済に大きな打撃をあたえかねない関税をめぐる論争が、もっとも重要な戦いになるだろうと、コーンにはわかっていた。鉄鋼への輸入関税が失策となって経済を傷つけることを示すデータを、コーンはめいっぱい集めて、トランプに示した。

コーンが送った一七ページの文書は、ブッシュ大統領が同様の理由で鉄鋼に関税を課したが、二〇〇二年から二〇〇三年に得られた関税額はきわめて小さかったことを表わす図表が含まれていた。関税による税収は六億五〇〇〇万ドルで、連邦政府の税収一兆七八〇〇億ドルの〇・〇四%にすぎなかった。

鉄鋼に二五%の関税を課した場合の税収予想は三四億ドルで、二〇一八年の連邦政府の税収予想三兆七〇〇〇億ドルの〇・〇九％に相当する。

鉄鋼を消費するアメリカ企業で数万人の雇用が失われる、とコーンは述べて、それを証明する図表を提出した。

トランプには、貿易赤字は重大だという意見に賛成する味方が三人いた。ウィルバー・ロス商務長官、ピーター・ナバロ、ロバート・ライトハイザー通商代表部代表である。

ナバロは、ブッシュ関税で鉄鋼労働者の雇用が増えたことが、データに含まれていないといった。

「そのとおり」コーンはいった。「鉄鋼業で創出された雇用は、六〇〇〇人だった」

「あなたのデータは間違っている」ナバロはいった。

トランプは、鉄鋼関税を課すと決意していた。「いいか、やってみよう。うまくいかなかったら、撤廃すればいい」

「大統領」コーンはいった。「アメリカ経済を、そんなふうにもてあそんではいけません」。賭けられているものは大きいから、慎重にならなければならない。「一〇〇％うまくいくという確信があるときに、そういう手を打ち、読みが正しかったことを祈るんです。五分五分の確率で、アメリカ経済にそういうことをやってはいけません」

「私たちが間違っていたら」トランプはくりかえした。「もとに戻せばいい」

ＮＡＦＴＡも、トランプの不変のターゲットだった。何カ月も前から、ＮＡＦＴＡから離脱して再交渉したいといっていた。「有利な合意を得るには、古い合意を吹っ飛ばすしかない。吹っ飛ばしたら、六カ月の期限内に、相手国は交渉のテーブルにつくだろう」。イエスという返事を得るために、まずノーといえというのが、トランプの交渉理論だった。

「吹っ飛ばしたら」コーンはいった。「終わってしまうかもしれませんよ。その戦略はリスクが大きすぎます。うまくいくか、破綻するか、ふたつにひとつですよ」

自分も六度、経済的に破綻したにもかかわらず、トランプは気にしていないようだと、コーンは気づいた。破綻もビジネス戦略のひとつにすぎないのだ。席を蹴り、合意を吹っ飛ばすと脅す。**真の力とは、恐怖だ。**

ゴールドマン・サックスは、何十年ものあいだトランプ・オーガニゼーションともトランプ本人とも、取引していなかった。トランプがどんな相手でも勘定を踏み倒す可能性があると、わかっていたからだ。支払わないか、あるいは訴訟を起こす。コーンがゴールドマン・サックスにいたころ、若手のセールス担当が、トランプのカジノと債券取引をしたことがあった。

コーンはその若いトレーダーに、売買の支払いが滞ったらクビになると注意した。トレーダーにとって幸いなことに、トランプは支払った。

不動産業を営んでいたときの考え方を、アメリカを破綻させるリスクの管理と決定に応用するのは無理がある。まったくべつの問題だからだ。

トランプとのべつの話し合いでコーンは、アメリカは中国との貿易を絶対的に必要としているという、商務省の研究を明らかにした。「大統領が中国だとして、アメリカを破滅させたいのであれば、抗生物質の輸出を中止すればいいんです。アメリカ国内で抗生物質がほとんど製造されていないのを、ご存じですか?」その研究は、ペニシリンを含む主な抗生物質九品目が、アメリカ国内で生産されていないことを示していた。アメリカで使用されている抗生物質の九六・六%が、中国からの輸入だった。「私たちはペニシリンを製造していません」

トランプが、不思議そうな顔で、コーンを見た。

「大統領、つまり、赤ん坊が溶連菌感染症で死にかけているときに、どう説明すればいいのか、ということですよ」コーンは、そういう状況で話しかけるように、トランプに向かっていった。「貿易赤字のせいなんです」とでもいうのですか?

「べつの国から買えばいい」トランプが提案した。

「つまり、中国はそれ〔抗生物質〕をドイツに売り、ドイツがそれに利益を乗せて、私たちに売る。中国との貿易赤字は減りますが、ドイツとの貿易赤字は増えます」。利益が乗せられた分を、アメリカの消費者が払うことになる。「それは私たちの経済にとって、いいことでしょうか?」ドイツではない国から買えばいいと、ナバロがいった。

問題は変わらないと、コーンは答えた。「タイタニック号のデッキチェアをならべ替えるだけのことです」

アメリカの自動車産業も、トランプの頭をいっこうに離れない問題だった。中国のせいで自動車産業は大きな痛手を受け、アメリカの労働者がさらにひどい痛手を受けていると、トランプは主張した。

コーンは、集められる限りの優れた統計を集めた。トランプはどうせ読まないはずなので、コーンは図表をオーバル・オフィスに持っていった。アメリカの自動車産業が順調であることを、数字が示していた。ひとつの大きな図表では、デトロイトにおけるビッグ３の乗用車とライト・トラック（バン、ピックアップ、ＳＵＶを含むアメリカの自動車分類）の生産台数は一九九四年と比べて三六〇万台減ったが、ほかの地域、主に南東部で、同数の三六〇万台増えていることがわかった。

全世界で販売されているＢＭＷの３シリーズは、すべてサウスカロライナ州で製造されています、とコーンは説明した。メルセデス・ベンツのＳＵＶも、すべてアメリカ製です。デトロイトで失われた数百万人の雇用は、労働権法のおかげでサウスカロライナ州やノースカロライナ州に移りました」（労働組合加入の強制を禁じる労働権法は州法のため、導入している州ほど企業を誘致しやすくなる）

廃業した工場はどうなんだ？　トランプはきいた。「それをもとに戻さなければならない」

コーンは、べつの書類を用意していた。「ＷＴＯの紛争裁定におけるアメリカの記録です」。ポーターが毎夜、大統領のために編集するブリーフィング・ファイルに含まれている資料だった。だが、トランプはめったに開いたことがない。

「世界貿易機関は、これまでに創立されたなかで最悪の組織だ」トランプはいった。「アメリカはさんざん裁定で負けてきた」

「これは大統領のファイルにはいっていますよ」。コーンは、べつの書類を持ち出した。アメリカはＷＴＯの紛争裁定の八五・七％で勝利を収めている。平均以上の割合だった。「アメリカは、アメリカ産の鶏肉、鉄鋼、自動車に中国が不公平な課税を行なっていた件で、貿易紛争に勝っています。原料とレアアースの不公平な輸出制限の件でも勝っています。アメリカはＷＴＯの紛争裁定制度を利用して、数々の分野で中国の補助金を禁止させてきました」

「でたらめだ」トランプはいった。「間違っている」

「間違っていません。これはアメリカ通商代表部のデータです。ライトハイザーに電話して、確認してください」

「ライトハイザーには電話しない」トランプはいった。

「では」コーンはいった。「私が電話します。これがじっさいのデータです。このデータに反対する人間はいませんよ」コーンはつけくわえた。「事実《データ》です」

コーンは、公の場でもペンス副大統領に応援を求めることがあったが、二人だけの話し合いではつねにそうなった。鉄鋼とアルミの関税について、コーンは論拠を述べた。「マイク、ちょっと手を貸してくれないか」

「きみは正しいことをやっている」ペンスがいった。「私にできることはなさそうだ」

「マイク、鉄鋼とアルミの関税で、インディアナ州はどこよりも大きな打撃を受ける。インディアナ州エルクハートには、世界有数のボートとＲＶの製造業がある。アルミと鉄鋼に関税が課せられたら、ボートやＲＶはどうなる？　きみの州は、このために衰退するぞ」（ペンスはインディアナ州選出下院議員を六期、州知事を一期つとめた）

「ああ、わかった」

「手を貸してくれるだろう？」

「なんでもできることをやる」

いつもどおり、ペンスは距離を置いた。ツイートのネタにされたり、間抜け呼ばわりされたりしたくなかった。コーンがペンスに助言する立場だったら、そう助言していたはずだ——距離を置けと。


ケリーは、ピーター・ナバロが問題の原因だと判断した。ナバロはオーバル・オフィスへ行って、貿易赤字のことでトランプを煽る。トランプはいわれるまでもなく貿易赤字に反対なので、完全な活動家モードになり、きょう署名すると宣言する。

コーンは機会あるごとに、ナバロはひどい災厄だと、ケリーに話していた。やつをお払い箱にしろ、クビにしろ、とコーンは主張した。ナバロがいるあいだは、ホワイトハウスはうまく機能しない。

ケリーは、ポーターに意見を求めた。「現状維持《ステイタス・クオ》は、持続不可能《アンサステナブル》でしょう」ポーターはいった。「しかし、ナバロは大統領のお気に入りですから、お払い箱にするのは無理でしょう。大統領が許しませんよ」。ナバロを本人の望むように格上げすることはできない。そんな馬鹿なことはできない。「ナバロをだれかの部下にする必要があります。大統領にじかに報告できるという考えを持たせないように。それなら、ナバロが来るのを、私はたいがい阻止できるでしょう」

ケリーは、統制力を行使しようと決断して、九月二六日に当事者の会議を招集した。[3] まるで決闘だった。ナバロは介添人《セコンド》を連れてくることを許され、スティーブン・ミラーを選んだ。コーンはポーターを連れてきた。

ナバロは、選挙運動中に大統領補佐官にすると約束されたと、切り出した。いまは副補佐官にすぎない。裏切られた。こんなに長引いているとは信じられない。補佐官と副補佐官のちがいについて、大統領に何度も話をした。大統領は、特別補佐官のほうがずっと響きがいいといい、それがさらに低い地位だというのを理解していない。

なんでも好きな肩書と希望どおりの職務をあたえると、大統領は約束した、とナバロはいった。自分と国家通商会議は、アメリカの労働者、製造業という支持基盤、忘れられた庶民を代表している。

「ピーターは組織から離叛している」コーンは応じた。「さまざまな問題を引き起こしている。大統領に嘘を教えている。だれにも規制されていない。ホワイトハウスの混乱すべての原因だ」

「ゲーリーのいうことは筋道が通っていない」ナバロが応じた。「ゲーリーはたんなるグローバリストだ。大統領に忠実ではない」。それに、ポーターはつねに手続きをいじくって、自分が大統領に会えないように、あらゆることを遅らせている。

「わかった」ケリーはいった。「私はもうこんなことに対処していられない。ピーター、きみはNECに加わって、ゲーリーに直属しろ。それしか方策はない。気に入らないようなら辞めていいぞ。これにて会議は終わりだ」

「抗議する」ナバロがいった。「大統領と話をさせてくれ」

「大統領と話はさせない」ケリーはいった。「私のオフィスから出ていけ」

数カ月が過ぎた。「私のピーターはどこだ？」ある日、大統領がきいた。「二カ月もピーター・ナバロと話をしていない」。だが、いつものとおり、その話はそれで終わりだった。

34

トランプの金正恩との対決が、ますます個人攻撃の様相を呈していた。

緊張が高まりつつあるとき、トランプはエアフォース・ワン機内で珍しく考え込むようにいった。

「この男は正気ではない。これが悪い方向に向かわないといいんだが」

トランプは北朝鮮について、相反するさまざまな意見を口にしていた。挑発的で大げさな言葉をいうかと思えば、平和を望んでいると断言した。二〇一七年五月には、〝適切な状況であれば〟金正恩と〝謹んで〟会談するといった。[1] 八月には報道陣に、「北朝鮮はアメリカを脅迫するのをやめたほうがいい。世界が見たこともないような炎と怒りを浴びることになる」といった。[2]

決意が定まらないので、マクマスターは対北朝鮮圧力活動を明確にする新戦略を打ち出した。署名入り文書に明示されているところによると、北朝鮮と中国に圧力をかけて、北朝鮮の核兵器開発計画に関する交渉に応じさせ、ＩＣＢＭ開発を中止させるという計画だった。財務省は経済制裁を進める。国務省は中国に働きかけ、北朝鮮に圧力をかける。

国防総省は、青い稲妻《ブルー・ライトニング》と呼ばれる演習を行なって、北朝鮮領空に侵入し、上空を飛行して、急襲を仕掛けられることを実証する。さらに、限定的なサイバー攻撃を行なって、そういう戦闘能力があることを示し、脅威を見せつける。だが、これらの行動で、意図しない紛争を引き起こさないようにする。

マクマスターは、NSCで何度となく、大統領は北朝鮮が核保有国になるのを容認できないとくりかえした。

だが、トランプは《ニューヨーク・タイムズ》とのインタビューで、ほとんどの物事についての自分の立場をありていに述べた。[3]「私はつねに動いている。どちらの方向にも動いている」

ダンフォード統合参謀本部議長は、J3(統合参謀第三部:作戦担当)に戦略コミュニケーション班を設け、北朝鮮にアメリカの意図を伝える機会を模索した。抑止力が働くように恫喝するのに、どのような行動を行なえるか?

北朝鮮に近い水域に空母打撃群が三個いたので、マティスが不安を口にした。金正恩の予期せぬ反応の引き金になるのではないか? アメリカが回避しようとしている戦争を引き起こしはしないか? 国防総省やホワイトハウスのだれよりも、マティスはこれに大きな不安を抱いていた。

マティスは、歴史家バーバラ・タックマンの『八月の砲声』に心酔していた。「マティスは一九一四年八月のことが頭にこびりついている」ある高官は述べた。「慎重に立案されたと思われていた行動、つまり軍事行動をとった場合でも、意図に反する成り行きになって、戦争という列車から飛び下りられなくなる、という考えに凝り固まっている」。戦争の勢いが増すと、「だれにも止められなくなる」。

マティスは、戦争を望んでいなかった。激しく強い緊張関係だとしても、現状維持と戦争を行なわない戦略がウィンウィンだと考えていた。

くだんの高官はこう要約した。「北朝鮮は封じ込められるというのが、マティスとダンフォードの見方だった。ダンフォードはじっさいに、〝それが私の大統領への助言だ〟と述べている」

二〇一七年九月一九日、トランプ大統領は国連総会ではじめて演説した。[4] そこで北朝鮮の最高指導者、金正恩を〝ロケットマン〟と呼んだ。アメリカは、防御を余儀なくされたときには「北朝鮮を完全に滅ぼすほかに選択の余地はない」と述べた。

三日後に金正恩が反撃した。[5]「怯えた犬ほど大きな声で吠える……トランプは最高統帥権者としては不適格で、彼は明らかに政治家ではない。火遊びを楽しむならず者である。アメリカの老いぼれ狂人を必ず、必ず、火で制するだろう」と述べた。

九月二三日のツイートでトランプは、金正恩を〝ちびのロケットマン〟と呼んだ。[6]

トランプとロブ・ポーターは、エアフォース・ワンの大統領専用キャビンにいた。テレビにはFOXニュースが映っていた。

「ちびのロケットマン」トランプが得意げにいった。「私が考えたなかで最高の綽名《あだな》だ」

「笑えます」ポーターはいった。「それに、金正恩はほんとうに腹を立てたようですね」。しかし、そこで質問した。「最終段階はどうなりますか？　表現がきつくなると、言葉の戦争になり、エスカレートします。大統領は金正恩からなにを引き出そうとしているんですか？　どういうふうにケリをつけますか？」

「弱さを見せてはならない」トランプは答えた。「強さを醸し出さなければならない。国益を後押しするために私がなんでもやる覚悟があると、金正恩やその他の人間に確信させる」

「金正恩に揺さぶりをかけるのですね」ポーターはいった。「それに、大統領がなにをやるかわからない、という雰囲気もほしい。しかし、向こうもなにをやるかわかりませんね。それに、彼が健全なのかどうかもわからない。精神的にちゃんとしているのか？　ほかの国の指導者とはちがって、金正恩には政治的制約がありません。彼は国際社会で重視されたいと思っているような感じです」

「力を示さなければならない」トランプはくりかえした。

「ふと思ったのですが」ポーターはなおも意見を述べた。「金正恩を政治的に追い込めば、服従させることができるのか、それとも挑発してしまうのでしょうか？」

トランプは答えなかった。態度や表情から、金正恩はなんでもやりかねないと思っているようだとわかった。やがて、結論を口にした。どちらが意志が強いのかの競い合いだ。「リーダー対リーダーではそれが重要だ。男対男。私対金正恩だよ」


九月末、ケリーはグラムに、ホワイトハウスへ来てほしいと頼んだ。北朝鮮に関する机上演習が行なわれる。

トランプとティラーソンの相反する意思表示が、ニュースでさかんに取りあげられていた。ティラーソンは何週間も前から、〝四つのノー〟と呼ぶものを公に述べていた。[7] アメリカは政権交代も体制崩壊も模索しない。南北統一を急がない。北朝鮮に派兵する口実を探さない。

「やつはあれこれ憶測しているだろう」ケリーはグラムにいった。金正恩のことだ。

グラムは、ケリーとマクマスターに、衝撃的な提案をした。「中国が金正恩を殺害し、コントロール可能な北朝鮮の将軍に交代させる必要がある」グラムはいった。「中国が北朝鮮をある程度まで支配すれば、北朝鮮は攻撃を仕掛けないはずだ。「明らかに中国が鍵を握っているし、彼らが金正恩を排除する必要がある。われわれではなく、彼らがやる。そして、北朝鮮の核兵器を管理下に置く。事態を沈静化する。あるいは金正恩を抑え込む。大型核兵器への道を閉ざす。私が怖れているのは、金正恩が核兵器を外国に売ることだ」

トランプが中国に、「世界は危険な場所だ。いまの北朝鮮政権が核兵器でアメリカ本土を脅かすようなことを許すわけにはいかない」といえばいい、というのがグラムの提案だった。

そういうことは許さないと、トランプが自分にいったことがあると、グラムは語った。新聞広告を打って、トランプが目の前で口にした発言を国際社会に発表するようなことこそやらなかったが、グラムはできるだけの手を尽くしていた。

ティラーソンが北朝鮮に対話を開始しようと公式に手を差し伸べてから一カ月後の一〇月一日、トランプはツイートした。[8]「私たちのすばらしい国務長官レックス・ティラーソンに、ちびのロケットマンと交渉しようとするのは時間の無駄だといった。エネルギーを節約しろ、レックス、やらなければならないことをやるぞ！」

喧嘩腰のツイートは、アメリカのトップ外交を脅かすものだと、各方面に解釈された。トランプは明らかに衝動の虜になっていた。大統領選挙中は、トランプ自身がオリーブの枝を差し出し、ハンバーガーを食べながら金正恩と交渉しようと語りかけていたのだ。

だが、一般に見過ごされていることだが、もとは存在していなかったリスクの大きい緊急事態を創りあげて、自分の手札のほうが強いように思わせるのは、トランプの得意技だった。核兵器を保有していて暴発しそうな北朝鮮を脅すのは、ちょっと考えられないやり方だが、トランプはそれをやった。それはほんの手はじめだった。ようすを見ながらうまく進めていくという歴代大統領のやり方は、終わりを告げていた。

トランプはほどなくケリーの手綱を締めはじめ、数カ月後には、トランプを操ってきたケリーの手管は通じなくなった。トランプが、外部の人間にコントロールされるのを感情的に嫌っているのは明らかだった。こんなことには耐えられない。繭《まゆ》のなかに入れられているようだ。自分が指揮をとっている感じがしない、といっているようだった。

一一月にトランプは、移民税関捜査局（ＩＣＥ）の職員組合委員長クリス・クレーンがＦＯＸニュースで、トランプに会うことができないと、苦情をいっているのを見た。[9] トランプに裏切られたと、クレーンは述べていた。組合は大統領選挙の六週間前からトランプ支持を打ち出していた。ＩＣＥ職員組合全国委員会として特定の大統領候補への支持を表明したのはこれがはじめてだった。

トランプはかっとなった。

ケリーとクリス・クレーンは、お互いを毛嫌いしていた。ケリーは、国土安全保障長官だったときに、ＩＣＥ捜査官が不法入国を厳しく取り締まろうとするのを阻んだことがあった。

トランプは、ケリーには知らせずに、クレーンがいった。クレーンをオーバル・オフィスに入れた。ケリーにすべての連絡を邪魔されていると、クレーンがいった。私たちは大統領のために危険を冒しました。大統領を支持しました。すべての政策を支持しました。それなのに、私たちは大統領と連絡をとることができません。

クレーンがオーバル・オフィスにいると聞いたケリーが、すたすたとはいってきた。すぐに二人はののしり合った。

「この男のようなろくでもない人間をオーバル・オフィスに入れるとは、信じられません」ケリーはトランプにいった。こういうことがつづくようなら、「私は辞めます！」憤然と出ていった。

ケリーとクレーンが殴り合いの喧嘩をはじめるのではないかと思った、とトランプがあとで周囲の人間にいった。

ケリーは、四五歳の元弁護士、キルステン・ニールセン大統領次席補佐官を国土安全保障省の新長官に任命するよう、トランプに進言した。

「キルステンにしかできません」ケリーは、トランプを説いた。「彼女は国土安全保障省を知悉《ちしつ》しています。私が長官のときの国土安全保障省首席補佐官です。こういうことに、すばらしい手腕を発揮しますよ」

一〇月一一日に長官指名が上院に送られた。[10]

トランプは、コメンテーターのアン・コールターがニールセンを、トランプの国境の壁に反対している〝国境開放狂信者〟だというのを、FOXニュースで見た。[11] おなじくコメンテーターのルー・ドブスが、ニールセンは筋金入りの移民強硬派ではなく、恩赦を支持し、ジョージ・W・ブッシュ政権で要職についていたとつけくわえた。指名承認公聴会でニールセンは、「アメリカ大陸の大西洋岸から太平洋岸に至るまで、壁は必要ありません」と述べ、熱心なトランプ支持者のドブスはこの発言を〝許しがたい〟と評した。[12]

「彼女はひどいと、みんながいっている」トランプはその後、オーバル・オフィスでケリーにいった。「ふざけている。彼女はブッシュ派じゃないか。みんなに嫌われている。どうして私にこんなことをやらせたんだ？」

「彼女は最高です」ケリーはいった。「最高のなかでも最高です。私が個人的に推薦します。国土安全保障省初の女性長官ですよ。優秀だというのを、私は知っています。すばらしい仕事をするでしょう。きわめて効率的な仕事を。彼女は大統領のチームに加わります。私が国土安全保障省にいたとき、彼女は右腕でした。省のことを知り尽くしています」

「ぜんぶでたらめだ」トランプはいった。「彼女はひどい。優秀だと思っているのは、きみだけだ。指名を撤回したほうがいいかもしれない」

ケリーはあきれて両手をあげた。「私が辞任したほうがいいかもしれません」。憤然と出ていった。

その後、ポーターがニールセンの長官任命辞令をトランプに渡して、署名をもらおうとした。

「これにいま署名すべきかわからない」トランプがいった。「彼女のことがよくわかっていない」

「指名が承認されたんですよ」ポーターはいった。上院は六二対三七で可決していた。「大統領は就任式に出席することになります」
　トランプは署名した。

　ケリーは、ブレット・ベイヤーが司会をつとめるＦＯＸニュースの〈スペシャル・レポート〉に出演し、トランプが「進化の過程」を経て「ＤＡＣＡ問題と壁について、姿勢を変えた」と述べた。[13]
　ホワイトハウスでは、トランプが激怒していた。
「ケリーがいったことを聞いたか？」トランプはポーターにいった。「進化だと？　私が変わっただと？　あいつはいったい何様のつもりだ？　私はこれっぽっちも変わっていない。前の私のままだ。私たちは壁を建設する。国境全体に建設する」

　ケリーの次席補佐官ザック・フエンテスは、ホワイトハウス西棟の上級スタッフに、ケリーは長時間、注意を集中することができず、気を散らしやすいと注意していた。
「彼は細かいことまで気を配れる人ではないんだ」国土安全保障省でもケリーの補佐をつとめていたフエンテスはいった。「一ページよりも多い書類を渡してはいけない。ちらりと見るかもしれないが、ぜんぶ読みはしない。重要な箇所にはアンダーラインを引くか、太字にしたほうがいい」。しかし、問題によっては、とりわけ軍事に関することでは、ケリーは全神経を集中して、長い話し合いを求めるかもしれない。

フエンテスはいった。ふつうは「三〇秒しか話ができない。注意をつかむことができなかったら、彼は集中しない」。

ケリーは、ホワイトハウスのトップ二〇人から成る上級スタッフ会議を、ルーズベルト会議室で、毎週月曜日、水曜日、金曜日に開いていた。大統領との会話を検討することが多かった。

「週末に大統領と話をした」ある会議で、その会話を思い出しながらいった。[14]「大統領は、米軍を朝鮮半島から撤退させろと熱くなっていた。韓国のTHAAD《サード》のコストを払わせろと。私は調子を合わせて話をしてから、批判して、それはできないと断言した」

ケリー本人が中央政界で十字砲火を浴び、メディアに批判されるようになると、上級スタッフ会議でメディアや自分の役割について話すことが多くなった。

「マスコミから大統領を護ろうとしているのは、私だけだ」ある会議で、ケリーはいった。[15]「マスコミは大統領を叩こうとしている。滅ぼそうとしている。私は銃弾や矢を受けながら、対決しようと決意している。だれもがわれわれを倒そうとしているんだ。

マスコミは大統領を憎んでいる。私たちを憎んでいる。どんなことでも手を緩めずに襲いかかる。積極的な敵対行為だ。そのため、私たちは来襲する敵弾をこんなに浴びている。彼らが私を攻撃するのは、大統領の前に立ちはだかって護ろうとしているのが私一人だからだ」

ある日、オフィスで少人数の会議を開いたときに、ケリーはトランプについていった。[16]「彼は馬鹿だ。どんなことでも、説得しようとしても無駄だ。彼は正気ではない。私たちは狂気の町にいる。

私たちがここにいる理由すらわからない。これは私が引き受けたなかで最悪の仕事だ」

ケリーは、管理能力を失い、関与できなくなっていた。トランプは、ケリーを通さずに議会の重鎮を呼んだ。自分が首席補佐官と議会担当ディレクターをつとめることを強調するために、チャック・シューマー民主党上院議員、トム・コットン共和党上院議員、リンゼー・グラム共和党上院議員、ディック・ダービン民主党上院議員、閣僚たちを呼んだ。

「マデリーン」トランプは大声で呼ぶ。「ライアン議長と電話をつないでくれ」

トランプが、疑問を投げかけるようになった。「ケリーはどうしている?」ポーターにきいた。「厳しい男だが、やや厳しすぎるように思える。スタッフにあまり好かれていないんじゃないのか」

「ケリーは役に立ってきたと思います」ポーターは答えた。「愛されるよりも怖れられるほうがいい。しかし、彼には限界があります。ケリーの弱点は議会対策だと思う、とポーターはいった。大統領も認識しておいたほうがいいでしょう」。それを本人が認識する必要があると思います。ケリーにはそういう経験がありませんから。首席補佐官に首席政治顧問を兼ねさせるつもりでしたら、ケリーは適任ではないでしょう」

ティラーソンはケリーに、ポーターは国務長官の承認を得ないでトランプに決定通知書の署名をさせていると、何度となく文句をいった。

「きみがレックスを関与させようと努力しているのは知っている」ケリーは、ポーターにいった。

「しかし、決定通知書を大統領にじかに届けるのはまずい――そういうことについて、大統領に説明する立場ではないんだ――きちんと承認を得ているならべつだが」。国務省全体、もしくはティラーソンの首席補佐官のフィードバックだけではじゅうぶんではないと、ケリーは断言した。「レックスと話をするか、メールでやりとりするまで」決定通知書を出すな、とケリーは命じた。

トランプが、この悶着のことを聞きつけた。激しい意見のぶつかり合いが、トランプは好きだった。多種多様な意見があぶり出されるからだ。調和は集団思考につながりかねない。自分のもとで混乱が起こり、波が立つのを、トランプはよしとしていた。

一一月二七日月曜日の午後九時ごろ、ホワイトハウスを離れてから四カ月以上たっていたプリーバスの携帯電話に、トランプが電話をかけてきた。二人は一〇分間、話をした。

間近に迫っているアラバマ州の上院議員選挙はどんなぐあいだ？　トランプがきいた。大洋クルーズに出かけていたようだが、どうだった？　最初の六カ月のあいだに、私たちは驚異的な仕事をしたと、トランプはいった。税制改革はどうだ？　共和党の上院議員たちは、どうして税制改革案を進めないのか？　《ニューヨーク・タイムズ》がその週に載せた記事はクズだと、トランプはいった。

レックスの働きぶりをどう思う？　トランプはきいた。ちゃんとやっているか？

プリーバスは、慎重になった。ティラーソンはみごとに働いているが、大統領に対して厳しすぎると思った。トランプは厳しくされるのを嫌う。

だが、その電話にたいした意味はなかった。トランプは、馬鹿話をする相手がほしかったのだ。ケリーは仕事一点張りだ。じっと座って、くだらない話をするようなことはしない。

一二月一九日火曜日、トランプは、プリーバスをホワイトハウスのランチに招いた。弁護士に戻ったプリーバスにとっては、大統領と親密であることは重要だった。そうやって会うのを公に報じられれば、クライアントに好印象をあたえられる。プリーバスがいまも実力者だということが、世間にわかる。だが、トランプがティラーソンについて疑念を口にしたことを、プリーバスは銘記していた。以前はずっと、プリーバスについても、トランプはいろんな人に探りをいれていた。ラインスの仕事ぶりはどうだ？

嫌な記憶だった。トランプはつねに、相手かまわず、ほかの人間についての評価をきいて、勤務評定をつけようとする。それが人間関係を蝕み、悪い評価がそのまま定着する——すべての人間の評価と身分が傷つけられ、悪化する。

「相手に揺さぶりをかけるのが、トランプの手口だ」プリーバスはいった。「テーブルにチップをすべて置く。それから、ゆっくりと、着実に、チップをひとつずつ取る」。チップは、人間、政策、国、外国の指導者、共和党、民主党、異論、捜査のこともある。トランプは、あらゆる手段をテコに使って相手を動かそうとする。それに成功することもある。「私が見たこともないようなやり方で、テコを使うんだ」

35

税制改革をやるために留任することに同意したゲーリー・コーンは、それを実現しなければならなかった。アメリカの現在の連邦法人税率は三五％で、世界でもっとも法人税率が高い国のひとつだった。法人税を下げることは、共和党と産業界の長年の宿願だった。

当初、トランプは法人減税を話題にするのを好んでいた。ブッシュ政権とオバマ政権の時期、大企業数十社が本社を法人税率の低い外国に移転させた。アイルランドのような法人税の安い国にあらたに親会社を設立し、アメリカ国内の既存の会社を子会社化するという手法で、コーポレート・インバージョンと呼ばれる。トランプの企業家の友人たちにとっては、大きな関心事だった。法人税を引き下げれば、何兆ドルもの税がアメリカに戻ってくる可能性がある。

「法人税率は一五％にしなければならない」トランプはいった。

「大統領」コーンはいった。「がんばってみます」。財務省の計算によって、三五％の税率で法人税を納めている企業はきわめてすくないとわかっていた。さまざまな抜け穴があるし、議会がいくつもの特別減税を成立させていたからだ。

アメリカの法人税が世界各国と大きく食い違っているということに、コーンは同意した。たとえば、アイルランドのような国は、法人税率がわずか九%だった。「ですから、お金をアメリカに戻しましょう」コーンは賛成した。「アメリカの高い法人税を避けるために、何兆ドルもが海外に貯まっています」

約四兆ドルか、それ以上だと、トランプはいった――五兆ドルの可能性もある。

二兆六〇〇〇億ドルであることを示す図表を、コーンは持っていた。

あるとき、トランプは、法人税率を大幅に下げる見返りに、所得税の最高税率――現在は最高区分が三九・六%――を上げることを提案した。

「法人税率を一五%にできれば、所得税の最高税率を四四%にしよう」トランプはいった。

常軌を逸しているとコーンは思ったが、不動産などで控除を受けているトランプが三九・六%の所得税を払うことはめったにないか、一度もなかったにちがいないと気づいた。[1]

「大統領」コーンは説明をつづけた。「最高税率を上げることはできませんよ。無理です」

「どういうことだ？」

「大統領は共和党員でしょう」民主党員のコーンが説明した。共和党はつねに所得税の引き下げを求めます。共和党は、連邦所得税率を七〇%から二八%に引き下げたレーガン大統領の党です。「最高税率を上げたら、大統領は叩き潰されますよ」

トランプは、理解したようだった。

コーンは、ゴールドマン・サックス式の図表一式で、トランプに税制のことを教えようとした。トランプは興味を持たず、目を通さなかった。

オーバル・オフィスでの会議で、トランプは新しい個人所得税率はどうなったかときいた。「切りのいい数字がいい」トランプはいった。「一〇%、二〇%、二五%」。明確な数字のほうが売り込みやすい。

ムニューシン、コーン、行政管理予算局のミック・マルバニー局長が、歳入への影響、財政赤字、連邦政府の支出との関連を分析、研究、検討する必要があると述べた。

「どういう数字になるかが知りたい」といって、トランプはまた数字を挙げた。「一〇、二〇、二五にすべきだと思う」

トランプは、細かい計算は無用だと考えていた。しかし、税率の細かなちがいは、財務省が集める税金の額に、びっくりするほど大きな影響がある。

「そんなことはどうでもいい」トランプはいった。切りのいい確実な数字にするのが肝心だ。「国民にわかりやすい。私が売り込むのに都合がいい」

コーンの税制改革包括法案のもっとも重要な特徴は、一ページ目に書かれていた。〝二～三%の経済成長の伸びが、一〇年間で三兆ドルの予算削減を生み出す〟

「大統領、二～三%の伸びがあれば、できます。税制改革の財源をまかなえます」コーンはいった。経済が成長すればするほど、政府が集められる税金は増える。理論的には単純だが、三%の成長は難しいか、不可能だろう――共和党の夢想でしかない。

トランプは、その思いつきが気に入った。単純さにすっかり夢中になって、高い経済成長について、演説でさまざまに表現するようになった。

レーガン時代のアメリカ経済はきわめて競争力が強かったし、近年は諸外国も減税を行なってきたと、コーンは説明しようとした。歴史的な背景や細かいちがいがある。

「そんなことはどうでもいい」と、トランプはいった。


月曜日の夜、ポール・ライアン下院議長が議長専用会議室で、議会と政権の税制改革推進派六人によるイタリアン・ブッフェの食事会を開いた。〝ビッグ・シックス〟と呼ばれ、ライアン、マコネル、下院歳入委員会のケビン・ブレイディー委員長、上院財政委員会のオリン・ハッチ委員長、ムニューシン、コーンから成っていた。六人は民主党に忌み嫌われていた――五人は保守派の共和党議員だし、コーンはゴールドマン・サックス元社長で、税法を変えようとしている。

六人は四つの原則をまとめあげた。税法の単純化、中間所得世帯への減税、雇用創出および賃金引き上げ。企業が海外に溜め込んでいる数兆ドルをアメリカに戻し、課税すること。

議会の党指導部を黄金のようにあがめるというのが、コーンの取り組み方だった。コーンがゴールドマン・サックスで顧客サービスに数十年携わっていたときは、だれもが最重要顧客なみの扱いを受けた。コーンは顧客に、「休みなしで二四時間対応します。話がしたいときには、話し合いましょう」と告げた。つねに顧客が一番、顧客が重要だった。いまのところ、議会の指導部がコーンの唯一の顧客だった。

ムニューシンは就任直後に、つなぎ予算である継続予算決議と政府債務上限を引き上げる案に賛成するよう要求したため、共和党下院議員の一部と関係が悪化していた。

共和党下院議員を六年間つとめたミック・マルバニー行政管理予算局長は、ある共和党議員がムニューシンにつぎのようにいったとコーンに報告した。ムニューシン長官、私が最後になにかをしろと指図されたのは、一八歳のときでした。父に指図されたんです。それ以来、私は二度と父の話には耳を貸していません。

その後、ムニューシンは、〝パススルー課税〟を利用して低い個人所得税率を利用する際に、対象となる事業所得に上限を設けることを提案した。パススルー課税の九五％は、年収三五万ドル以下に適用されると、ムニューシンは主張した。

だめだ、とライアンとブレイディーがいった。そんな馬鹿な考えは聞いたこともない。パススルー課税が使えなくなる残りの五％のことを、まったく考慮していない。コーク兄弟のような共和党の大口献金者が、そこに含まれている。

ムニューシンは、ライアンやブレイディーの陰で、共和党下院議員の支持を得ようとした。マルバニーが、コーンのデスクにメモを投げた。税制改革を実現したいのなら、ムニューシンを議会に近づけるな。

コーンは、それをケリーに報告した。税制交渉が一一月に激化すると、ムニューシンはイバンカと遊説をはじめ、一一月五日と六日にはカリフォルニア州で、一一月一三日にはニュージャージー州で税制改革案を売り込んだ。[2] 一一月一四日には一人でオハイオ州で演説した。

上院では財政委員会のオリン・ハッチ委員長が、ペンシルベニア州選出のパット・トゥーミー、オハイオ州選出のロブ・ポートマン、サウスカロライナ州選出のティム・スコット、サウスダコタ州選出のジョン・スーンから成るグループを結成して、代理として交渉にあたらせた。ハッチ自身が、税政策には限られた知識しかなかったからだ。コーンは、これらの上院議員との電話にかかりきりになった。

税制改革はかなり難航しそうだということを、コーンは知った。コーンの図表の一枚には、〝連邦所得税体系はきわめて累進的〟と題されていた。それも重要な図表だと、コーンは確信していた。アメリカ全体の実情がわかった。アメリカ国民の四四％は、連邦所得税を払っていない。

二〇一二年の大統領選挙中は、世界的不況の直後だったので、その割合がさらに高かった。[3] 共和党の大統領候補ミット・ロムニーがそれをけなしたことが、記録に残っている。「あちら〔オバマ大統領〕に味方している四七％は、自分たちは犠牲者だと思い込み、政府には自分たちの面倒をみる責任があると思い込んで、政府に依存している。医療、食料、住宅、とにかくなんでももらう資格があると考えている――いわゆる給付金制度だ。政府はきっと、彼らにそれをあたえるだろう。だから、彼らはなにがなんでも大統領に投票する……所得税を払っていない人々だ……私の仕事は、彼らのことを心配することではない。自分たちで生計を立てるという個々人の責務を果たすべきだと彼らを説得するのは、とうてい不可能だろう」

くだんの四四％の大半は、給料から給与支払税を天引きされ、それが社会保障費やメディケアに使われるし、州税、地方税、固定資産税、売上税も払っているが、連邦所得税は払っていない。[4] つまり、わずか五六%から得ている連邦所得税だけが、連邦政府の歳入になる。

低収入の人々の多くが、納税額より多い税金の還付を受けていることを、コーンのスライドは示していた。収入があまりにもすくないので、連邦所得税の課税対象にならないだけではなく、勤労所得税額控除や一七歳未満の子供に対する扶養控除のような制度による還付金を、連邦政府が支払っているからだ。[5]

イバンカ・トランプは、マルコ・ルビオ上院議員やマイク・リー上院議員と協力して、扶養控除を子供一人当たり一〇〇〇ドルから二〇〇〇ドルに増額しようとしていた。それが含まれない限り、ルビオとリーは最終の税制改革包括法案には賛成しないはずだった。「彼らの票を得なければならない」コーンはいった。「私たちはリーとルビオに強請《ゆす》られている」。連邦政府は税と福祉をずっと混淆《こんこう》してきたと、コーンは考えていた。そして、当然ながら、貧困層の救済に税制を利用している。

法人税率が、あいかわらず重要な問題だった。トランプは一五%にこだわっていた。コーンとムニューシンは、ようやく一八%にトランプが同意するところまでこぎつけた。すると、税の権威のライアン下院議長が、トランプに電話して、二〇%にするように促した。オリン・ハッチの上院議員グループとコーンは、二一%という税率に達した。

コーンは、トランプに電話した。この法人税率の利点について、複雑な細かい特徴を説明した。税専門の弁護士は、さまざまな税率の微妙なちがいを理解するだろうし、抜け穴もわかっている。トランプはそういうことは理解できないだろうし、関心も持っていない。

「それで進めてくれ」トランプはいった。
トランプが勝ったといえるようであれば、税制改革法案はどうにでもできるのだと、コーンは気づいた。

トランプには、マーケティングの案があった。「〝カット、カット、カット法案〟と呼べ」。トランプはその名称が気に入って、売り込みのためにライアンとブレイディーに長電話をかけた。電話をすませると、下院では〝カット、カット、カット法案〟と呼ばれるだろうと、トランプは思い込んでいた。

下院では〝減税および雇用法《タックス・カット&ジョブズ》〟と呼ばれた。だが、上院には昔ながらのルールがあり、それでは短すぎるので、いささか信じがたいが、最終的に〝二〇一八会計年度予算の両院一致決議の第二編および第五編に準拠する調整規定法〟という名称になった。

上院で票を集めるには、上院議員それぞれにお気に入りの抜け穴や減税措置を提供するのが肝心だと、コーンは知った。「まるで子供をお菓子屋に連れていくみたいだ」とコーンはいった。チャック・グラスリー、ジョン・スーン、ディーン・ヘラーは、風力発電を含む代替エネルギーへの税額控除を望んだ。スーザン・コリンズは、授業のための文房具などを自前で買う教師への税額控除を要求した。彼女はその控除を含まない法案には賛成しない。ウィスコンシン州選出のロン・ジョンソンは、パススルー企業に減税が適用されるのかを懸念していた。マコネルは、ジェフ・フレークに移民関連の約束をするなど、いくつかの取引をした。
最終法案は、気が遠くなりそうな数字とルールと分類の迷路だった。企業と富裕層がもっとも得をする共和党流の税制改革法案であることに、疑いの余地はなかった。[6] しかし、この法案よって、二〇一八年にはすべての所得層が減税になる。シンクタンクの税政策センターによれば、税引き後所得は平均二・二%上昇する。

ミドルクラスの大部分——課税所得一万九〇〇〇~七万七〇〇〇ドルのアメリカ国民——は、一五%の税率区分から、その下の一二%の税率区分に移り、払う税金が平均数百ドル減る。しかし、この個人所得減税は毎年減らされて、二〇二五年には完全に廃止される。

企業側の利益は、法人税が三五%から二一%に切り下げられることに加え、トランプ・オーガニゼーションを含め、中小企業やパートナーシップ——いわゆるパススルー企業は、事実上、約二〇%の減税になる。

二〇一七年一二月二〇日の午前一時ごろ、ペンス副大統領は上院の議場にいた。上院の採決が賛否同数になった場合に、票を投じるためだった。

法案は五一対四八で可決された。

コーンと親しい民主党の古参上院議員が、コーンのそばに来た。議場を出ていく議員のなかで、もっとも激しく憤っているようだった。

「この法案は、今後一〇年間、被害をもたらしつづけるだろう」その上院議員はいった。「今後一〇年間、私たちはこれを廃案にする努力をする」

コーンは、なだめようとした。「アメリカ企業は競争力を強めなければならない。そうせざるをえない。競合する国の図表を見てほしい——私たちは競争の激しい世界にいるんだ」

個人所得税は、一〇、一二、二二、二四、三二、三五％という税率区分で、最高税率は三七％だった。最高税率を三九・六％から引き下げたのは、共和党の典型的な減税だった。

最終的に、この法案で年間財政赤字は一〇年間で一・五兆ドルに増えると予想されている。共和党指導部とトランプは、ホワイトハウスの南柱廊で自分たちの成功を祝う演説を行なった。[7] トランプはいった。「これが最終的に意味するのは、なんでしょうか？ 雇用、雇用、雇用です」

税制改革法案は、トランプ政権の最初の年に成立した唯一の主要法案だった。

36

二〇一八年初頭、トランプは、スティーブ・バノンを徹底的に辱めた。トランプを赤裸々に描いた『炎と怒り――トランプ政権の内幕』の主な情報源として、バノンが著者のジャーナリスト、マイケル・ウォルフに詳細な話をしたことは明らかだった。

トランプはツイートではなく長い声明で述べた。[1]「スティーブ・バノンは私とも私の大統領としての仕事とも、なんの関係もない。彼は解雇されたときに、仕事だけではなく思慮分別も失ったのだ……一人きりになったスティーブは、私が見せかけているほど勝利が容易に達成できないことを、身をもって学んでいるだろう」

トランプは改革者としてはほとんど失敗しているというのが、バノンの見方だった。国家安全保障の旧秩序が一年目のトランプを打ち負かしたと、バノンは確信していた。例外は、中国に対する強硬な姿勢と、国際問題で中国がほんとうのライバルだと認識したことだった。

バノンは、二〇一七年一二月に公表された五五ページの国家安全保障戦略文書を見て、唖然とした。[2]中東の部分には、政策は〝好ましい地域の勢力均衡を維持する〟ように組み立てられている、と書いてあった。

いったいどういうことだ？　バノンは疑問に思った。これは旧世界への退化だ。政治の安定を模索する、キッシンジャー時代の秩序だ。イランの拡大と覇権を抑え込むための同盟を結成するのが、二〇一七年のトランプのリヤドでの首脳会談の目的だった。〝勢力均衡〟という言葉は、バノンの考えでは、アメリカが現状維持とイランの〝戦争寸前〟戦略を甘んじて認めることを意味する。イランはその戦略によって、対決をきわどいところまで進めつつ、グレーゾーンを残すようにしている。

トランプはイランを押し戻したい――イラク、シリア、レバノン、アラビア半島のイエメンから追い出したいと思っている。そうバノンは確信していた。それには、アメリカ、サウジアラビア、湾岸諸国、イスラエルの連合が必要になる。

中国がほんとうの敵だ。ロシアはたいした問題ではない。ロシア経済はニューヨーク州の経済とおなじ程度の規模――一兆五〇〇〇億ドル――だが、中国経済は、おそらく一〇年以内にアメリカ経済よりも大きくなるだろう。

ナショナリスト－ポピュリスト運動の力はいまも強大だと、バノンは考えていた。だが、旧秩序は、トランプ政権の初年度にその力を鈍らせることができた。旧秩序は屈服しないだろう。

ポピュリスト運動には、長期安定の政治階級を打ち破る力はないとわかった。トランプは、ヒラリー・クリントン一派を貫通できる徹甲弾だったが、そのほかの勢力を打倒することはできなかった。

共和党エスタブリッシュメントがトランプに揺さぶりをかけて動きを封じている、とバノンは確信していた。減税は一〇〇％、企業の利益に沿った減税だった。財政赤字が一兆五〇〇〇億ドル増大する予算は、固定化した政治階級がもたらした最悪のものだ。減税というにわか景気が起きた町で、ロビイストどもが顧客に有利な政治取引をまとめた結果だ。際限がない。泥沼が勝利を収めた（トランプは選挙戦で旧来の政治家を「泥沼」と呼び「一掃する」としていた）。

問題は、国家内の国家ではなかった。喧嘩腰国家になったことだった。

バノンの見方では、トランプの評判をもっとも損ねたのは、二〇一八年一月二六日にスイスのダボスで開かれた世界経済フォーラムでの演説だった。[3]《ニューヨーク・タイムズ》の見出し[4]は、〝トランプ、ダボスにパーティぶち壊し屋として到着。プラグマティストの賞賛を得て去る〟。たしか商工会議所での演説だったと、バノンは記憶していた。トランプはエスタブリッシュメントに目を向けて、おおむねそれを容認した。

トランプのジェフ・セッションズ司法長官への批判は、バノンにとって、ことにいらだたしかった。トランプがセッションズよりもマシな人間を上院に承認させる見込みはないと、バノンは見ていた。不満が、トランプの心の奥底で大きな部分を占めていた。不当にいじめられたと思っている一四歳の少年みたいだった。大人の論理で説得することはできない。ティーンエイジャーの論理が必要だった。

トランプの大統領就任から六カ月間、トランプがメディアにどれほど時間を費やしているかに、だれも気づいていなかった。ぞっとするほど多い。トランプは午前一一時ごろにならないと、仕事をはじめない。一日に六時間か八時間、テレビを見ている。テレビばかり見ていたら脳がどうなるか、考えてみるといい、とバノンは疑問を投げた。

バノンは、トランプに「そのろくでもないのを消せ」と何度もいったと、主張している。

マール・ア・ラーゴで、トランプがゴルフから帰ってくる。二月か三月の土曜日の夕方。うっとりするほど美しい。この世でもっとも美しい光景だった。メラニアがとなりの部屋にいる。トランプは、CNNの民主党支持のパネリストの議論を見て興奮する。他人をけなすことでしかよろこびを感じない連中だと、バノンは見なしている。「なにをやっているんですか？　どうして見るんですか？　消しなさい。無意味だ。楽しく過ごせばいい」とバノンは注意する。

トランプはたいがいこう答える。「見ただろう？　嘘っぱちだ。あいつらはいったい……」

バノンはいう。「メラニアのところに行って、ちょっといちゃついてくればいい」。トランプは、当時一一歳だった息子のバロンとも、あまりいっしょにいない。

バノンは、トランプとは友人ではないと感じていた。トランプにはほんとうの友人はいない。べつの時代――一九五〇年代のアメリカ――に先祖がえりしている。男らしさを重視し、伝統的な男の役割を演じる。

〝#タイムズ・アップ〟や〝#ミー・トゥー〟などの女性運動やフェミニスト運動が、家父長制を終わらせる代替の制度を創出したと、バノンは確信していた。

「トランプは完全なアンチテーゼだ」とバノンは分析する。「悪い父親、はじめてのひどい夫、はじめての恋人。とんでもない仕打ちをして、人生を何年も無駄にさせる。若さを踏みにじる。そして捨てる。しじゅうプッシーをわしづかみにして卑しめるひどいボスだ」

二〇一八年初頭のトランプ大統領のツイートは、まるで北朝鮮と戦争をはじめそうな勢いだった。

トランプと北朝鮮の金正恩が公に言葉の戦いをくりひろげるあいだに高まっていたリスクの全貌を、国民は知るよしもなかった。

最初のきっかけは、金正恩の新年の演説で、国際社会とアメリカ大統領に、核兵器を保有していることを伝えた。

「私の執務室のデスクに核ボタンがあるというのは、たんなる脅しではなく現実だ」金正恩は宣言した。[5]「アメリカ本土のすべてがわれわれの核攻撃の射程内にある」。挑発的な憎々しい脅しだった。

一月二日に大統領日報（ＰＤＢ）を受け取ったあと、トランプ大統領はだらだらと演説した。[6]「この仕事で、私はポーカーを五ゲーム同時にやっている。ほとんどのゲームで勝っている。イランは破産しかけ、政権はすさまじい圧力にさらされている。パキスタンはアメリカの安全保障支援と軍事援助を失うのではないかと怯えている。韓国は貿易問題と北朝鮮との話し合いで、アメリカのいうことをきくようになっている」。絶好調のような口ぶりだったが、五ゲーム目の話はしなかった。

真の力は恐怖だ。

北朝鮮問題の解決策は、金正恩を脅しつけることだった。「こいつはガキ大将だ」トランプはポーターにいった。「気の強い男だ。そういう連中には、強さを見せつけるのがいい。こいつを怯えさせ、策略で負かす」

その晩、トランプはツイートで、こっちのモノのほうがおまえのモノよりもでかいとからかい、ホワイトハウスと外交関係者を動揺させた。[7]「北朝鮮の指導者金正恩は、デスクにつねに核ボタンがあるといった」トランプは、午後七時四九分のツイートに書いた。「衰えて飢えている北朝鮮政権のだれでもいい、私も核ボタンを持っていて、彼の核ボタンよりもずっとでかく&強力なのを、教えてやってくれないか。それに、私のボタンはちゃんと機能する！」

それが金正恩の不安感に働きかけた。この六年間、北朝鮮のミサイル試射は八六回のうち一八回が失敗だったと、核不拡散研究センターが伝えている。

アメリカ合衆国大統領が映画『博士の異常な愛情』に出てきそうな場面を演じた。インターネットはパニックになった。

《ワシントン・ポスト》のツイッター・アカウントが、急いで事実を明らかにした。[8]「ボタンはありません」

オバマ政権の国防副次官補だったコリン・カールがツイートした。[9]「人々はボタンの存在に怯えているのではない。だれからも許可を得ずに数百万人を殺せる人間の精神的不安定さに怯えているのだ」

核戦争を開始するというトランプの脅しは、ツイッターの使用条件に違反しているのではないかと、多くのツイッター利用者が思った。二〇一六年七月に民主党全国大会でヒラリー・クリントンが口にした言葉を思い出したものもいた。[10]「ツイートで執拗に攻撃するのをなんとも思わない人間に、核兵器を任せてよいものでしょうか」

トランプのツイートを支持した人間がいないわけではなかった。保守派の《ワシントン・エグザミナー》の記者はこう書いた。[11]「バラク・オバマ前大統領の抱えていた大きな問題のひとつは、友好国についても敵国についても海外情勢を正しく認識できなかったことだった。そのため、アメリカの絶大な力を行使するのに及び腰だった……サイコロを投げるような、逆のやり方をするトランプは正しいと思う」

トランプはそこでやめはしなかった。それに、世界最大の核保有国であるアメリカが前代未聞の脅迫を行なっただけでは、じゅうぶんではないと思っていた。

公にはされなかったが、ホワイトハウス内部では、在韓米軍の帯同家族――将兵二万八五〇〇人の家族数万人――の避難命令をツイッターで伝えることを、トランプが提案していた。帯同家族を韓国から避難させれば、アメリカが真剣に戦争準備を開始しているというシグナルを、北朝鮮に伝えることになる。

一二月四日、マクマスターはホワイトハウスで警告を受け取った。朝鮮労働党中央委員会の李洙墉《リ・スヨン》副委員長が仲介者に、「北朝鮮はアメリカの民間人引き揚げを、ただちに攻撃が開始される兆候だと受け止める」と伝えたのだ。

軍の帯同家族の避難は、いわば最後通牒のようなものだった。それがツイートされる可能性があると知った国防総省上層部――マティスとダンフォード――は、肝を潰した。避難の可能性があるのを最高司令官である大統領がツイートで宣言するというのは、考えられないことだった。

在韓米軍の帯同家族を引き揚げさせるというツイートは、金正恩を挑発するおそれがあった。北朝鮮は最近、核兵器を手に入れたばかりで、仮想敵国よりも保有数がはるかにすくないから、すぐに引き金を引くかもしれない。一か八か核を使おうという考え方が、優勢になるかもしれない。

そのツイートは発せられなかった。しかし、トランプは断念したわけではなく、在韓米軍の帯同家族の避難問題を、グラム上院議員に相談した。

一二月三日、北朝鮮のＩＣＢＭ試射後、トランプと金正恩の言葉の戦争がはじまる前に、グラムは米軍の家族を韓国から引き揚げるよう主張していた。[12] グラムはＣＢＳの〈フェイス・ザ・ネーション〉で、「配偶者や子供を韓国に行かせるのは、正気の沙汰ではない」と述べている。北朝鮮への将兵の配属は、単身赴任にすべきだと提案し、「米軍の帯同家族を韓国から移動させる潮時です」といった。

それから一カ月たって、トランプが電話したとき、グラムは考えを変えたようだった。

「決定を下す前に、時間をかけてじっくりと考える必要があります」グラムはいった。「決定を下したら、後戻りできないからです。それをやった日に、韓国の株式市場と日本経済が激動するでしょう。一大事ですから」

「待つべきだというのか？」

「大統領」グラムはいった。「戦争をはじめる覚悟があるならべつですが、そのプロセスはぜったいにはじめるべきではないと思います」

トランプは、当分のあいだ在韓米軍の帯同家族問題に関するツイートを控えることにした。在韓米軍の帯同家族問題は消滅していないが、米軍はひきつづき家族を韓国に送り出している。

37

ケリー首席補佐官はトランプに、外交政策顧問のトップ二人、H・R・マクマスター国家安全保障問題担当大統領補佐官とティラーソン国務長官が、サウジアラビアから四〇億ドルを得る交渉役をめぐって、激しく争っていると報告した。暗号名TEAKというシリアの反政府勢力に対するCIAの機密プロジェクトも含めた、シリアでの作戦の一部を、その資金でまかなうことになっていた。

外国でのアメリカの軍事作戦とCIAの活動に、外国の資金を使うというのは、トランプの最大の目標のひとつだった。H・Rの馬鹿野郎、トランプはいった。あのインテリの学者にはビジネスがわかっていないし、交渉などできるはずがない。

ケリーも賛成だった。マクマスターはその仕事には向いていないし、これまでのところ、サウジアラビアとの関係もあまりうまくいっていなかった。サウジアラビアは、シリアでのさまざまな計画に、しばしば巨額の資金を提供していた。ティラーソンによれば、マクマスターがしゃしゃり出て、こういったという。「私がサウジアラビアの国家安全保障担当に連絡する。私が直接、交渉する」

大統領は激怒した。ティラーソンとは何度も揉めたことがあったが、エクソンのCEOを何年もつとめていて、サウジアラビアの王家との交渉に適した経験がある。それに、ティラーソンは、サウジアラビアは信用できないと知っている。トランプにしてみれば、相手を信用しないことは、交渉の第一の鉄則だった。それによって相手を叩きのめし、有利な取引をする。イエスという返事を得るには、したたかで、ノーといえなければならない。どうしてマクマスターは、これをティラーソンから取りあげようとしているのか？　まったく筋が通らない、とトランプはいった。

だが、その二〇一八年一月一九日には、もっと差し迫った問題があった。トランプ就任一周年の、ちょうど前日だった。

韓国の文在寅《ムン・ジェイン》大統領との数回にわたる秘話電話会談で、トランプは米韓で結んでいるKORUSへの批判を強めていた。貿易赤字一八〇億ドルと在韓米軍二万八五〇〇人の駐留費三五億ドルの問題を、けっして取り下げようとはしなかった。トランプは文在寅を嫌っていたうえに、それらの問題をしつこくくりかえすので、二人の関係は悪化していた。激しい思い込みと憤懣が、またしてもトランプを危険な状態にした。

トランプは文在寅に、協定解除の一八〇日前通知を送って、通商関係を終わらせてやる、といった。あなたがたは私たちを食い物にしている、とトランプはいった。貿易と安全保障は分けたい。あなたがたにタダで金をやるのはもう終わりだ！

貿易と安全保障は不可分ですと、文在寅は答えた。私たちはあなたがたと協働したい。なだめるような口調だった。あなたがたは私たちの同盟国、パートナーです。経済関係に多少誤解があるかもしれない。ご理解を得たいと思います。

トランプはいきり立った。THAAD《サード》の費用を支払ってもらわなければならない。どうしてわれわれが、対弾道ミサイルをそこに設置しなければならないのか？

ＫＯＲＵＳ、韓国、新指導者の文在寅を、トランプはさんざんけなした。同盟国に対して怒りをほとんど隠そうともしない態度は、外交手腕としては最低だが、トランプはそういうやり方を好む。国家と国家の関係をぶち壊す寸前まで達していた。

ケリー、マクマスター、ティラーソンは、トランプが敵国――中国、ロシア、イラン、シリア、北朝鮮――よりもすさまじい怒りの声を韓国に浴びせるのは不可解だと、陰気な冗談をいった。

ホワイトハウスの上級スタッフや国家安全保障チームは、戦々兢々としていた。トランプの言動はまったく予測できない。米韓関係は重要だし、ましてその時期には重要性が高まっていた。こういうことは、やめさせなければならない。文在寅が我慢できなくなる前に、手を打つ必要があると、総意が固まった。

二〇一八年一月一九日、マクマスターが、シチュエーション・ルームで国家安全保障会議を開いた。[1] 大統領と上層部――ティラーソン、マティス、ケリー、マクマスター、ダンフォード、コーン――が韓国に関連する問題を話し合うことになっていた。

トランプはすぐに要点を衝《つ》いた。「朝鮮半島に大軍を駐留させることで、われわれはなにを得ているのか？」駐留費用と米軍部隊についての執念をまた持ち出した。

「それだけではない」トランプはつづけた。「台湾を護ることで、われわれはなにを得ているのか？」世界各地でおなじ問題があると、トランプはつねづね考えていた。アメリカは、アジア、中東、ＮＡＴＯで他国の防衛に金を注ぎ込んでいる。韓国がどうして友好国だといえるのか？　トランプは質問した。これからなにが得られる？　トランプは一年間ずっと、憤激していた。満足のいく答えが得られなかったからだ。

マティス国防長官とダンフォード統合参謀本部議長は、利益はきわめて大きいと、あらためて説明した。私たちが安定した民主主義を必要とする地域で、それが得られています、マティスはいった。韓国は最強の防御拠点です――自由な選挙と活気のある資本主義の砦《とりで》です。

韓国の人口は五〇〇〇万人で、世界第二七位ですが、経済では第一一位で、ＧＤＰは一兆五〇〇〇億ドル、ロシアに匹敵します。

特別アクセス・プログラム《SAP》の情報活動によって、アメリカが北朝鮮のミサイル発射を七秒で探知できることを、トランプはすでに説明されていた――それがないと、アラスカの施設で探知できるのは、発射から一五分後になる。攻撃的なサイバー攻撃能力も得られている。北朝鮮のミサイルを発射前と発射後の両方とも、妨害できる。

マティスが、軍と情報の能力を軽視されるのにうんざりしている気配を示した。トランプが、こういったことの重要性を理解しようとしないことにも、嫌気がさしていた。

「私たちは第三次世界大戦を防ぐために、こういったことをやっています」マティスはいった。落ち着いた声だったが、にべもないいい方だった。周囲がはっとするような言葉を吐き、核戦争のリスクを冒すのかとほのめかして、大統領に反駁《はんばく》していた。そこにいた何人もが、時間が止まったような心地を味わった。

マティスがいいたいことがありありとわかったと、出席者の一人が述べている。これをいじくりまわすのはやめろ。われわれは第三次世界大戦を防ぐためにこれをやっている。これはビジネスの賭けとはちがう。破綻してもなんとかなる、というようなものではない。

マティスやほかの面々は、トランプのことで我慢の限界に達していた。わかりきっている基本的な事柄に疑問を呈するとは、どうかしているんじゃないのか？　おい、やめろ！　とマティスがいっているような感じだった。

マティスはなおも諭しつづけた。「私たちは前方に軍を展開することで、本土を護る能力を備えています」。韓国に二万八五〇〇人を駐留させていることだ。出席者が多岐にわたる会議なので、特別アクセス・プログラムには触れたくなかった。

情報収集能力と駐留部隊がなかったら、戦争が起きるリスクは大幅に増大します、とマティスは説明した。韓国と日本を防衛する手段が減少します。これらの資産なしで戦争が起きたら、「残されたオプションは核兵器のみです。ほかの方法では、同等の抑止力を発揮できません」。それに、「同等に費用対効果の優れたやり方もありません」。韓国との取り決めは、これ以上ないくらい有利な国家安全保障上の取引です。トランプの費用便益分析を真似て、説得しようとした。

「しかし、韓国、中国、その他の国との貿易で、われわれは巨額の金を失っている」トランプは反論した。「金はむしろ自分たちの国のために使いたい」。アメリカは貿易不均衡によって、諸外国に補助金をあたえている。

トランプはなおもいった。「ほかの国々が安全保障関連で私たちと取引しているのは、私たちの金をたんまりと奪うためにほかならない」。私たちから盗んでいるようなものだ。

「前方展開部隊は、私たちの安全保障上の目標を達成する、もっともコストが小さい手段です。それに、撤退すれば、同盟国はアメリカに対する信認を完全に失うでしょう」と、マティスは応じた。

ダンフォード統合参謀本部議長が加わって、熱意をこめてそれらの論拠すべてに賛成した。

「きわめて裕福な国に、われわれは膨大な金を注ぎ込んでいる。重荷を分かち合おうとしない国に」トランプが、自論をまた力説した。

そこで、なんの前触れもなく、トランプはケリーに聞いた話を持ち出した。シリアやその他の地域での作戦に使う四〇億ドルをサウジアラビアから得る交渉をだれがやるかについて、マクマスターとティラーソンが揉めている件だ。

マクマスターがティラーソンに引き下がるよう求めた、とトランプはいい、国家安全保障問題担当大統領補佐官のマクマスターを追及した。「どうしてそんなことをするんだ？　サウジアラビアは困惑している。四〇億ドルだぞ。レックスがこれをやる。H・R、手を出すな。レックスからこれを奪うのが賢明だなどと思う理由が、私にはまったく見当がつかない。とにかく、近づくな。レックスがこれをやる。レックスがちゃんとさばくだろう」

マクマスターは、トランプの叱責を冷静に受け流した。彼が主導し、調整することになっている国家安全保障会議で侮辱されることは、これまでに何度もあった。

指揮系統を重視する将軍のマクマスターは、「イエッサー」と答えた。

いっぽう、ティラーソンは、前方展開という主題に話を戻した。「それが最高のモデルです。グローバル・システムです。貿易と地政学で手を組めば、安全保障でよい結果をもたらします」

ダンフォードが、またしてもその意見に賛成した。「韓国への前方展開のコストは、約二〇億ドルです。そのうち八〇〇〇万ドル以上を、韓国が負担しています。将兵に関するコスト負担を、私たちは求めていません」。給料のたぐいのことだ。ダンフォードは、アメリカが自国を護るために行なっている活動に対して、毎年補助金を支払っている国は、ほかにもあると述べた。「本土防衛のための活動に、私たちは年間四〇億ドルの補助を受けています」

「こんなに馬鹿でなかったら、アメリカはもっと裕福になれたはずだと思う」トランプはいった。「アメリカはいいカモになっている。ことにNATOに関しては」。集団防衛は、カモのいい例だ。中東でのすべての戦争、軍事的存在《プレゼンス》、海外援助のための財政的犠牲とコストを、バノンは説得材料としてよく利用したが、トランプもそういう数字でしめくくった。「中東では〔支出が〕七兆ドルだった。国内インフラ向けに一兆ドル捻出することもできないのに」

トランプは出ていった。政権上層部のあいだに、トランプのそういう質問に対する怒りの声があがった。どうしてこんなことをしじゅうやらなければならないんだ？　大統領はいつになったら学ぶんだ？　こんなやりとりをして、自分たちの意見が正しいのを証明しなければならないというのは、信じられない。マティスはことに腸《はらわた》が煮えくり返っていて、不安にさいなまれ、近しい補佐官に、大統領はまるで〝小学五、六年生〟のようにふるまい、理解力もその程度しかないといった。

このNSC会議についてはじめて知ったとき、二〇一〇年にオバマ大統領が、もっとも心配していることについて私に語ったことを思い出した。[2]

「勝負の流れを逆転させる可能性があるものは」オバマはいった。「核兵器だろう……アメリカの大都市を破壊するような威力の……だから私は、常時心配しなければならない物事のリストを作るときに、それをいちばん上に書く。その分野だけは、ミスを犯すことが許されないからだ。そして、会議では真っ先に私たちは問いかける。国家安全保障について検討するときに、警戒怠りなくそれを中心に置いて考えるには、どうすればよいのか？　それが使われるような危険性が、たとえわずかでもないようにしなければならない」

北朝鮮に対する圧力作戦は、二〇一八年二月九日から二五日にかけて韓国で行なわれた冬季オリンピック中は、実質的に中断された。

ダンフォード統合参謀本部議長は、空軍が核弾頭搭載可能な弾道ミサイルの研究と設計のための試射数回を、カリフォルニアから太平洋に向けて行なう予定だということを知った。オリンピックの直前と直後に、それが予定されていた。

アメリカが北朝鮮に中止を求めているたぐいの試射だった。挑発行為になる。ダンフォードが介入し、空軍は試射を控えた。

二〇一八年初頭、北朝鮮には核弾頭つきのミサイルをアメリカ本土に正確に弾着させる能力はないと、ＣＩＡが断定した。北朝鮮のミサイル実験についての情報や、その他の情報分析の結果、ミサイルの大気圏への再突入にも成功していない。だが、目標に向けて北朝鮮が勢いよく前進していることはたしかだった。北朝鮮が弾道ミサイルを完成させていないことを、ＣＩＡは当面、トランプに納得させたようだった。

38

アフガニスタンは、たえずトランプの不満を煽っていた。何カ月も前の二〇一七年九月下旬、トランプはニューヨークの国連総会でレセプションを主催した。アゼルバイジャンのイルハム・アリエフ大統領と夫人が、トランプといっしょにカメラの前でポーズをとった。[1] 中国がアフガニスタンでかなりの量の銅を採掘しているという話を、アリエフが伝えた。

トランプは激怒した。アメリカはアフガニスタンに数十億ドルの戦費を費やしているのに、中国は銅を盗んでいる。

アフガニスタンのガニ大統領は、アフガニスタンの山地で手付かずのまま眠っている莫大な鉱物資源をアメリカが独占的に入手することも可能だと、好餌をちらつかせていた。莫大な金を稼げますから、アフガニスタンから出ていくことはありませんよ、というのがガニの売り口上だった。リチウムなどのレアアース資源は、最先端の電池には欠かせない原料だった。アフガニスタンの鉱物資源には合計数兆ドルの値打ちがあるとする、かなり誇張された推定もある。

トランプは鉱物をほしがっていた。「彼らは私たちに鉱物を差し出すといった！」ある会議で、トランプはいった。「すべて差し出すと。どうして受け取らないんだ？　きみたちはぐずぐずしている。

中国が略奪しているのに」

「大統領」ゲーリー・コーンがいった。「ただそこへ行って鉱物を掘り出すというわけにはいかないんです。法律があり、土地の権利があります」。採掘のためのインフラ建設には、何十億ドルもかかる。

「企業を行かせればいい」トランプはいった。「入札させろ」。うまくすると、莫大なビジネスチャンスになる。資本主義、建設、開発を拡大できる。「われわれはどうしてそれに手をつけていないんだ?」

「われわれとは、だれですか?」コーンはきいた。

「われわれがそこへ行って取ってしまえばいい」トランプはいった。アフガニスタンに送り込める国営鉱山会社があるとでもいうような口ぶりだった。

その後のオーバル・オフィスでの会議で、トランプはきいた。「どうしていままでやっていなかったんだ?」

「NSCの手続きを通じて進めています」マクマスターがいった。

「手続きなど必要はない!」トランプはどなった。「現地へ行って取ってくればいい。タダなんだぞ! だれか、やりたいものはいないのか? だれでも自由に参加できる。この宝の山をほしいものはいないのか?」

ウィルバー・ロス商務長官が志願した。「私が手配します。やります」。商務省の責務であるかのようにいった。

トランプは承認した。
ケリーはほとんど意見をいわなかったが、マクマスター、ロス、コーンをオフィスに呼んだ。マクマスターが、介入しなかったことでケリーをののしった。「どうして梯子《はしご》をはずすようなことをしたんだ。私が手続きを進めているのは知っているはずだ」。マクマスターは、例によって教科書どおりのやり方で、国務省や国防総省やその他の関係省庁と共同作業を行なっていた。「おかげで、大統領の前でさらし者になった！」

アメリカのこれまでの政権が行なってきた国家安全保障の取り組み――NATO、アフガニスタン、イラク――の費用を外国から調達するという発想に、トランプはなによりも魅力を感じていた。それを除けば、有利な取引をすることしか興味がなかった。この件はまさにそれだと、トランプは思っていた。

国務省が、外交面からアフガニスタンの鉱業権の価値を評価した。世界中の過激主義者にとっては、最高のプロパガンダになるだろうと、アナリストたちは結論を下した。アメリカはおまえたちの国を陵辱し、地面から富を盗むために侵攻した。プロパガンダを弱められるような法的根拠を、アナリストたちは探した。

二〇一八年二月七日、ロス商務長官の説明を聞くために、マクマスターは政権上層部を何人か集めて、シチュエーション・ルームで小規模な会議を開いた。[2] その日の朝に、ロスはアフガニスタンの鉱業大臣代行と話をしていた。「中国はまだなにも掘り出していません。世界各地でおなじことをしていますが、中国は莫大な採掘権を保有するだけで、なにもしていません。長期的にやるつもりです。

いますぐに儲ける必要はないからです」

つまり、心配することはなにもない。アフガニスタンにはインフラ、輸送手段、法規、環境規制がない。民間企業は投資しないだろう。

「フェイクニュースだ」ロスがいうと、低い笑いがひろがった。

マクマスターが、鉱物資源の多くはタリバン支配地域にあるので手を出せないとつけくわえた。戦域なので、採掘の前に軍が周辺防御を確立しなければならない。万事が順調に進んだとしても、一〇年はかかるだろう、とマクマスターはいった。

自分がひきつづきこのことを大統領に説明すると、ロスがいった。


ケリーは、船が沈まないように必死に働いているように見えた。二〇一八年初頭の下級スタッフ会議で、ケリーは得意げに告げた。「私はこれでもっとも短命な首席補佐官ではなくなった。ラインスの勤務日数を超えた」。プリーバスは一八九日間勤務した。ホワイトハウスの首席補佐官史上、最短の在任期間だった。

二〇一八年初頭、〈60ミニッツ〉がアフガニスタン戦争を特集し、カブールは武力衝突が激しく、米軍司令官ですら市内を車で通って司令部に行くことができないと報じた。[3] ニコルソン司令官は、三キロメートルの距離をヘリコプターで移動していた。勝つことが目標だというトランプの手法を採用していることを、ニコルソンは明らかにした。「この政策で勝利をものにできます」とニコルソンはいった。

ニコルソンの得た情報と作戦地図は、米軍主導の多国籍軍がアフガニスタンの五〇%を支配していることを示していた。国防総省と国務省の事情通のあいだでは、ニコルソンが「二年以内に八〇%にする」と豪語したことが知られていた。

多国籍軍とアフガニスタン国軍の戦闘能力を強化して、約二〇万平方キロメートル分の国土をじわじわと取り戻そうと、ニコルソンは決意していた。アフガニスタンで軍務に服した人間の多くからすれば、とうてい実現できない、非常識な目標だった。

ニコルソンの第二の目標は、四年後にタリバンが勝てないことを悟って交渉の座につく、というものだった。そのタリバンは、これまで一六年間も戦ってきたのだ。

二〇一八年初頭に国家情報長官配下の情報専門家が、アフガニスタンについてトランプに説明した。アメリカの支配地域は増えていない。じわじわと取り戻せていない。昨年と比べてなんの進展もない。じっさい、悪化している地域もある。ひとつには、タリバンのカブール攻撃が頻繁にあるために、米軍とアフガニスタン国軍が首都防衛に追われているからだった。一月の最後の九日間に、四度の攻撃で一三〇人が死んだ。[4] このため、多国籍軍には支配地域を取り戻す力が残されていなかった。

アナリストたちは、もっと厳しい結論を下していた。パキスタンは協力していないし、圧力にも反応していない。だが、解決策はパキスタンの関与を前提としていた。

米軍が撤退すれば、反政府活動がさかんになり、内戦に至るかもしれない、というのが当面の見通しだった。聖戦主義者がシリアからアフガニスタンに流れ込む。爆弾を製造して投げる連中に、あらたな約束の地をあたえることになる。

多国籍軍が現状を維持できるのは、おそらく二〇一九年春までだろう。政治的枠組みが崩壊しつつあるように思える。破滅的な事態《パーフェクト・ストーム》が近づいていて、異常気象のような現実問題が、重大な変化をもたらしかねない。山地の雪がすくなく、畑に水が流れてこない。旱魃《かんばつ》が差し迫り、食料の供給に不安が生じそうになっていた。それと同時期に、パキスタンが難民二〇〇万人を越境させて、アフガニスタンに送り込むおそれがあった。多くは一九七九年のソ連侵攻後にパキスタンに逃れた人々だ。何十年もパキスタンに住み、母国のアフガニスタンへ行ったことがない二〇〇万人が、戻ってきつつある。

それでもニコルソン司令官は、アフガニスタンで〝勝つ〟といいつづけていた。マティスは、それが不快だった。「長官は彼〔ニコルソン〕の発言に不満だったし、私たちは彼の手綱を締めようとした」と国防総省の高官が、ひそかに打ち明けた。

最高司令官である大統領が〝勝つ〟という言葉を口にしているのだから、現地の司令官がその言葉を使うのを批判するのは難しい。しかし、翌年の見通しが明るいものではなく、悪化することを、情報が示していた。

二〇一八年初頭、重要な関係者がいった。「軍は韓国の場合とおなじように、恒久的に駐留することを望んでいるように思える。もしそうなら、イラン、ロシア、中国は反感を強めるだろう。米軍が突然、自分たちの裏庭に恒久的に居座るわけだから。しかし、撤退はたいへんな労力がいるから、軍は承服しないかもしれない。〔大統領は〕われわれは勝つといっている。膠着状態が永遠につづいていたら、勝っているとはいえない。どこかの時点で、アフガニスタンでは勝利を収められないと、だれもが認識することになるだろう」

国務省とインテリジェンス・コミュニティの一部の高官たちは、神経を尖らせながら、ひそかに、きわめて取り扱いの難しい事案想定《シナリオ》立案に取りかかった。いわゆる代案《プランB》だった。「軍はシナリオ立案をしじゅうやっている。文官がやってもかまわないだろう」

そのアナリストが、プランBの結果を説明した。「撤退、崩壊、内戦、ではない。中央集権化した自由民主主義でもない。その中間はなにか？　連邦主義のほうがより現実的で、持続できるのではないか？　タリバンにも役割をあたえるかもしれない。ただ、予想のつかない要素がある。大統領は注意の集中が長つづきせず、こういった仮説すべてに疑問を投げかけるので、まわりの人間が投げ出してしまうことがある。それに、嘘臭いとわかると、大統領はそのまま口に出す」。たとえば、パキスタンに文句をいえば、多少は効果があるだろう。「しかし、パキスタンは9・11以降、なにも変わっていないし、これからも変わらないだろう。そうなると、選択肢は撤退しかない」

要するに、アフガニスタンは新〝壊れたおもちゃの家〟だった。政治的に不安定。アフガニスタン政府はまとまらない。アメリカ国内では議会も大衆も批判している。軍事的利益は皆無に近い。旱魃。大規模な食料供給不安。難民。

トランプは、二人をことに非難していた。まず、二〇〇一年にアフガニスタン戦争を、二〇〇三年にイラク戦争を開始した、ジョージ・W・ブッシュ元大統領を馬鹿にしていた。「ひどい大統領だ」トランプは、ポーターにいった。「彼は戦争屋だった。アメリカの影響力を行使し、民主主義を世界中にひろめ、世界の警官になりたくて、これらの戦争をはじめたんだ」。無謀だったし、誤りだった。トランプは数千人の増派を決定していたが、現状維持をつづけるつもりはないといった。

トランプが非難したもう一人は、マクマスターだった。イラクを非難の証拠として挙げた。「どうやったのかは知らないが、彼ら〔イラク人〕はマクマスターを騙した。まあ、マクマスターはビジネスマンではないからね。彼ら〔米軍の将軍たち〕には、費用便益分析は理解できない。彼の説得で私が増派を納得したことが信じられない」。マクマスターがイラク側に抱き込まれていると、トランプは確信していた。

トランプは、マクマスターの物真似をして、痛烈に侮辱した。胸を膨らまし、大げさに呼吸して、言葉を切りながら大声でいう。「**私は、イラクの大統領を、知って、います。いい、男ですよ、大統領！　心から、われわれの、利益を、望んで、いると、わかって、います**」

ふつうの口調に戻って、トランプはいった。「その男は嘘つきだ。私は会ったことがある。マクマスターは、なにもわかっていないくせにそういう」。トランプは、イラクのハイダル・アバディ首相と、二〇一七年三月にホワイトハウスで会っていた。

「こういう軍の連中は、ビジネスができない。軍人として戦う方法は知っている。それにどれほどのコストがかかるか、わかっていない」

アフガニスタンに関して、トランプはポーターにいった。[5]「あそこはめちゃくちゃだ。機能する民主主義にはならない。完全に引き揚げたほうがいい」

39

トランプとグラム上院議員は、クリスマスの二週間前の二〇一七年一二月一〇日に、ウェストパームビーチにあるトランプ・インターナショナル・ゴルフ・クラブで、ゴルフをした。ツイートにグラムは、〝目を瞠《みは》るような〟コースだと書いた。[1] トランプはよろこんだにちがいない。コースをまわるあいだ、グラムはそれをしのぐ表現で、トランプを誉めそやした。

「大統領はきわめて優れた最高司令官です」グラムはトランプにいった。軍の司令官たちの話をよく聞き、中東とアフガニスタンでの交戦規則を変更したことが、功を奏している。

グラムは、トランプに取り入ろうとしていた。「大統領は、だれもやったことがないことをできますよ。オバマが残していった汚れ物を、大統領は片付けています。みごとな仕事ぶりで、きれいに片付けています。軍を再建しています。経済の勢いをそぐ要素を取り除いています。軍と経済の足かせをはずしています。過去八年間の損害を解消なさったのは、すばらしいことです。これからどういう方向に向かいますか？　ご自分の遺産として、なにを残したいですか？　前大統領のやったことの後始末ではなく、ご自分の足跡を歴史に残しましょう」

トランプは追従によろこんだようだったが、グラムにいった。「きみは中道の人間だ。一〇〇％、トランプを支持してほしい」

コミーFBI長官がトランプにいわれたという忠誠の誓いに似ている。コミーによれば、トランプはこういった。[2]「私には忠誠が必要だ。忠誠を期待している」。トランプの大統領就任一週目、ホワイトハウスの緑の間で有名な一対一の晩餐の最中だった。

「わかりました。問題はなんですか？」グラムはきいた。「一〇〇％支持するかどうか、いいますよ」

「八二％みたいだな」トランプがいった。

「いや、一〇〇％のこともあれば、ゼロ％のこともあるかもしれません」

「一〇〇％の男になってほしい」

「大統領は間違っていると私が思っていても、正しいといってもらいたいのはなぜですか？　お互いに、なんのためにもなりませんよ」グラムはいった。「大統領には、自分が見たままの真実を告げる人間が必要です。私がでたらめをいっているかどうかを判断するのは、大統領です」

二〇一七年一二月二九日、トランプのツイートは、ＤＡＣＡ（幼少期に親と不法入国した若者の強制送還を猶予する制度）についての彼の見解を要約している。[3]「心底必要な南の国境の壁と恐ろしい連鎖移民の終結なくして、ＤＡＣＡはない、と民主党に伝え、彼らは完全に理解した……私たちはあらゆる犠牲を払って、私たちの国を護らなければならない！」

トランプは、上下両院の議員二〇人を閣議の間に集めて、ドリーマーズ（幼少期に親と不法入国した若者）に対する移民計画を検討する会議を開いた。[4]トランプは、この五五分にわたる一月九日火曜日の会議のすべてをテレビ中継するよう指示した。完全な演技モードで、法制化を約束した。「じっさいにはこれは愛の法案にするべきだし、私たちにはそれが可能です」

トランプはすっかり熱中し、楽しんでいた。もっとも二極化している問題について、トランプが目の前で豹変するのを見て、グラムは度肝を抜かれた。反移民強硬派は驚愕するにちがいない。かつてはトランプがその領袖だったのだ。トランプがあざやかな手腕で政策合意を実現することを、グラムは願った。

トランプに移民問題で政策合意を取り付ける能力があったことが、グラムにはなによりもうれしかった。グラムは何年も移民問題に取り組み、テッド・ケネディ、チャック・シューマー、ディック・ダービンなどと妥協を取りまとめようとしてきた。トランプのおかげで、ようやく成立の可能性が見えてきた。グラムは有頂天になって声明を述べた。[5]「私が二〇年以上政治に携わってきたなかで、もっともすばらしい会議でした」

見出しがグラムの楽観を裏付けた。《ニューヨーク・タイムズ》は〝トランプ、数百万人の移民に市民権をあたえる方針に賛成した模様〟[6]。《ワシントン・ポスト》は〝検討開始。トランプ、交渉の努力を示し、安定をもたらす〟[7]。

翌日、トランプがグラムに電話をかけてきた。

「大統領の風格を示しましたね」グラムはいった。「あの連中すべて」――共和党強硬派――「の脅しには乗らなかった。ご自分の路線を貫いた。ゴルフをするときに、仲間に話をしたいのは、こういう人物のことです。これぞ私が徹底的に肩入れするドナルド・トランプです。あなたにしかできない。

ブッシュはやろうとした。オバマにはできなかった。あなたにはできる」

トランプがメラニア大統領夫人に電話を変わったので、グラムはびっくりした。「あなたがおっしゃったことがとてもよかったと、いいたかったんです」。ほんのりなまりのある声で、メラニアがいった。「ご自身のふるまいも、お話も、とても素敵だと思いました」

「そうですか、ありがとうございます。たいへんうれしいです」グラムは答えた。上品な言葉遣いに感じ入った。ちゃんと話をするのは、それがはじめてだった。メラニアは自分も移民なので、DACAの子供たちに同情しているにちがいない。

「名誉毀損法を変えられないかな?」トランプが、唐突に話の流れを、いつも不満に思っていることに転じた。

「だめです」法律家でもあるグラムは答えた。

「どうして?」

イングランドではありませんから、グラムはいった。イングランドでは、名誉毀損法がかなり厳しい。

みんな〝でたらめ〟ばかり書いている、トランプがいった。

「それはたしかですね」グラムは相槌を打った。「しかし、だめです。名誉毀損法は変えられませんから、そのことで悩まないほうがいいです」。一九六四年に《ニューヨーク・タイムズ》対サリバン訴訟で、連邦最高裁判所が歴史的裁定を下し、名誉毀損法のハードルをこれ以上ないくらい高くした。虚偽であることを知っていて、なおかつ真実をあからさまに無視して公表・発言することのみが、名誉毀損と見なされる。

「そうか、イングランドみたいになりたくはない」トランプはいった。

「アメリカ合衆国大統領くらい叩き甲斐のあるサンドバッグは、世界にはほかにありませんからね」グラムはいった。「大統領は事実無根の批判を必要以上に受けてきましたが、そういう宿命なのでしょう。それに、大統領もかなり攻撃していますから、自分のせいでもあります。大統領は批判する相手を窮地に追い込んでいますから、告訴することはありませんよ。見解を述べて、その連中が間違っているのを立証すればいいんです」

トランプとの話し合いのなかでは最高のできだったと、グラムは思った。ほとんどずっと、一方的にしゃべっていた。


翌日の午前一一時、上院民主党のナンバー2にあたるディック・ダービン上院議員が、グラムに電話をかけた。

「トランプと電話で話をしたところだ」。移民問題でグラムとともに妥協を図っていたダービンがいった。「私たちの作業をトランプは気に入っている。きみと私に来てほしいそうだ」

グラムはホワイトハウスに電話して、会合の手配をしようとした。ケリーが詳細を検討するために、グラムのオフィスに来た。

反移民強硬派のケリーは、刺々しかった。西棟のスタッフや議員数人にまで、大統領はＤＡＣＡがどういうものであるか理解していないし、政策と機構の仕組みの両方に無知だと、ケリーはいい触らしていた。トランプはDACAの処理をケリーに任せていた。ケリーは、DACA問題でグラムやダービンのような人間を自分抜きで大統領に会わせないことも仕事の一環だと見なしていた。大統領一人にこれをやらせるわけにはいかないと、西棟の補佐官たちにケリーはいっていた。一人でやったら失敗するに決まっているからだ。

「大統領にこれを説明する機会を持ちたいだけだ」グラムはいった。単純な計画だと、グラムはくりかえした。トランプにドリーム法案に賛成してもらう見返りに、壁建設予算を承認する。「大統領に決めさせてくれ」グラムはいった。すべての問題についてケリーがつねに口にする決まり文句を持ち出した。大統領に事実を示し、決定してもらう。

そんなわけで、グラムとダービンは、自分たちだけでトランプと会えると思って、ホワイトハウスへ行った。ところが、反移民派の上院議員、下院議員、スタッフ、ケリー、スティーブン・ミラーがいた。リンチ集団がオーバル・オフィスの椅子を占領しているようだと、グラムは思った。

トランプが国境警備のために要求している予算の話も含め、グラムが計画を説明しはじめた。

それではじゅうぶんではないと、トランプが高飛車にいった。

もっと出せると思いますが、これが出発点ですと、グラムはいった。そして、アフリカを中心とする国々のビザ二万五〇〇〇件について触れた。地震、飢饉、暴力に見舞われている、ハイチやエルサルバドルのような国のビザの話もした。

「ハイチか」トランプがいった。「ハイチ人はもういらない」。そのことと、アフリカ諸国からの移民について、トランプはいった。「どうしてこういうクソ壺みたいな国の人間を、すべてアメリカが受け入れなければならないんだ？」トランプは、ノルウェー首相と会ったばかりだった。ノルウェーではだめなのか？　あるいは、アジア諸国が経済を支援すればいい。

ダービンは胸がむかむかした。グラムは打ちのめされた。

「一時中止《タイムアウト》」グラムは、両手で停止の合図をした。「この話し合いの方向性が気に入りません」。アメリカはひとつの理想です。「ヨーロッパだけではなく、世界各地から優秀な移民を受け入れたい。われわれだって、たいがいクソ壺の出身ですよ」

トランプは理性に目覚めたが、取り返しはつかなかった。

ダービンが公に発言し、トランプが〝クソ壺〟のような国といったことを暴露した。[8] グラムはそれを裏付けた。

二日後の土曜日、トランプがグラムに電話をしてきた。ご機嫌伺いのための電話かと、グラムは思った。どれほど怒っているかを知るために。

トランプは、ウェストパームビーチでゴルフをやっているといった。

「そうですか、いいスコアを出してください」グラムはいった。

「彼が私がいったといっていることの一部は、じっさいとはちがう」トランプがいった。ダービンの発言のことだ。

「いや、いいましたよ」グラムは断言した。

「私のいったことを、気に入った人間もいた」

「私はちがいますよ」グラムはいった。「力になりたいと思っています。いっしょにゴルフをやりたいと思っています。でも、それがフィーの代償でしたら、お断わりします。幸運を祈ります。いいスコアを出してください」

〝クソ壺みたいな国〟は、なにもトランプにとって目新しい発想ではなかった。二〇一六年の選挙運動中に、トランプはマイアミのリトル・ハイチを訪れた。ハイチの元指導者たちがマイクを握り、クリントン夫妻は腐敗していてハイチから盗みを働いたと非難した。

その行事のあと、トランプは一人になると落ち込んだようだった。「ほんとうに気の毒だと思う。彼らはそんなクソ壺みたいな国から来たんだ」

バノンがホワイトハウスを去ったあとは、スティーブン・ミラーがDACAに対する強硬政策の陰の推進役だった。トランプはしばしばDACAプログラムの青少年に同情して、アメリカに来たのはたいがい彼らの罪ではないといった。彼らは共感を呼び覚ます。ドリーマーズには政治的な人気もある、とトランプは指摘した。

ミラーは、強硬な意見を吹き込んだ。いいですか、みんなそいつらを青少年だとか、ドリーマーだとかいいますが、もう青少年ではない。二四、二六、二七歳になっているものも多いんです。ミラーの見解は徹底していた。DACAで妥協する見返りは、一〇年分の壁建設予算全額——一年分ではなく——に加え、連鎖移民とグリーンカード抽選プログラムの廃止だ。アメリカへの移民率が低い国からの移民も含めて、年間五万人分のグリーンカードがばら撒かれている。この三つの条件がひとつでも欠けたら、受け入れられない。

一月二一日、グラムは公然とミラーを攻撃した。[9]「スティーブン・ミラーが移民交渉を牛耳っている限り、進展はありえない。彼はこれまで何年も外れ値、異端だった。私は大統領と話をした――大統領はこの問題を真剣に考えている。どういう理屈が通用するかを理解している。そして、私たちが提案を示すたびに、スタッフによって引き戻される」

二〇一八年二月二三日、トランプは保守政治活動会議（ＣＰＡＣ）で演説を行なった。[10]アメリカでもっとも強力な保守派の論客の集まりだ。悠然と構えて自信をみなぎらせたトランプは、一時間にわたって話をした。用意した原稿に頼ることもあったが、そこから離れて威勢よく自発的に語った部分もあった。

「壁は建設しますよ」トランプはいった。「ご心配なく。何人か、陰口を叩いているようですね。ほんとうは壁なんかいらないと、あいつは思っている、と。選挙運動のためにいっただけだ、と。私はいったんですよ――あなたがたは信じないんですか？　信じられないんですか？　そんなことをいわれるたびに、壁が三メートルずつ高くなるような気がします。いいですか、これから私たちの壁ができます」

移民について、トランプはいった。「ここにやってきて、五〇年のあいだ私たちが授けるものをすべて受け取り、なにひとつ貢献しないような人々には、来てもらいたくありません……私たちを愛する人々には来てもらいたい……いまのようなやり方で来る人々には来てもらいたくない」

そこで、自分のお気に入りの物語をくりかえした。[11] ヘビを家に連れ帰った女についての韻文詩だった。


女の人が、ある朝、働きに行く途中、湖のほとりの小径を通りました。

心優しい女の人は、凍えて気を失いかけている、あわれなヘビを見つけました。

きれいな色の皮が、凍った露に覆われていました。

「かわいそうに」女の人は泣きました。「おうちに連れてってあげる。手当てしてあげるわ」

「おれを連れてってください、やさしいお嬢さん。どうか連れてってください」

「おれを連れてってください、やさしいお嬢さん」毒ヘビがそっとささやきました。

女の人は、絹のお布団でヘビをそっとくるんであげました。

それから、暖炉のそばに置いて、蜂蜜とミルクをあげました。

夜に急いで仕事から戻り、家に着くと、
連れて帰ってきたきれいなヘビが、すっかり元気になっていました……。

女の人はヘビのきれいな皮をなで、キスをして、ぎゅっと抱きしめました。

でも、ありがとうという代わりに、ヘビは毒のある牙で彼女を咬《か》みました……。

「あなたを助けてあげたのに」女の人は叫びました。「それなのに咬んだわね。いったいどうして？」

「あなたの牙には毒があって、私は死んでしまう」

「うるさいな、黙れ、馬鹿な女」毒ヘビがにやりと笑っていいました。
「おれがヘビだというのは、おれを連れて帰る前からわかっていたはずだ」

「私たちは自分たちの国に、こういうことをやろうとしています」トランプはいった。「私たちはその人々を受け入れている。それが数多くの問題を引き起こすでしょう。事態はますます悪くなるいっぽうです」

トランプは、八兆六〇〇〇億ドルという二年間の予算案を承認したばかりだった。それには壁建設の予算は、一セントたりとも含まれていない。

トランプとティラーソン国務長官との関係は、取り返しがつかないほど壊れていた。ティラーソンが辞任するかクビになるだろうという推測が、何カ月も前からあった。二〇一八年三月に、アフリカ諸国歴訪中のティラーソンに、日程を早く切りあげて帰国するようケリーが注意した。「ツイートがあるかもしれない」ケリーがいった。[12] 三月一三日の朝、ポンペオCIA長官をつぎの国務長官に任命すると、トランプがツイートした。[13]「ありがとう、レックス・ティラーソン、よく働いてくれた！」ティラーソンについては、そういっただけだった。

トランプは、ホワイトハウスの南の芝生で、レポーターたちにいった。[14]「レックスと私は、これについて長いあいだ話し合っていた……意見が合わないことが多かった……考え方がおなじではなかった……じっさい、思考様式、考え方に大きなちがいがあった」

40

トランプは、弁護士のダウドに、大統領として行動する能力をモラーの捜査が阻害していると、苦情をいいつづけていた。トランプは秘密扱いのエピソードをいくつか、保全適格性認定資格があるダウドに教えていた。やはり資格のあるモラーとクォーレスに伝えてもかまわない。

国家機密に属すると注意して、トランプは四月に起きた出来事を話した。トランプは、カイロで三年間投獄されていたアメリカ市民、三〇歳の慈善団体職員アヤ・ヒジャジの解放をみずから交渉していた。

エジプトのアブデルファタハ・シシ大統領との会話を、トランプは話した。シシは、多数の人間の身柄を拘束し、治安部隊に抗議行動の人々を殺させ、民間人を軍事裁判にかけるなど、悪辣な人権侵害を行なってきた。「ダウド、そういう人間と私が話をしたことを考えてくれ」トランプはいった。「こいつは人殺しだ。人殺し野郎だ！　私は取引を終えようとしていた。こいつは電話で脅しをかける。取引がまとまる直前に、シシはいった。〝ドナルド、私はこの捜査のことが心配だ。きみはこの先もいられるのかね？　頼みたいことがあるかもしれないからね、ドナルド〟。きんたまを蹴られたようだった。ぞっとした」トランプはいった。

一一月に、ケリーがダウドに電話をかけた。「きみがボブ・モラーに会うと、大統領から聞いた」

「ああ、二時間後に会う」

「マティスが大統領に、プーチンとロシアがこのままではあまりにも危険だから、対処しなければならないだろうといったんだ。それをボブに伝えてほしい。ボブはマティスをよく知っている」。モラーもマティスも、海兵隊出身だ。

ダウドはモラーに、トランプがロシアと協力したといわれている物事は、すべて疑惑でしかないと説明した。「ボブ、マティス将軍とは知り合いだろう」。モラーは、FBI長官だったころの二〇〇二年にカンダハルを訪問し、そのときマティスと会っていた。マティスがロシアのことを心配していると、ダウドは報告した。「ところで、確認したいかな？　電話をかけてみるといい。マティスはきみがどういう人間か知っている。海兵隊だというのを」

モラーが前に〝てきぱきと進める〟と明言したことを、ダウドは指摘した。「もうだいぶ月日がたっている。大統領には、きみのことをたえず弁護しているんだよ」

捜査を終わらせるよう真剣に取り組んでいると、モラーがいった。

「そうか、いっておかなければならないが、ボブ、私はいつまでこれをやれるかわからない。きみたちのことをつねに弁護している。きみたちのやっていることを支援している。しかし、関係者の事情聴取が延々とくりかえされている」

モラーが相手のときには、ダウドはやんわりと押した。

クォーレスに対しては、文句をいった。「いいかげんにしろ！」

ダウドには、べつの問題があった。特別顧問のタイ・コブがメディアのインタビューに応じはじめ、捜査は二〇一七年の末には終わるだろうといっていた。「感謝祭になってもこれがまだホワイトハウスにつきまとっているようでは、私も世間体が悪い」コブはロイター通信に語った。[1]「年末まで大統領を悩ませるようでは最悪です」。メディアは、コブの予想をもとに記事を載せた。両側がピンと持ちあがった太い口髭をたくわえているコブは、昔の西部の保安官みたいで、ラリー・マクマートリーの原作による四話連作のテレビドラマ『ロンサム・ダブ――モンタナへの夢』に登場しそうだと、ダウドは思っていたが、それを聞いて愕然とした。大統領の弁護士団を率いているのは、ダウドだった。コブは、独自にクォーレスと話をしていたのか？

ちがう、コブはいい張った。「女房が手を引けといっているんだ。それで、公に発言して、すこしは進めようとしたんだ」

「一二月に事情聴取が予定されている」ダウドはいった。「それに、正直にいうと、どれも大統領に有利なものだから、中止するわけにはいかない」

ケリーが、ダウドにきいた。「このタイとかいう友だちを、きみはどこで見つけたんだ？」コブは、最初からケリーとは険悪な関係だった。首席補佐官のケリーを通さず、トランプに直談判して、西棟にオフィスを用意してもらったからだ。ケリーはコブにいった。「二度と私に隠れてやろうとするな」

ダウドはトランプに、「協力し、彼らをすり潰して、彼らの頭のなかにある三次元映像を手に入れる」のが、モラーに対処する戦略だと断言した。その映像と三七人の証人の協力と、書類提出により、「訴因はないと判断される」とダウドは何度かくりかえした。

合衆国憲法第二条によって、大統領のみが行政府を運営すると定められている、とダウドは説明した。そして、コミーFBI長官に関するものも含めて、大統領の行動はすべてその権限の範囲内にある。「この連中と彼らがやろうとしていることについての大統領の勘が間違っている、とは申しあげません。私たちはきわめて丁重な扱いを受けてきました。しかし、こちらも彼らをきわめて丁重に扱いました」

一二月にドイツの経済紙《ハンデルスブラット》が、モラーがドイツ銀行に、トランプとの取引に関する文書提出命令を出したと報じた。[2]ドイツ銀行はドイツ最大手行で、トランプにもっとも多額の融資をしている。

トランプは、午前七時にダウドに電話をかけた。激怒していた。

「ドイツ銀行と自分の関係は承知している」トランプはいった。良好な関係を保ち、つねに返済するようにしている。「借りたときも、返済したときも、どれだけ借りたかを知っている。借り入れはすべて把握している」。だれと取引したかは憶えているし、ほかの細かい点も記憶している。「いっておくが、これはでたらめだ！」

ダウドは、クォーレスに圧力をかけた。「おい、ジム、秘密はなしだぞ。これはでたらめだ」

関係する法律事務所の弁護士全員との電話会議が予定された。だれもが暗号で話をしているようだった。

「なあ、頼むから」ダウドはいった。「こっちの人間には暗号はわからないんだ」

ようやくクォーレスが報告した。「なにもない。ドイツ銀行に夏までさかのぼって記録を提出させたが、大統領や大統領の個人資産と関係があるものはない」

一二月二一日午前一〇時、ダウドは攻勢に転じるために、モラーに会いにいった。攻撃こそ最大の防御である場合が多い。

「記録はすべて提出された」ダウドは言った。「一人か二人を除いて、証人はすべて聴取を受けた。捜査全体が、DNC（民主党全国委員会）、フュージョンGPS（スティール文書を作成した民間調査・戦略情報会社）、FBI上層部の情報関係者が、トランプ政権を揺るがそうとして企んだ陰謀のように見えている。捜査にコミー長官が果たした役割の追及が行なわれていないのは異常だ。コミーの常軌を逸した恥ずべき行為を、綿密に調査すべきだろう」。ヒラリーのメール事件で、司法長官はコミーの行動を捜査していた。「この一件を司法長官に委ねたら、きみたちの調査への信頼は崩れる」ダウドは主張した。

モラーは答えなかった。


モラーとクォーレスはプッシュしつづけた。大統領から事情聴取しようとした。二〇一八年一月八日、モラーは一六の質問項目を示した。ほとんどが、フリン、コミー、セッションズに関係していた。

ダウドはトランプに、リストは具体的ではないと助言した。「もっと明確な状況がわかるように、プッシュしたいと思っています。ただ一六項目を示されただけでは、なにを質問されるのか、想像するしかないですからね」

「どうするつもりだ?」トランプはきいた。

「これらに回答する書簡を書こうと思っています」。自分たちが見たままの事実を示してから、法的な論理を述べる。具体的には、合衆国憲法第二条による大統領の権限を伝える。「最高裁の弁論趣意書のように書きます」

「われわれは彼らにすべて渡したんだ」トランプはいい張った。どうしてそれで足りないんだ? つけくわえた。「彼らと話をしてもいい」

ダウドとジェイ・セクロウが、それから二週間かけて書簡の草稿を作成した。セクロウは、クリスチャン・ブロードキャスティング・ネットワークやFOXニュースにコメンテーターとしてしばしば出演していて、三〇年以上にわたり、保守派、宗教団体、中絶反対派の意見を代弁している。

「どんな調子だ?」トランプがやがてダウドにきいた。「見せてもらえるか?」

二〇一八年一月二七日土曜日の午後一時ごろ、ダウドは大統領居室へ行った。

トランプはダウドを連れて、リンカーン寝室を含めた居室をざっと案内した。「二人でこのベッドに寝られるぞ」とジョークをいった。

「鏡に私たちが映りますね」ダウドがジョークで応じた。

「きみがこの事件で勝ったら」トランプはいった。「ここの見学会をしよう。何時間もかけて。私が思うに、ここは世界一美しい館だ。ほかにはない」

トランプの息子のバロンが、友だちを連れてはいってきた。

「パパ」バロンがいった。「友だちがパパと写真を撮りたいんだって。かまわない？」

いいとも。スナップ写真が撮られた。

トランプとダウドは、ワシントン記念塔とジェファーソン記念堂が見えるところにあるテーブルの席についた。

「証言がどんなふうになるか、感触をつかんでいただきたいと思います」ダウドがいった。これからじっさいに練習します。「これらの問題のうち、二、三について話し合いましょう。コミーとフリンのことがいいかもしれません。軽く触れるだけです。準備はなにも必要ありません。下準備なしで臨みましょう。

私たちの書簡を読んでください。私が署名しますが、大統領がこれでいいと思ってからにします。相手にかなり譲歩することになるからです。ボブに、私たちの見地と、彼の見地とおぼしいものを告げ、大統領が質問を受けるべきではない――大統領を尋問する資格が彼にはないと説明しています。

質問が無害のように思えるものであっても、警戒してください。相手の言葉をとことん集中して聞くようにしていただきたいと思います。私は質問攻めにする尋問役にはなりません。簡単で短い質問をします。質問はきちんと組み立てます。辛抱強くききます。それから、標準的な助言をします――質問に答えてください。いいですね？　わかりましたね？」

わかった。

「フリン将軍に問題があると、はじめてわかったのは、いつでしたか？」

「よくわからない。ドン・マクガーンがサリー・イエイツと話をしたときだと思う。しかし、ジョン、はっきりしないんだ」フリンが正確ではないことを副大統領にいったと、イエイツ司法長官代行がいっていた、とトランプは答えた。

「それについて、大統領はどうしましたか？」

なにもしなかったと思う、とトランプはいった。「ドンが処理したと思う。それで問題はなかった……」

「フリンを呼びましたか？」

「いや」

「フリンと、まったく話をしなかったのですか？」

「わからない。思い出しそうなんだが……フリンとプリーバスが電話してきた」

「では、大統領、フリンが経済制裁について〔ロシア大使の〕キスリャクと話をしたかどうかを質問しましたか？」

「いや」

「間違いありませんか、大統領？　そのような会話があったという証拠を、私たちはつかんでいます。間違いありませんね？」

プリーバスがトランプに有利な証言を行なったことを、ダウドは意識していた。プリーバスがその場にいたときに、フリンがトランプに、キスリャクとの会話について大統領と話し合ったことは一度もないといったという。

トランプが本題からそれて、あまり意味のないことをだらだらと答えた。

「肝心な問題に戻りましょう」ダウドはいった。

「ああ」

「彼を追い出さなければならない時期が来たんですね?」フリンを辞めさせたことについて、ダウドはきいた。

「そうだ」

「どういうふうにそうなったのか、憶えていますか?」

「いや。彼が辞任状を持ってきたのだと思う。気の毒だと感じたことはいっておきたい。短所はあったが、すごくいいやつだったし、尊敬していた。知っていると思うが、私は軍人が好きだ。そんなわけで進言があり、私はそうした」。プリーバスとマクガーンが、フリンを辞任させるよう進言したという意味だった。

「FBIの聴取のことを、二人はいいましたか?」

「わからない。憶えていない」

トランプはほんとうに憶えていないのだと、ダウドは感じた。さらに質問をすると、憶えていないとトランプが答えることが多かった。大統領という職務の過酷さを考えれば、これは無理からぬことだ。

そこで、ダウドは、大統領選挙直後の二〇一六年一二月に話を戻し、ふたたびフリンについてたずねた。「えー、フリンは外交関係者などと接触していましたか?」

「接触していただろうね」

「彼はキスリャクの話をしましたか?」

「だから、わからないんだよ。スタッフがいろいろな話をしていたのはわかっている。いくつかツイートしたと思う」

三月三一日に、トランプはツイートしていた。[3]「マイク・フリンは免責を求めるべきだと思う。これはメディア&民主党の（選挙に大敗した口実の）歴史的規模の魔女狩りだ!」

「オバマが承認した制裁についての見解は、どのようなものですか?」ダウドは質問した。二〇一七年一月、オバマはロシアの外交官三五人を国外追放し、一部の個人と企業に制裁を科し、ロシアの施設二カ所を閉鎖させた。

「それが私の影響力を強めた、というのが私の見解だ」

「ええっ!」ダウドはいった。「大統領はプーチンとの良好な関係を望んでいて、制裁に反対したにちがいないと、だれもが考えています」

「いや。私はそれを影響力と見ていた」トランプはくりかえした。

のちにダウドが証言を吟味した結果、それは正確だとわかった。トランプはかなり巧みに身を処してきたと、ダウドは判断した。ホワイトハウスとダウドがまとめたフリンについての報告書は、トランプが思い出せることよりもずっと情報が豊富だった。フリンがモラーとクォーレスに嘘をついていたことをホワイトハウスが突き止めた経緯を、ダウドは日を追って説明していた。報告書は徹底していると、モラーとクォーレスは褒めた。

「さて」ダウドは質問した。「大統領はどうしてコミー長官に――捜査に手心を加えてほしいというようなことを頼んだのですか？　それはどういうことだったのですか？」

「ぜったい、いっていない」トランプはいった。

「コミーはその会話の直後に詳細にメモしています」ダウドはいった。[4]「同僚にも報告しました」

「いっていない」トランプは答えた。「ジョン、私はそんなことは、まったくいっていない」

「でも、コミーが……」

「コミーは嘘つきだ」トランプはいい、コミーを全面的に攻撃した。「あの男はいかさま師、嘘つきだ。クリントン〔のメール〕の件でも立場をころころ変えているし、メモはでっちあげだし、リークしている」

トランプは、批判の言葉を完全に記憶していた。それをすべて、間断なくまくしたてた。ダウドは止めようとした。だめだった。トランプは最後までいい切った。

「いいですか」嵐がすこし弱まると、ダウドはいった。「質問にそんなふうに答えてはいけませんよ。不愉快な印象をあたえます。それではまずい。いいですか？　丁寧な口調にしましょう」

「ふん、こんちくしょう！」

「大統領は捜査の対象にはなっていないと、彼はいったんですね？」一月六日に。

「ああ、いった」

「共謀問題ではなく、猥褻な行為についてそういったのでしょう？」ダウドはきいた。モラーのチームはそう考えている。

「でたらめだ！　コミーはそんなことはいわなかった」

その時点ではいかなる捜査も行なわれていなかったことをコミーが確認していたので、ほんとうだろうとダウドは思った。

その後の三〇分は、まったく無意味だった。「こんなことは捏造だ！」以前に自分がツイートした内容や、発言した内容を、トランプはくりかえしいった。ダウドの手には負えなかった。トランプは怒り狂っていた。モラーにこういう質問をされたら、自分は即刻クビになるのではないかと、ダウドは心配になった。トランプは、どうしてこんな質問に答えなければならないんだ？　といっているようだった。〝私はアメリカ合衆国大統領なんだぞ！〟

ひどすぎる。時間の無駄だというだけなら、肩をすくめる程度ですむ。しかし、ダウドは悪夢を目の当たりにしていた。アメリカ合衆国大統領がシェークスピア劇の苦悩する王のように怒りを噴出させている光景は、あまりにも凄絶だった。

トランプがようやく興奮からさめて、落ち着きを取り戻しはじめた。

「大統領、ですから証言はやめておいたほうがいいといっているのです」ダウドはいった。「大統領がそう信じていることはわかっています。そう考えていることはわかっています。じっさいにそれを経験したこともわかっています。でも、質問に答えるときや、事実の証人として事実を告げるときは、またべつの話になります。事実を知らないのであれば、ボブ、記憶していない、といえばいいのです。なにしろ大統領のやることは無数にあるからだ、と。憶測したり、突拍子もない結論を口にしたりする必要はありません」

そこでダウドは、モラー宛の書簡の草稿をトランプに渡した。表題は〝司法妨害容疑に関する証言聴取への要請〟。大統領権限についての飾り気のない主張が、太字で記されていた。〝**大統領が望めば、調査を中止することもでき、権限を行使して特赦を行なうことも可能である**〟

トランプは、二二ページの書簡を注意深く読み、途中で数パラグラフを音読した。気に入ったといった。「なにしろたいへんな事件を抱えている。こういうふうに順序よくまとめてあるのはいい」。五九カ所の脚注にも感心していた。

「今回の件で、いちばん調子のいい時期だな」トランプはつづけた。感情を昂ぶらせたり気を静めたりする能力が、如何《いかん》なく発揮されていた。「じつにみごとだ。私の考えたことすべてが含まれ、それよりもさらに優れている。よくわかった。きみたちのやっていることがわかった」

そうですか、ダウドはいった。

「やつらを壁ぎわに追い詰めよう。しかし、私が証言するのは望ましくないんだね？」

「望ましくありません」ダウドは答えた。「捜査側を疲労困憊させればいいいんです。プッシュされたら、ボブに質問を渡してくれといいます。答えます。回答書を作ります。こっちへ来て質問させ、答えは書面で渡します。こちらが渡しているものをすべて信用しているわけですから、文句をいわれることはありません。だいいち、大統領がすべてを記憶しているようなことはありえない。大統領はよろこんであなたに会って、とことん話し合うといっているが、〔回答書の〕補助が必要だ、といってやります」

「ああ、それならやろう」トランプはいった。「すばらしい」

「ただ」ダウドはいった。「回答書がなかった場合のことを、考えてみてください」

「わからないな、ジョン。いまやってみせたじゃないか。私が苦労していたと思うのか?」

「けっこう苦労していましたよ。ですが、大統領、無理もありません。大統領は嘘をついていたわけではないし、悪いことをやったのでもない。毎日押し寄せる仕事のことを思えば——きょうの午後もたいへんだったでしょう」

二人の話し合いは何度か中断された。二度は世界問題についての短いブリーフィング。トランプが署名しなければならない、秘密扱いの書類もあった。

「ですから」ダウドはなおもいった。「六カ月とか九カ月とか前に、なにがあったかを思い出そうとしても、そういうことに邪魔されるわけです」

「すばらしい」トランプはいった。「きみの意見に大賛成だ。そんなに証言したくない」

ホワイトハウスで質疑の練習を行なったつぎの日、トランプがダウドに電話した。「ぐっすりと眠った。あの書簡は気に入った。コピーをもらえるか?」

「だめです」ダウドはいった。

大統領にはそのままの状態でいてほしい。

二〇一八年一月二九日月曜日、ダウドとセクロウは、書簡に署名した。そして、クォーレスに二月一日に渡すように、ダウドが手配した。まるで映画のようだと、ダウドは思った。クォーレスが通りを歩いてきて、駐車していたダウドの車に乗る。

挨拶をして、お互いの子供たちのことをたずねる。

「さあ、この手紙だ」ダウドはいった。

「これはなんだ?」

「きみたちの一六項目への答えだ」ダウドはいった。「私たちは主張事実を立証した。ドアはあけてある。いくつかの特定の質問については、こちらのいい分もある。考えてくれ。それについて話し合いたいのであれば集まろうと、ボブに伝えてくれ」

41

二〇一八年一月の会議で、ナバロ、ロス、コーン、ポーターが、オーバル・オフィスに集まった。[1]関税について双方が強硬な意見を何カ月も主張してきたため、議論が過熱し、刺々しくなっていた。コーンは、ポーターの支援を受けて、経済と地政学的な安全保障という論拠を組み立て直していた。関税は市場を動揺させ、株式市場の上昇分をほとんど打ち消すと、コーンは論じた。関税は実質的にアメリカの消費者に対する課税になる。大統領が税制と規制の改革で成し遂げてきた成果の多くを、関税は奪ってしまう、とコーンは説いた。

きみはグローバリストだ、トランプはいった。きみの考えにもう興味はない、ゲーリー。

トランプは、コーンを追い払った。コーンはソファに引き下がった。

ナバロとポーターが議論を引き継ぎ、ロスがナバロのそばからときどき横槍を入れた。関税によって税収が増えるし、企業も組合も歓迎するはずだと、ナバロが主張した。大統領が組合の支援を得て、二〇一八年の中間選挙で票田を固めるには、最高の方法だといった。

ポーターは、ブッシュ関税と雇用の減少を取りあげた。それ以降、鉄鋼を消費し、鉄鋼に依存している川下《かわしも》の産業——建築、パイプライン、自動車——は拡大してきたが、鉄鋼業や製造業の雇用が拡大する見通しはほとんどない。あらたな関税で失われる雇用は、ブッシュ政権時代よりもずっと顕著になるでしょう。

関税がさまざまな方面で歓迎されるはずだというナバロの確信は、〝完全に間違っている〟とポーターは述べた。多くの企業が関税に反対しているのは、鉄鋼を買ったり消費したりしているからだ。「自動車メーカーは、ことに嫌がるでしょうね」ポーターはいった。「自動車メーカーの利幅は薄いのに、これでコストが上昇するからです」。パイプライン・メーカーもおなじだ。「国有地の使用や、海底油田の開発を、私たちは全面的に解放しているんですよ。パイプライン建設は、大勢の作業員を必要とします」

ポーターはつづけた。「それから、組合に関していえば、それこそ正気の沙汰ではありませんよ。たしかに、鉄鋼組合はよろこぶでしょうが、全米自動車労働組合は気に入らないでしょうね。建築業の組合も気に入らないでしょうね。コストが跳ねあがりますから」

ポーターは、いつもなら議論がやりやすいように公平な立場で調停する。自身の強力な意見を持っているときには、トランプと一対一になる機会を待つ。しかし、いまは自由貿易主義者の自分を出していた。

ポーターが論証するたびに、ナバロが激しく反論した。会議の途中で、ジョン・ケリー大統領首席補佐官がはいってきた。トランプは、論戦を熱心に見守っていた。

きみは経済学者になったのか？　ナバロとポーターの言葉の殴り合いが三〇分近くつづいたあとで、トランプが、ポーターにきいた。経済のことがわかっているのか？　きみは弁護士だろう。

ローズ奨学生でオックスフォード大学にいたときに、経済学を学び、チューターもしました、とポーターは答えた。自分の主張の大部分は、純然たる経済学的な問題ではありません、と指摘した。

「ゲーリーがろくでもないグローバリストだというのは、前から知っていた」トランプはいった。「きみがこんなろくでもないグローバリストだとは知らなかったよ、ロブ」

トランプが、ケリーに向かっていった。この男を見てくれ。グローバリストだぞ！

ケリーはうなずいて、にやりと笑った。会議を終わりにしたかった。

会議はきちんとした結論が出ないまま終わり、中国の通商法第三〇一条違反調査を進め、それを発表するという決定通知書に署名したことを、トランプに思い出させただけだった。鉄鋼関税の前に、それを行なわなければならない。そういう戦略と合意だった。

ポーターは二月七日にホワイトハウスを去った。元妻二人が、ポーターから肉体的虐待を受けたという主張を公表したあとだった。一人は、ポーターに殴られた痕だといって、目のまわりに痣《あざ》ができている写真を発表した。一人はマスコミに、一人はブログで、家庭内暴力をつぶさに説明した。[2]
ポーターは、すぐに結論を下した——元妻たち、家族、親しい友人、ホワイトハウス、自分自身のために——辞めるのがいちばんいい。関係を修復し、心の傷を癒やしたかった。
《ニューヨーク・タイムズ》は、〝虐待の疑い、ホワイトハウスのスターの上昇を止める〟〝清潔感のあるイメージに、かっとしやすい性格が隠されていると、元同僚はいう〟と書いた。[3]
ポーターは声明で述べた。[4]「メディアに渡された写真を私が撮ったのは一五年前だし、その背景の現実は述べられていることとはまったく異なる」

「人々の暮らしはじゅうぶんな根拠のない疑惑で叩き壊される」とトランプはツイートした。[5]

《ワシントン・ポスト》の社説は、ホワイトハウスは〝家庭内暴力を軽視している〟と非難し、

《ニューヨーク・タイムズ》は〝トランプは#ミー・トゥー運動に疑念を抱いているようだ〟と書いた。[6]

トランプを抑える影響力のひとつが消えた、というのがコーンの見方だった。

二月二八日水曜日の午後六時三〇分、ウィルバー・ロス商務長官とピーター・ナバロがオーバル・オフィスへ行き、通商法第三〇一条調査が終了する前に鉄鋼関税の件を進めるよう、トランプを説得した。通商戦略そのものを、内部から突き崩そうとしたのだ。ロスはそれ以前に、鉄鋼とアルミの輸入増加は国家安全保障への脅威になるとする研究を発表していた。議会の承認を得ないで関税を課す権限を、トランプにあたえるためだった。

ロスとナバロは、翌日にアメリカの鉄鋼メーカーの経営幹部をホワイトハウスに呼ぶ手配をしていた。

その計画のことを知ったコーンは、午後一〇時にケリーに電話をかけた。

「会合のことなどなにも知らない」ケリーはいった。「会合はない」

「いや、あるんだ」

「いったいなんの話だ、ゲーリー？」

コーンは会合を中止させようとして、うまくいったものと思っていた。だが、予定の会合が復活し

た。

十数人もの経営幹部が、翌日現われた。[7] 閣議の間での会合でトランプは、外国産の鉄鋼に二五%、アルミに一〇%の関税を課すと宣言した。

「あなたがたは、長年受けられなかった保護を受けることになる」トランプは、経営幹部たちにいった。「あなたがたの産業は、ふたたび成長するだろう」。コーンが収集したデータは、それが現実的ではなく、ありえないことを示していたが、トランプはそういった。

中国に対する知的財産権侵害の調査を完了させていれば、衝撃的な貿易問題で同盟国の協力が得られたはずだと、コーンは確信していた。知的財産に関しては、国際社会全体が中国と対立してきた。経済におけるライバルの中国は、孤立していたにちがいない。鉄鋼関税は、それをぶち壊した。

トランプは人と人を争わせて見物するのが好きなだけだと、コーンは結論を下した。トランプは、長期的な戦略思考が必要になるようなビジネスに携わったことがない。辞任することを説明するために、コーンはトランプに会った。

「大統領のホワイトハウス運営が、こういうやり方のままでしたら」辞めます、とコーンはいった。「きちんとした典礼や手続きに従っているのなら、ホワイトハウスで負け戦をやるのにやぶさかではありません。しかし、夜の六時三〇分に男二人が大統領の執務室にはいってきて、首席補佐官もだれも知らない会議の予定を組むような環境では、私は働くことはできません」

ホワイトハウス広報部長に昇進したホープ・ヒックスが重要な存在であることを、コーンは知っていた。トランプと難しい話になりそうなときには、しばしば同席してほしいと頼んだ。「ホープ、いっしょに来てくれないか」。ヒックスがトランプを穏やかにすることも、コーンは知っていた。彼女がそばにいると、トランプのコーンに対する態度がちがう。

三月六日火曜日、コーンはヒックスのところへ行った。コーンの辞任と同時にトランプが発表する声明の原稿を、二人で作成した。

「ゲーリーは私の経済政策の最高顧問として、私たちの政策目標を推進するのにすばらしい仕事をして、歴史的な減税と税制改革を実現し、アメリカ経済をふたたび勢いづけました。ゲーリーはたぐいまれな才能の持ち主です。彼がアメリカ国民に献身的に尽くしたことに感謝したいと思います」

文言にすこし手を入れて、プリントアウトしたものをオーバル・オフィスに持っていった。コーンとヒックスは、レゾリュート・デスクの前で席についた。

「大統領」コーンはいった。「きょうは私が辞表を出すのに最適な日だと思います」

「ゲーリーはすばらしかったですね」ヒックスが、その場をなごませようとした。「いなくなったら、とても淋しいでしょう。残念です。戻ってもらう方法を見つけないといけません」

「もちろんだ」トランプがいった。「ぜひ戻ってもらおう」

最後まで偽りの芝居だった。トランプについて同僚にいったことを、コーンはあらためて思い出した。〝トランプはプロ級の嘘つきだ〟

「ゲーリーの了承を得て、引用する個所があります」ヒックスがいった。「大統領にも了承していただきたいのですが」

トランプは、原稿を受け取って、単語をひとつ変えたが、あとはそのままにした。

「大きな損失だ」トランプがいった。「しかし、私たちならだいじょうぶだ。それに、ゲーリーは戻ってくるよ」

〝ゲーリー・コーン、関税論争後にトランプの顧問を辞任〟とブルームバーグは報じた。[8]《ワシントン・ポスト》は〝ゲーリー・コーン、貿易問題でトランプと意見の相違により辞任〟[9]、《アトランティック》は〝ゲーリー・コーン辞任、関税問題が原因〟[10]、《ウォール・ストリート・ジャーナル》は〝ゲーリー・コーン、関税闘争に敗北後、ホワイトハウスの経済担当顧問を辞任〟[11]と報じた。

辞任後、コーンは関税によって経済が不安定になり、消費者に影響が及ぶことを不安に思った。アメリカ経済は消費者主導だ。だから、経済の先行きが消費者にわからず、可処分所得の見通しが予測できないと、経済と株式市場にたちまち影響が表われる。

トランプの関税関連の行動と、激しくなる脅しは、きしみを生じさせている。トランプは気づいているにちがいないと、コーンは思った。「しかし、彼は男らしく認めるような人間ではない。間違ったことは一度もやっていないと思っている。トランプは七一歳だ。この先も、自分が間違っていることは、ぜったいに認めないだろう」

国土安全保障・サイバー安全保障・テロ対策担当大統領補佐官のトム・ボッサートが、二〇一八年春にオーバル・オフィスに行くと、トランプは専用ダイニング・ルームにいた。

「大統領、ちょっとよろしいですか?」四三歳の弁護士で安全保障専門家のボッサートがきいた。

「マスターズを見たい」トランプがいった。オーガスタ・ナショナル・ゴルフ・クラブで行なわれた世界一有名なトーナメントを録画してあり、食い入るように見ていた。

ケリー時代でもオーバル・オフィスに自由に出入りできた有力補佐官のボッサートは、はいっていって腰をおろし、いっしょに録画を見た。

ボッサートは、アメリカが中国、ロシア、北朝鮮、イランなどの技術力のある敵国と低強度のサイバー戦争を絶えず行なっていることを知っていた。これらの国は、アメリカの都市の電力網を遮断する能力を備えているが、それを抑止しているのは、大規模なサイバー攻撃を行なった場合、報復が同等のサイバー攻撃だけでは収まらないことが明確にされているからにほかならない。

核兵器を含む米軍の全戦力が、今後も抑止力の中心でありつづけるしかない。国力のどの要素を使用しても正当化されるというのがボッサートの持論で、それをしじゅう口にしていた。甚大な被害を引き起こすようなサイバー攻撃によってアメリカが失うものは、きわめて大きい。ボッサートが頻繁にくりかえすので、トランプは納得したようだったが、その趣意——核兵器をサイバー攻撃の抑止力にすること——は、まだ公の論議にはなっていなかった。

「どうした?」トランプが、ようやくきいた。

「もう一度、大統領と議論させてください」ボッサートはいった。「私はテレビに出ます」ＡＢＣの日曜日の番組〈ジス・ウィーク〉にまもなく出演する。「そこで、この中国貿易問題が、また取りあげられるでしょう」サイバーも。

「きみときみのサイバーは」トランプはいった。「私を戦争に引きずり込む――そのサイバーとかいうやつで」

「そこが肝心なところです、大統領。オンラインでの悪行を防止するのに、私はそれとはべつの国力を使おうとしているんです。そのため、大統領の決定すべての渦中に、私は置かれています。ですから、こうして来たんです。大統領は、習近平とじかに交渉しておられますね。そして、賭け金を一五〇〇億ドルに吊りあげた」[12]。中国に課せられる追加関税の額だ。「それは結構です。私はテレビでどういえばよいですか？ 大統領がお怒りになるようなことはいいたくありませんので」

テレビ出演について指導を求められたトランプは、演技のコツを教えられる機会に飛びついた。非常に楽しかった。

「では、こうすればいい」トランプは、宙で指をふりまわした。「トム、用意はいいか？ カメラの前で、こういうんだ……」。適切な台詞を考えようとした。「きみはこういう。一度も見たことが――いや、待て。まずこういう。〝トランプ大統領は本気です〟。そういってやれ。用意はいいか？」

トランプの手と指が、また持ちあげられた。「彼らに、一五〇〇億ドルだといえ。待て。一五〇〇億ドルでは小さいといえ。大統領は五〇〇〇億ドルに上げるつもりだと。公平に扱われないことに業を煮やしているからだと。そういってやれ！」

トランプは、さかんに指をふりまわした。「用意はいいか？ そういうんだぞ」

「わかりました」ボッサートはいった。「強硬な感じにしますか？」

「強硬にやれ！」トランプが、熱をこめていった。「日曜でなければ、市場が閉鎖されるくらい超強硬にやれ！　とことん強硬にやるんだ！」

また指をふりまわした。「待て！　待て！　それからこういうんだ。〝心配することはありません〟。ほら、こんなふうにやれ」トランプは、演技のやり方を教えた。片手をあげて、芝居がかった強調の仕草をした。「きみはこういうんだ。〝だいじょうぶです。トランプ大統領と習主席の関係は……〟」間を置いて、言葉を選んだ。「最高の状態です」。待て！　「二カ国の元首がこんな良好な関係にあるのは、見たことがありません。今後もこれ以上のものはないかもしれません。

用意はいいか？」トランプはきいた。

この台本とトランプ・ショーのことはずっと憶えているだろうと、ボッサートは思った。たぶん一生忘れないだろう。強硬にやれ、断固として戦えという、トランプらしい言葉だった。私たちは不公平に扱われているというのも、トランプの決まり文句だった。

「それから、大豆のことは心配するな」トランプはいった。アメリカの農産物その他の製品に対して報復関税を課すと、中国は発表していた。[13] トランプは、自分を三人称で呼んでこういった。「彼が大豆を買うだろう。そうしなければならなくなったら、トランプはそうする。中国に脅しつけられる前に、彼が自分の農民から自分の大豆を買うだろう。しかし、やつらにいってやれ。〝だいじょうぶです。彼と習で合意をまとめるでしょう。申し分のない合意になるでしょう。これまでになかったような最高の合意に〟」

「つまり、強硬と柔軟の両方でやるのですね？」ボッサートはきいた――決意は強硬に示し、習との関係は柔軟に示す。

「そうだ」

ボッサートは、またサイバー問題に触れた。

「おい、いいかげんにしろ」トランプはいった。「きみがサイバーをやりたいのなら、やればいいさ」

貿易問題だけに絞ってほしいのだと、ボッサートは解釈した。「ボス、こうやりますよ。貿易摩擦、貿易戦争。貿易赤字がある。八〇年代には日本と貿易摩擦がありましたが、それと同時に、密接な同盟国でもありました」

「完璧だ！」トランプはいった。「きみはよくわかっている。テレビでは適当なことをいい、順調だといい、私のいったことを伝えてくれ。それなら問題ない」。不安を和らげようとして、つけくわえた。「トム、だいじょうぶだよ」

そのあとで、ボッサートは礼儀正しくケリーのオフィスに顔を出し、テレビ出演のことで大統領と打ち合わせをしたが、格別報告するようなことはありませんといった。ケリーは手をふって、ボッサートを下がらせた。かなり威信をなくしたケリーは、忍従し、あきらめの境地になっているようだと、ボッサートは思った。

ボッサートは論題を用意していたが、ＡＢＣの番組では司会者のマーサ・ラダッツが、国境警備問題に的を絞った。[14]トランプは、メキシコとの国境に州兵二〇〇〇〜四〇〇〇人を派遣するつもりでいた。トランプのコメントによって、それがその日の話題になった。中国のことは質問されなかった。

ボッサートは、決意と中国の習近平主席とのたぐいまれな絆についてトランプの意図を伝える〝用意！〟ができていたので、がっかりした。

42

二月のその後、ダウドはほとんど連絡を受けなかった。モラーとクォーレスは、手の内を明かすのを遅らせているのだろうと、ダウドは思った。ようやく、三月五日月曜日の午後二時に、モラーのオフィスで会議が行なわれることになった。

モラーは、クォーレスのほかに検察官三人を同席させていた。

ダウドは、セクロウともう一人の弁護士を連れていた。会議の目的について、双方の考えがまったく異なることが、すぐに明らかになった。

「さて」モラーがいった。「そういうことだ」

「いったいなんの話だ？」ダウドがいった。「質問はどこだ？」

「さあ、知らないね」モラーが、ポーカーの最中のように無表情でいった。

「ジムが、ここは質問の場だといっていた」

「さあ、私は知らないんだ」モラーがくりかえした。「そちら側は証言しないようだね」

「こういう状況では、そのとおりだ」

「そういうことなら」モラーがいった。「大陪審の罰則付き召喚令状をいつでも取れる」

「だったら取ればいいだろう！」テーブルを叩いて、ダウドはいった。「それを潰す申し立てを出すのが楽しみだ。どういう容疑なのかを、きみが連邦地方裁判所判事にいうのを聞きたいものだ。きみの弁解が聞きたいね」

必要な証拠はすべてあたえたと、ダウドはモラーにいった。「召喚状を叩き潰す申し立てには、私がきみたちに渡したものをすべて添える。証人三七人の証言。一四〇万ページの書類。大統領の内密の会話の要約もある。どうして大陪審の罰則付き召喚状が必要なのか、判事に説明するがいい。いっておくが、この国の歴史では、大統領に対してそれが発せられたことは一度もない。それに、トーマス・ジェファーソン以来、いまの大統領ほど透明な大統領はいなかった」

ダウドは、なおもいった。「戦争がやりたいのか？　よし、戦争をやろう。ついでながら、きみが大陪審の罰則付き召喚状を取ると脅したことを、私は大統領に伝える。〝大統領、証言なさらないのでしたら、あなたのケツを国民大衆の前に押していって、召喚状を取ります。聴聞会をやります〟と。いいか、ボブ、これらの証拠は大陪審に提出されていないんだぞ。どうしてこれがいままで大陪審や自分に示されていなかったのかと、連邦判事はきみに質問するだろう。きみはそれに対して釈明しなければならなくなる」

主な証拠はすべて聴取記録か書類に含まれているはずだと、ダウドは確信していた。そういう証拠が大陪審に提出されることは、ごくまれだった。

「ジョン、わかったよ」モラーが、ダウドをなだめようとしていった。

「ボブ、きみはアメリカ合衆国大統領がターゲットではないのに、大陪審の罰則付き召喚状を取ると脅したんだぞ。大統領は対象ですらない。基本的に証人にすぎない。私は判事にそういう。二〇一八年三月五日の時点で、大統領に刑事責任はなにひとつない」。会議の日付のことだ。「なにひとつない。私は判事にいう。きみたちが逮捕ごっこをやるのは許さないと。大統領がなにかを記憶しているかどうかを試すようなことはやらせない——犯罪はなかった。おい、ボブ、私はきみにきいただろう。交流を望んだのはそっちだ。互恵的な情報交換が聞いてあきれる。どこに共謀があるのか、いってみろ。六月のくだらない会合を持ち出すのはやめろ」ダウドはいった。トランプ・ジュニアがトランプ・タワーでロシア人弁護士と会ったことだ。

「なにもない。共謀はない。司法妨害？　笑わせるな。司法妨害なんてでたらめだ。フリンのことか？　イエイツとコミーは、フリンが嘘をついたとは思っていない。それはそうと、フリンは——ホワイトハウスの法律顧問の報告書で、彼のファイルを抹消したと諜報員《エージェント》が告げたと述べている。つまり、フリンは自分に危険は及ばないと確信していた。そう、なんの心配もないと」

ダウドはなおもいった。「きみたちの書類を読むのがいまから楽しみだ。まずこっちの書類が先に出るだろう。ところで、罰則付き召喚令状を、私に渡してくれ。運んでやるよ」

「ジョン」モラーがいった。「私はきみを脅迫するつもりはない。ただ可能性を考えているだけだ」

ダウドが、一転して陽気なお人好しのふりをした。「その他の可能性は、私に質問を渡すことだよ。私たちには相互の信頼関係がある。私たちはきみたちを信頼している。きみたちは私たちを信頼している、それに、私たちは一度もきみたちを裏切っていない。ボブ、どういう真実を見つけるにせよ、ほんとうに重要なのはそのことだろう？　私たちはきみたちのために努力しているんだ」

ダウドは、尋常ではない手段に出た。「きみたちには、なにも隠し立てしない。証言について私とアメリカ合衆国大統領とが話し合った内容を教えよう」。ホワイトハウスの大統領居室でトランプに質問したことのうち、三つを挙げた。トランプは三つ目について、見当もつかないといった。「彼は作り話をして取り繕う。そういう性格なんだ」

モラーが強い関心を抱いていることに、ダウドは気づいた。

「ジェイ」ダウドは、セクロウにいった。「きみは大統領役を演じてくれ。私はモラーだ。いいね?」ダウドが大統領と話をして見聞きしたことを、二人が演じる。「コミーの話をしましょう」。トランプのコミーとの会話について、ダウドが質問した。セクロウが典型的なトランプ流の返事をした——どこからともなく出てきた答え、矛盾、作り話、怒り。完璧な演技だった。トランプそのものだ。

「捕まえた!　捕まえた!　一〇〇一!」ダウドがテーブルを激しく叩いた。合衆国法典第一八編第一〇〇一条に違反する虚偽の供述だという意味だ。「捕まえた、一〇〇一!」

ダウドは、トランプを演じているセクロウに、べつの簡単な質問をした。

「わからない」セクロウがいった。「わからない。わからない」

「ジェイ」ダウドはいった。「私が大統領と話をしたとき、大統領は何度、わからないといったかな?」

「ああ、一〇回か二〇回か」

「ボブ」ダウドはモラーにいった。「私がいいたいのはそれなんだ。きみは私に、大統領が質問されるときに同席しろといっている。大統領は三つ目の質問から支離滅裂になるよ。私が補佐するが、大統領はわからないし、憶えていないからだ。だから、大統領は〝憶えていない〟を二〇回くりかえす。そこで私はいう。ボブ、大統領は憶えていないんだ。ところで、なんならケリー将軍をここに来させてもいい。ケリーも、大統領は憶えていないというだろう。憶えていない理由は単純だ。こういった事実、こういった出来事は、彼の人生ではほんの一瞬のことにすぎないからだ」。その多くは、トランプが大統領になりたてのころに起きている。

「彼は急にボスになった。毎日のメディアの報道も含めて、四方八方から情報が来る。莫大な量の情報だ。それに、大統領が馬鹿みたいに見えてはいけないと、私は思っている。私が同席し、大統領が馬鹿みたいに見えるようなことはやらせない。質疑を書き起こしたものをきみが公表したら——ワシントンDCではなんでもリークする——それを見た外国のやつはいうだろう。ほら、私がいったとおり、あいつは馬鹿だった。ほら、のろまなやつだと、いったじゃないか。どうしようもない馬鹿だぞ。FBI長官のことで、XもYもZも憶えていないんだ」

大統領には〝明らかに足りないところがある〟と表現していることを、ダウドは意識していた。

「ジョン、わかった」モラーがいった。

「そうか、ボブ、なにが知りたい？　これまでにだれも答えていない質問をしてくれ」

「では、彼に不正な意図があったかどうかが知りたい」

「ボブ、そんな質問に彼がイエスと答えると思っているのか？　彼の代理として、私はノーという。不正な意図はなかったという宣誓供述書を大統領から取りたいのなら、用意する」

「考えさせてくれ」モラーがいった。「きみにごまかされるとは考えたくないが」

「ちょっと待て」ダウドはいった。「いいかげんにしろ。私はこれまで、非難されるいわれのあるようなことは、一度もやっていない。私がごまかしをやったかどうか、ジム・クォーレスにきいてみろ。私はきみに正確ではないことをいった憶えはない」

「やっていない」クォーレスが答えた。「ジョンは私が相手にしたなかで、最高の弁護士だった」

モラーは事件の事実関係を知らないのではないかと、ダウドは怪しみはじめた。

証人三七人との共同弁護合意に従って、ダウドは証人の弁護士たちから事後説明を受けていた。

「だれか、嘘をついたものは？」ダウドはきいた。

「いない」モラーが答えた。

「書類を破棄したものは？」

「いない」モラーが答えた。

「信用できる正しい答えがほしいんだろう？」

「そうだ」

「質問をくれ」ダウドはいった。「私が持っていって、答えられる質問かどうか教える」。答えを提供する――各質問に一行か二行で。「公平な交換だ」ダウドはつづけた。「質問をくれれば、きみが考えていることがわかる」

ケリー首席補佐官は、モラーとそのチームと法廷速記者を、だれにも知られずにホワイトハウスに来させることができる。「私たちは回答書を用意する」。大統領は宣誓する。「私たちの望むやり方でやる。しかし、私たちの知っているとおりに真実を述べる。大統領は、弁護士に補佐されて、知っているとおりに真実を述べる。そうしなかったら、しじゅう邪魔がはいって中断するせいで、きみたちの質問には六時間かかるだろうし、大統領は〝わからない〟とくりかえすばかりだろう」

　モラーのチームはしきりに首をふって、そういうことは前例がないといった。とんでもない。聞いたこともない。

「質問を渡すかどうか、考えさせてくれ」モラーがいった。

　ダウドは、七月か八月にトランプがモラーとセッションズを攻撃したときに、モラーが連絡してきたことを指摘した。「問題がある。来てくれないか？　ときみはいった。証言を拒む必要がないのに拒否している証人がいると。彼らに過失はまったくないと。しかし、あいにく、証言すれば忠誠に反すると思うような雰囲気だったんだ」

　そのときにダウドはいった。「では、全員に協力してもらいたいと、公に宣言する。大統領も協力する。一〇〇％協力する。そして全員にそうするよう促す」。ダウドとコブは、トランプ大統領とホワイトハウスは〝ひきつづき全面的に協力する〟とマスコミに発表した。[1]

　会合でつねにいっていることを、ダウドはくりかえした。「賭けられているのは国だ」。大統領は、職務を行なわなければならない。こういう捜査に割く時間はない。世界には深刻で劇的に変化する緊張状態がある――北朝鮮、イラン、中東、ロシア、中国。

「そういったことに、かなり理解があるつもりだ」モラーが答えた。「できるだけのことをやっている」

「だったら質問を渡してくれればいい」ダウドは押した。

モラーは、気に入らないようだった。

大陪審の罰則付き召喚令状のことで喧嘩を売ってモラーを脅したのは、大胆な賭けだと、ダウドにはわかっていた。モラーが大陪審を使って起訴するつもりなら、そういう流れになるだろうと、意図を伝える狙いがあった。その場合、ダウドは証拠物件を添えて申し立てをする。連邦地方裁判所判事がそれを読むには二週間かかる。

ダウドは、できるだけ強力にそれを説明した。「そして、きみは法廷に立って、アメリカ合衆国大統領を大陪審にかけた理由を、判事に説明しなければならなくなる。ボブ、知っているだろうが、私はこういう事件を手がけたことがある。私なら、アメリカ合衆国大統領が関わっている事件では、大陪審には近づかない」

ダウドは、最後の論拠を述べた。モラーのチームは、偽証罪の罠を仕掛けるという手口を使っている、と非難した。[2]「きみたちはフリン、ゲーツ、〔ジョージ・〕パパドプロスに対して、それをやった」。パパドプロスは政治顧問で、選挙運動で補佐官をつとめた。「諸君、それがきみたちの得意技だ」。マナフォート選挙対策本部会長のビジネス仲間で、選挙対策本部副会長だったリック・ゲーツは、最高の弁護士を雇っていたのに、嘘をついた。「きみたちは彼に準備する時間をあたえなかった。それで彼は重罪を科せられた。ボブ、私はそういうふうに大統領に説明したんだ。彼らはあなたへの事情聴取で、虚偽の供述をした罪を負わせようとしていますよ、と」

自分が知らないことがある可能性は高いと、ダウドは考えていた。「ボブ、なにかがあるから、きみたちはそんなに意気込んでいるんだな」。大統領のふるまいのせいかもしれない。「しかし、訴因はないぞ」ダウドはいった。なにがあるにせよ、「山へ行って告げよ、議会《ヒル》へ行って告げよ。私の知ったことではない」。

モラーは無表情だった——大理石のようで、反応がない。たいした自制心だった。会議は終わった。午後五時、ダウドとセクロウは、オーバル・オフィスのとなりのダイニング・ルームでトランプに会った。

「どんなぐあいだ?」トランプがきいた。

「大統領」ダウドはいった。「馬鹿馬鹿しくて、話になりません」

「やれやれ」トランプはいった。モラーとの会合に対するダウドの反応が、あまりにも否定的だったので、ほんとうに厄介なことになるかもしれないと思い、不安そうな顔になった。

「ちがうんです」ダウドはいった。「大統領はモラーをぜんぜん尊敬していませんでしたね。大統領の勘は非常に優れているのに、私は信じませんでした。でも、いま申しあげます。大統領の勘が正しかったにちがいありません。モラーはまったく準備ができていません。だから、私たちはなにも得られずに戻ってきたんですよ」

一週間後の三月一二日、ダウドとそのチームは、モラー・チームとふたたび会った。望み薄だとわかってはいたが、起訴は控えたいとモラーがいうのを、ダウドは期待していた。大統領の証言は、ローゼンスタイン司法副長官への報告書を書く手前、必要なだけだと。

モラーのチーム、クォーレスとほかの三人が、四九件の質問を口頭で述べ、ジェイ・セクロウがメモをとった。[3] いずれも、フリン、コミー、セッションズなどの重要関係者に対するトランプの態度、意見、意思決定、結論に関するものだった。トランプ・ジュニアと、有名なトランプ・タワーでの会合、ヒラリー・クリントンの弱みを教えるというロシア人弁護士の提案についての質問もあった。あとは、ロシアでの不動産開発についての質問だった。

広範囲にわたる質問は、モラーの捜査対象についての報道を裏付けるものだった。

これはクズだと、ダウドは思った。ロースクールの二年生が考えるような質問だ。答えられているものも多い。もちろん、トランプに答えさせたら、たいへんなことになる。怒り狂ってなにをいうかわからないからだ。質問の範囲が広いのは、モラーがなにもつかんでいないくせに、大物を釣りあげるつもりでいるからだろう。怒りっぽいトランプに偽証罪の罠を仕掛けるのは、いとも簡単だ。

「訴因がどこにもない」ダウドはモラーにいった。

「大統領の証言が必要だ」モラーはいった。「コミーに対する大統領の意図は、なんだったか?」

「憲法上、きみがそれを問うことはできないだろう」ダウドはきっぱりといった。合衆国憲法第二条の大統領の権限は、昔からずっと認められている。コミーにもわかっていたはずだ。

「不正な意図があったかどうかをたしかめたい」モラーがまたいった。それが問題の核心だ。司法妨害は、特定の行為そのものを違法とするのではない。行為が司法を妨害する目的で〝不正に〟もしくは〝故意に〟行なわれた場合を指す。どういう気持ちだったかが重要なのだ。大統領はなぜそのように行動したのか?　モラーが大統領の証言を取りたいのはそのためだと、ダウドは確信していた。

「買収されたという証拠があるのか?」ダウドはきいた。ふつう、司法妨害が成り立つには、金を払って違法行為をやらせたか、虚偽の供述を行なうか証拠を破棄するよう買収したというような要素が必要とされる。録音テープ、証人の宣誓証言、書類があれば、最高の証拠になる。それがない場合は、だれかが自爆するならべつだが、検察官が捜査対象に自白させるしかない。トランプは自爆しかねないと、ダウドは確信していた。

「きみを任命した司法副長官が証人だろうが」ダウドは指摘した。ローゼンスタインは、ヒラリーのメール事件での行動を理由に、コミーを解任すべきだとする意見書を書いた。

「じつのところ、彼〔ローゼンスタイン〕は大統領の四ページにわたる手紙をもとに、書き直した。これにて私の弁論は終わり。それに、司法長官も証人になるだろう。ローゼンスタインが来たときには、副大統領やマクガーンが大統領のそばにいた。そもそも、クリントン事件でのコミーの行動を非難したのは、司法長官と司法副長官だった」

ダウドはつづけた。「意図については、書類と証言すべてで答えが出ている。彼〔大統領〕がいったこと、やったこと、それらがいつの言動だったかを、きみたちは証人に質問した。私はリアルタイムでそれらすべてを示した」。大統領の意図を示すのに必要なのは、それだけだ。

モラーは、納得しなかった。

ダウドとセクロウは、モラーのオフィスがあるビルを出た。

「どう思う?」セクロウがきいた。

「証言はできないな」ダウドはいった。モラーが起訴を控えるなど、夢物語にすぎなかった。

ビル・クリントン政権の農務長官だったマイケル・イスパイの件で控訴裁判所が独立検察官に条件

をつけたことを利用できると、ダウドは考えていた。大統領やその顧問には証言台に立たない行政特権をあたえるべきだと、裁判所は裁定した。その特権を停止させたい検察官は、他所では得られない重要証拠が含まれるような資料を示さなければならない。

捜査中の問題が重大な犯罪であり、罰則付き召喚令状によって出廷させた証人のみが答えを出せることを、検察官は示せなければならないと、裁判所は裁定した。

ダウドとセクロウは、トランプに報告した。

「モラーについての見方が一変しました」ダウドは、トランプにいった。大統領の睨んだとおりでした。「モラーは信用できません」

四九も質問があることが、ダウドには不安だった。どうして五つではいけないのか？

準備の時間がなく、世界の問題の渦中で質問に答えなければならない大統領を、どうして特別扱いできないのか？　これで大統領が証言すべきではないという決定は不動になりました、とダウドはいった。

「そうだな」トランプはいった。「もうすべて答えは出ている」

コブが、大統領はいくつかの質問に答え、証言したいと思っていると、いい触らしはじめた。

「大統領」ダウドはいった。「いくつかではありません。四九です。私はそんな助言はしていません」

「なにをいわれるかな？」トランプはきいた。「マスコミにどうとられるかな？」

「大統領、これは罠です。彼らには大統領と話をする法的権限や憲法上の権限はありません」。過去にトランプを弁護した弁護士たちに触れた。「私の助言どおりにしたくないのなら」彼らに電話してください。

三月の後日、トランプはエアフォース・ワンからダウドに電話した。

「大統領、私の助言どおりにする必要がありますよ」ダウドはいった。「さもないと、大惨事が起きます。これを切り抜けられなくなりますよ。私たちの書簡を読んだ日のことを憶えていますか？　ほっとしたでしょう。戦略が理解できたでしょう？　大統領、私たちは易々と勝ったんです。四九の質問は、大統領がおっしゃったように、答えがすでに出ています。関係者が証言しています。弁護士が答えています。スタッフも。つまり、プリーバス、バノン、全員が証言しており、特別検察官はそれを入手できます。それにはモラーにも反論できないでしょう。

大統領、法廷に引き出されるような人間は、一人もいません。だれも嘘をついていません。紛失した書類もありません。アメリカ史上、大統領のように全面的に協力した大統領は、一人もいませんよ。そのことを誇りに思い、それで済ませるわけにはいかないんですか？

それから、大統領、そういったことをすべて公にすることを勧めます。私はモラーに丁重ないい方で、大統領は聴取には応じないといいました。理由は明らかです。憲法上の理由もあります。今後の大統領のためにも、その特権を護らなければなりません。今回、大統領が証言したら、捕まえたぞ、大統領に宣誓証言させせろ、という流れが、今後何十年もつづきます。ゲームのルールが変わってしまいます。まして犯罪もなんの根拠もないんですよ」

イラン・コントラ事件におけるレーガン、ホワイトウォーター疑惑とルインスキー事件におけるクリントン、ウォーターゲート事件におけるニクソンの場合は、いずれも刑事事件でした、とダウドはいった。「それに、大統領のホワイトハウスが解決しなければならないような犯罪行為があったとしたら、大統領はかならず対応するだろうと、私は思っています。スタッフのだれかについて、大統領にだれかが問いただしたり、大統領自身が目撃したりしたときには、大統領は正式な証人になるでしょう。証言するでしょう。しかし、今回の件はちがいます。この件では、疑問の答えはすべて出ています。

大統領、梯子をはずすようなことはやめてください。私は弁護士としていい仕事をしようとしているんです」

「きみは優秀な弁護士だ」トランプはいった。「すばらしい弁護士だ」

「大統領、私は一人の弁護士、法曹関係者として、大統領がこれらの質問に答えるのに同席することはできません。大統領に質問をこなす能力がないのが、わかっているからです」

トランプ本人のせいではないと、ダウドはできるだけ言葉を取り繕いたかった。大統領職の重責のせいです。この対立では、相手を侮辱するような態度は控えなければならないとわかっていた。真実だとわかっていることはいえない。〝あんたはクソったれの嘘つきだ！〟とはいえない。それが問題だった。

そこで、ダウドはいった。「この問題では、大統領は話しづらいでしょう。それに、彼らに議論で負けるかもしれない。そうしたら、立ち直ろうとして、大統領はミスを犯し、やられます。マイク・フリンが、キスリャクとの会話を思い出せなかったときとおなじように」

エアフォース・ワンから、もう一度ダウドに電話がかかってきた。

「機嫌はいいか?」トランプがきいた。

「いいえ」ダウドは答えた。「よくないですよ、大統領。つらいです。しくじったという気がします。大統領の弁護士として、失敗しました。助言どおりにしてもらうよう大統領を説得できませんでした。医者のようなものです。なにに苦しめられているのか、わかっている。どんなことで困っているのか、わかっている。私は大統領が害されないような処方箋をあげたんです。大統領、第一の鉄則は、害をなさないことです。それが私たちの立場です。大統領にとってよくないし、今後、面倒の原因になると私が思っていることを、大統領がやるときに立ち会うくらいなら、弁護士資格を失うほうがマシです。そういうことを見て見ぬふりをする弁護士も、いるかもしれませんね」

「わかっている、ジョン。きみは不満なんだね」

「そうですよ。いっておきますが、タイ・コブを推薦したことを、私は悔やんでいます。彼に足を引っ張られるとは信じられない」

「まあ」トランプはいった。「私のほうから頼んだんだ」。公に発言し、大統領が証言を怖れていないのを示してくれと。

「彼は断わるべきでした。政府に雇われている人間なのだから。それはそうと、コブも証人として呼ばれるかもしれませんよ。大統領のような特権はありませんから」

「しまった」トランプが、心配そうな声を出した。「コブにはいろいろな話をした」

「大統領を説得できたらよかったのにと思います」ダウドはいった。「証言はやめてください。そうしないと、囚人服を着るはめになりますよ。決断のときが来たら、どうぞご自分の足で進んでください。私はいっしょにはいられませんから」

「きみは去っていくのか」トランプはいった。「よく私を見捨てられるな?」

信念の問題ですと、ダウドは答えた。それに、依頼人を護るという弁護士の義務もあります。

「残ってくれればいいのに。きみはすばらしい弁護士だ」

嘘だというのを、ダウドは知っていた。だが、それもトランプのパラドックスのひとつだった。どれほど意見が衝突しても、辞める段になると、トランプは電話か面と向かって、ありがとうという。きみがやってくれたことすべてに、感謝している。

ダウドは法律の世界に長く身を置いているが、それほど丁寧に感謝を表わす依頼人は五人くらいしかいなかった。

セクロウとコブがダウドに電話してきて、大統領が応対してくれず、怒りをぶつけるとこぼした。電話してほしいと、二人がダウドに頼んだ。

「大統領」ダウドは、三月二一日午後一〇時ごろに電話でいった。

「やあ、ジョン」トランプがいった。かなり感じがよかった。落ち着いている。

「大統領」ダウドはいった。「お邪魔して申しわけありません。ですが、タイとジェイが電話してきたんです」。証言問題に取り組んでほしいと、二人がいっています。

証言すると決めたと、トランプがいった。モラーの扱いならだいじょうぶだ。「ジョン、こういうことにした。きみが賛成でなくて残念だ」

「まあ、私の仕事は賛成することではありません。大統領の面倒を見ることです。ご自分の助言に従うようになったら、厄介なことになりますよ。大統領、私は自分の助言には従いません」

「つまり、弁護士を雇っているんだな？」

「そのとおりです。こう見えても、いろいろ厄介なことをくぐり抜けてきたんですよ。もちろん弁護士を雇っています」

「ジョン、私はこういうことにした」トランプがくりかえした。「アメリカ合衆国大統領は第五条を行使しようとしていると見られてはならないと思う」（合衆国憲法修正第五条は黙秘権を認めている）

「大統領、それよりもずっとマシなプレゼンテーションができますよ。それはそうと、もうひとつ助言があります。まず議会指導部の重鎮に、説明したほうがいいでしょう。公にする前に」証言録と書類をすべて提出して、主張事実をはっきりさせてから、法廷闘争に臨む。「証言しない理由を彼らに説明します。資料をすべて見せれば……」

「悪くない考えだ」トランプはいった。「しかし、ジョン、私が証言しなかったら、連中はよろこばないだろう」。〝連中〟がだれなのか、トランプはいわなかったが、ダウドは察していた。トランプの支持層、集会に来る聴衆、FOXニュースの視聴者、ヒラリー・クリントンが〝惨めな人々《ディプローラブル》〟と呼んだ人々。

「モラーが一〇〇一条違反で正式起訴を要求したら、その人たちはどう思うでしょうね？」ダウドは問いかけた。虚偽の供述を行なったとする容疑で、大陪審の承認を得て裁判所に起訴した場合のことだ。

「いや、いや、私は優秀な証人だ。きわめて優秀な証人だ」

それがトランプ本人の幻想で、根も葉もないことだということを、ダウドは知っていた。トランプの宣誓証言をとったことがある、親しいフロリダの弁護士から聞いたエピソードを、ダウドはトランプに話したことがあった。弁護士が職業をたずねると、トランプの答えは一六ページに及んだという。

「大統領は優秀な証人ではありませんよ」ダウドはいった。そうなれない人間がいる。ダウドは例を教えた。「大統領、ラジ・ラジャラトナムを憶えているでしょう?」

「ヘッジファンドの男だな」トランプは思い出した。ダウドは、ガリオン・グループ創業者のビリオネア、ラジャラトナムの弁護士をつとめたことがあった。[4] ラジャラトナムは二〇一一年にインサイダー取引で有罪判決を受け、懲役一一年の刑をいい渡された。

「頭のいい男でしたよ」ダウドはいった。「おなじテーブルで向き合って話をしたら、生まれつき才能のある、弁舌の巧みな男だと思うでしょうね。彼はどんなことでも話題にできます。大統領、私は彼に証言の準備をさせましたが、申し立てがはじまって五分ほどたつと、彼は小便をちびりそうになりました。急に神経質になったんです——それで、結局……私が直接尋問をしたときには、ラジャラトナムは自分の名前をいうのもやっとでした。本性はそういうやつだったんです。私にはそういうやつの弁護はできません。

大統領、あいにく私は大統領の力にはなれません」

モラーに対して怒りをおぼえるのは当然です、とダウドはトランプにいった。

「彼らには大統領を弾劾できませんよ。冗談でしょう？　やつらは弱虫の集まりです。街全体が。メディアも議会も。意気地なしです。合衆国憲法第二条の行使で、弾劾できるわけがないでしょう。そう思いませんか？　もしもし、聞いていますか？　ライアン議長がそれを議事運営委員会や司法委員会に持っていってどう説明するのか、聞きたいものです」

マスコミがあると、トランプはいった。「やつらに叩きのめされる」

「大統領、税制改革をあきらめなかったのは大統領でした。第一ラウンドに勝ったんです。敵は手痛い傷を負った。大統領を憎んでいます。心底憎んでいます」

マスコミはなにを要求するだろう？　トランプはきいた。

「私なら、取材許可を取り消します。そこから追い出します。ホワイトハウスにはいってきて、いまのようなやり方をする権利は、まったくないと思います」

同感だと、トランプはいった。「しかし、私の決定はつねに覆されるんだ、ジョン。彼ら」――ホープ・ヒックス、ケリー――「にそのたびに無効にされてしまう。私は許可証を取りあげたいんだが」

ダウドはいった。マスコミ、モラー、議会には「クソ食らえといってやりなさい。そして、アメリカ合衆国大統領に戻る。大統領の毎日の仕事に比べれば、こんなものはゾウのケツにとまったブヨです。だから、そういうふうに扱い、ずんずん先に進みましょう」。これが自分の最終弁論だと、ダウドは判断した。

「きみはすばらしい男だ」トランプはいった。「ありがとう。夜分遅くまですまなかったね」

翌朝、ダウドは妻のキャロルに、「辞める」といった。トランプに電話して、辞任すると告げた。

「申しわけありませんが、辞めます。大統領が大好きですし、応援します。ご多幸をお祈りします。でも、大統領が私の助言に従わないのでしたら、弁護士をつとめることはできません」

「きみの不満は理解している」トランプはいった。「きみはすばらしい仕事をしてくれた」

「大統領、ほかにできることがありましたら、いつでも電話してください」

「ありがとう」

二分後、《ニューヨーク・タイムズ》からダウドに電話があった。《ワシントン・ポスト》も電話してきた。トランプが電話をかけている光景が目に浮かんだ。《ニューヨーク・タイムズ》のホワイトハウス番記者マギー・ハバーマンと電話で話をしているところを、ダウドは思い浮かべた。「マギーか？ ダウドのやつ、辞めたよ」。トランプはつねに、ニュースを自分が最初にひろめようとする。

それでも、機先を制することができたと、ダウドは思っていた。クビになって捨てられる前に、自分から辞任した。

モラーはロシア疑惑も司法妨害も立件できないだろうと、ダウドは確信していた。偽証の罠を仕掛けようとしているだけだ。そして、痛いほど正直に自己評価するなら、自分も大統領もモラーにしてやられたと、ダウドは確信していた。モラーのいいカモになって、証人と書類について協力した。

そういうずるがしこい策略を使ったモラーに、ダウドは失望を禁じえなかった。

法律の世界に四七年間、身を置いているダウドは、この稼業のことも検察官のことも知っていた。彼らはとにかく立件しようとする。大量の証言と書類から、モラーは悪事に見えるようなことをつなぎ合わせるだろう。あるいは、ダウドの胸に疑念がきざしているとおり、有罪を証明する新しい証拠をつかんだのかもしれない。フリンのような証人が、証言をひるがえしたのかもしれない。そういうことはよくあるし、その場合には試合の流れが劇的に変わる。側近だった人間が自白し、嘘をついていたことを認め、大統領に責任をかぶせることもある。そうはならないだろうとダウドは思っていたが、あらゆる可能性を考慮した。

こういう複雑にもつれた捜査では、明白なことはすくなく、多くが曖昧なままだ。完璧なX線写真、テープ、エンジニアの設計図はない。大統領はロシアと共謀してはいないし、司法妨害も行なっていないと、ダウドは信じていた。

しかし、トランプとその大統領の地位には、悲劇的欠陥（自分のせいで不幸になる、悲劇の主人公の性格的な欠陥）があると、ダウドは見なしていた。政治論争、逃げ口上、否認、ツイッター、問題点をぼかすこと、〝フェイクニュースだ〟と叫ぶこと、いわれのない非難にすぐに憤激すること。トランプにはなによりもひどい問題点があるのをダウドは知っていたが、それを面と向かっていうことはできなかった。〝あんたはクソったれの嘘つきだ〟

謝辞

サイモン&シュスターの編集者アリス・メイヒューとの仕事は、四六年以上にわたり、これで一九冊目になる。論争と捜査の渦中にあるトランプ政権の一期目の中盤、アリスは早くも、トランプが外交・国内政策で現実になにをやったかを突き止めることは重要であると理解した。本書の基本的なテーマ、よどみない筆致、組み立て、格調には、アリスの全面的な才気あふれる取り組みが貢献している。

同社の社長兼発行人ジョナサン・カープは、この業界一の辣腕である。彼は鋭い知力と時間を本書に注いでくれた。激動の時代にあるトランプ大統領に関する著作を出版するというビジネスチャンス、責任、ジレンマについて考え抜いた。私はジョナサンに大きな恩を受けた。かつてボーイ・ワンダーだったジョナサンは、いまは中年ワンダーだが、ボーイ・ワンダーのエネルギーをいまも持っている。

同社のキャロライン・K・リーディCEOは、数十年にわたって私の仕事を後押しし、各所で宣伝してくれた。

サイモン&シュスターについては、ほかにも以下の人々に謝意を述べたい。アリス・メイヒューのアシスタントで、才能に恵まれてエネルギッシュで思慮深いスチュアート・ロバーツ、リチャード・ローラー、キャリー・ゴールドスタイン、スティーブン・ベッドフォード、アイリーン・ケラディ、クリステン・レミア、リザ・ヒーリー、ルウェリン・ポランコ、ジョシュア・コーエン、ローラ・タラム、ケイティ・ハイグラー、トビー・ユーイン、ケイト・マーテス、エリサ・リブリン。

旅するカウンセラーで、原稿整理の名人、フレッド・チェイスには格別に感謝している。フレッドは、イブリンや私とともにワシントンDCに一週間滞在した。フレッドは言葉と発想に強い愛着を抱いている。その一週間、フレッドは細心の注意と見識をもって、原稿を三度読んだ。私たちはフレッドを〝フィクサー〟と呼んだ。赤と緑の鉛筆の細かい書き込みが、ほとんどすべてのページにあったからだ。

ニクソンのウォーターゲート事件で相棒だったカール・バーンスタインと、この二年間、トランプについて話し合ったことを、入念なメモとして残しておけばよかったと思う。意見がつねに一致したわけではないが、話し合いはとても楽しかったし、トランプ政権、ワシントンDCの政界、メディアについての彼の深い洞察が大好きだった。カールに対する友情と好意は、私の人生の数すくないよろこびのひとつだ。

《ワシントン・ポスト》は、鷹揚にも私を副編集長《アソシエイト・エディター》として雇いつづけている。ダウンタウンの社屋にはめったに行かず、自宅のオフィスで仕事をしているので、近ごろはほとんど編集の役に立っていない。それに、私の編集作業はたいがい、過去の出来事について電話で問い合わせてくる記者とのやりとりで成り立っているだけだ。とはいえ、副編集長というのはすばらしい肩書だし、ジャーナリストという自分のルーツとのつながりを保つことができる。《ワシントン・ポスト》は四七年のあいだ、私の家であり家族であった。同紙は最近、トランプ政権下で最良のジャーナリズム――もっとも積極果敢でこの時代に不可欠な報道――を発揮している。エグゼクティブ・エディターのマーティ・バロン、マネジング・ディレクターのキャメロン・バー、調査報道エディターのジェフ・リーン、ロバート・コスタ、トム・ハンバーガー、ロザリンド・ヘルダーマン、デービッド・ファーレンホルド、カレン・トゥマルティ、フィリップ・ラッカー、ロバート・オハロウ、エミー・ゴールドスタイン、スコット・ウィルソン、スティーブン・ギンズバーグ、ピーター・ウォルスタン、ダン・バルズ、ルーシー・シャックルフォードほか、《ワシントン・ポスト》の無数の社員に感謝する。

《ワシントン・ポスト》の数多くの昔からの同僚や友人、元社員にも感謝する。ドン・グラハム、サリー・クイン、デービッド・マラニス、リック・アトキンソン、クリスチャン・ウィリアムズ、ポール・リチャード、パトリック・タイラー、トム・ウィルキンソン、レナード・ダウニー・ジュニア、マーカス・ブラウチリ、スティーブ・コール、スティーブ・ルクレンバーグ、スコット・アームストロング、アル・カメン、ベン・ワイザー、マーサ・シェリル、ビル・パワーズ、カルロス・ロサダ、フレッド・ハイアット、ジョン・ファインスタイン、編集人のフレッド・ライアン。

選挙前のトランプを取材するために、私も含めた《ワシントン・ポスト》の記者を集めてくれたマイケル・クラニシュとマーク・フィッシャーに深く感謝する。その成果が『*Trump Revealed*』で、大統領候補を描く最高の情報源のひとつになった。同書にはトランプに対する二〇時間以上のインタビューが含まれている。

現在の《ワシントン・ポスト》の社員や関係者は、アマゾン創業者でCEOのジェフ・ベゾスがオーナーであることに感謝すべきだろう。徹底的な調査のための取材・編集リソースを増やそうと、ベゾスは同紙に巨額の金と時間を費やしている。キャサリン・グラハムとドン・グラハムが育み、厳しく支えてきた新聞の独立という文化は、いまも健全に生きている。

現職の大統領についての著作は、以前のジャーナリズム、記事や論文、著書に負うところが大きい。週七日・二四時間態勢のニュースの渦のなかで、トランプに関するものはすでに莫大な量に達していた。流行り《サイクル》すたりではなく、着実な流れ《ストリーム》になっていた。本書は私の取材を基本としているが、ほかの出版物やニュース記事が直接的もしくは間接的に情報や着想をもたらすのを避けることはできない。トランプといまの政治的風潮について、これまで述べてきた人々に、絶大な恩恵をこうむっている。ことに《ワシントン・ポスト》《ニューヨーク・タイムズ》《ウォール・ストリート・ジャーナル》《アクシオス》《ポリティコ》に感謝したい。

私の弁護士でカウンセラーで友人のロバート・B・バーネットが、またしてもすばらしい仕事をやってくれた。依頼人にとことん尽くすという考え方が染み付いているロバートは、あらゆる面で全面的に支援してくれた。ワシントンDCの政治とニューヨークの出版界をだれよりも知り尽くしているロバートは、依頼人への献身と才覚をふんだんに発揮して、その知識を駆使してくれた。

イブリンと私は、ローザ・クリオリョとジャック・クロウの気づかいと親切を受けられるという幸運に恵まれた。

私の長女ターリ・ウッドワードに深く感謝し、愛を捧げる。彼女はコロンビア・ジャーナリズム・スクール修士課程のプログラム・ディレクターをつとめている。ターリはたえず賢明な助言を授けてくれた。また、ターリの夫ゲーブ・ロスと二人の子供、ゼイディーとセオ――私の孫――にも愛を捧げたい。

末娘のディアナ・ウッドワードは、イェール大学で人類学と心理学を専攻し、四年生になった。休みに帰ってくるときには、輝きとよろこびを運んでくるので、家にふだんそれが欠けているのを痛感する。

本書を妻エルサ・ウォルシュに捧げる。彼女はやさしさ婦人《ザ・カインドネス・レディ》として知られている。やさしさは大切で、物事の中心だという、ヘンリー・ジェームズの言葉どおりに生きているからだ。それは広い心で他人の真価を認めるだけではなく、お互いに尊敬しあうことだと、エルサは考えている。こうして三七年間に一五冊目の著書をともにすることができた。エルサは《ワシントン・ポスト》の元記者で、《ニューヨーク・タイムズ》のスタッフ・ライターでもあり、人間と理想と書物が大好きだ。彼女は天資をさらに磨いた高度な編集技術を、本書に提供してくれた。感謝の念は永遠に尽きることがない。彼女の愛情と支えには、いくら感謝しても足りないほどだ。彼女の判断をいつも尊重している。どうして彼女にはわかるのだろう？　と、しばしば自問することがある。その知性はどこから湧いてくるのだろう？　それらの疑問への完璧な答えは見つかっていない。しかし、彼女の魔法は毎日目にしている。パートナーとして、生涯愛する人として、私は彼女を大切に思っている。

訳者あとがき

本書『ＦＥＡＲ　恐怖の男――トランプ政権の真実』（原題 *FEAR: Trump in the White House*）は、二〇一八年九月一一日にアメリカで発売され、たちまちベストセラーになった。アメリカではすでに一四〇万部を突破し、世界三〇カ国以上で刊行が決定したという。

ボブ・ウッドワードの作品はつねにそうだが、内容は発売まで厳重に秘密にされた。直前にいくつか部分的なリークが報道されたものの、全容はまったくわからなかった。このため、翻訳は刊行された完本をもとに進めた。

ドナルド・Ｊ・トランプ大統領にまつわる著作は数々あるが、ボブ・ウッドワードの本書は、トランプ政権の意思決定の仕組みを克明に描くことに的を絞っている。９・11テロをきっかけに〝ブッシュの戦争〟が開始され、以来、二一世紀の世界は戦争や経済やテクノロジーなどの面で激動の波に揉まれている。グローバリゼーションの拡大、中国の台頭、中東の不安定の激化、シリア内戦、難民、ブレグジット……無数の問題が重なって解決が困難になるなかで、超大国アメリカの政策の力がいっそう問われている。

トランプ大統領は、さまざまな国際協定や合意からの離脱や修正を打ち出している。ＴＰＰ、パリ協約、イランとの核合意、NAFTA……さらに、鉄鋼やアルミへの輸入関税、移民の阻止や制限を当初から唱えてきた。

こういった新政策はほとんどが途上にあり、国際社会やアメリカ国内にどう波及していくかは、まだ明らかではない。しかし、アメリカの国際社会への影響力がいまだに大きいことは、如実に示された。

ツイートするアメリカ合衆国大統領というのは前代未聞だが、トランプは政権高官の解任・辞任を、正式発表の前にツイッターで報告する。〝トランプはつねに、ニュースを自分が最初にひろめようとする〟（本文より）

こういった人事は大統領の権限の範疇だが、行政府であるホワイトハウスが政策を実行するには、議会による立法を必要とする。しかし、トランプのホワイトハウスでは、大統領令に署名するから命令書を作成しろ、とトランプがいい、大統領にはそれに署名する法的権限がありません、と秘書官やその他の側近がいさめるという場面が、何度もくりかえされている。

秘書官は、大統領のスケジュール調整や書類の処理が主な仕事だが、書類についての説明も行なう。その際に、〝彼（トランプ）のものすごく危険な思いつきに対応して、名案ではなかったかもしれないと思い直すような理由をいくつも教える〟こともやっていたという。プロローグに描かれているように、危険な政策に関わる書類や書簡を、側近がトランプのデスクから持ち去ることもあった。

北朝鮮の脅威と対峙している韓国には、終末高高度空域防衛システム（THAAD《サード》）が配備されているが、トランプはアメリカがその費用を負担しているのが気に入らない。さらに、貿易赤字になっている韓国との貿易協定も破棄しろと唱える。政権上層部は、THAADはアメリカの国防に役立っているし、貿易協定は安全保障と不可分の関係にあると、トランプを説得する。

トランプは、北朝鮮の最高指導者、金正恩を憎悪し、〝ロケットマン〟と呼んだ。二〇一七年一〇月、米空軍はオザーク高原で空爆演習を行なった。北朝鮮と地形がよく似ているからで、北朝鮮の指導部を抹殺するという想定だった。これは緊急対処計画のひとつにすぎず、実行される可能性は低い。しかし、トランプはダンフォード統合参謀本部議長に、北朝鮮を先制攻撃するあらたな戦争計画を要求していた。情報がとぼしいなかで攻撃を行なうのはきわめて危険なので、ダンフォードは時間稼ぎをするしかない、と判断した。

このように、トランプは政治・経済・軍事のすべてにおいて、入念に検討して計画を立案するのではなく、衝動的な思いつきで指示を下してきた。ホワイトハウスのプロセスがそういうふうに大きく乱れているのは、組織系統の乱れが原因でもあるだろう。ホワイトハウスの要職には、それぞれの役割がある。国家安全保障問題担当大統領補佐官は国家安全保障と外交を担当し、国家経済会議委員長は経済を担当する。大統領首席補佐官は、大統領にもっとも近い立場で、各部門の調整を行なうもっとも重要な職務だ。

ところが、トランプのホワイトハウスには、スティーブ・バノン首席戦略官、ピーター・ナバロ国家通商会議委員長、トランプの娘婿のジャレッド・クシュナー上級顧問のような、どの組織系統に属するかが定かでない人物がいて、意思決定のプロセスを乱していた。トランプの娘のイバンカも、たえず父親に影響を及ぼしている。彼らは大統領首席補佐官の調整を待たずに、オーバル・オフィスにずかずかと立ち入って、トランプに直談判する。

要するに、トランプのホワイトハウスには、適切な手順を経て意思決定するプロセスが存在しない。しかし、プロセスは民主主義の弱点だという見方もある。中国やロシアのような国では、指導者のすばやい決断によって政策が定まり、実行される。プロセスがきちんとしていて、共和党との対話も重視したオバマ政権が、内政でも外交でも足踏み状態にあったのとは対照的に、トランプ政権では、プロセスの欠如が物事を（正しい方向かどうかはべつとして）大きく動かしている。

たとえば、北朝鮮の金正恩との会談を実現させたのは、トランプの〝ロケットマン〟発言やさまざまな恫喝が功を奏したからだともいえるし、中国との〝貿易戦争〟は超大国化に向けた中国の前進を鈍らせるのに役立っているようにも思える。トランプ政権のプロセスの不備がなにをもたらすかはまだ不透明だし、結果が出るのは先の話だが、本書に描かれているホワイトハウスの内情は、それを推理する手がかりになるかもしれない。

今回は作業日数がすくなかったこともあり、日本経済新聞出版社編集部の金東洋氏にはひとかたならぬお世話になった。末筆ながらあつくお礼申しあげるしだいである。

伏見 威蕃

二〇一八年一一月

第 42 章

本章の主な情報は、事象をじかに目撃した複数の人々とのディープ・バックグラウンド・インタビューによる。

1. Michael S. Schmidt, Matt Apuzzo and Maggie Haberman, "Mueller Is Said to Seek Interviews with West Wing in Russia Case," *The New York Times*, August 12, 2017.
2. Jeremy Herb, Evan Perez, Marshall Cohen, Pamela Brown and Shimon Prokupecz, "Ex-Trump Campaign Adviser Pleads Guilty to Making False Statement," CNN, October 31, 2017; Carrie Johnson, "Rick Gates Pleads Guilty and Begins Cooperating with Mueller's Russia Investigation," NPR, February 23, 2018.
3. 《ニューヨーク・タイムズ》が入手したモラーの質問を参照のこと。《ニューヨーク・タイムズ》2018 年 4 月。 https://www.nytimes.com/2018/04/30/us/politics/questions-mueller-wants-to-ask-trump-russia.html.
4. Peter Lattman, "Galleon Chief Sentenced to 11-Year Term in Insider Case," *The New York Times*, October 13, 2011.

第 41 章

本章の主な情報は、事象をじかに目撃した複数の人々とのディープ・バックグラウンド・インタビューによる。

1. 出席者 1 名が直後に記した詳細なメモを筆者が閲覧。
2. MJ Lee and Kevin Liptak, "Former White House Aide's Ex-Wives Detail Abuse Allegations," CNN, February 8, 2018; Colbie Holderness, "Rob Porter Is My Ex-Husband. Here's What You Should Know About Abuse," *The Washington Post*, February 12, 2018; Felicia Gans, "Jennifer Willoughby Called Rob Porter's Alleged Abuse 'Insidious' Last Year," *Boston Globe*, February 10, 2018.
3. Maggie Haberman and Katie Rogers, "Abuse Claims End Star's Rise in White House," *The New York Times*, February 8, 2016, p. A1; Katie Rogers, "Aide's Clean-Cut Image Belied His Hot Temper, Former Colleagues Say," *The New York Times*, February 20, 2018, p. A14.
4. Josh Dawsey, Beth Reinhard and Elsie Viebeck, "Senior White House Official to Resign After Ex-Wives' Allegations of Abuse," *The Washington Post*, February 7, 2018.
5. トランプのツイートを参照。https://twitter.com/realdonaldtrump/status/962348831789797381.
6. "The White House Shrugged Off Domestic Violence. It's Not Alone," *The Washington Post*, February 8, 2018; Mark Landler, "Trump, Saying 'Mere Allegation' Ruins Lives, Appears to Doubt #MeToo Movement," *The New York Times*, February 10, 2018.
7. ドナルド・J・トランプ、「鉄鋼・アルミ産業の経営者たちとの意見聴取会での発言と、報道陣とのやりとり」2018 年 3 月 1 日。 ゲアハルト・ピーターズとジョン・T・ウーリーによって文字に起こされ、ネット公開された。*The American Presidency Project*. http://www.presidency.ucsb.edu/ws/?pid=129484.
8. Justin Sink, Jennifer Jacobs, Dakin Campbell and Shannon Pettypiece, "Gary Cohn to Resign as Trump Adviser After Dispute over Tariffs," Bloomberg, March 6, 2018.
9. Damian Paletta and Philip Rucker, "Gary Cohn, Trump's Top Economic Adviser, to Resign Amid Differences on Trade Policy," *The Washington Post*, March 7, 2018.
10. Derek Thompson, "Gary Cohn Resigns, Apparently over Tariffs," *The Atlantic*, March 6, 2018.
11. Nick Timiraos, Peter Nicholas and Liz Hoffman, "Gary Cohn Resigns as White House Economic Adviser After Losing Tariffs Fight," *The Wall Street Journal*, March 6, 2018.
12. Bob Davis, "Trump Weighs Tariffs on $100 Billion More of Chinese Goods," *The Wall Street Journal*, April 5, 2018. Bossert and Trump met on April 6, 2018.
13. Ibid.
14. 〈ジス・ウィーク〉の発言記録、ABC ニュース、2018 年 4 月 8 日。

http://www.presidency.ucsb.edu/ws/?pid=128934.
5. グラムのツイートを参照。https://twitter.com/LindseyGrahamSC/status/950800026401492992.
6. Julie Hirschfeld Davis and Sheryl Gay Stolberg, "Trump Appears to Endorse Path to Citizenship for Millions of Immigrants," *The New York Times*, January 9, 2018.
7. Ashley Parker and Philip Rucker, "55 Minutes at the Table: Trump Tries to Negotiate and Prove Stability," *The Washington Post*, January 9, 2018.
8. John Byrne and Katherine Skiba, "Sen. Dick Durbin: President Trump Used 'Hate-Filled, Vile and Racist' Language in Immigration Meeting," *Chicago Tribune*, January 12, 2018; Josh Dawsey, "Trump Derides Protections for Immigrants from 'Shithole' Countries," *The Washington Post*, January 12, 2018.
9. Elana Schor, "Graham Tees Off on Stephen Miller over Immigration," *Politico*, January 21, 2018.
10. ドナルド・J・トランプ、「メリーランド州オクスンヒルにおける保守政治活動評議会での発言」2018 年 2 月 23 日。ゲアハルト・ピーターズとジョン・T・ウーリーによって文字に起こされ、ネット公開された。*The American Presidency Project.* http://www.presidency.ucsb.edu/ws/?pid=129472.
11. 急進的な黒人シンガー・ソングライターで活動家だったオスカー・ブラウン・ジュニアの楽曲の歌詞を勝手に解釈し、選挙運動中にくりかえし使って、ブラウンの遺族を激しく非難した。
12. Peter Baker, Gardiner Harris and Mark Landler, "Trump Fires Rex Tillerson and Will Replace Him with CIA Chief Pompeo," *The New York Times*, March 13, 2018.
13. Ibid.
14. ドナルド・J・トランプ、「CIA 長官マイク・ポンペオを国務長官に指名し、レックス・ティラーソン国務長官を解任し、ジーナ・C・ハスペルを CIA 長官に指名した際の発言と、カリフォルニア州サンディエゴに向けて出発するときの報道陣とのやりとり」2018 年 3 月 13 日。ゲアハルト・ピーターズとジョン・T・ウーリーによって文字に起こされ、ネット公開された。*The American Presidency Project.* http://www.presidency.ucsb.edu/ws/?pid=129510.

第 40 章

本章の主な情報は、事象をじかに目撃した複数の人々とのディープ・バックグラウンド・インタビューによる。

1. Karen Freifeld, "White House Lawyer Cobb Predicts Quick End to Mueller Probe," Reuters, August 18, 2017.
2. "Mueller's Trump-Russia Investigation Engulfs Deutsche," *Handelsblatt*, December 5, 2017.
3. トランプのツイートを参照。https://twitter.com/realdonaldtrump/status/847766558520856578.
4. コミーの文書は、以下で閲覧できる。https://assets.documentcloud.org/documents/4442900/Ex-FBI-Director-James-Comey-s-memos.pdf.

10. ヒラリー・クリントン、「フィラデルフィアの民主党全国大会での大統領候補指名受諾演説」2016年7月28日。ゲアハルト・ピーターズとジョン・T・ウーリーによって文字に起こされ、ネット公開された。*The American Presidency Project.* http://www.presidency.ucsb.edu/ws/?pid=118051.
11. Tom Rogan, "Trump's 'Nuclear Button' Tweet About North Korea Was Good," *Washington Examiner*, January 3, 2018.
12. 〈フェイス・ザ・ネーション〉のリンゼー・グラム上院議員の発言記録、2017年12月3日。

第37章

本章の主な情報は、事象をじかに目撃した複数の人々とのディープ・バックグラウンド・インタビューによる。

1. 出席者1名が直後に記した詳細なメモを筆者が閲覧。
2. バラク・H・オバマ大統領へのインタビュー、2010年7月10日。

第38章

本章の主な情報は、事象をじかに目撃した複数の人々とのディープ・バックグラウンド・インタビューによる。

1. "President of Azerbaijan Ilham Aliyev Met President Donald Trump," U.S. Embassy in Azerbaijan, September 21, 2017, https://az.usembassy.gov/president-azerbaijan-ilham-aliyev-met-president-donald-trump/.
2. 出席者1名が直後に記した詳細なメモを筆者が閲覧。
3. "16 Years Later, Afghan Capital Under Siege," 60 Minutes, CBS, January 11, 2018.
4. Pamela Constable, "A String of Deadly Attacks in Afghanistan Exposes Government Weakness, Limits of U.S. Training Effort," *The Washington Post*, January 29, 2018.
5. 2018年4月、マイク・ポンペオが国務長官として承認されるのに重要な票を得るために、トランプはケンタッキー州選出のランド・ポール共和党上院議員におなじようなことをいった。ポールによれば、「大統領はあそこからさっさと逃げ出そうというようなことを、何度もくりかえした」という。

第39章

本章の主な情報は、事象をじかに目撃した複数の人々とのディープ・バックグラウンド・インタビューによる。

1. グラムのツイートを参照。https://twitter.com/LindseyGrahamSC/status/939988068823715842.
2. コミーの2017年6月8日の上院情報特別委員会における宣誓証言は以下で閲覧できる。https://assets.documentcloud.org/documents/3860393/Comey-Opening-Statement-June-8.pdf.
3. トランプのツイートを参照。https://twitter.com/realdonaldtrump/status/946731576687235072.
4. ドナルド・J・トランプ、「移民問題改革について議員たちと話し合ったときの発言と、報道陣とのやりとり」2018年1月9日。ゲアハルト・ピーターズとジョン・T・ウーリーによって文字に起こされ、ネット公開された。*The American Presidency Project.*

document-Donald-Trump-2005-Tax.html.
2. Saleha Mohsin, "Mnuchin Crosses the U.S. Trying to Sell the GOP Tax Plan," Bloomberg, November 16, 2017.
3. Molly Moorhead, "Mitt Romney Says 47 Percent of Americans Pay No Income Tax," *PolitiFact*, September 18, 2012.
4. Roberton C. Williams, "A Closer Look at Those Who Pay No Income or Payroll Taxes," Tax Policy Center, July 11, 2016.
5. PolitiFact によれば、2013 年の勤労所得税額控除は連邦予算 630 億ドルを要した。責任ある連邦財政委員会によれば、2013年の子供に対する扶養税額控除は570億ドルだった。
6. Howard Gleckman, "How the Tax Cuts and Jobs Act Evolved," Tax Policy Center, December 28, 2017.
7. ドナルド・J・トランプ、「税制改革法案が議会で可決されたことについての発言」2017 年 12 月 20 日。ゲアハルト・ピーターズとジョン・T・ウーリーによって文字に起こされ、ネット公開された。*The American Presidency Project.* http://www.presidency.ucsb.edu/ws/?pid=129018.

第 36 章

本章の主な情報は、事象をじかに目撃した複数の人々とのディープ・バックグラウンド・インタビューによる。

1. ドナルド・J・トランプ、「元首席戦略官スティーブ・K・バノンについての声明」2018 年 1 月 3 日。ゲアハルト・ピーターズとジョン・T・ウーリーによって文字に起こされ、ネット公開された。*The American Presidency Project.* http://www.presidency.ucsb.edu/ws/?pid=128962.
2. 国家安全保障戦略は、オンラインで閲覧できる可能性がある。https://www.whitehouse.gov/wp-content/uploads/2017/12/NSS-Final-12-18-2017-0905.pdf.
3. ドナルド・J・トランプ、「スイスのダボスで開かれた世界経済フォーラムでの発言と質疑応答」2018 年 1 月 26 日。ゲアハルト・ピーターズとジョン・T・ウーリーによって文字に起こされ、ネット公開された。*The American Presidency Project.* http://www.presidency.ucsb.edu/ws/?pid=128980.
4. Peter S. Goodman and Keith Bradsher, "Trump Arrived in Davos as a Party Wrecker. He Leaves Praised as a Pragmatist," *The New York Times*, January 26, 2018.
5. Peter Baker and Michael Tackett, "Trump Says His 'Nuclear Button' Is 'Much Bigger' Than North Korea's," *The New York Times*, January 2, 2018.
6. 出席者 1 名が直後に記した詳細なメモを筆者が閲覧。
7. That evening, Trump sent a taunting: Peter Baker and Michael Tackett, "Trump Says His 'Nuclear Button' Is 'Much Bigger' Than North Korea's," *The New York Times*, January 2, 2018.
8. 《ワシントン・ポスト》のツイートを参照。https://twitter.com/washingtonpost/status/948380549156098052.
9. カールのツイートを参照。https://twitter.com/colinkahl/status/948395216213626881.

第 34 章

本章の主な情報は、事象をじかに目撃した複数の人々とのディープ・バックグラウンド・インタビューによる。

1. Ashley Parker and Anne Gearan, "President Trump Says He Would Be 'Honored' to Meet with North Korean Dictator," *The Washington Post*, May 1, 2017.
2. ドナルド・J・トランプ、「オピオイド危機についてのブリーフィング前の発言と、報道陣とのやりとり。於ニュージャージー州ベッドミンスター」2017 年 8 月 8 日。ゲアハルト・ピーターズとジョン・T・ウーリーによって文字に起こされ、ネット公開された。*The American Presidency Project.* http://www.presidency.ucsb.edu/ws/?pid=127991.
3. "Excerpts from Trump's Interview with the Times," interview conducted by Michael S. Schmidt, *The New York Times*, December 28, 2017.
4. ドナルド・J・トランプ、「ニューヨークの国連総会での発言」2017 年 9 月 19 日。ゲアハルト・ピーターズとジョン・T・ウーリーによって文字に起こされ、ネット公開された。*The American Presidency Project.* http://www.presidency.ucsb.edu/ws/?pid=128326.
5. "Full Text of Kim Jong-un's Response to President Trump," *The New York Times*, September 22, 2017.
6. トランプのツイートを参照。https://twitter.com/realdonaldtrump/status/911789314169823232.
7. Arit John and Mark Niquette, "Tillerson Vows 'Peaceful Pressure Campaign' Against North Korea," Bloomberg, September 17, 2017.
8. トランプのツイートを参照。https://twitter.com/realdonaldtrump/status/914497877543735296; https://twitter.com/realdonaldtrump/status/914497947517227008.
9. ICE 捜査官の苦情を要約したクレーンの書簡を参照のこと。https://jicreport.com/wp-content/uploads/2017/11/POTUS-Ltr-11_13_2017.pdf.
10. Ashley Parker and Matt Zapotosky, "Trump Taps Kirstjen Nielsen to Lead Department of Homeland Security," *The Washington Post*, October 11, 2017.
11. Andrew Restuccia and Eliana Johnson, "Advisers Bad-Mouth Nielsen as a 'Never Trumper,'" *Politico*, May 11, 2018.
12. Ibid.
13. Sophie Tatum, "Kelly on Immigration: Trump 'Has Changed the Way He's Looked at a Number of Things,'" CNN, January 17, 2018.
14. 出席者 1 名が直後に記した詳細なメモを筆者が閲覧。
15. Ibid.
16. Ibid.

第 35 章

本章の主な情報は、事象をじかに目撃した複数の人々とのディープ・バックグラウンド・インタビューによる。

1. リークされたトランプの 2005 年の所得申告書によれば、トランプはその年の所得 1 億 5000 万ドル以上に対して、3800 万ドルを支払っている。約 25％にあたる。以下の書類を参照のこと。 https://www.nytimes.com/interactive/2017/03/14/us/politics/

4. ペンスのツイートを参照。https://twitter.com/vp/status/896471461669605376.
5. 出席者1名が直後に記した詳細なメモを筆者が閲覧。
6. Robert Kuttner, "Steve Bannon, Unrepentant," *The American Prospect*, August 16, 2017.
7. ドナルド・J・トランプ、「アフガニスタンおよび南アジアでのアメリカの戦略についての国民向け演説。於バージニア州マイヤー－ヘンダーソン・ホール統合基地」2017年8月21日。ゲアハルト・ピーターズとジョン・T・ウーリーによって文字に起こされ、ネット公開された。*The American Presidency Project*. http://www.presidency.ucsb.edu/ws/?pid=126842.
8. "McCain on the New Strategy for Afghanistan," August 21, 2017.
9. Democratic senator and Clinton running mate: "Kaine: U.S. Must Be 'Invested' in Afghanistan," *Talking Points Memo*, August 21, 2017.
10. Aaron Blake, "Rex Tillerson Totally Undercut Trump's 'We Will Win' Rhetoric on Afghanistan," *The Washington Post*, August 22, 2017.

第32章

本章の主な情報は、事象をじかに目撃した複数の人々とのディープ・バックグラウンド・インタビューによる。
1. 筆者が入手した文書による。
2. 出席者1名が直後に記した詳細なメモを筆者が閲覧。
3. Michael D. Shear and Julie Hirschfeld Davis, "Trump Moves to End DACA and Calls on Congress to Act," *The New York Times*, September 5, 2017.
4. トランプのツイートを参照。https://twitter.com/realdonaldtrump/status/905788459301908480.

第33章

本章の主な情報は、事象をじかに目撃した複数の人々とのディープ・バックグラウンド・インタビューによる。
1. ドナルド・J・トランプ、「知的財産・イノベーション・テクノロジーに関する中国の法律・政策・商慣習・行動への対処覚書」2017年8月14日。ゲアハルト・ピーターズとジョン・T・ウーリーによって文字に起こされ、ネット公開された。*The American Presidency* Project.http://www.presidency.ucsb.edu/ws/?pid=128023.
2. ドナルド・J・トランプ、「上記覚書に署名するにあたってのトランプの発言と、報道陣とのやりとり」2017年8月14日。 ゲアハルト・ピーターズとジョン・T・ウーリーによって文字に起こされ、ネット公開された。*The American Presidency Project*. http://www.presidency.ucsb.edu/ws/ ?pid=128022. 注：トランプは、シャーロッツビルについての2度目の発言とおなじ8月14日にこの発言を行なった。シャーロッツビルについての演説は午前12時40分、中国についての発言は午後3時6分だった。
3. 出席者1名が直後に記した詳細なメモを筆者が閲覧。

言」2017年8月14日。ゲアハルト・ピーターズとジョン・T・ウーリーによって文字に起こされ、ネット公開された。*The American Presidency Project*. http://www.presidency.ucsb.edu/ws/?pid=128019.
13. "Trump Condemns Hate Groups Amid Uproar over Initial Response," transcript, Fox News, August 14, 2017.

第30章

本章の主な情報は、事象をじかに目撃した複数の人々とのディープ・バックグラウンド・インタビューによる。

1. ドナルド・J・トランプ、「インフラについての発言と、ニューヨークの報道陣とのやりとり」2017年8月15日。ゲアハルト・ピーターズとジョン・T・ウーリーによって文字に起こされ、ネット公開された。*The American Presidency Project*. http://www.presidency.ucsb.edu/ws/?pid=126765.
2. デュークのツイートを参照。https://twitter.com/drdavidduke/status/897559892164304896.
3. Ben Watson, "How U.S. Military Leaders Are Reacting to Charlottesville," *Defense One*, August 16, 2017.
4. Emily Yahr, " 'Clinically Insane,' '7th Circle of Hell': Late-Night Hosts Process Trump's News Conference," *The Washington Post*, August 16, 2017.
5. Nolan D. McCaskill, "Trump Attacks Merck CEO for Quitting Manufacturing Council over Charlottesville," *Politico*, August 14, 2017.
6. Ibid.
7. Ibid.
8. トランプのツイートを参照。https://twitter.com/realdonaldtrump/status/897478270442143744.
9. トランプのツイートを参照。https://twitter.com/realdonaldtrump/status/897869174323728385.
10. 出席者1名が直後に記した詳細なメモを筆者が閲覧。
11. Ibid.
12. "Statement by U.S. Treasury Secretary Steven T. Mnuchin," U.S. Department of the Treasury, August 19, 2017.
13. "Transcript: Gary Cohn on Tax Reform and Charlottesville," *Financial Times*, August 25, 2017.

第31章

本章の主な情報は、事象をじかに目撃した複数の人々とのディープ・バックグラウンド・インタビューによる。

1. "Republican Senator Says Trump Yet to Demonstrate Needed Stability," Reuters, August 17, 2017.
2. Nancy Cook and Josh Dawsey, " 'He Is Stubborn and Doesn't Realize How Bad This Is Getting,' " *Politico*, August 16, 2017.
3. Jeremy W. Peters, Jonathan Martin and Jack Healy, "Trump's Embrace of Racially Charged Past Puts Republicans in Crisis," *The New York Times*, August 16, 2017.

第28章

本章の主な情報は、事象をじかに目撃した複数の人々とのディープ・バックグラウンド・インタビューによる。

1. トランプのツイートを参照。https://twitter.com/realdonaldtrump/status/889788202172780544.
2. ドナルド・J・トランプ、「東京におけるトランプ大統領と安倍晋三首相の記者会見」2017年11月6日。 ゲアハルト・ピーターズとジョン・T・ウーリーによって文字に起こされ、ネット公開された。*The American Presidency Project.* http://www.presidency.ucsb.edu/ws/?pid=128510.
3. Rick Gladstone and David E. Sanger, "Security Council Tightens Economic Vise on North Korea, Blocking Fuel, Ships and Workers," *The New York Times*, December 22, 2017.
4. Ryan Lizza, "Anthony Scaramucci Called Me to Unload About White House Leakers, Reince Priebus and Steve Bannon," *The New Yorker*, July 27, 2017.
5. トランプのツイートを参照。https://twitter.com/realdonaldtrump/status/891038014314598400.
6. Cristiano Lima, "Kelly 'Honored' to Serve as White House Chief of Staff," *Politico*, July 28, 2017.

第29章

本章の主な情報は、事象をじかに目撃した複数の人々とのディープ・バックグラウンド・インタビューによる。

1. 広報担当の女性の発言はYouTubeで閲覧できる可能性がある。https://youtu.be/UshUxz7Lt0w.
2. トランプのツイートを参照。https://twitter.com/realdonaldtrump/status/896420822780444672.
3. ドナルド・J・トランプ、「ニュージャージー州ベッドミンスターで、2017年VAチョイスとクオリティ雇用法に署名したときの発言」2017年8月12日。ゲアハルト・ピーターズとジョン・T・ウーリーによって文字に起こされ、ネット公開された。*The American Presidency Project.* http://www.presidency.ucsb.edu/ws/?pid=128032. 出席者1名が直後に記した詳細なメモを筆者が閲覧。
4. Kristine Phillips, "Trump Didn't Call Out White Supremacists. He Was Rebuked by Members of His Own Party," *The Washington Post*, August 13, 2017.
5. Ibid.
6. Ibid.
7. Ibid.
8. Ibid.
9. Ibid.
10. 〈FOXニュース・サンデー〉の発言記録、FOXニュース、2017年8月13日。
11. Philip Rucker, "Pence: 'We Have No Tolerance for . . . White Supremacists, Neo-Nazis or the KKK," *The Washington Post*, August 13, 2017.
12. ドナルド・J・トランプ、「バージニア州シャーロッツビルでの非常事態についての発

2. Glenn Thrush and Maggie Haberman, "Trump Mocks Mika Brzezinski; Says She Was 'Bleeding Badly from a Face-Lift,'" *The New York Times*, June 29, 2017.
3. Greg Miller, Julie Vitkovskaya and Reuben Fischer-Baum, "'This Deal Will Make Me Look Terrible': Full Transcripts of Trump's Calls with Mexico and Australia," *The Washington Post*, August 3, 2017.
4. Ibid.
5. 筆者が入手した文書による。

第 26 章

本章の主な情報は、事象をじかに目撃した複数の人々とのディープ・バックグラウンド・インタビューによる。

1. Tom Finn, "U.S., Qatar Sign Agreement on Combating Terrorism Financing," Reuters, July 10, 2017.
2. Ibid.
3. 出席者 1 名が直後に記した詳細なメモを筆者が閲覧。
4. Peter Baker, Michael S. Schmidt and Maggie Haberman, "Citing Recusal, Trump Says He Wouldn't Have Hired Sessions," *The New York Times*, July 19, 2017.
5. トランプのツイートを参照。https://twitter.com/realdonaldtrump/status/889467610332528641.
6. Michael C. Bender, "Trump Won't Say if He Will Fire Sessions," *The Wall Street Journal*, July 25, 2017.
7. Annie Karni, "Kushner Defends His Russia Contacts: 'I Did Not Collude,'" *Politico*, July 24, 2017.
8. Rebecca Savransky, "Graham Defends Sessions: Trump Tweets 'Highly Inappropriate,'" *The Hill*, July 25, 2017.
9. Chris Whipple, "'Who Needs a Controversy over the Inauguration?' Reince Priebus Opens Up About His Six Months of Magical Thinking," *Vanity Fair*, March 2018.

第 27 章

本章の主な情報は、事象をじかに目撃した複数の人々とのディープ・バックグラウンド・インタビューによる。

1. 出席者 1 名が直後に記した詳細なメモを筆者が閲覧。
2. 2015 年の核合意は、EU 諸国に思いがけない利潤をもたらした。2016 年の EU のイランからの輸入は前年比 347% 増という驚異的な数字だった（出典：議会調査局、2017 年 10 月 25 日）。あるフランス企業はイランでの天然ガス取引で 47 億ドルを売り上げた。トランプはもちろんそういう詳細は知らずに主張していた。
3. MOAB は空中爆発超重兵器の略。
4. Jordan Fabian, "In-Town Pool Report #2—Troop Greeting & Another Comment on Afghan," 12:51 p.m., July 20, 2017, http://www.presidency.ucsb.edu/report.php?pid=2357.
5. 出席者 1 名が直後に記した詳細なメモを筆者が閲覧。

高度の秘密区分「機密」にアクセスできる）保全適格性認定資格が剥奪された。しかし、５月にFBIはクシュナーの恒久的な保全適格性認定資格を認めた。特別検察官による追及が終わったことを示していた。クシュナーに有利な劇的展開だった。

第24章

本章の主な情報は、事象をじかに目撃した複数の人々とのディープ・バックグラウンド・インタビューによる。

1. 最初の記事は以下。Jo Becker, Matt Apuzzo and Adam Goldman, "Trump Team Met with Lawyer Linked to Kremlin During Campaign," *The New York Times*, July 8, 2017. 2本目は同じ記者による以下の記事。"Trump's Son Met with Russian Lawyer After Being Promised Damaging Information on Clinton," *The New York Times*, July 9, 2017.
2. トランプのツイートを参照。https://twitter.com/realdonaldtrump/status/886950594220568576.
3. 筆者が入手した文書による。
4. Greg Farrell and Christian Berthelsen, "Mueller Expands Probe to Trump Business Transactions," Bloomberg, July 20, 2017.
5. Tom Vanden Brook, "Military Tells Transgender Troops They Can Still Serve and Get Medical Treatment Until Further Notice," *USA Today*, July 27, 2017. 調査は以下で閲覧できる。https://www.rand.org/content/dam/rand/pubs/research_briefs/RB9900/RB9909/RAND_RB9909.pdf.
6. トランプのツイートを参照。https://twitter.com/realdonaldtrump/status/890193981585444864.
7. トランプのツイートを参照。https://twitter.com/realdonaldtrump/status/890196164313833472; https://twitter.com/realdonaldtrump/status/890197095151546369.
8. Leo Shane III and Tara Copp, "Trump Says Transgender Troops Can't Serve in the Military," *MilitaryTimes*, July 26, 2017.
9. "Press Briefing by Press Secretary Sarah Sanders," The White House, July 26, 2017.
10. Rachel Bade and Josh Dawsey, "Inside Trump's Snap Decision to Ban Transgender Troops," *Politico*, July 26, 2017.
11. Chris Kenning, "Retired Military Officers Slam Trump's Proposed Transgender Ban," Reuters, August 1, 2017.
12. Rebecca Kheel, "Joint Chiefs: No Change in Transgender Policy Until Trump Sends Pentagon Direction," *The Hill*, July 27, 2017.
13. Richard Sisk, "Pentagon Ready to Accept Transgender Recruits Starting Jan. 1," Military.com, December 30, 2017.

第25章

本章の主な情報は、事象をじかに目撃した複数の人々とのディープ・バックグラウンド・インタビューによる。

1. トランプのツイートを参照。https://twitter.com/realdonaldtrump/status/880408582310776832; https://twitter.com/realdonaldtrump/status/880410114456465411.

documents/4442900/Ex-FBI-Director-James-Comey-s-memos.pdf.
4. ドナルド・J・トランプ、「フロリダ州ドラルでの記者会見」2016年7月27日。ゲアハルト・ピーターズとジョン・T・ウーリーによって文字に起こされ、ネット公開された。*The American Presidency Project.* http://www.presidency.ucsb.edu/ws/?pid=118047.
5. トランプのツイートを参照。https://twitter.com/realdonaldtrump/status/758335147183788032.
6. Nick Gass, "Trump on Russia Hacking Comments: 'Of Course I' m Being Sarcastic,'" *Politico*, July 27, 2016.

第22章

本章の主な情報は、事象をじかに目撃した複数の人々とのディープ・バックグラウンド・インタビューによる。

1. Bob Woodward, *Obama's Wars* (New York: Simon & Schuster, 2010), p. 56.
2. CNS北朝鮮ミサイル発射実験データベースを参照。http://www.nti.org/analysis/articles/cns-north-korea-missile-test-database/.
3. 出席者1名が直後に記した詳細なメモを筆者が閲覧。
4. Michelle Ye Hee Lee, "North Korea's Latest Nuclear Test Was So Powerful It Reshaped the Mountain Above It," *The Washington Post*, September 14, 2017.
5. Matt Stevens, "Trump and Kim Jong Un, and the Names They've Called Each Other," *The New York Times*, March 9, 2018.
6. サダム・フセインは人道に対する罪で起訴されて有罪になり、3年後に絞首刑になった。
7. David Cenciotti, "Here Are Some Interesting Details About the Way U.S. B-2 Bombers Trained Over the U.S. to Strike North Korea," *The Aviationist*, October 30, 2017.
8. Wolf Blitzer, "Search for the 'Smoking Gun,'" CNN, January 10, 2003.
9. William A. Kandel, "U.S. Family-Based Immigration Policy," Congressional Research Service, February 9, 2018, https://fas.org/sgp/crs/homesec/R43145.pdf.
10. Ibid.

第23章

本章の主な情報は、事象をじかに目撃した複数の人々とのディープ・バックグラウンド・インタビューによる。

1. 出席者1名が直後に記した詳細なメモを筆者が閲覧。
2. ドナルド・J・トランプ、「国連気候変動枠組条約パリ協定からの離脱を宣言」2017年6月1日。 ゲアハルト・ピーターズとジョン・T・ウーリーによって文字に起こされ、ネット公開された。*The American Presidency Project.* http://www.presidency.ucsb.edu/ws/?pid=125881.
3. Sari Horwitz, Matt Zapotosky and Adam Entous, "Special Counsel Is Investigating Jared Kushner' s Business Dealings," *The Washington Post*, June 15, 2017.
4. 2018年初頭、FBIの厳格な身許調査のさなかに、ジャレッド・クシュナーの暫定的な（最ネット公開された。*The American Presidency Project.* http://www.presidency.ucsb.edu/ws/?pid=123681.
8. 翌日、プーチンはミサイル攻撃は「違法な侵略行為」だといい、シリア領空で米軍機とロシア軍機が事件を起こすのを避けるための進路調整と呼ばれる合意を破棄した。
9. "Sen. John McCain, R-Ariz, Is Interviewed on MSNBC's 'Morning Joe,'" Federal News Service, April 7, 2017.
10. スローターのツイートを参照。https://twitter.com/slaughteram/status/850263058756673540.

第19章

本章の主な情報は、事象をじかに目撃した複数の人々とのディープ・バックグラウンド・インタビューによる。

1. 出席者1名が直後に記した詳細なメモを筆者が閲覧。
2. 出席者1名が直後に記した詳細なメモを筆者が閲覧。
3. Gina Chon and Pete Sweeney, "China Surrenders Little to U.S. in First Round of Trade Talks," *The New York Times*, May 12, 2017.
4. 出席者1名が直後に記した詳細なメモを筆者が閲覧。

第20章

本章の主な情報は、事象をじかに目撃した複数の人々とのディープ・バックグラウンド・インタビューによる。

1. ローゼンスタインの意見書は以下で閲覧できる。https://assets.documentcloud.org/documents/3711188/Rosenstein-letter-on-Comey-firing.pdf.
2. "Partial Transcript: NBC News Interview with Donald Trump," CNN, May 11, 2017, https://www.cnn.com/2017/05/11/politics/transcript-donald-trump-nbc-news/index.html.
3. Michael S. Schmidt, "Comey Memo Says Trump Asked Him to End Flynn Investigation," *The New York Times*, May 16, 2017.
4. Derek Hawkins, "'I Think We're in Impeachment Territory,' Says David Gergen, Former Aide to Nixon and Clinton," *The Washington Post*, May 17, 2017.

第21章

本章の主な情報は、事象をじかに目撃した複数の人々とのディープ・バックグラウンド・インタビューによる。

1. "Attorney General Sessions Statement on Recusal," U.S. Department of Justice, March 2, 2017.
2. モラーを任命した際の書類は以下で閲覧できる。https://www.documentcloud.org/documents/3726408-Rosenstein-letter-appointing-Mueller-special.html.
3. コミーの2017年6月8日の上院情報特別委員会における宣誓証言は以下で閲覧できる。https://assets.documentcloud.org/documents/3860393/Comey-Opening-Statement-June-8.pdf. コミーの文書は、以下で閲覧できる。https://assets.documentcloud.org/

20, 2017.
4. 〈ザ・リード・ウィズ・ジェイク・タッパー〉の発言記録にあるティラーソンのコメント、CNN、2017 年 4 月 19 日。http://transcripts.cnn.com/TRANSCRIPTS/1704/19/cg.01.html.

第 17 章

本章の主な情報は、事象をじかに目撃した複数の人々とのディープ・バックグラウンド・インタビューによる。

1. Full transcript: "Donald Trump's Jobs Plan Speech," *Politico*, June 28, 2016.
2. Peter Coy, "After Defeating Cohn, Trump's Trade Warrior Is on the Rise Again," Bloomberg, March 8, 2018.
3. 求人労働異動調査（JOLTS）の数字は以下で公表されている。https://www.bls.gov/jlt/.
4. ポーターをもっとも強力に推薦したのは、ブレット・カバノーだった。カバノーはジョージ・W・ブッシュ大統領の秘書官で、ブッシュによって強大な権力を持つコロンビア特別区最高上訴裁判所判事に任命された。2018 年 7 月 9 日にトランプ大統領によって最高裁判事に指名された。

第 18 章

本章の主な情報は、事象をじかに目撃した複数の人々とのディープ・バックグラウンド・インタビューによる。

1. 以下を参照。Emily Crane and Cheyenne Roundtree, "Donald's Eruption in the Oval Office: Video Emerges of Trump's 'Furious Argument' with Top Adviser Steven Bannon as Ivanka and Jared Look On, Hours Before President Made Phone Tapping Claims," *Daily Mail*, March 5, 2017.
2. 以下を参照。Michael S. Schmidt, Matthew Rosenberg and Matt Apuzzo, "Kushner and Flynn Met with Russian Envoy in December, White House Says," *The New York Times*, March 2, 2017.
3. Max Bearak, "Modi's 'No Frills' Visit to Washington Masks a Potential Minefield," *The Washington Post*, June 26, 2017.
4. バラク・オバマ、「シリアが申告した備蓄化学兵器廃棄についての声明」2014 年 4 月 18 日。ゲアハルト・ピーターズとジョン・T・ウーリーによって文字に起こされ、ネット公開された。*The American Presidency Project.* http://www.presidency.ucsb.edu/ws/?pid=106702.
5. 〈ミート・ザ・プレス〉におけるジョン・ケリーへのデビッド・グレゴリーのインタビュー、NBC、2014 年 7 月 20 日。
6. Peter Baker, "For Obama, Syria Chemical Attack Shows Risk of 'Deals with Dictators,'" *The New York Times*, April 9, 2017.
7. ドナルド・J・トランプ、「カーン・シェイクンでの化学兵器攻撃についての声明」2017 年 4 月 4 日。ゲアハルト・ピーターズとジョン・T・ウーリーによって文字に起こされ、

Trump's First Foreign Trip," *The New York Times*, May 4, 2017.
4. Aaron Mehta, "Revealed: Trump's $110 Billion Weapons List for the Saudis," *DefenseNews*, June 8, 2017.
5. Sudarsan Raghavan and Kareem Fahaim, "Saudi King Names Son as New Crown Prince, Upending the Royal Succession," *The Washington Post*, June 21, 2017.

第 15 章

本章の主な情報は、事象をじかに目撃した複数の人々とのディープ・バックグラウンド・インタビューによる。

1. トランプのツイートを参照。https://twitter.com/realdonaldtrump/status/122396588336349184.
2. トランプのツイートを参照。https://twitter.com/realdonaldtrump/status/179270017064513536.
3. トランプのツイートを参照。https://twitter.com/realdonaldtrump/status/289807790178959360.
4. トランプのツイートを参照。https://twitter.com/realdonaldtrump/status/307568422789709824.
5. トランプのツイートを参照。https://twitter.com/realdonaldtrump/status/324590961827143681.
6. トランプのツイートを参照。https://twitter.com/realdonaldtrump/status/403511109942247424.
7. トランプのツイートを参照。https://twitter.com/realdonaldtrump/status/679000573241393154.
8. Bob Woodward, *Obama's Wars* (New York: Simon & Schuster, 2010), p. 361.
9. Transcript, "President Bush Discusses the War in Iraq," CQ Transcripts Wire, March 20, 2006.
10. Erik D. Prince, "The MacArthur Model for Afghanistan," *The Wall Street Journal*, May 31, 2017.
11. Bob Woodward, *Obama's Wars* (New York: Simon & Schuster, 2010), p. 8.
12. Ben Jacobs, "In Town Pool Report #3," 1:12 p.m., July 18, 2017, http://www.presidency.ucsb.edu/report.php?pid=2365.
13. 出席者 1 名が直後に記した詳細なメモを筆者が閲覧。
14. Ibid.
15. Ibid.

第 16 章

本章の主な情報は、事象をじかに目撃した複数の人々とのディープ・バックグラウンド・インタビューによる。

1. ドナルド・J・トランプ、「イスラエルでのベンヤミン・ネタニヤフ首相との合同記者会見」2017 年 2 月 15 日。ゲアハルト・ピーターズとジョン・T・ウーリーによって文字に起こされ、ネット公開された。*The American Presidency Project*. http://www.presidency.ucsb.edu/ws/?pid=123361.
2. ドナルド・J・トランプ、「ワシントン DC で開かれたアメリカ・イスラエル公共問題委員会(AIPAC)政策会議での発言」2016 年 3 月 21 日。ゲアハルト・ピーターズとジョン・T・ウーリーによって文字に起こされ、ネット公開された。*The American Presidency Project*. http://www.presidency.ucsb.edu/ws/?pid=116597.
3. "Tillerson: Iran Remains a Leading State Sponsor of Terror," *Breitbart News*, April

American Presidency Project. http://www.presidency.ucsb.edu/ws/?pid=118931.
10. Elizabeth Weise, "Sony Pictures Entertainment Hacked," *USA Today*, November 24, 2014.

第13章

本章の主な情報は、事象をじかに目撃した複数の人々とのディープ・バックグラウンド・インタビューによる。

1. Bob Woodward, *Obama's Wars* (New York: Simon & Schuster, 2010), p. 62.（邦訳『オバマの戦争』伏見威蕃訳、日本経済新聞出版社）
2. Nicholas Fandos, "Lindsey Graham Destroys Cellphone After Donald Trump Discloses His Number," *The New York Times*, July 22, 2015.
3. Cheri Cheng, "Lindsey Graham Endorses Presidential Candidate Jeb Bush," *News EveryDay*, January 15, 2016.
4. "Statement by Senators McCain and Graham on Executive Order on Immigration," January 29, 2017.
5. CNS北朝鮮ミサイル発射実験データベースを参照。http://www.nti.org/analysis/articles/cns-north-korea-missile-test-database/.
6. トランプのツイートを参照。https://twitter.com/realdonaldtrump/status/837989835818287106; https://twitter.com/realdonaldtrump/status/837993273679560704; https://twitter.com/realdonaldtrump/status/837994257566863360; https://twitter.com/realdonaldtrump/status/837996746236182529.
7. Jonathan Martin and Alan Rappeport, "Donald Trump Says John McCain Is No War Hero, Setting Off Another Storm," *The New York Times*, July 18, 2015.
8. Adriana Diaz, "U.S. THAAD Missile System a Factor in South Korea's Presidential Election," CBS News, May 8, 2017.
9. Stephen J. Adler, Jeff Mason and Steve Holland, "Exclusive: Trump Vows to Fix or Scrap South Korean Trade Deal, Wants Missile System Payment," Reuters, April 27, 2017.
10. "McMaster Says U.S. Will Pay for THAAD Antimissile System in South Korea," Fox News, April 30, 2017.
11. "South Korea Trade Ministry Says Ready to Begin Renegotiating U.S. Trade Pact," Reuters, December 17, 2017.

第14章

本章の主な情報は、事象をじかに目撃した複数の人々とのディープ・バックグラウンド・インタビューによる。

1. マクマスターは、ハーベイを2017年7月27日に解任した。
2. Julie Hirschfeld Davis, "Trump Meets Saudi Prince as U.S. and Kingdom Seek Warmer Relations," *The New York Times*, March 14, 2017.
3. Mark Landler and Peter Baker, "Saudi Arabia and Israel Will Be on Itinerary of

9. トランプのツイートを参照。https://twitter.com/realdonaldtrump/status/889792764363276288; https://twitter.com/realdonaldtrump/status/890207082926022656; https://twitter.com/realdonaldtrump/status/890208319566229504.
10. Michael S. Schmidt, Mark Mazzetti and Matt Apuzzo, "Trump Campaign Aides Had Repeated Contacts with Russian Intelligence," *The New York Times*, February 14, 2017.
11. Jim Sciutto, Evan Perez, Shimon Prokupecz, Manu Raju and Pamela Brown, "FBI Refused White House Request to Knock Down Recent Trump-Russia Stories," CNN, February 24, 2017.
12. Michael S. Schmidt, Mark Mazzetti and Matt Apuzzo, "Comey Disputes New York Times Article About Russia Investigation," *The New York Times*, June 8, 2017.

第 11 章

本章の主な情報は、事象をじかに目撃した複数の人々とのディープ・バックグラウンド・インタビューによる。

1. ドナルド・J・トランプ、「フロリダ州パームビーチで、H・R・マクマスター陸軍中将を国家安全保障問題担当大統領補佐官に任命すると発表。記者たちとのやりとり」2017年2月20日。ゲアハルト・ピーターズとジョン・T・ウーリーによって文字に起こされ、ネット公開された。*The American Presidency Project.* http://www.presidency.ucsb.edu/ws/?pid=123396.

第 12 章

本章の主な情報は、事象をじかに目撃した複数の人々とのディープ・バックグラウンド・インタビューによる。

1. Christine Kim, "Voice of Triumph or Doom: North Korean Presenter Back in Limelight for Nuclear Test," Reuters, September 4, 2017.
2. Matt Clinch, "Here's the Full Statement from North Korea on Nuclear Test," CNBC, September 9, 2016.
3. CNS 北朝鮮ミサイル発射実験データベースを参照。http://www.nti.org/analysis/articles/cns-north-korea-missile-test-database/.
4. 2017年8月28日にワシントンDCのジョージ・ワシントン大学で行なわれたアメリカの対北朝鮮政策に関するパネル・ディスカッション。録画を以下で視聴できる。https://www.c-span.org/video/?433122-1/us-policy-north-korea.
5. Rebecca Shabad, "Timeline: What Has Trump Said About North Korea over the Years?" CBS News, August 10, 2017.
6. Ibid.
7. Ibid.
8. Ibid.
9. バラク・オバマ、「北朝鮮の核実験についての声明」2016年9月9日。ゲアハルト・ピーターズとジョン・T・ウーリーによって文字に起こされ、ネット公開された。*The*

6. ドナルド・J・トランプ、「上下両院合同会議での演説」2017年2月28日。ゲアハルト・ピーターズとジョン・T・ウーリーによって文字に起こされ、ネット公開された。*The American Presidency Project.* http://www.presidency.ucsb.edu/ws/?pid=123408.
7. Carla Marinucci, "Ex-Military Leaders at Hoover Institution Say Trump Statements Threaten America's Interests," *Politico*, July 15, 2016.
8. Emma Loop, "John McCain Says the Recent Yemen Raid Was a 'Failure,'" *BuzzFeed News*, February 7, 2017.
9. イギリスのEU離脱を問う国民投票は2016年6月23日に行なわれた。
10. 「マティス国防長官の仲裁、北大西洋理事会第一会期」NATO国防相会議、2017年2月15日。
11. "U.S. Defense Chief Says NATO Is 'Fundamental Bedrock,'" Reuters, February 15, 2017.
12. ドナルド・J・トランプ、「ストルテンベルグNATO事務総長とトランプ大統領の合同記者会見」2017年4月12日。ゲアハルト・ピーターズとジョン・T・ウーリーによって文字に起こされ、ネット公開された。*The American Presidency Project.* http://www.presidency.ucsb.edu/ws/?pid=123739.
13. ドナルド・J・トランプ、「ベルギーのブリュッセルでのベルリンの壁記念碑と9.11第5条記念碑の除幕式での発言」（訳注：NATO条約第5条は集団防衛を定めたもので、9.11後にはじめて発動された）2017年5月25日。ゲアハルト・ピーターズとジョン・T・ウーリーによって文字に起こされ、ネット公開された。*The American Presidency Project.* http://www.presidency.ucsb.edu/ws/?pid=125840.

第10章

本章の主な情報は、事象をじかに目撃した複数の人々とのディープ・バックグラウンド・インタビューによる。

1. Greg Miller, Adam Entous and Ellen Nakashima, "National Security Adviser Flynn Discussed Sanctions with Russian Ambassador, Despite Denials, Officials Say," *The Washington Post*, February 9, 2017.
2. Ibid.
3. 筆者が入手した文書による。
4. トランプのツイートを参照。https://twitter.com/realdonaldtrump/status/814919370711461890.
5. Greg Miller and Philip Rucker, "Michael Flynn Resigns as National Security Adviser," *The Washington Post*, February 14, 2017.
6. Carol D. Leonnig, Adam Entous, Devlin Barrett and Matt Zapotosky, "Michael Flynn Pleads Guilty to Lying to FBI on Contacts with Russian Ambassador," *The Washington Post*, December 1, 2017.
7. D'Angelo Gore, "Clinton's Connection to FBI Official," FactCheck.org, October 25, 2016.
8. Ibid. 以下も参照。D'Angelo Gore, "Trump Wrong About Campaign Donations," FactCheck.org, July 26, 2017.

Excuses," Fox News, December 11, 2016.
7. トランプのツイートを参照。https://twitter.com/realdonaldtrump/status/808300706914594816.
8. Martin Matishak and Connor O'Brien, "Clapper: Trump Rhetoric on Intel Agencies Alarming U.S. Allies," *Politico*, January 5, 2017.
9. Louis Nelson, "Conway 'Disappointed' in Media Leaks Before Intel Briefing," *Politico*, January 6, 2017.
10. Michael D. Shear and David E. Sanger, "Putin Led a Complex Cyberattack Scheme to Aid Trump, Report Finds," *The New York Times*, January 6, 2017.
11. James Comey, *A Higher Loyalty* (New York: Flatiron Books, 2018), p. 218.（邦訳『より高き忠誠』藤田美菜子、江戸伸禎訳、光文社）
12. インテリジェンス・コミュニティの2017年1月6日の秘密扱いではない報告書を参照のこと。国家情報長官のウェブサイトで読める。https://www.dni.gov/files/documents/ICA_2017_01.pdf.
13. Ibid.
14. James Comey, *A Higher Loyalty* (New York: Flatiron Books, 2018), p. 224.
15. Ibid., p. 216.
16. Ibid., p. 225.
17. Louis Nelson, "Trump Says Hacking Had 'No Effect on the Outcome of the Election,'" *Politico*, January 6, 2017.
18. Ken Bensinger, Miriam Elder and Mark Schoofs, "These Reports Allege Trump Has Deep Ties to Russia," *Buzz-Feed News*, January 10, 2017.
19. James R. Clapper, *Facts and Fears* (New York: Penguin, 2018), p. 4.
20. James Comey, *A Higher Loyalty* (New York: Flatiron Books, 2018), p. 216.
21. 〈FOXニュース・サンデー〉の発言記録、FOXニュース、2017年1月15日。
22. トランプのツイートを参照。https://twitter.com/realdonaldtrump/status/820723387995717632.

第9章

本章の主な情報は、事象をじかに目撃した複数の人々とのディープ・バックグラウンド・インタビューによる。

1. この出来事に関する最良の公開情報はEric Schmitt and David E. Sanger, "Raid in Yemen: Risky from the Start and Costly in the End," *The New York Times*, February 1, 2017; Thomas Gibbons-Neff and Missy Ryan, "In Deadly Yemen Raid, a Lesson for Trump's National Security Team," *The Washington Post*, January 31, 2017.
2. Julie K. Brown, "Slain SEAL's Dad Wants Answers: 'Don't Hide Behind My Son's Death,'" *Miami Herald*, February 26, 2017.
3. Ibid.
4. Nolan D. McCaskill, "Trump Deflects Responsibility on Yemen Raid: 'They Lost Ryan,'" *Politico*, February 28, 2017.
5. Ibid.

ーターズとジョン・T・ウーリーによって文字に起こされ、ネット公開された。*The American Presidency Project.* http://www.presidency.ucsb.edu/ws/?pid=119641.

第6章

本章の主な情報は、事象をじかに目撃した複数の人々とのディープ・バックグラウンド・インタビューによる。

1. トランプは、2016年12月1日のシンシナティでの集会で、マティスを国防長官に指名すると発表した。
2. Chris Cillizza, "Here's Why Donald Trump Picked Rex Tillerson as Secretary of State," *The Washington Post,* December 13, 2016. コンウェイは2016年12月12日にMSNBCの〈アンドレア・ミッチェル・レポート〉でコメントを述べた。

第7章

本章の主な情報は、事象をじかに目撃した複数の人々とのディープ・バックグラウンド・インタビューによる。

1. Christine Giordano, "Trump's Business Credit Score Is 19 Out of a Possible 100," Fox Business, October 20, 2016.
2. ドナルド・J・トランプ、「プレスリリース：次期大統領ドナルド・J・トランプ、スティーブ・ムニューシンを財務長官に、ウィルバー・ロスを商務長官に、テッド・リケッツを商務副長官に指名」2016年11月30日。ゲアハルト・ピーターズとジョン・T・ウーリーによって文字に起こされ、ネット公開された。*The American Presidency Project.* http://www.presidency.ucsb.edu/ws/?pid=119711.
3. マイケル・フリンへのインタビュー、2016年12月26日。
4. Rosalind S. Helderman and Tom Hamburger, "Trump Adviser Flynn Paid by multiple Russia-Related Entities, New Records Show," *The Washington Post,* March 16, 2017.

第8章

本章の主な情報は、事象をじかに目撃した複数の人々とのディープ・バックグラウンド・インタビューによる。

1. インテリジェンス・コミュニティの2017年1月6日の秘密扱いではない報告書を参照のこと。国家情報長官のウェブサイトで読める。https://www.dni.gov/files/documents/ICA_2017_01.pdf.
2. Max Greenwood, "McCain Gave Dossier Containing 'Sensitive Information' to FBI," *The Hill,* January 11, 2017.
3. Ken Bensinger, Miriam Elder and Mark Schoofs, "These Reports Allege Trump Has Deep Ties to Russia," *Buzz-Feed News,* January 10, 2017.
4. Ibid.
5. Nahal Toosi, "Trump Team Rejects Intel Agencies' Claims of Russian Meddling," *Politico,* December 9, 2016.
6. "Trump: Claims of Russian Interference in 2016 Race 'Ridiculous,' Dems Making

13. Brent Griffiths, "Trump Campaign Manager Reemerges to Show Support for GOP Nominee," *Politico*, October 9, 2016.〈ステート・オブ・ザ・ユニオン〉の発言記録、CNN、2016年10月9日。
14. 〈ミート・ザ・プレス〉の発言記録、NBC、2016年10月9日。
15. 〈FOXニュース・サンデー〉の発言記録、FOXニュース、2016年10月9日。
16. 〈ステート・オブ・ザ・ユニオン〉の発言記録、CNN、2016年10月9日。
17. 〈ジス・ウィーク〉の発言記録、ABC、2016年10月9日。

第5章

本章の主な情報は、事象をじかに目撃した複数の人々とのディープ・バックグラウンド・インタビューによる。2017年の《ヤフーニュース》と《ハフィントン・ポスト》の詳細で広範にわたるオーラルヒストリー・プロジェクト「10月の64時間：一度の週末がいかにアメリカの政治ルールを吹っ飛ばしたか」は、この章全体にたいへん役立つ情報源だった。

1. 〈ステート・オブ・ザ・ユニオン〉の発言記録、CNN、2016年10月9日。〈ミート・ザ・プレス〉の発言記録、NBC、2016年10月9日。
2. Yahoo News Staff, "64 Hours in October: How One Weekend Blew Up the Rules of American Politics," *Yahoo News/Huffington Post*, October 6, 2017.
3. Ibid.
4. ミズーリ州セントルイスのワシントン大学における大統領討論会、大統領討論委員会筆記録。2016年10月9日。
5. ペンスの選挙中の遊説は、超党派のP2016によって記録されている。*Race for the White House*, http://www.p2016.org/trump/pencecal1116.html.
6. 〈FOXニュース・サンデー〉の発言記録、FOXニュース、2016年11月6日。
7. ドナルド・J・トランプ、「ノースカロライナ州ローリーのドートン・アリーナでの発言」2016年11月7日。ゲアハルト・ピーターズとジョン・T・ウーリーによって文字に起こされ、ネット公開された。*The American Presidency Project*. http://www.presidency.ucsb.edu/ws/?pid=122536.
8. Hillary Clinton, *What Happened* (New York: Simon & Schuster, 2017), p. 378.（邦訳『WHAT HAPPENED 何が起きたのか？』髙山祥子訳、光文社）
9. Lauren Easton, "Calling the Presidential Race State by State," AP, https://blog.ap.org/behind-the-news/calling-the-presidential-race-state-by-state.
10. Ibid.
11. Ibid.
12. ドナルド・J・トランプ、「第45代アメリカ合衆国大統領当選を受け入れるニューヨーク市での発言」2016年11月9日。 ゲアハルト・ピーターズとジョン・T・ウーリーによって文字に起こされ、ネット公開された。*The American Presidency Project*. http://www.presidency.ucsb.edu/ws/?pid=119495.
13. Ibid.
14. ドナルド・J・トランプ、「プレスリリース：ドナルド・J・トランプ次期大統領、ホワイトハウス事務局の主要上級職チームを発表」2016年11月13日。ゲアハルト・ピ

Hill, April 12, 2016.
5. Jonathan Martin, Jim Rutenberg and Maggie Haberman, "Donald Trump Appoints Media Firebrand to Run Campaign," *The New York Times*, August 17, 2016.
6. 以下で表紙画像が見られる。http://time.com/magazine/us/4447970/august-22nd-2016-vol-188-no-7-u-s/.

第4章

本章の主な情報は、事象をじかに目撃した複数の人々とのディープ・バックグラウンド・インタビューによる。2017年の《ヤフーニュース》と《ハフィントン・ポスト》の詳細で広範にわたるオーラルヒストリー・プロジェクト「10月の64時間：一度の週末がいかにアメリカの政治ルールを吹っ飛ばしたか」は、この章全体にたいへん役立つ情報源だった。取材を行なったのは、マイケル・イシコフ、ディラン・ステーブルフォード、ハンター・ウォーカー、ホリー・ベイリー、リズ・グッドウィン、ライサ・ベルキン、ゲランス・フランクールタ、ガビー・カウフマン、執筆はディラン・ステーブルフォード。以下のサイトで見られる。https://www.huffingtonpost.com/entry/yahoo-64-hours-october-american-politics_us_59d7c567e4b072637c43dd1c.

1. Pam Fessler, "10 Months After Election Day, Feds Tell States More About Russian Hacking," NPR, September 22, 2017.
2. Eric Lipton, David E. Sanger and Scott Shane, "The Perfect Weapon: How Russian Cyberpower Invaded the U.S.," *The New York Times*, December 13, 2016; Ellen Nakashima, "Cybersecurity Firm Finds Evidence That Russian Military Unit Was Behind DNC Hack," *The Washington Post*, December 22, 2016.
3. Michael J. Morell, "I Ran the C.I.A. Now I'm Endorsing Hillary Clinton," *The New York Times*, August 5, 2016.
4. Joint Statement from the Department of Homeland Security and Office of the Director of National Intelligence on Election Security, Department of Homeland Security [archived], October 7, 2016.
5. David A. Fahrenthold, "Trump Recorded Having Extremely Lewd Conversation About Women in 2005," *The Washington Post*, October 8, 2016.
6. Yahoo News Staff, "64 Hours in October: How One Weekend Blew Up the Rules of American Politics," *Yahoo News/Huffington Post*, October 6, 2017.
7. David A. Fahrenthold, "Trump Recorded Having Extremely Lewd Conversation About Women in 2005," *The Washington Post*, October 8, 2016.
8. "Transcript of Donald Trump' s Videotaped Apology," *The New York Times*, October 8, 2016.
9. Yahoo News Staff, "64 Hours in October: How One Weekend Blew Up the Rules of American Politics," *Yahoo News/Huffington Post*, October 6, 2017.
10. Ibid.
11. Ibid.
12. Ibid.

情報源について

プロローグ

本章の主な情報は、事象をじかに目撃した複数の人々とのディープ・バックグラウンド・インタビューによる。

1. 著者の入手した書類。
2. ドナルド・J・トランプとの録音インタビュー、2016年3月31日。

第1章

本章の主な情報は、事象をじかに目撃した複数の人々とのディープ・バックグラウンド・インタビューによる。以下も参照。*Let Trump Be Trump* by Corey Lewandowski and David Bossie (New York: Hachette, 2017).

1. "Bannon's 'Victory Sessions' Goes National," *Breitbart*, February 23, 2012.

第2章

本章の主な情報は、事象をじかに目撃した複数の人々とのディープ・バックグラウンド・インタビューによる。

1. Alexander Burns and Maggie Haberman, "The Failing Inside Mission to Tame Trump's Tongue," *The New York Times*, August 14, 2016, p. A1.（以下で閲覧できる。https://www.nytimes.com/2016/08/14/us/politics/donald-trump-campaign-gop.html.）
2. Ibid.
3. David A. Fahrenthold and Frances Stead Sellers, "How Bannon Flattered and Coaxed Trump on Policies Key to the Alt-Right," *The Washington Post*, November 15, 2016.
4. ドナルド・J・トランプ、「デトロイト経済クラブでの発言」2016年8月8日。ゲアハルト・ピーターズとジョン・T・ウーリーによって文字に起こされ、ネット公開された。*The American Presidency Project*. http://www.presidency.ucsb.edu/ws/?pid=119744.
5. Louis Nelson, "Trump Outlines 10-Point Plan to Reform Veterans Affairs Department," *Politico*, July 11, 2016.

第3章

本章の主な情報は、事象をじかに目撃した複数の人々とのディープ・バックグラウンド・インタビューによる。

1. Jennifer Fermino, "Senior Donald Trump Adviser Appears to Be Fan of NYC Bondage, Swinger's Club," *New York Daily News*, April 12, 2016.
2. Andrew E. Kramer, Mike McIntire and Barry Meier, "Secret Ledger in Ukraine Lists Cash for Donald Trump's Campaign Chief," *The New York Times*, August 14, 2016.
3. Ibid.
4. Bob Cusack, "Trump Slams RNC Chairman, Calls 2016 Process 'A Disgrace,'" *The*

著訳者紹介

ボブ・ウッドワード (Bob Woodward)

Author photo by Lisa Berg

米国を代表するジャーナリスト。1943年生まれ、イェール大学卒。50年以上にわたり、ワシントン・ポスト紙の記者、編集者をつとめ、ニクソンからバイデンまで歴代大統領を取材・報道しつづけている。
ウッドワードは同紙の社会部若手記者時代に、同僚のカール・バーンスタイン記者とともにウォーターゲート事件をスクープし、ニクソン大統領退陣のきっかけを作ったことで知られる。このときの2人の活動から「調査報道」というスタイルが確立され、また同紙はピュリツァー賞を受賞した。ウッドワードはその後も記者活動を続け、2002年には9・11テロに関する報道でピュリツァー賞を再度受賞。
『大統領の陰謀』『ブッシュの戦争』『RAGE 怒り』『国家の危機』『WAR 3つの戦争』など、共著を含めた22冊の著作すべてがノンフィクション書籍のベストセラーリスト入りを果たしている。そのうち15冊は全米№1ベストセラーとなった。現在はワシントン・ポスト紙アソシエイト・エディター。

伏見威蕃 (ふしみ・いわん)

翻訳家。1951年生まれ、早稲田大学商学部卒。ノンフィクションからミステリー小説まで幅広い分野で活躍中。ボブ・ウッドワードの『RAGE 怒り』『国家の危機』『WAR 3つの戦争』、トーマス・フリードマンの『フラット化する世界』『遅刻してくれて、ありがとう』、ウィンストン・チャーチルの『[完訳版] 第二次世界大戦』など訳書多数。

FEAR　恐怖の男（新装版）
——トランプ政権の真実——

2025年3月7日　　1版1刷

著　者　ボブ・ウッドワード
訳　者　伏見威蕃
発行者　中川ヒロミ
発　行　株式会社日経BP
日本経済新聞出版
発　売　株式会社日経BPマーケティング
〒105-8308　東京都港区虎ノ門4-3-12
装幀　山口鷹雄
DTP　アーティザンカンパニー
印刷・製本　大日本印刷株式会社

ISBN978-4-296-12450-3

本書籍に関するお問い合わせ、ご連絡は下記にて承ります。
https://nkbp.jp/booksQA
Printed in Japan